Gesundheit. Politik – Gesellschaft – Wirtschaft

Reihe herausgegeben von

Ernst-Wilhelm Luthe, Institut für angewandte Rechts- und Sozi, Ostfalia Hochschule Institut für angewandte Rechts- und Sozi, Wolfenbüttel/Oldenburg, Niedersachsen, Deutschland

John N. Weatherly, NEWSTAND Management Akademie, Berlin, Deutschland

Der Gesundheitssektor ist in politischer, ökonomischer und gesellschaftlicher Hinsicht eine einzige Herausforderung. In entwickelten Gesellschaften wird er zunehmend zum eigentlichen Motor für wirtschaftliches Wachstum, enthält er als Kostentreiber gleichzeitig viel politischen Sprengstoff und ist er für die Zukunft einer alternden Gesellschaft schlechthin konstitutiv. Vor allem aber ist der Gesundheitssektor viel mehr als bloße Krankenbehandlung: als *Prävention, Rehabilitation* und *Pflege* verweist er auf den gesamten ihn umgebenden sozialen Kontext, als *Organisation* auf ein in steter Veränderung begriffenes System der Koordination und Vernetzung von Behandlungsleistungen und als *medizinisches Experimentierfeld* auf die Grenzen dessen, was von Politik und Gesellschaft noch verantwortet werden kann. Der Gesundheitssektor ist nach allem ein Thema, das nicht nur Medizinern vorbehalten sein kann und zweifellos auch Politiker, Juristen, Betriebs- und Volkswirte, Sozialwissenschaftler sowie zahlreiche weitere Disziplinen betrifft. Mit wachsender Einsicht in die Komplexität des Gegenstandes aber ist mittlerweile deutlich geworden, dass auch dies nicht reicht. Wer den Gesundheitssektor verstehen und hier wirksam handeln will, für den ist der isolierte Blickwinkel einer einzigen Fachdisziplin grundsätzlich unzureichend. Mehr denn je ist der kombinierte Sachverstand gefragt. Dies ist für die neue Buchreihe tonangebend. Leitbild ist der *interdisziplinäre Diskurs* auf der Suche nach Lösungen für einen in der Gesamtheit seiner Strukturen und Prozesse nur noch schwer zu durchdringenden Gesellschaftsbereich. In dieser Hinsicht wäre bereits viel gewonnen, wenn es gelänge, einen Blick über den eigenen Tellerrand zu werfen und divergierende Perspektiven zusammenzuführen. Ein Dankesgruß in die Zukunft sei bereits jetzt an alle Leser und Autoren gerichtet, die mit konstruktiver Kritik, Anregungen, Verbesserungsvorschlägen und natürlich eigenen Publikationen einen persönlichen Beitrag zum Gelingen der Buchreihe und damit letztlich zur Fortentwicklung des Gesundheitssektors leisten wollen.

Weitere Bände in der Reihe http://www.springer.com/series/11770

Tanja Merl

Ärztliches Handeln zwischen Kunst und Wissenschaft

 Springer VS

Tanja Merl
München, Deutschland

ISSN 2625-1515   ISSN 2625-1523   (electronic)
Gesundheit. Politik – Gesellschaft – Wirtschaft
ISBN 978-3-658-21971-0   ISBN 978-3-658-21972-7   (eBook)
https://doi.org/10.1007/978-3-658-21972-7

Die Deutsche Nationalbibliothek verzeichnet diese Publikation in der Deutschen Nationalbibliografie; detaillierte bibliografische Daten sind im Internet über http://dnb.d-nb.de abrufbar.

Planung/Lektorat: Katrin Emmerich
Springer VS ist ein Imprint der eingetragenen Gesellschaft Springer Fachmedien Wiesbaden GmbH und ist ein Teil von Springer Nature.
Die Anschrift der Gesellschaft ist: Abraham-Lincoln-Str. 46, 65189 Wiesbaden, Germany

Klappentext

Gegenstand der Untersuchung ist eine handlungstheoretische und arbeitssoziologische Analyse der ‚ärztlichen Kunst' sowie ihres Stellenwerts und ihrer Relevanz in der ökonomisierten „High-Tech-Medizin". Eine inhaltliche und empirische Präzisierung und Fundierung des Konzepts jenseits der geflügelten Worte ‚Ärztlicher Blick' und ‚Ärztliche Intuition' – erst recht unter den Rahmenbedingungen einer verwissenschaftlichten, technisierten und ökonomisierten Medizin – fehlt bislang. In diesem Sinne wird mit der vorliegenden Arbeit der Versuch unternommen, grundlegende Elemente der ‚ärztlichen Kunst' aufzuschlüsseln und ihre Bedeutung im Rahmen gegenwärtigen ärztlichen Handelns aufzuzeigen.

Die Untersuchung nähert sich von verschiedenen Seiten dem Phänomen ‚ärztliche Kunst'. Sowohl historische Betrachtungen des Arztes und aktuelle empirische Untersuchungen zum ärztlichen Wissen und Handeln wie auch e handlungstheoretische Konzepte jenseits eines rationalen Handlungsbegriffs werden im Rahmen einer Konturierung der ärztlichen Praxis berücksichtigt. Einzubetten ist diese Näherbestimmung von Wesen und Beschaffenheit ärztlichen Handelns im Sinne einer ‚ärztlichen Kunst' zudem in den Wandel der Rahmenbedingungen des ärztlichen Handlungsfelds. Der gesellschaftliche Bereich der gesundheitlichen Versorgung und speziell das System der Medizin stellt sich in den vergangenen Jahrzehnten als in besonders durchdringender Form von Prozessen der Verwissenschaftlichung, Technisierung und Ökonomisierung und (als deren Konsequenz) auch Standardisierung berührt dar. Etabliert hat sich infolgedessen ein neues Leitbild des Arztes im Sinne einer wissenschaftlich-technischen und auch ökonomischen Rationalität, das zur Orientierungsgröße für die gesundheitspolitische Arbeitsgestaltung wie auch für die gesellschaftliche Erwartung an den Arzt wurde. Der hiermit einhergehende Legitimationsverlust des Kunst-Konzepts

kann anhand der Darstellung des Wandels der makrostrukturellen Rahmenbedingungen nachvollzogen und weiterhin als durch deren Zusammenwirken im
Sinne einer Formalisierung und Objektivierung ärztlichen Handelns verursacht
aufgezeigt werden. So rekurrieren sowohl die Effekte der Verwissenschaftlichung im Sinne des verwissenschaftlichten „medizinischen Blicks" wie auch die
der Technisierung ärztlichen Handelns durch eine dem technisch mediatisierten
Erkenntnisprozess immanente Quantifizierungstendenz auf objektivierende Handlungsweisen. Komplementär zu diesen wartet die ökonomisierte Medizin mit einer
deutlichen Zunahme formaler Dokumentations- und Begründungszwänge auf, wie
sie im Rahmen der budgetierten und pauschalierten, vom Einzelfall entkoppelten
Versorgung notwendig werden. Auf diese Weise ergänzen sich die drei Makrodynamiken, indem das wissenschaftlich-technische Modell durch die Zuschreibung
von wissenschaftlicher Rationalität und Zuverlässigkeit eine berechenbare Grundlage für die ökonomische Kalkulation von Gesundheitsleistungen bildet, hierdurch
deren wirtschaftliche Verwertung anhand von – vermeintlich objektiv- messbaren Leistungsmaßstäben erleichtert. In diesem Umfeld erscheint die ‚ärztliche
Kunst' in ihrer Unschärfe und Subjektgebundenheit als kaum anschlussfähig und
wird, zuspitzend formuliert, zum „Störfaktor" einer auf Effizienz getrimmten
pauschalierten Dienstleistungsmedizin.

Bestimmte, in der ärztlichen Praxis wesentliche Aspekte fügen sich jedoch
weder in das Schema der wissenschaftlichen (Selbst-) beschreibung noch in das
Konzept einer effizienzoptimierten, standardisierten Medizin. Vielmehr werden
durch diese zur Leitvorstellungen erhobenen Diskrepanzen zu den Logiken ärztlichen Handelns erzeugt. So ist es durchaus als problematisch zu betrachten, dass
sich der Arzt im zunehmend komplexer werdenden Gefüge des Gesundheitssystems einer wachsenden Anzahl von sachfremden Erwartungen gegenübergestellt
sieht, die seine Handlungsgrundlagen im Kern berühren.

Dargelegt und empirisch begründet werden kann, dass sich ärztliches Handeln
nur unvollständig als objektivierendes Handeln im Sinne eines wissenschaftlich
und ökonomisch rationalen Handelns fassen lässt. Zur Analyse dieser Grenzen objektivierenden Handelns wird die Kategorie ‚ärztliche Kunst' zunächst
erschlossen, zudem durch die Anbindung an das Konzept des subjektivierenden Handelns handlungstheoretisch informiert, erscheint dieses in hohem Maße
geeignet, mit den Kategorien des objektivierenden und subjektivierenden Handelns die wissenschaftlich-rationalen Aspekte als auch die Eigenschaften einer
ärztlichen Kunstlehre zu reflektieren. Auf Grundlage der empirischen Analyse
können zahlreiche Belege für die ärztliche Praxis als nicht-objektivierbares Handeln angeführt werden. Weiterhin können durch eine in direkter Form die „Arbeit
am Gegenstand" bzw., die „Arbeit am Menschen" fokussierende Analyseebene,

die mit dem theoretisch-empirischen Instrumentarium des Konzepts des subjektivierenden Handelns realisiert wird, ärztliche Handlungsweisen speziell auf
sinnlich-körperlicher Ebene greifbar gemacht werden, die sich als Schlüssel zum
Verständnis des Konzepts ‚ärztliche Kunst' erweisen. Facetten der ärztlichen
Kunst, wie der ‚ärztliche Blick', die ‚ärztliche Intuition' und der ‚ärztliche Eindruck' werden somit handlungstheoretisch erklärbar und als besondere Form
von Professionalität beschreibbar, die in der Praxis unverzichtbar ist. Insbesondere Situationen, die als unwägbare, von einer Vielzahl individueller Variablen
abhängige Praxis zu beschreiben sind, profitieren in hohem Masse von subjektivierenden Handlungsweisen. Dies gilt nicht nur für die kommunikativen Aspekte
ärztlichen Handelns, sondern auch für scheinbar rein instrumentelle Verrichtungen
im Umgang mit Medizintechnik oder mit „objektiven Daten". Die Kontrastierung
von Ärzten unterschiedlicher Altersstufen lässt zudem Differenzen im Handlungsstil erkennen, die die Befähigung zu subjektivierendem Handeln als Merkmal
erfahrener Ärzte ausweist, während „Anfänger" generell enger am Raster standardisierter Handlungsabläufe und formaler Kriterien, somit objektivierend, agieren.
Der Erwerb von Fähigkeiten, die gemeinhin als ‚ärztliche Kunst' umschrieben
werden, kann so als erfahrungsbasierter Lernprozess aufgezeigt werden. Mit der
Integration subjektivierender Elemente ärztlichen Handelns und Wissens wird ein
Beitrag zu einer angemessenen Beschreibung ärztlichen Handelns durch einen
erweiterten Arbeitsbegriff geleistet.

(Einleitung) Ärztliche Kunst – quo vadis?

Als vermeintlich selbstverständlicher Bestandteil der ärztlichen Tätigkeit ist die ‚ärztliche Kunst' ein scheinbar wohl vertrautes Phänomen, das – wie auch die mit ihm assoziierten Wissens- und Handlungsformen, z. B. die ‚ärztliche Intuition' oder der ‚ärztliche Blick' – im Alltagsverständnis auf allgemeine Akzeptanz stößt. Erst auf den zweiten Blick eröffnen sich einige Unklarheiten und Ambivalenzen. Werden zwar gemeinhin mit dieser Zuschreibung besondere Kompetenzen des ‚guten Arztes' gewürdigt, schwingt jedoch zumeist in der Rede von der ‚ärztlichen Kunst' eine eher diffuse Vorstellung des hiermit verbundenen Fähigkeitsensembles mit. Tatsächlich gibt es weder eine Definition noch eine systematische Beschreibung oder gar Analyse dieses für das ärztliche Handeln so zentralen Konzepts – erst recht nicht unter den gewandelten Rahmenbedingungen der ärztlichen Tätigkeit in der modernen, hoch technisierten Medizin. Weiterhin fällt auf, dass in der Literatur explizite Bezüge zur ärztlichen Kunst, sei es in den Biografien „großer Ärzte" oder Monographien zur Medizingeschichte mit Beginn des 20. Jahrhunderts deutlich seltener werden, bis Mitte des Jahrhunderts nahezu verschwinden. Berufen wird sich ab diesem Zeitpunkt mit zunehmender Ausschließlichkeit auf die Idee des Arztes als Wissenschaftler, bzw. auf ein stark verwissenschaftlichtes Selbstbild der ärztlichen Profession, das den professionellen Referenzrahmen der „Heilkunst" beerbt hat.

Festgestellt werden kann, dass sowohl die Folgen der Verwissenschaftlichung der ärztlichen Handlungsgrundlagen wie auch „die Auswirkungen von Ökonomie und Technologie nicht ohne Einfluss auf das Arztbild, aber auch die Arztdefinition geblieben" (Anschütz, 1987, S. 180) sind. Eine erste große Zäsur in der gesellschaftlichen Wahrnehmung des Arztes markiert zunächst das Bild des „Halbgott in Weiß", das den Arzt im Verbund mit der in immer größerem Umfang zur Verfügung stehenden Medizintechnik nicht nur als Herrscher über die menschliche Natur, sondern auch über komplexe Apparaturen und Verfahren zeichnet. Im Umfeld einer verwissenschaftlichten und technisierten Medizin haftet dem Begriff „ärztliche Kunst" ein zunehmend anachronistischer Klang an, bezieht er sich offenbar auf Aspekte professionellen Handelns, die in der modernen Konzeption des High-Tech-Mediziners eine untergeordnete Rolle zu spielen scheinen. Diese Bewertungsverschiebung wird in der ökonomisierten Medizin fortgeschrieben, fügt sich eine sich auf individuell-persönliche, noch dazu kaum näher bestimmte Aspekte beziehende Leistungsbeschreibung der Medizin, wie sie das Kunst-Konzept beinhaltet, nur schwer in das Bild eines von überindividuellen Strukturen dominierten, hoch spezialisierten, arbeitsteilig und marktförmig organisierten Geschehens des modernen Gesundheitssystems. Weitgehend ungeklärt erscheint (mehr denn je), was sich im Detail hinter der Formel ‚ärztliche Kunst' verbirgt, wie auch die Bedeutung des aus der griechischen Antike stammenden Leitbilds des Arztes als „Heilkünstler", der Medizin als „Techné", „Heilkunst", für die evidenzbasierte, leitliniengerechte Medizin der Gegenwart.

Der Modernisierungsprozess der Medizin wurde lange Zeit angesichts beeindruckender Fortschritte im Bereich der wissenschafts- und technikbasierten Diagnostik und Therapie nahezu ausschließlich positiv bewertet. (Kaum jemand würde – und dies soll auch mit der vorliegenden Arbeit keineswegs impliziert werden – zu einer vorwissenschaftlichen Heilkunde zurückkehren wollen.) Das Bild der Heilkunst trat darüber zunehmend in den Hintergrund. Zeitgenössische Publikationen beklagen nun jedoch „Die verlorene Kunst des Heilens" (Lown, 2002) und „Das Elend der ärztlichen Kunst" (Kathan, 2002). Etwas erscheint bedroht, in Auflösung begriffen zu sein. Offenbar tritt die Verdrängung einer professionellen Arbeitsweise, deren konkrete Beschreibung bislang fehlt, schmerzhaft zutage.
„Unbehagen" an der modernen Medizin.

Seit geraumer Zeit gibt es ein „Unbehagen" (Anschütz, 1987) in der Betrachtung der modernen, oftmals als „inhuman" bezeichneten (vgl. v. Troschke, 2004, S. 141) Medizin, das vor allem den Arzt ins Zentrum der Kritik gerückt hat. „Ablehnung und Skepsis der Bevölkerung" (Anschütz, 1987, S. 16–18) prägen seit den 1970er Jahren vielfach die Haltung gegenüber der ärztlichen Profession. Die wissenschaftlich-technische Professionalisierung ist offenbar zu hohen Kosten- sowohl auf Seite der Patienten als auch der Ärzte – erfolgt. So ist als eine Folge der Schwerpunktverlegung der ärztlichen Tätigkeit in den technisch-apparativen Bereich die vielfach beklagte „Entfremdung" und „Vertrauenskrise" im Arzt-Patient-Verhältnis zu betrachten. Die wohl einer breiteren Öffentlichkeit bekannteste Kritik der „Apparatemedizin" reflektiert die als einschneidend empfundene Vernachlässigung kommunikativer Aspekte, die in die von Lüth 1974 prominent charakterisierte „stumme Medizin" mündete. Auch ist ein verstärktes Misstrauen gegenüber der vormals unterhinterfragten ärztlichen Autorität und den professionellen Fähigkeiten des einstigen „Halbgott in Weiß" zu verzeichnen. Rating-Instrumente in Online-Portalen und regelmäßige Veröffentlichungen der „100 besten Ärzte" und Ähnliches reflektieren (oder schüren zusätzlich) ein gespaltenes Verhältnis zur ärztlichen Profession als tendenziell zu misstrauendem Berufsstand. Aller Brüche zum Trotz- oder gerade verstärkt durch sie? – zeigt sich die anhaltende Faszination des Arztes als gesellschaftliche Figur in seiner fortdauernden medialen Präsenz in den zumeist stark idealisierenden „Arztserien" (vgl. v. Troschke, 2004, S. 204–206).

Eine weitere Ausdrucksform der Krise der „Schulmedizin" ist die seit den 1970er Jahren verstärkt erfolgte Hinwendung der Patienten zu alternativmedizinischen Strömungen und Konzepten. „Alternative Medizin" ist zum Oberbegriff für eine Vielzahl von Strömungen und Denkstilen der Medizin jenseits der „Schulmedizin" geworden. Subsumiert werden hierunter größtenteils Ansätze, die eine ganzheitliche Sichtweise auf den Menschen vertreten, sowie naturheilkundliche Ansätze. Hauptkritikpunkte an der einseitig rationalistischen „Schulmedizin" sind ihr naturwissenschaftlich geprägtes Menschenbild bzw. die in der naturwissenschaftlichen Medizin angelegte Leib-Seele-Trennung sowie der Verlust des Bezugs von Arzt und Patient (vgl. Schölmerich, 1988, S. 5). In der alternativen Medizin zentrale Themen, wie biografische Aspekte sowie Fragen nach dem „Sinn" einer Erkrankung (vgl. ebd., S. 6) finden im medizinischen Mainstream kaum Berücksichtigung, nehmen jedoch für den sinnsuchenden, selbstbestimmten und individualisierten Patienten des 20. und 21. Jahrhunderts immer größeren Raum ein. So bemüht sich die alternative Medizin, „die fehlenden Leistungen der Schulmedizin zu kompensieren, z. B. die Versäumnisse im emotional-empathischen, im spirituellen und kommunikativen Bereich" (Nager, 1999, S. 156). Der „Boom naturheilkundlicher Strömungen" sei die „Quittung für unsere schulmedizinischen Unterlassungssünden" (ebd.). Infolge dieser Entwicklungen hat es eine (scheinbare) Öffnung der Schulmedizin in Richtung der alternativen Medizin gegeben, vor allem gegenüber der seit den 1930er Jahren unter dem Einfluss der Psychoanalyse Freuds entwickelten Psychosomatik. Deren heute allgemein und auch in der „Schulmedizin" weitgehend anerkannte Erkenntnis des Entstehens körperlicher Symptome als Folge von psychisch-seelischen Belastungen bietet eine konkurrierende Deutung der Krankheitsentstehung- und -Definition zum naturwissenschaftlichen biomedizinischen Krankheitskonzept an. Auch hat eine Vielzahl praktischer Ärzte, wenn auch sicherlich die Minderheit, naturheilkundliche Methoden in ihr Therapiespektrum integriert, sei es aus Überzeugung oder um einem gewandelten Patientenbedürfnis zu entsprechen. Als

hinderlich für eine weitere Verbreitung naturheilkundlicher Verfahren ist einzustufen, dass populäre und subjektiv als erfolgreich empfundene Methoden vielfach
nicht wissenschaftlich anerkannt und daher nicht von den Krankenkassen finan-
ziert werden. Um als vollwertig anerkannt zu werden, müssen alternative Heilmethoden im Paradigma der Verwissenschaftlichung verortbar, dementsprechend
objektivierbar sein. Ein aktuelles Beispiel hierfür ist die naturwissenschaftliche
Hinterfragung der Akupunktur, die im Mainstream der Schulmedizin nicht voll
akzeptiert ist. Die Psychosomatik und mehr noch die im Anschluss an sie entstandenen Strömungen der alternativen Medizin stellen daher trotz wachsender
Akzeptanz innerhalb und außerhalb der Medizin nach wie vor Randerscheinungen
in der eng an ihre naturwissenschaftlichen Grundlagen angelehnten akademischen
Schulmedizin dar.

Auch die öffentliche Kritik an der ärztlichen Profession hat mit den Auswirkungen der fortschreitenden Ökonomisierung der Medizin weiter an Schärfe
zugenommen. So dominiert mittlerweile wahlweise das Bild des skrupellosen und
korrupten oder des heillos überforderten Arztes die öffentliche Wahrnehmung.
Auf ihre Sicht der Dinge versuchten die Ärzte vielfach mit den so genannten öffentlichen „Ärzteprotesten" hinzuweisen. Neben finanziellen Forderungen
standen bei diesen auch die Verschlechterungen der Rahmenbedingungen in der
Patientenversorgung im Vordergrund, die es zunehmend erschweren, „ärztlich" zu
handeln, wie von Ärzteseite auch in einer wachsenden Zahl von Publikationen
(z. B. Ratheiser, 2006) beklagt wird. Schon 1996 sprechen Badura/Feuerstein
von einer „Orientierungskrise der medizinischen Profession" (Badura & Feuerstein, 1996, S. 12), die sich seither kaum aufgelöst, sondern eher verschärft
haben dürfte. Zu den „alten Problemen" sind seither eine Reihe von Anforderungen an den Arzt hinzugekommen (man denke an den „mündigen Patienten" des
Internetzeitalters), die die ärztliche Praxis vor neue Herausforderungen stellen.

Zu resümieren ist, dass die Medizin – und hierbei zuvorderst der Arzt – mit
Kritik aus verschiedensten Richtungen konfrontiert wird, wobei als aktuellster
und wohl größter Krisenherd die Folgen der zunehmenden Vermarktlichung des
Gesundheitswesens bzw. die massive, durch die Anforderungen der Ökonomie
induzierte Veränderung der Gegenwartsmedizin zu betrachten sind. Im Kanon der
vielen kritischen Auseinandersetzungen mit der modernen Medizin sind jedoch
direkt auf die ärztliche Tätigkeit Bezug nehmende, über punktuelle Ursachen-
zuschreibungen hinausgehende Betrachtungen der von verschiedenen Faktoren
verursachten maßgeblichen Veränderungen der Parameter des ärztlichen Handlungsfelds deutlich unterrepräsentiert. Als problematisch zu betrachten ist in
erster Linie, dass sich der Arzt im zunehmend komplexer werdenden Gefüge

des Gesundheitssystems einer wachsenden Anzahl von sachfremden Erwartungen gegenübergestellt sieht, die seine Handlungsgrundlagen im Kern berühren. Um dies zu verdeutlichen soll, ausgehend von der empirischen Analyse der ärztlichen Tätigkeit, argumentiert werden, dass (und eruiert werden, inwiefern) hierin ernstzunehmende Hinweise auf tief greifende Fehlentwicklungen in der gesellschaftlichen Betrachtung ärztlichen Handelns zu sehen sind.

Ist nun die ärztliche Kunst als vormodernes Relikt oder als ein tatsächlich auch für die moderne Medizin tragfähiges Konzept ärztlichen Handelns zu betrachten? Praktizierte der Arzt früher Kunst und heute Wissenschaft? Hat sich das ärztliche Handeln in seiner Substanz so stark verändert, dass ein als „künstlerisch" zu beschreibendes Handeln der modernen ärztlichen Tätigkeit inadäquat geworden ist?

Beim genaueren Hinsehen zeigt sich, dass beide – häufig klischeehaft gegenübergestellte – Arztstereotype, das „alte", häufig romantisierende Bild des Hausarztes gegenüber der technokratischen Konzeption des verwissenschaftlichten High-Tech-Mediziners (ohne behaupten zu wollen, dass es nicht beide Varianten in der empirischen Realität gäbe) keine angemessene Beschreibung für das Gros der heutigen Ärzteschaft bieten. Zweifellos hat sich die Medizin durch den Zuwachs wissenschaftlichen Wissens und durch neue Erkenntnismethoden infolge der Integration von wissenschaftsbasierter Technik in das Repertoire ärztlichen Handelns fundamental geändert. Auch gibt es infolge der Ausdifferenzierung der Medizin Spezialisten, die mit dem „Arzt am Krankenbett", oder dem „gütigen alten Hausarzt" (Shorter, 1991, S. 48), wenn überhaupt, äußerlich und möglicherweise auch arbeitsinhaltlich nur noch entfernte Verwandtschaft aufweisen, die aber dennoch unstreitig erfolgreiche Mediziner sind. So ist anzunehmen, dass eine Analyse der Tätigkeit des Laborarztes, des Pathologen, des Nanomediziners oder des Arztes in der minimalinvasiven Chirurgie vermutlich in unterschiedlich akzentuierte Kataloge exklusiven professionellen Wissens und Könnens münden würde. Zu unterschiedlich und zu vielschichtig ist die berufliche Realität derer, die mit der Bezeichnung ‚Arzt' umfasst sind, als dass eine pauschale und für alle Spezialgebiete der Medizin erschöpfende Antwort auf die Frage „Was bedeutet heute ärztliche Kunst?" gegeben werden könnte. Wohl aber können hinsichtlich zentraler Aspekte ärztlichen Handelns im Rahmen des „klassischen" ärztlichen Tätigkeitsspektrums, als solches die Bereiche der direkten Arzt-Patient-Interaktion, der Gestaltung des diagnostischen und therapeutischen Prozesses und die Nutzung von Medizintechnik gelten, Kriterien „guten" ärztlichen Handelns im Sinne einer ‚ärztlichen Kunst' benannt werden.

Mit der Auswahl des empirischen Gegenstands, der Erforschung ärztlichen Handelns im Rahmen ihres Kernfeldes, der krankenhausmedizinischen Versorgung und der niedergelassenen hausärztlichen Praxis, wird sich bewusst ins Zentrum der Domäne der etablierten „Schulmedizin" begeben, um die Spezifik dieses Handlungsfelds herausarbeiten zu können und sie in Kontext mit der Kritik an der modernen Medizin und schließlich „aktuellen Problemfeldern" stellen zu können. Hierbei wurde mit dem Schwerpunkt der Inneren Medizin ein möglichst vielfältiges, heterogene Aktivitäten umfassendes Handlungsfeld ausgewählt, welches zusätzlich durch die Integration von Interviewpartnern aus dem Bereich der Chirurgie und der Psychiatrie, als zwei möglichst gegensätzliche Spezialfelder, kontrastiert wurde. Ziel ist eine inhaltliche und empirische Präzisierung und Fundierung des Konzepts jenseits der oftmals nur deskriptiv im Sinne von Oberflächenbeschreibungen verwendeten Begriffe ‚ärztlicher Blick' und ‚ärztliche Intuition' wie auch seine angemessene Verortung unter den Bedingungen einer verwissenschaftlichten, technisierten und ökonomisierten Medizin. Unter Rückgriff auf historische Diskurse sowie klassische und aktuelle Forschungsarbeiten zum ärztlichen Wissen und Handeln wird zunächst die Auflösung des tradierten professionellen Referenzsystems der ärztlichen Kunst zugunsten einer stark verwissenschaftlichen Selbstbeschreibung aufgezeigt, die sich – ganz im Sinne des Leitbilds rationalen, wissenschaftsbasierten Handelns – als Orientierungsgröße für die gesundheitspolitische Arbeitsgestaltung (vgl. Gerlinger & Stegmüller, 2009) sowie die gesellschaftliche Erwartung an den Arzt etabliert hat. Im Rahmen dieses Leitbilds erscheint die ärztliche Kunst in ihrer Unschärfe und Subjektgebundenheit als kaum anschlussfähig und wird, zuspitzend formuliert, zum „Störfaktor" einer auf Effizienz getrimmten pauschalierten Dienstleistungsmedizin. Entgegen diesen Betrachtungen ist es das Ziel der vorliegenden Arbeit, darzulegen und empirisch zu begründen, dass sich ärztliches Handeln nur unvollständig als objektivierendes Handeln im Sinne eines wissenschaftlich und ökonomisch rationalen Handelns fassen lässt. Zur Analyse der Grenzen objektivierenden Handelns bei der ärztlichen Tätigkeit erscheint der Rekurs auf die historische Kategorie ‚ärztliche Kunst' und deren handlungstheoretische Fundierung gewinnbringend. Handlungsweisen, die einer ärztlichen Kunst zuzurechnen sind, können so nicht nur als durch das systemische Leitbild „bedroht", sondern auch als unverzichtbarer Bestandteil professionellen ärztlichen Handelns aufgezeigt werden.

Ausgangspunkt der Untersuchung ist eine umfassende Einführung in langfristige innermedizinische Entwicklungsprozesse sowie die gesundheitspolitischen Umwälzungen der vergangenen Jahrzehnte, durch welche die Rahmenbedingungen der ärztlichen Tätigkeit erheblich modifiziert wurden. Der gesellschaftliche

Bereich der gesundheitlichen Versorgung und speziell das System der Medizin stellt sich als in besonders durchdringender Form von Prozessen der Verwissenschaftlichung, Ökonomisierung, Technisierung und (als deren Konsequenz) auch Standardisierung berührt dar. Über den Befund eines „Spannungsfelds" unterschiedlicher Rationalitäten hinausgehend werden die drei Makrotendenzen ‚Verwissenschaftlichung', ‚Technisierung' und ‚Ökonomisierung' des ärztlichen Handlungsfelds vorgestellt und in ihrer Wechselbezüglichkeit entfaltet. Dabei wird die These begründet, dass die drei Makrodynamiken trotz Unterschieden hinsichtlich ihres Inhalts und der ihnen immanenten Logiken gleichwohl eine übergreifende Gemeinsamkeit enthalten. Es ist dies die Tendenz zur Forcierung einer Standardisierung ärztlichen Handelns im Sinne von dessen Objektivierung und Formalisierung. Auf dieser Grundlage wird im Weiteren der Frage nachgegangen, in welcher Weise sich mit dieser Entwicklungstendenz der Objektivierung und Formalisierung ärztlichen Handelns zugleich eine Bedrohung wesentlicher Kernelemente ärztlichen Handelns bzw. der ‚ärztlichen Kunst' verbindet.

In Kap. 2 wird eine Aufbereitung des Forschungsstands und der theoretisch-konzeptuellen Grundlagen erfolgen, hierbei Konzepte „anderen" Wissens und Handelns vorgestellt und für die vorliegende Arbeit synthetisiert. Eingeführt wird hiermit der für die vorliegende Arbeit zentrale Gedanke eines empirisch unterscheidbaren „objektivierenden" und „subjektivierenden" Handelns als zwei differente Handlungsstile im Rahmen des handlungstheoretischen Konzepts des subjektivierenden Arbeitshandelns.

Das Kap. 3 widmet sich unter theoriegeleitetem Fokus der empirischen Untersuchung der ärztlichen Praxis. Zunächst wird in Vorarbeit zur eigenen empirischen Untersuchung eine maßgebliche empirische Pionierarbeit zum ärztlichen Handeln, die Studie „Ärztliche Praxis" (Schachtner, 1999), hinsichtlich der Kategorien objektivierenden und subjektivierenden Handelns reinterpretiert. Als Ergebnis der eigenen empirischen Untersuchung kann durch die Anbindung an das Konzept des subjektivierenden Handelns eine handlungstheoretisch informierte Konturierung der ärztlichen Praxis geleistet werden Facetten der ärztlichen Kunst, wie der ‚ärztliche Blick', die ‚ärztliche Intuition' und der ‚ärztliche Eindruck' werden somit handlungstheoretisch erklärbar und als besondere Form von Professionalität beschreibbar, die in der Praxis unverzichtbar ist. Weiterhin zeigen die empirischen Befunde das situationsspezifische Zusammenspiel objektivierender und subjektivierender Handlungselemente als Charakteristikum der ärztlichen Tätigkeit auf. Dieser Befund kann in Abhängigkeit der spezifischen Handlungsanforderungen (Gespräch mit dem Patienten, körperliche Untersuchung, Einsatz von Medizintechnik, Diagnosefindung und Therapie) weiter differenziert werden. Insbesondere Situationen, die als unwägbare, von einer Vielzahl individueller

Variablen abhängige Praxis zu beschreiben sind, profitieren in hohem Masse von subjektivierenden Handlungsweisen. Dies gilt nicht nur für die kommunikativen Aspekte ärztlichen Handelns, sondern auch für scheinbar instrumentelle Verrichtungen im Umgang mit Medizintechnik oder mit „objektiven Daten". Die Kontrastierung von Ärzten unterschiedlicher Altersstufen lässt zudem Differenzen im Handlungsstil erkennen, die die Befähigung zu subjektivierendem Handeln als Merkmal erfahrener Ärzte ausweist, während „Anfänger" generell enger am Raster standardisierter Handlungsabläufe und formaler Kriterien, somit objektivierend, agieren. Der Erwerb von Fähigkeiten, die gemeinhin als ‚ärztliche Kunst' umschrieben werden, kann so empirisch als erfahrungsbasierter Lernprozess aufgezeigt werden.

Abschließend sind im Kap. 4 anhand der empirischen Befunde Rückschlüsse in Bezug auf die Ausgangsthese einer zunehmenden Überformung originär ärztlicher Handlungslogiken durch Prozesse der Verwissenschaftlichung, Technisierung und Ökonomisierung zu ziehen. Die eingangs dargestellten Makrotendenzen werden als Rahmenbedingungen ärztlichen Handelns bzw. die These einer hierdurch induzierten Verdrängung der ärztlichen Kunst mit den empirischen Befunden der vorliegenden Untersuchung konfrontiert, in diesem Zusammenhang „aktuelle Problemfelder" benannt. Die handlungstheoretische Fundierung der ärztlichen Praxis als vielfach subjektivierendes Handeln bestätigt die (Ausgangs-) These, dass die originär ärztliche Handlungslogik nur begrenzt mit den (objektivierenden) Dynamiken der Verwissenschaftlichung, Technisierung und Ökonomisierung, bzw. allgemeiner, der Formalisierung ärztlichen Handelns kompatibel ist. Ausgehend von der Analyse der ärztlichen Tätigkeit ist somit eine Kritik der makrostrukturellen Entwicklungstendenzen ableitbar, die die im Rahmen der Darstellung der Kontextbedingungen ärztlichen Handelns aufgegriffenen Betrachtungen durch ihren direkten Bezug zur ärztlichen Tätigkeit erweitert. Die empirische Untersuchung verweist nachhaltig darauf, dass das professionelle Fähigkeitsensemble der ‚ärztlichen Kunst' nicht als vormoderner, traditioneller Restbestand zu betrachten ist, der durch immer intelligentere Formen des Wissenstransfers und der betriebswirtschaftlichen Steuerung ersetzt und optimiert werden kann. Handlungsweisen, die als subjektivierendes Handeln einer ärztlichen Kunst zuzurechnen sind, können nicht nur als durch das systemische Leitbild „bedroht" aufgezeigt werden, sondern sind darüber hinaus als zentrale Elemente professionellen ärztlichen Handelns in Bezug auf zukünftige Herausforderungen einer ökonomischen und bedarfsgerechten Gesundheitsversorgung als bewahrens- und fördernswert zu betrachten.

Literatur

Anschütz, F. (1987). *Ärztliches Handeln. Grundlagen, Möglichkeiten, Grenzen, Widersprüche.* Wissenschaftliche Buchgesellschaft.

Badura, B., & Feuerstein, G. (1996). Krisenbewältigung durch Systemgestaltung. In B. Badura, G. Feuerstein (Hrsg.), *Systemgestaltung im Gesundheitswesen: Zur Versorgungskrise der hochtechnisierten Medizin und den Möglichkeiten ihrer Bewältigung* (S. 9–20). Juventa.

Gerlinger, T., & Stegmüller, K. (2009). Ökonomisch-rationales Handeln als normatives Leitbild der Gesundheitspolitik. In U. H. Bittlingmayer, D. Sahrai, & P.-E. Schnaber (Hrsg.), *Normativität und Public Health* (S. 135–161). VS.

Kathan, B. (2002). *Das Elend der ärztlichen Kunst. Eine andere Geschichte der Medizin.* Kadmos.

Lown, B. (2002). *Die verlorene Kunst des Heilens. Anleitung zum Umdenken.* Schattauer.

Lüth, P. (1974). *Sprechende und stumme Medizin. Über die Patienten-Arzt-Beziehung.* Campus.

Nager, F. (1999). Intuition: Brücke von der Heiltechnik zur Heilkunst. In B. Ausfeld-Hafter (Hrsg.), *Intuition in der Medizin. Grundfragen zur Erkenntnisgewinnung* (S. 149–162). Lang.

Ratheiser, K. (2006). *Dauerfeuer. Das verborgene Drama im Krankenhausalltag.* Suhrkamp.

Schachtner, C. (1999). *Finführung in die computergestützte AnalysÄrztliche Praxis. Die gestaltende Kraft der Metapher.* Suhrkamp.

Schölmerich, P. (1988). *Wandel im Selbstverständnis der Medizin* (S. 4–24). Akademie der Wissenschaften und der Literatur.

Shorter, E. (1991). *Das Arzt-Patient-Verhältnis in der Geschichte und heute.* Picus.

von Troschke, J. (2004). *Die Kunst ein guter Arzt zu werden.* Huber.

Inhaltsverzeichnis

Über die Autorin

Dr. Tanja Merl Jahrgang 1978 Studium der Diplom-Soziologie/LMU München Promoviert zum Dr. phil. Universität Augsburg 2011 Seit 2009 Mitglied der Forschungseinheit für Sozioökonomie der Arbeits- und Berufswelt, Philosophisch- Sozialwissenschaftliche Fakultät der Universität Augsburg, derzeit wiss. Mitarbeiterin im BMBF- Projekt „LedivA- Leistungsregulierung digital vernetzter Arbeit". Forschungsschwerpunkte: Dienstleistungsforschung Wandel der Erwerbsarbeit im Zuge der Digitalisierung Gesundheitsprävention & Arbeitsgestaltung Medizinsoziologie & Professionssoziologie der Gesundheitsberufe.

Kontakt: drtmerl@mail.de

Allgemeine Entwicklungen im Gesundheitssystem und deren Rückwirkungen auf das ärztliche Handeln

Beginnend mit einer historischen Darstellung des Transformationsprozesses der Medizin von der Heilkunst zur medizinischen Wissenschaft werden Grundgedanken und Elemente der antiken Heilkunst sowie deren Überformung durch wissenschaftliche und technische Denkweisen im 19. Jahrhundert nachgezeichnet. Eine Zäsur in der Betrachtung ärztlichen Handelns, im Rahmen derer dieses zunehmend bis ausschließlich nach wissenschaftlichen Maßstäben bewertet wird, ist spätestens in der Mitte des 20. Jahrhunderts anzusiedeln (vgl. Shorter, 1991). Das Feld der Medizin war bis zu diesem Zeitpunkt keine reine Domäne der Naturwissenschaften, da im Rahmen der „Heilkunde" auch nicht-wissenschaftliche Wissensformen nicht nur Anwendung, sondern auch Anerkennung fanden. Dargestellt werden die historische Genese wie auch die Auswirkungen des verwissenschaftlichten „medizinischen Blicks" als Repräsentant einer sich im engen Sinne naturwissenschaftlich definierenden Handlungspraxis. Indikatoren für Prozesse der Verwissenschaftlichung finden sich nicht erst in der Gegenwart, jedoch bringt die Einführung der evidenzbasierten Medizin in pronociertester Form diese Entwicklungen auf den Punkt. So mögen Methoden der Wissensobjektivierung und Handlungsalgorithmisierung bzw. eine durch die Standardisierung von Diagnose und Therapieentscheidungen erreichbare Komplexitätsreduktion angesichts des exponentiell ansteigenden Umfangs theoretischen Fachwissens notwendig erscheinen, im Rahmen einer vielschichtigen und wenig planbaren Praxis ist ihnen jedoch mit einer gewissen Grundskepsis zu begegnen.

Auch die Folgen der Technisierung ärztlichen Handelns bzw. die Konsequenzen der „Dominanz der technischen Orientierung in der Medizin" (Weishaupt, 1994, S. 239) für die Betrachtung der ärztlichen Tätigkeit sind kritisch zu hinterfragen. Der Einsatz von Medizintechnik als „Königsweg" der Erkenntnis erscheint nicht nur volkswirtschaftlich fragwürdig, sondern vor allem als

© Springer Fachmedien Wiesbaden GmbH, ein Teil von Springer Nature 2021
T. Merl, *Ärztliches Hundeln zwischen Kunst und Wissenschaft*,
Gesundheit. Politik – Gesellschaft – Wirtschaft,
https://doi.org/10.1007/978-3-658-21972-7_1

kaum mehr hinterfragte Entwicklung und schließlich Zementierung des modernen medizinischen Bezugsrahmens des „biomedizinischen Modells" und des diesem zugrunde liegenden reduktionistischen und objektivistischen Körperbilds (vgl. ebd., S. 245 f.).

Mit der Ökonomisierung bzw. Vermarktlichung des Gesundheitssystems in den vergangenen Jahrzehnten, deren direkte Auswirkungen auf das System der medizinischen Versorgung und das ärztliche Handeln ausführlich dargelegt werden, wird die ärztliche Praxis schließlich mit den Anforderungen einer betriebswirtschaftlichen Leistungssteuerung konfrontiert. Hinterfragt wird auch die zu erkennende Tendenz der Bewertung der ärztlichen Tätigkeit anhand formaler Kriterien, gleichzeitig werden populäre zeitgenössische Rollenkonzepte wie das des Arztes als „Dienstleister", des Patienten als „Kunde" oder als „mündiger Patient" genauer unter die Lupe genommen.

Das Kapitel schließt mit der Erläuterung der These der Verdrängung der ‚ärztlichen Kunst' im Zuge der durch die Makrotendenzen forcierten Objektivierung und Formalisierung ärztlichen Handelns.

1.1   Verwissenschaftlichung der ärztlichen Praxis

Der gegenwärtig festzustellende Grad der Verwissenschaftlichung nicht nur der ärztlichen Handlungsgrundlagen, sondern auch der ärztlichen Praxis, steht in der Kontinuität einer langen Entwicklungsgeschichte der Medizin, als deren Radikalisierung oder „Zuspitzung" (Borgetto & Kälble, 2007, S. 173) die innermedizinische Strömung der „evidenzbasierten Medizin" zu betrachten ist. Die Medizin erfuhr im Zuge der großen Entdeckungen der Naturwissenschaften im 19. Jahrhundert sicherlich ohne Übertreibung eine Revolutionierung ihrer Handlungsgrundlagen auf naturwissenschaftlichem Fundament. Durch bahnbrechende wissenschaftliche Entdeckungen konnten Krankheitserscheinungen nun in ihrer Kausalität verstanden und durch naturwissenschaftlich fundierte Therapien zunehmend beherrschbar gemacht werden. Ein Blick in die Medizingeschichte zeigt, dass sich nicht nur die medizinische Wissenschaft, sondern auch das ärztliche Handeln seither zunehmend an naturwissenschaftlichen Prinzipien der Erkenntnisgewinnung orientierte (vgl. Weishaupt, 1994, S. 240 f.) bzw. nicht nur die Erkenntnisse, sondern auch die Methoden der Naturwissenschaften (vgl. Marckmann, 2003, S. 63) übernahm. Die einstige erfahrungsbezogene Heilkunde wird spätestens im 20. Jahrhundert, in welchem der Durchbruch ärztlichen Therapieerfolgs im Verbund mit der wohlstandsabhängigen Verbesserung der Lebens- und

Arbeitsbedingungen maßgeblich zu einer Verlängerung der allgemeinen Lebenserwartung bis hin zu ihrer statistischen Verdopplung beitrug (vgl. Anschütz, 1987, S. 4–5), zur „angewandten (Natur-) Wissenschaft" (ebd.) erklärt und wurde schließlich zu einem Vorzeigefeld wissenschaftlich-technischen Fortschritts.[1]

So unstrittig die Erfolge der wissenschaftsbasierten Medizin sind, gilt es dennoch im Rahmen einer kritischen Auseinandersetzung auch die Schattenseiten einer positiven Entwicklung nicht aus der Betrachtung auszuklammern. Als solche muss die Überformung der traditionellen Medizin durch das „biomedizinische Modell" sowie die in diesem angelegte Engführung der Vorstellung des menschlichen Organismus bzw. von Krankheit als einem primär organischen, kausal determinierten Defekt, der mit modernster Technik zu beheben sei, bzw. das wissenschaftlich-objektive Krankheitsverständnis mit der Vorstellung, dass „Krankheiten objektiver Natur sind und man diese gleichsam automatisch erkennen kann, wenn man über das dazu nötige Wissen verfügt" (Sing, 2007, S. 21), gelten. Als Ausgangspunkt für die unter diesem Aspekt auch problematische Verwissenschaftlichung der ärztlichen Praxis muss das biomedizinischen Modell differenziert bewertet werden, so als „segensreiche Utopie" für eine leistungsfähige Medizin, die noch kein vergleichbar konkurrenzfähiges Konzept hervorgebracht hat (vgl. Rothschuh, 1978, S. 447–448), dessen Ablösung zugunsten eines möglicherweise auch in Bezug auf zukünftige Herausforderungen tragfähigeren Leitbildes jedoch vielfach gefordert wird. Grenzen des biomedizinischen Modells werden nach anfänglicher Euphorie über den sprunghaften Fortschritt offenkundig- sei es hinsichtlich der diesem immanenten Selbstlimitierung der Erkenntnismöglichkeiten oder auch der Folgeprobleme und Auswirkungen einer in diesem Sinne gestalteten ärztlichen Praxis.anzustreben sei eine erweiterte Vorstellungen vom Menschen, seinem Körper und Krankheit mit dem Ziel „eines angemesseneren und humaneren Umgangs mit Problemen, die das heute vorherrschende Krankheitsspektrum aufwirft" (Weishaupt, 1994, S. 247).

Im zwanzigsten Jahrhundert werden in der Medizin aus Kunst und Wissenschaft entgegengesetzte Pole. Für die Medizin als Anwendungsfeld wissenschaftlichen Wissens in besonderem Maße relevant erscheint die Betrachtung des komplexen Verhältnisses von „methodisch kontrolliert erzeugte(m), überprüfbare(m) und verallgemeinerungsfähige(m) explizite(m) Wissen" (ebd.) und

---

[1] Einzubetten sind die Entwicklungen der modernen Medizin in übergeordnete gesamtgesellschaftliche Entwicklungstendenzen der wissenschaftsbasierten Rationalisierung.

„anderen Wissensformen". So gestaltet „sich die Beziehung zwischen Wissenschaft und Medizin keineswegs trivial" (Vogd, 2004a, S. 195)[2]. „Die Faszination der Naturwissenschaft" (Anschütz, 1987, S. 181) besteht für die Medizin sicherlich nicht zuletzt darin, dass sie durch ihre Assoziation mit dem Wahrheitsbegriff Unsicherheiten und Ambivalenzen im ärztlichen Handeln zu beseitigen verspricht. Dass die Übernahme der naturwissenschaftlichen Sichtweise auch eine Begrenzung für die ärztliche Erkenntnis darstellt, wird dabei vielfach ausgeblendet. Die Ansicht, dass ärztliches Handeln im naturwissenschaftlichen Denkstil nicht aufgeht, wird jedoch von vielen maßgeblichen Ärzten des 19. und 20. Jahrhunderts geteilt (vgl. Anschütz, 1987, S. 180). Insbesondere dem Totalanspruch der ausschließlich naturwissenschaftlich definierten Medizin wird mit äußerster Skepsis begegnet. Trotz der vielfach auch aus den Reihen der ärztlichen Profession stammenden kritischen Stimmen bleibt jedoch die Auseinandersetzung mit den wissenschafts- und erkenntnistheoretischen Grundlagen des eigenen Fachs in der Medizintheorie bislang unterreflektiert.

Techné: Die antike Heilkunst, der Arzt als „Heilkünstler"
Um ein tieferes Verständnis der Konsequenzen der Verwissenschaftlichung der Medizin entfalten zu können, erscheint zur Klärung grundsätzlicher Fragen nach Wesen und Beschaffenheit der ‚ärztlichen Kunst' zunächst die Beschäftigung mit den historischen Wurzeln der ärztlichen Kunstlehre, wie auch die Betrachtung der sozialen und speziell wissenschaftlich-technischen Konstellationen, die den tief greifenden Wandel des ärztlichen Selbstverständnisses ausgelöst haben, lohnenswert. Ein erster Schwerpunkt des Erkenntnisinteresses ist daher die Konturierung des Wesens einer sich als „Heilkunst" verstehenden vorwissenschaftlichen Medizin in ihren Ursprüngen und Grundlagen, bevor der Transformationsprozess des traditionellen Leitgedankens in das Bild des technokratischen Wissenschaftlers dargestellt wird.

Die traditionelle Konzeption der Medizin als „Kunst" wurzelt in der antiken griechischen Medizin, die sich im 5. Jahrhundert vor Beginn der modernen Zeitrechnung

---

[2] Als Phänomen „reflexiver Verwissenschaftlichung" wird von Wagner (1995) die „Krise der Medizin" bzw. „Krise ihrer wissenschaftlichen Methodengewissheit" infolge des immensen Zuwachses an wissenschaftlich fundiertem Wissen in der Medizin thematisiert. Als solche kann mit der Perspektive der Theorie der Reflexiven Modernisierung (Beck et al., 1994) eine Radikalisierung der Entwicklung der gesellschaftlichen Verwissenschaftlichung, im Rahmen derer das System der Wissenschaft mit den von ihm erzeugten Folgeproblemen konfrontiert wird, verstanden werden. Als Resultat der Verwissenschaftlichung und Technisierung ärztlichen Handelns werde die für das ärztliche Handeln charakteristische Unsicherheit ärztlicher Praxis nicht aufgelöst, sondern vielmehr von „einfachen" in „reflexive" Unsicherheiten transformiert (vgl. Wagner, 1995, S. 267), die kaum einfacher zu bewältigen sein dürften.

selbst als *„Techné"*, „Heilkunst" und „Handwerkskunst", definierte. Mit der Verabschiedung von übernatürlichen und religiösen Konzepten von Krankheit ist die antike griechische Medizin als Fundament einer modernen Medizin zu betrachten (vgl. Porter, 2000, S. 53–54). Als „Einheit von Erfahrungs- und Theoriewissen" (Sing, 2007, S. 33), „Theoria" und „Pragma", wird die Techné zum ersten umfassenden Konzept der Medizin (vgl. Sing, 2007, S. 33). Dieses enthält bereits jene zwei Elemente einer angewandten Wissenschaft, die bis heute als wesentliche Komponenten ärztlichen Handelns zu betrachten sind und die erst mit der Übernahme der Definitionsmacht durch die wissenschaftliche Medizin ein Spannungsfeld erzeugen.

Gebündelt wird mit dem Begriff Techné ein heterogener Bestand an Fähigkeiten und Fertigkeiten, der sowohl medizinisches Wissen als auch ärztliches Handeln und Verhalten umfasst (vgl. Heidel, 2008, S. 117). Techné kann im Sinne einer „praktischen Wissenschaft" als „Werkzeug" verstanden werden, einen bestimmten Bereich „verstandesmäßig zu beherrschen" (Kölbing, 1977, S. 97). Jedoch werden auch und vor allem erfahrungsbezogene Wissensformen, wie die personengebundene Erfahrung des Arztes sowie seine subjektive Wahrnehmung, wie hier in der Umschreibung von Aristoteles, hervorgehoben: „Die Kunst entsteht dann, wenn sich aus vielen durch die Erfahrung gegebenen Gedanken eine allgemeine Annahme über das Ähnliche bildet" (Neuweg, 1999, S. 265).

Als Begründer der Heilkunde – sowie als „Wegbereiter" (Otte, 1995, S. 14) der abendländischen wissenschaftlichen Medizin – ist Hippokrates zu betrachten, dessen Gedankengut die Medizin bis in die Neuzeit hinein prägte (vgl. Bodamer, 1962, S. 120). Mit dem Namen Hippokrates wird in erster Linie der „Hippokratische Eid" (siehe dazu: Porter, 2000, S. 63) assoziiert. Als Kodifizierung von Vorstellungen über den idealen Arzt bildet dieser den Grundstein der ärztlichen Ethik, der Lehre vom richtigen bzw. unerlaubten Handeln des Arztes, die bis in die Gegenwart (zumindest im normativen Sinn) die Vorstellung des Arztes als nach moralischen Prinzipien Handelndem und Entscheidendem prägt[3]. Die prominenteste Formel des Eides „Primum non nocere", bzw. „nihil nocere", „Zum Wohl des Patienten, nie zu dessen Schaden", wird zur zentralen Handlungsmaßgabe für die Ärzte der Antike und darüber hinaus. Die von Hippokrates und seinen Nachfolgern geschaffene Schriftensammlung „Corpus Hippocraticum" zeugt von einem komplexen Theoriegebäude, das Vorstellungen über Natur, Krankheit und die ärztliche Rolle integriert (vgl. Schipperges et al., 1978, S. 235–240). Natur und Umwelt enthalten einen zentralen Stellenwert in der Krankheitslehre, in welcher die Krankheit

---

[3] Vergessen werden darf in diesem Zusammenhang nicht, dass es sich hierbei um regulative Selbstbilder einer Profession handelt, die bei Professionalisierungsprozessen eine erhebliche Rolle spielen (vgl. Göckenjan, 1992, S. 118–119).

nicht länger „als abstrakte Wesenheit verstanden, sondern aus der Lebensweise und den Umständen des einzelnen Organismus heraus gedeutet" (ebd., S. 236) wird. Vereint werden im „hippokratischen System" sowohl mystische Vorstellungen als auch empirische und kausalanalytische Zugänge. So wurde im Rahmen der lange einflussreichen Säftelehre die Vielfalt von Krankheiten und Heilungsmöglichkeiten aus der „Pluralität von Elementen- und Säftekonstellationen" (ebd, S. 238), die es in Harmonie zu bringen gelte, abgeleitet. Krankheit lässt sich in der hippokratischen Heilkunst vor allem als „klinisch fassbare Geschichte des einzelnen Falls erklären" (ebd., S. 239). So spezialisierten sich die hippokratischen Mediziner auf die ein „enges Arzt-Patient Verhältnis" (Porter, 2000, S. 10) befördernde „Medizin am Krankenbett", die vor allem das häufige Besuchen und sorgfältige Untersuchen des Kranken beinhaltete (vgl. ebd., S. 58). Aus der präzisen Beobachtung von Krankheitsverläufen, akribisch („Akribeia") dokumentiert, entsteht so nach und nach die Zeichenlehre der „Symptomalogie" (vgl. Schipperges et al., 1978, S. 240), die bestimmte „Krankheitsmuster" (Porter, 2000, S. 60) erkennen lässt. Im Zentrum ärztlichen Handelns stand die „individuell-historische Schau" (Schipperges et al., 1978, S. 240) sowie der systematische Vergleich des Einzelfalls mit den klassischen Krankheitsbeschreibungen von Hippokrates. Als „patientenorientiert" (Porter, 2000, S. 60) fokussiert die Heilkunst in erster Linie das „Unwohlsein" (ebd.), d. h., das subjektive Befinden des Patienten. Es wurde sich „viel Zeit für die Beschwerde" genommen, teilweise die gesamte Lebensgeschichte des Patienten aufgenommen (vgl. Shorter, 1991, S. 18). Die umfassende Anamnese, in der der Arzt „nach allen Einzelheiten fragen" (Porter, 2000, S. 61) soll, bildete in der Antike den Kern der vorwissenschaftlichen Heilkunst und auch der medizinischen Ausbildung.

Der hippokratischen Heilkunst liegt eine später als „ganzheitlich" bezeichnete Orientierung zugrunde, indem sie „aus Lebensweise, Wohnung, Arbeit und Ernährungsgewohnheiten des Patienten ein Profil erstellt" (Porter, 2000, S. 61). Zur ausführlichen Anamnese war zudem der „Gebrauch geschulter Sinne" unverzichtbar (vgl. ebd.), so z. B. im Rahmen der hippokratischen Krankenuntersuchung, bei der der Geruch von Ausscheidungen als Hinweis auf Erkrankungsursachen beurteilt wurde. Hierbei wird den hippokratischen Medizinern ausgesprochener „klinischer Scharfsinn" (Porter, 2000, S. 62) zugesprochen, der auch, worauf das bekannte Wort der „Facies Hippocratica" (ebd.) hinweist, im Bereich der Blickdiagnostik äußerst erfolgreich war. Bedeutsamer als die Diagnose war den hippokratischen Medizinern die Prognose als „Kunst der Voraussicht" (ebd.), die für das hippokratische Denken merkmalsgebend ist (vgl. Schipperges et al., 1978, S. 240)- dies auch aus Gründen der professionellen Abgrenzung gegenüber „Wahrsagern und Quacksalbern" (vgl.

Porter, 2000, S. 62). Auch im „Übergewicht der Prognose über die Diagnose" (Schipperges et al., 1978, S. 240) wird erneut das Motiv der Patientenorientierung deutlich, in dessen Zentrum die Entwicklung therapeutischer Möglichkeiten durch Antizipation der Krankheitsentwicklung steht. Ein erfolgreiches Beispiel und zugleich ein „frühes rationales Modell von Krankheit" stellt das Konzept der Wunde dar, durch welches Ursache und Wirkung auf Grundlage empirischer Beobachtungen benannt und hierauf aufbauend schließlich therapeutische Strategien im Sinne einer „Wundarzneikunst" entwickelt werden konnten (vgl. ebd., S. 232). Insgesamt ist die hippokratische Praxis in Ermangelung wirksamer Heilmethoden jedoch im Hinblick auf die Therapie als zurückhaltend einzustufen. Im kurativen Sinne behandelt werden konnten lediglich „chronische Beschwerden und kleinere Gebrechen" (Porter, 2000, S. 10). Auch wenn das „Handwerk", das sich in der Erfindung der Disziplin der Chirurgie niederschlägt, zum festen Bestandteil der hippokratischen Medizin wird, nimmt es im Rahmen der tendenziell konservativen Behandlungtradition einen nachrangigen Stellenwert ein (vgl. ebd., S. 59–60). Ihr Fokus ist eher, wie man heute sagen würde, auf Prävention gerichtet, indem Empfehlungen zur gesunden Lebensweise wie Diät, Ernährung und Lebensgewohnheiten (vgl. Kölbing, 1977, S. 96) gegeben wurden Im Rahmen einer Heilkunst, die „lediglich das Streben der Natur nach Wiederherstellung ihrer Harmonie" (Schipperges et al., 1978, S. 235) anvisiert, wird der Arzt als Unterstützer natürlicher Prozesse konzipiert. Mit der hippokratischen Interpretation von Heilkunst: „Die Heilkunst umfasst Dreierlei: Die Erkrankung, den Kranken, den Arzt. Der Arzt ist Diener der Kunst. Der Kranke muss zusammen mit dem Arzt gegen die Krankheit sich wehren." (zitiert u. a. in Kölbing, 1977, S. 100) wird zudem die starke Stellung eines engen Arzt-Patient–Verhältnisses als Kernelement der hippokratischen Medizin akzentuiert.

Knapp 700 Jahre später werden im zweiten Jahrhundert die Grundlagen der hippokratischen Heilkunst von dem in Rom praktizierenden griechischen Arzt Galen in Richtung einer stärkeren wissenschaftlichen Fundierung der Krankheitslehre weiterentwickelt. Sein Ziel ist die Entwicklung eine „Theorie der Medizin", die sich aus den zwei Komponenten der beobachtenden Erfahrung („Empeiria") und des verstandesmäßigen Denkens („Logismos") zusammensetzt. Erhalten bleiben ein starker Naturbegriff in Sinne der Betrachtung der Natur als „bildende", „künstlerisch schaffende Kraft" und „hervorragende und höchste Kunst, die alles zu einem bestimmten Zweck schafft, sodass nichts unnütz oder überflüssig ist und nichts sich so verhält, dass es auf eine andere Art und Weise besser sein könnte" (vgl. Schipperges et al., 1978, S. 241) sowie die nun weiter ausdifferenzierte Humoralpathologie (Säftelehre) als krankheitserklärendes Konzept (vgl. ebd., S. 242). Noch klarer als zuvor formuliert Galen die Aufgabe, die „Techné", des Arztes im „Erkennen, Vorsorgen, Helfen" (ebd., S. 243).

Ein wesentliches Novum durch Galen, der über profunde anatomische Kenntnisse und chirurgische Fähigkeiten verfügte, ist die Einführung der öffentlichen Tiersektion im antiken Rom, die ihm zu wissenschaftlicher Evidenz und enormem Ansehen verhilft. Als „Kunststück" wurde beispielsweise das Durchtrennen der Halsnerven eines Schweins wahrgenommen. Mit Galen wurde die Methode des Experiments am lebenden Objekt in die Medizin eingeführt, die Funktionsweise des Körpers so wissenschaftlich nachvollziehbar. Er erhob die Philosophie, die er mit den drei Elementen Logik (Disziplin des Denkens), Physik (Wissenschaft der Natur) und Ethik (Wissenschaft vom Handeln) bestimmte, zur Leitwissenschaft der Medizin. Trotz dieser stärker systematischen Ausrichtung blieb auch in der galenischen Medizin weiterhin das Vertrauen des Patienten für den Heilungsprozess unerlässlich. Auch psychosomatische Leiden finden im Krankheitskonzepts Galens Berücksichtigung, so die Entdeckung von Pulsrasen als Angst- oder Erregungssymptom, die er in der Abhandlung „Über die Ursachen der Pulsation" neben der Beschreibung physiologischer Vorgänge von Herz und Arterien beschrieb. Den „doppelschlägigen Puls" markiert er hierbei z. B. als Zeichen für Herzschwäche. Galen vereinigt somit in sich die Rollen des „guten Klinikers" und des „Medizinwissenschaftlers". Er löste auf der Grundlage seines umfassenden Vermächtnisses Hippokrates als Leitfigur der antiken Medizin ab und wurde für mehr als ein Jahrtausend zur Galionsfigur der Heilkunst (vgl. Porter, 2000, S. 74–78). Mit seinem Tod gingen jedoch einige als herausragend zu bezeichnende Elemente seines umfassenden Heilkunstverständnisses sowie insgesamt weite Teile des Wissens der großen griechischen und römischen Ärzte, die z. B. bereits Opium als Schmerzmittel kannten, Knochenbrüche heilen und Augen operieren konnten (vgl. Koelbing, 1977, S. 94) verloren. In den folgenden tausend Jahren gab es keine nennenswerte Fortentwicklung der Medizin, die jedoch durch Galen ein „solides Fundament" erhalten hatte (vgl. Otte, 1995, S. 15). Es hielt sich das „Ideal vom gelehrten Arzt, der Wissenschaft, Philosophie und praktische Medizin in sich vereint" und sich „als persönlicher Begleiter des Patienten" (Porter, 2000, S. 83) versteht.

Einen außerordentlich langen Nachhall hatte die „Säftelehre" bzw. später die Humoralpathologie nach Galen, die Krankheit als Verstimmung der Säfte bestimmte (vgl. Anschütz, 1987, S. 103), die erst fast eineinhalb Jahrtausende später durch den „intuitiv-mystischen Außenseiter und Rebell" (Nager, 1999, S. 156) Paracelsus (1493–1541) vehement infrage gestellt wurde (vgl. Porter, 2000, S. 203). Die Bewertung der Bedeutung von Paracelsus für die Weiterentwicklung der Medizin ist bis heute umstritten und uneinheitlich, wie auch die teils sehr unterschiedliche Einstufung durch die Medizinhistoriker Porter, Schipperges/Seidler/Unschuld und Rothschuh untermauert. Festzuhalten sind jedoch eine Kontinuität eines starken Naturbegriffs im Rahmen der „Paracelsischen Naturlehre" (Rothschuh, 1978,

S. 266) sowie die Einführung der Alchimie („Alchimia") als vierte Säule der Medizin neben der Philosophie, Astronomie und Physik (vgl. Schipperges et al., 1978, S. 262). Paracelsus war der erste, der chemische Vorgänge im menschlichen Organismus erkannte (vgl. Porter, 2000, S. 205) und diese als Krankheitsursachen benannte: „Auch von dem was unsichtbar ist, sollte der Arzt reden, was sichtbar ist, sollte ihm ohnehin bekannt sein." (zitiert in: Nager, 1999, S. 156). Dennoch ist nach Porter Paracelsus entgegen der häufigen Darstellung nicht als Begründer der wissenschaftlichen Medizin, sondern auch in dieser Hinsicht als „paradoxe Erscheinung" einzustufen, da er neben wissenschaftlichen Zugängen auch die Elemente der volkstümlichen Heilkunde und esoterische Vorstellungen integrierte (vgl. (Porter, 2000, S. 204). Aus diesem Grund gilt er als Begründer einer „komplementären Heilkunde" (Nager, 1999, S. 156) und – wie Porter meint, zu Unrecht – als „Schutzpatron der alternativen Medizin" (vgl. Porter, 2000, S. 206). Verdeutlicht werden können anhand der Figur Paracelsus die Diskontinuitäten und Widersprüchlichkeiten der Entwicklungsgeschichte der Medizin, in der einzelne „große Ärzte" und ihre Konzepte und Entdeckungen prägend für ganze Epochen blieben.

Die Hinwendung zur modernen, wissenschaftsbasierten Medizin wird durch die Revolutionierung der Vorstellung von der menschlichen Anatomie, basierend auf – den lange tabuisierten – Sektionen von Menschen[4] einen entscheidenden Schritt vorangebracht. Als „Begründer" der neuzeitlichen Anatomie gilt Vesalius (1514–1564), der zu einer umfassenden Korrektur der auf Grundlage von Tiersektionen formulierten galenischen Anatomie gelangt, die unter dem Namen „Fabrica"[5] 1543 in mehreren Bänden veröffentlicht wurde. Die Anatomie als „Markenzeichen der modernen Medizin" im 16. Jahrhundert (vgl. Porter, 2000, S. 181–183) wurde in

---

[4] So erfolgte bereits 1315 in Bologna durch Mondino die erste öffentliche Sektion eines Menschen. Nicht nur das Interesse an der Anatomie als Grundlagenwissenschaft der Medizin nahm zu dieser Zeit deutlich zu, auch wurden vor allgemeinem Publikum Sektionen zunächst in Kirchen, ab Ende des 16. Jahrhunderts auch in den speziell zu diesem Zweck gegründeten „anatomischen Theatern" („theatrum anatomicum") vollzogen, die in erster Linie als „Spektakel" denn als tatsächlich wissenschaftliche Lehrmaßnahme einzustufen sind. Den öffentlichen Sektionen wird darüber hinausgehend der Charakter von Herrschaftsinszenierungen von Ärzten als „Interpreten der Natur" attestiert (Kathan, 2002, S. 34). Die Verankerung des Sektionsschauspiels innerhalb des zivilisatorischen Rahmens eines aufwändigen Rituals legitimierte die Tabuverletzung und ermöglichte die Partizipation der Öffentlichkeit an den als Unterhaltungsveranstaltung konzipierten „grausam-schönen Spektakeln" (ebd.). Der letzte Vorhang im theatrum anatomicum fällt sicherlich nicht zufällig zeitgleich mit der erfolgreich abgeschlossenen Herrschaftsübernahme über die menschliche Natur, die die ärztliche Profession ab dem 19. Jahrhundert exklusiv für sich reklamiert (vgl. Kathan, 2002, S. 42–43).

[5] Mit dieser Titelwahl („Herstellung", „Arbeitsraum") deutet sich nach Kathan bereits die zukünftige Ausrichtung der Medizin an, den menschlichen Körper als komplexes Zusammenwirken analog zur Maschine zu betrachten (vgl. Kathan, 2002, S. 62).

der Folge in die Schulmedizin integriert (vgl. ebd., S. 187). Die im Anschluss an
Vesalius erfolgende Ausdifferenzierung der anatomischen Kenntnisse bildet das
Fundament des heutigen medizinischen Wissens. Die Methode der Sektion steht
darüber hinaus als Symptom für eine folgenreiche Entwicklung der abendländischen
Medizin, die als Partialisierung, Objektivierung und Reduktion des menschlichen
Körpers bezeichnet werden kann. So lässt sich die Geschichte der Medizin auch als
Geschichte des menschlichen Körpers lesen (vgl. Weishaupt, 1994). Bis zur cartesianischen Ära, die den Beginn eines verwissenschaftlichten Körperbilds markiert,
wurden Körper, Geist und Seele und Mensch und Natur als Entität konzipiert. Die
„immer feinere Untersuchung des Körpers" führte zu einer „einschränkenden Konzentration auf Teile zulasten des Blicks auf das Ganze" (Porter, 2004, S. 81). Die
ehemalige „‚black box' Körper" (Porter, 2004, S. 86) wurde dem medizinischen
Blick sowie dem verdinglichenden Zugriff der modernen Wissenschaftstechnik
geöffnet. Die objektivierende Betrachtung des sezierten Körpers und dessen Zergliederung in seine einzelnen Elemente fügte sich fortan optimal in den von der
cartesianischen Konzeption des Menschen als Maschine geprägten Zeitgeist (vgl.
Kathan, 2002, S. 18–19). Revolutionäre Paradigmenwechsel sind in der Entwicklungsgeschichte der Medizin bis zur Etablierung des wissenschaftlichen Denkstils
nicht vorzufinden. Vielmehr sind eine Reihe von Grundkonzeptionen von Krankheit und Heilung über Jahrhunderte in der Ideengeschichte der Medizin parallel
präsent, wobei sich die jeweils dominierenden Vorstellungen ablösen (vgl. Schölmerich, 1988, S. 4). Auch ist die Deutung von Krankheit von jeher in hohem Maß
Ausdruck des vorherrschenden Weltbilds. So reflektieren die jeweiligen Krank-
heitskonzeptionen die Vorstellungen archaischer und mystischer Weltdeutungen
wie später auch der Religion[6]. So wurde Krankheit in Abhängigkeit des jeweiligen kulturellen Überbaus entweder als Besessenheit von Dämonen, als Ausdruck
magischer Kräfte oder als Strafe Gottes[7] gedeutet (vgl. Rothschuh, 1978, S. 46 f.).
Auch die Figur des Arztes in seinem jeweiligen gesellschaftlichen Kontext ist so
vielfältig und abwechslungsreich wie die menschliche Kulturgeschichte. Als Magier
und Schamanen entsprachen Ärzte dem „animistisch-intuitiven Denken archaischer
Kulturen" (Nager, 1999, S. 154). Bei den hippokratischen Medizinern gingen ärztliche Kunst und die philanthropisch-einfühlsame Rolle des Arztes „als Freund" (ebd.)
untrennbar Hand in Hand. Bei Sokrates und Plato spielte der „kommunikative und
dialoggewandte doctor" (ebd.) die zentrale Rolle. Später hat die Heilkunde jeweils

---

[6] Der Medizinhistoriker Rothschuh zeigt dies eindrucksvoll auf (vgl. Rothschuh, 1978).
[7] Das deutsche Wort „Pein" entstammt so auch dem lateinischen Ausdruck für Strafe
(„Poena").

das Weltbild großer Kulturreligionen übernommen, in denen Ärzte auch „priester-
liche Züge" (ebd.) trugen. Im Christentum der Frühzeit und des Mittelalters war der
Arzt in erster Linie „barmherziger Samariter" (ebd.).
Beschwerdeschilderungen und Beschreibungen von Krankheitsverläufen bilde-
ten noch bis ins 19. Jahrhundert die alleinige Grundlage der Diagnostik, die als
„symptomatisch" einzustufen ist (z. B. „bösartiges Faulfieber", Shorter, 1991, S. 20).
Die ausführliche und gewissenhafte Anamnese besaß einen entsprechend exklusiven Stellenwert als „eine der wichtigsten Aufgaben der Klinik" (ebd., S. 29).
Das im 18. Jahrhundert praktizierte „Krankenexamen" ist als charakteristisch für
die damalige Methode der rein gesprächs- und beobachtungsbasierten Annäherung an den Kranken zu betrachten. Grundprinzipien bzw. Strategien zur Genese
einer Krankengeschichte waren das „Prinzip der Individualität" das verbot, den
Kranken nach einem festen Schema zu beurteilen, die Strategie der „Streuung
der Relevanz", im Rahmen derer „einzelne Artikulationen der Krankheit" einer
„Gesamtkonstellation" von Symptomen untergeordnet wurden, das „Primat des
Diskurses mit dem Patienten", im Zuge dessen der Patient unverfälscht von ärztlicher Intervention und ohne Unterbrechung seine Krankengeschichte schildern
konnte, sowie der „Strategie der „Hervorlockung von Geständnissen", welche die
geschickte Gesprächsführung des Arztes bezeichnete, der auf diese Weise „heim-
liche Krankheiten" erkennen oder Simulanten enttarnen" konnte (vgl. Lachmund,
1996, S. 59–60)[8]. Die körperliche Untersuchung fiel erst vergleichsweise spät in
das Tätigkeitsspektrum des Arztes, galt sie bis Anfang des 19. Jahrhunderts noch
als unschicklich[9]. Sie beschränkte sich allenfalls auf das Minimum der Betrachtung
von Urin und Zunge (vgl. Anschütz, 1987, S. 38) und hatte offenbar häufig eher
den Charakter einer Kompetenzdemonstration oder vertrauensbildenden Maßnahme
als einer tatsächlich erkenntnisgenerierenden Tätigkeit[10]. Als großer Fortschritt im
Sinne einer modernen wissenschaftlichen Diagnostik erwies sich die Einführung
der systematischen körperlichen Untersuchung in die ärztliche Praxis durch die
Pariser Schule zu Anfang 19. Jahrhunderts (vgl. Shorter, 1991, S. 28; ausführlicher: Porter, 2000, S. 308–323). Zuvor wurden bereits erste Ansätze entwickelt, die

---

[8] Anzumerken ist jedoch, dass sich diese Art der Visite von jeher auf das gehobene
privathäusliche Umfeld beschränkte.

[9] Als erschwerend erwies sich weiterhin der Klassenunterschied zwischen Arzt und seiner
tendenziell großbürgerlichen Patientenschaft bis ins 19. Jahrhundert (vgl. Shorter, 1991,
S. 19).

[10] So heißt es 1842 im „Ratgeber für Ärzte": „Man versäume nie, den Puls zu fühlen, den Urin
und die Zunge zu besehen. Dies sind die drei Dinge, auf welche jeder Kranke Gewicht legt.
Selbst wo Sie es nicht nöthig finden, thun Sie es, denn Sie gerathen sonst in den Verdacht,
das Wichtigste zu übersehen." (zitiert in: Shorter, 1991, S. 19).

später in das Repertoire des modernen Arztes eingingen, z. B. wurde die Technik der Perkussion, des Beklopfens der Brustwand, abgeleitet aus der Beobachtung des Klopfens auf Weinfässer, um deren Füllstand zu ermitteln, 1761 vom Wiener Arzt Leopold Auenbrugger erstmal beschrieben, jedoch von den zeitgenössischen Kollegen zunächst nicht anerkannt. Erst durch die führenden Pariser Ärzte wurde die Methode anatomisch fundiert, Auskultation und Perkussion schließlich zu akzeptierten und tragenden Elementen der körperlichen Untersuchung (vgl. Porter, 2000, S. 311). Die klinische Beurteilung von Erkrankungen erforderte die umfassende „Schulung der Sinne"[11], um „Aussehen, Geräusche und Gerüche der Krankheiten zu interpretieren" (ebd., S. 315).

Aus der Vielzahl der Vorstellungen und Paradigmen, die die Medizin im Laufe der Menschheitsgeschichte prägten, ist die Ende des 18. Jahrhunderts entwickelte Naturphilosophie nach Schelling als direktes Vorläuferkonzept der naturwissenschaftlich basierten Medizin, das den Menschen im Rahmen eines theoretisch-abstrakten, ganzheitlich angelegten Gedankengebäudes in einem dynamischen Verhältnis zwischen den Kräften der Natur und seines Innenlebens konzipiert, zu erwähnen. Dieses vorwissenschaftliche Konzept der Medizin ist geeignet zur Verdeutlichung des durch den Einzug naturwissenschaftlichen Denkens in die Medizin vermittelten radikalen Bruchs, im Zuge dessen sich die Vorstellungen von Krankheit, Natur und Menschsein in nachhaltigster Weise veränderten. Die aus der Naturphilosophie für die Medizin abgeleiteten therapeutischen Konzepte entbehren aus der heutigen Perspektive jeglicher empirischer Grundlage (vgl. Rothschuh, 1978, S. 342 f.) und wurden schließlich auch von den Vertretern der wissenschaftlichen Medizin des beginnenden 20. Jahrhunderts (z. B. Helmholtz, Naunyn, Virchow) u. a. als „Spekulative Medizin" abgewertet, deren Überwindung zugunsten einer wissenschaftlich-rational ausgerichteten Medizin gefeiert (vgl. Anschütz, 1987, S. 22). Im Anschluss an diese den komplexen Gegenstand tradierter Heilslehren notwendigerweise verkürzende Darstellung wird im Folgenden der Verwissenschaftlichungsprozess ärztlichen Handelns durch das naturwissenschaftliche Paradigma detaillierter zu betrachten sein. Nachvollzogen werden kann anhand dieser die Bildung des ideologischen Fundaments der modernen ‚High-Tech-Medizin'.

---

[11] So wird die klinisch-diagnostische Arbeit des Arztes Ende des 19. Jahrhunderts in erster Linie über Vorgänge der Sinneswahrnehmung bestimmt: „Der Geruch ist die feine Seele der klinischen Praxis: Seine Sprache weckt auf dunkle Weise im Geiste des Arztes die erste Ahnung von der Diagnose und stachelt, man weiß nicht wie, das Interesse des intimen Beobachters an. Dem Mediziner, wenn er einmal darin Übung gewonnen hat, beben ständig die Nüstern beim Versuch, die mysteriösen Entsprechungen und geheimen Verwandtschaften der Geruchssymptome zu vermerken, die er in der Vielfalt ihrer unzähligen Nuancen erhascht" (Kathan, 2002, S. 104).

Einzug naturwissenschaftlichen Denkens in die Medizin im 19. Jahrhundert und Entwicklung des biomedizinischen Modells als Leitbild ärztlichen Handelns

Die Geburtsstunde einer naturwissenschaftlich fundierten Medizin ist ca. Mitte des 19. Jahrhunderts anzusetzen. Ihr theoretischer Bezugsrahmen entwickelte sich jedoch im Zuge der okzidentalen Rationalisierung seit dem 17. Jahrhundert, in welchem u. a. mit Sydenhams Ansatz zu einem System der Krankheiten und der Entwicklung einer empirisch begründeten rationalen Therapie für viele Krankheiten die ersten Schritte zu einer empirischen Fundierung der Medizin getan wurden (vgl. Schölmerich, 1988, S. 4). Das Ziel führender Mediziner dieser Zeit war es, analog zu den Naturgesetzen, Gesetzmäßigkeiten der menschlichen Natur zu entdecken. Anhand von christlich orientierten Medizinern und naturphilosophischen Ärzteorganisationen lässt sich nachvollziehen, dass die Einbettung der Naturwissenschaften in religiöse und philosophische Grundfragen bis in die Mitte des 19. Jahrhunderts noch keine isolierte Betrachtung des Menschen als bloß „belebte Natur" zuließ. Zu überwinden war die auf Grundlage religiöser und animistischer Vorstellungen angelegte Ablehnung der Reduktion des menschlichen Organismus auf physikalisch-chemische Vorgänge, die für die meisten Wissenschaftler dieser Zeit eine Barriere darstellte (vgl. Anschütz, 1987, S. 28 f.). Im Laufe des 19. Jahrhunderts löste sich der beharrliche Widerstand gegen die Übernahme der Deutungsmacht durch die Naturwissenschaften auf, die Medizin wurde schließlich den Naturwissenschaften beigeordnet. Die akademische Medizin sah sich fortan einem „mechanistischen Weltbild verpflichtet" (Nager, 1999, S. 153) und gestaltete auch die ärztliche Ausbildung konsequent nach diesen Gesichtspunkten. So wird im 19. Jahrhundert das Studium der Humanmedizin einem massiven Umbau unterzogen, in dessen Folge naturwissenschaftliche Anteile tradierte geisteswissenschaftliche Elemente der Ärzteausbildung fast vollständig verdrängen[12]. Fächer wie Medizingeschichte und – Ethik fristen heute ein kaum beachtetes Randdasein im medizinakademischen Betrieb. In der Folge entfaltete sich eine – aus der heutigen Perspektive als zweischneidig zu bewertende Entwicklung, im Rahmen derer sich die „Heilkunde zunehmend von der Bevormundung, leider auch von der Befruchtung durch die Theologie und die Philosophie gelöst" (Nager, 1999, S. 153) hat und die nahezu in Vergessenheit geraten ließ, dass die Medizin auch eine „Spielart humanistischer Wissenschaft" (ebd.) ist. Festzustellen ist die Abkehr der Medizin von anthropologischen Grundfragen, wie sie für die ärztliche Profession seit

---

[12] So wurde das bis dahin verpflichtende philosophische Vorexamen zugunsten einer rein naturwissenschaftlichen Ausbildung 1861 in Preußen abgeschafft (vgl. Anschütz, 1987, S. 39).

der Antike charakteristisch waren, die bereits mit Beginn der naturwissenschaftlichen Fundierung der Medizin kritisch begleitet wird[13]. Die „neue medizinische Wissenschaft" wird schließlich „radikales Distinktionskriterium, das jetzt die Medizin in zwei Welten teilen soll" (Göckenjan, 1985, S. 246). Ein die vorherrschende Selbstkonstruktion der medizinischen Disziplin „seitdem sie sich der Führung der Naturwissenschaft anvertrauen konnte" (Naunyn 1902; zitiert in Anschütz, 1987, S. 30) pointierender Satz, auf den sich vielfach bezogen wird (z. B. von Catel, 1979, S. 12; Anschütz, 1987, S. 30), ist der des Internisten Bernhard Naunyn (1839–1925): „Die Medizin wird eine Naturwissenschaft sein, oder sie wird nichts sein!" Programmatisch und fortschrittsoptimistisch verkündet Naunyn in seinem Aufsatz den Beginn der „modernen Ära der Medizin" (1902): Auf dem „richtigen Weg" sei die Medizin, „solange wir unserer Fahne, der Fahne der Naturwissenschaften, treu bleiben" (ebd.). Diese Auffassung überwiegt zu Beginn des 20. Jahrhunderts deutlich die gemäßigteren Äußerungen wie z. B. von Helmholtz, der noch 1896 vor einer Überformung der Medizin durch rein naturwissenschaftliche Denkmodelle warnt (vgl. Anschütz, 1987, S. 30–31).

Zum Bezugspunkt der naturwissenschaftlichen Medizin wird das reduktionistische und mechanistische Menschenbild des „biomedizinischen Modells", das sich als Grundlage der modernen Medizin etabliert und zum dominanten Konzept der westlichen Medizin wird. Kennzeichnend und namensgebend für dieses ist seine Beschränkung auf physiologische Aspekte und biologische Mechanismen einer Erkrankung sowie die Annahme der uneingeschränkten Übertragung von Modellvorstellungen auf die klinische Wirklichkeit. Dieses Leitbild ist als Resultat der Herausbildung des abendländischen wissenschaftlich-rationalen Paradigmas seit der Neuzeit einzuordnen und wurzelt in der dualistischen Vorstellung Descartes' vom menschlichen Körper als einer nach physikalischen Gesetzen funktionierender Maschine. Im Rahmen dieses „Maschinenmodells" wird Krankheit als Defekt einzelner Organe konzipiert, wodurch eine Sichtweise auf den Menschen entsteht, in der die Einheit des Körpers sowie auch die Einheit von Körper und Seele aufgehoben wird (vgl. Weishaupt, 1994, S. 240–246). Als dem Modell zugrunde liegende Annahme muss die Gleichsetzung von toter und belebter Natur hinsichtlich ihrer naturgesetzlichen Determinierung durch Kausalgesetze gelten, wie hier von Virchow zum Ausdruck gebracht: „Die neueste Medizin hat ihre Anschauungsweise als die mechanische, ihr Ziel als die Feststellung einer Physik der Organismen definiert. Sie hat nachgewiesen, dass Leben nur ein Ausdruck für eine Summe von

---

[13] Auch außerhalb der Profession wurde die Frage nach den zu beschreitenden Wegen der Erkenntnis in der Medizin seit dem 18. Jahrhundert intensiv diskutiert, so von Goethe, Schiller, Kant und Novalis (siehe dazu Lohff, 1990).

Erscheinungen ist, deren jede einzelne nach den gewöhnlichen, physikalischen und chemischen (d. h. mechanischen) Gesetzen vonstatten geht" (zitiert in: Schölmerich, 1988, S. 7). Induziert wird durch diese Vorstellung die Segmentierung des menschlichen Körpers auf dem Wege eines kausal-analytischen Vorgehens. Die menschliche Natur wird so zum Objekt der sich über die „Zergliederung des Organismus in seine Teilstücke und Elemente" (Rothschuh, 1978, S. 417) vollziehenden rationalen Analyse. Der Medizinhistoriker Rothschuh, der eine umfassende Darstellung der Entwicklungsgeschichte der Medizin seit der Antike geleistet hat, benennt das dominante Modell der modernen Medizin mit dem Terminus„iatrotechnisches Konzept" als „eine nach der Denk- und Arbeitsweise der Technik denkenden und vorgehenden Medizin" (ebd.). Rothschuh datiert die Genese des Leitbilds des iatrotechnischen (bzw. biomedizinischen) Modells auf ca. 1840 (vgl. ebd., S. 417 f.). Als Folge dieses Paradigmenwechsels wird die Unwissenschaftlichkeit bis dato gültiger Erklärungen für Krankheit zunehmend angeprangert; Erklärungen jenseits kausal und gesetzesmäßig formulierter Aussagen verlieren zu diesem Zeitpunkt relativ plötzlich an Legitimation. „Es herrscht die Raison de la mathematique, die logisch-analytische Denkweise" (Nager, 1999, S. 153). Das naturwissenschaftliche Erkenntnisideal mit den zwei zentralen Komponenten „Experiment" und „Messung" wird zum Königsweg der Medizin (vgl. ebd.). Vor allem in Deutschland setzt sich – im Gegensatz zu Frankreich- um Virchow eine stark an naturwissenschaftlicher Kausalität orientierte Strömung durch (vgl. Rothschuh, S. 425), die den Geltungsanspruch alternativer Konzepte zurückdrängt. Es verfestigt sich die Konzeption von „Krankheit als Betriebsstörung" (ebd., S. 440), der Zugriff auf den Menschen wird im Anschluss als „lückenlose Kenntnis zur Reparatur der Kausalzusammenhänge" (ebd., S. 419) aufgefasst. Ca. 1860/1870 hat sich das biomedizinische Organismusbild flächendeckend durchgesetzt (vgl. ebd., S. 428).

Folgen und Auswirkungen der Verwissenschaftlichung der ärztlichen Praxis – Erfolge und neue Beschränkungen
Die Folgen der Verwissenschaftlichung der Medizin sind äußerst vielschichtig und tief greifend. Deutliche Auswirkung auf die Gestaltung ärztlicher Praxis hat der Paradigmenwechsel spätestens gegen Ende des 19. Jahrhunderts (vgl. ebd., S. 420), wobei diesbezüglich ein großer Unterschied zwischen der großstädtischen „Krankenhausmedizin" (siehe dazu: Göckenjan, 1985, S. 214 f.) und der privatärztlichen Praxis zu treffen ist, in der bis Ende des 19. Jahrhunderts „das richtige geistige Klima (fehlt)" (ebd., S. 218). Elementare Bedeutung für die Verbreitung des naturwissenschaftlichen Arztbilds und den Wandel des „ärztlichen Blicks" kommt den auf ein neues Fundament gestellten Kliniken des 19. Jahrhunderts zu, als deren Vorreiter die auf Grundlage staatlicher Steuerung ausgebauten Pariser Kliniken, ab

1830 auch die Großkrankenhäuser in Wien, zu betrachten sind (vgl.f ebd., S. 215).
Durch die Institutionalisierung der Krankenbehandlung wurden die Bedingungen
für eine neue Form der medizinischen Praxis geschaffen, wie von Göckenjan, 1985
als „Objektivierungsklima" in drastischer Form beschrieben:

> „Die Krankenhausmedizin ignoriert nicht nur die Standards der ‚bed-side-medicine',
> sie verkehrt auch ihre Normen. Dies vor allem durch drei strukturelle Entschei-
> dungen: Durch Objektivierung des Kranken auf seinen autopsierten Körper, durch
> Säkularisierung der qualitativen Einzigartigkeit des Krankheitsbildes auf gleichför-
> mige Lokalitäten, Organe, Gewebepartien und durch Internalisierung der Ursache
> der Krankheit bzw. Verkürzung der Kausalitätsketten. (…) Neu ist die schonungs-
> lose Untersuchung der Körperbeschaffenheit selbst, die experimentelle Durchdringung
> und sektorale Auflösung der Körperintegrität. Die alte elektrisierende Neugier nach
> Monströsitäten und Kuriositäten ist hier auf Dauer gestellt, normalisiert." (ebd.,
> S. 216).

Vorherrschend jedoch war angesichts der unbefriedigenden therapeutischen Effizienz eine nachvollziehbare Aufgeschlossenheit gegenüber einer Wissenschaftsfundierung der Therapie, die mit Blick auf beeindruckende Fortschritte in den
Naturwissenschaften vielversprechend erschien (vgl. Rothschuh, 1978, S. 420–
421). Erfolge im Bereich der wissenschaftsfundierten Diagnostik schlugen sich mit
einiger Verzögerung auf das Feld der Therapie nieder. Unsicherheiten in Bezug
auf Krankheitsursachen konnten ab Mitte des 19. Jahrhunderts sukzessive auf
Grundlage eines wachsenden Theoriewissens abgebaut werden. Empirische – d. h.
auf Beobachtung des Behandlungserfolgs am Krankenbett gestützte – Therapie
wurde durch die naturwissenschaftlich begründbare Therapie ergänzt bzw. verdrängt (vgl. ebd., 1978, S. 440). Dem kausalen Denkansatz entsprechend wird
die kausal-ätiotrope Therapie (vgl. ebd., S. 443 f.) zur dominanten Methode der
modernen Medizin, basierend auf sich naturwissenschaftlicher Methoden bedie-
nender Nachweisverfahren, wie z. B. der Keimtheorie Pasteurs von 1857 (vgl.
Porter, 2004, S. 120). Virchows Zellularpathologie (1858) und die Bakteriologie
Kochs (1882) revolutionierten das Verständnis der Funktionsweise des menschlichen Organismus und bilden bis in die Gegenwart das Fundament der modernen
Medizin. Krankheitsverläufe wurden als pathophysiologische Prozesse begreifbar
und Leben als „Ausdruck für eine Summe physikalischer Erscheinungen" (Virchow
zitiert in Rothschuh, 1978, S. 429) der wissenschaftsbasierten Steuerung prinzipiell
zugänglich. Die Erfolge der naturwissenschaftlichen Methode wirkten sich in der
zweiten Hälfte des 19. Jahrhunderts schließlich stärkend auf die Handlungsfähigkeit des Arztes aus (vgl. Anschütz, 1987, S. 50–51). Als „therapeutische Lenkung
der gestörten Lebensprozesse" (Rothschuh, 1978, S. 418) wird auch das ärztliche

Handeln auf dem Fundament der wissenschaftlichen Präzisierung von Krankheitsbildern zunehmend erfolgreich. So konnte auf Grundlage der „explosionsartigen
Erweiterung pharmakologischer Möglichkeiten" (Anschütz, 1987, S. 51) der „therapeutische Nihilismus" im Rahmen eines verzögerten Niederschlags auf das Feld
der Therapie in den 1930/40er Jahren (vgl. Schölmerich, 1988, S. 6) endgül-
tig überwunden werden. Einen weiteren Durchbruch therapeutischer Wirksamkeit
markiert die Entdeckung des Penicillins bzw. die Markteinführung der Antibio-
tika 1943 als Revolution im Bereich der Bekämpfung der Infektionskrankheiten,
durch welche die Sterblichkeitsrate drastisch gesenkt werden konnte. Durch die
im zwanzigsten Jahrhundert weiter expandierenden operativen, pharmakologischen
und medizintechnologischen Eingriffsmöglichkeiten wird die Natur des Menschen
zunehmend beherrschbar- in einem Ausmaß, die den reduktionistischen Zugang
zum Menschen angesichts überwältigender therapeutischer Erfolge in den Hintergrund treten lässt. Zum „Stereotyp des Arztideals" wird der wissenschaftliche Arzt,
„d. h., der nach den je gültigen, als interkommunikabel geltenden Schulsichten
vorgehende Arzt" (Göckenjan, 1992, S. 120), der sich primär über die Verfügung über objektives Wissenschaftswissen definiere. Das „wissenschaftsorientierte
Selbstbild" des Arztes (ebd., S. 123) korrespondiere mit neuem Selbstbewusstsein,
enormem Prestigegewinn und sozialem Aufstieg (vgl. Shorter, 1991, S. 45) während
die Selbstdefinition durch die ärztliche Ethik zunehmend in den Hintergrund rücke
(vgl. Göckenjan, 1992, S. 119). Der Arzt wird zum handlungsmächtigen Mediziner
des verwissenschaftlichten Zeitalters.

**Professionalisierung – Ausdifferenzierung und Begründung von Spezialdiszi-
plinen**
Auf der Ebene der Professionalisierung ging mit der wissenschaftsbasierten Ausdifferenzierung des medizinischen Spektrums die Entstehung des Spezialistentums
einher, das sich an der großen Anzahl heute bestehender medizinischer Subdisziplinen und Spezialgebiete eindrucksvoll nachvollziehen lässt. Die Aufteilung der
Medizin in Fachgebiete in der zweiten Hälfte des 19. Jahrhunderts, beginnend mit
der Abspaltung der alsbald sehr erfolgreichen Chirurgie von der Inneren Medizin, zog die Begründung weiterer Spezialdisziplinen sowie deren professionelle
Organisation in Form von Fachgesellschaften nach sich, so zuerst durch die Grün-
dung der Deutschen Gesellschaft für Innere Medizin 1882 (vgl. Schipperges, 1982,
S. 49). Diese Ausdifferenzierung wurde bereits früh als Entfernung von der „Ein-
heitsidee des menschlichen Organismus" (Anschütz, 1987, S. 53) bzw. als „Zerfall
in konkurrierende Heilkunden" (Schipperges, 1982, S. 67) kritisch konnotiert. Der
Entwicklungstrend vom alten „Generalisten" zum Spezialisten setzt sich im 20. Jahrhundert fort und manifestiert sich in der organisatorisch vorteilhaften, jedoch den

Patienten einer weiteren Partialisierung aussetzenden Bildung von spezialisierten Einheiten in den großen Kliniken (vgl. Anschütz, 1987, S. 59). Als Schattenseite der hierdurch möglich werdenden erfolgreicheren und effizienteren Krankheitsbearbeitung ist der vielfach beklagte Verlust einer ganzheitlichen Sichtweise auf den Patienten durch dessen Betreuung durch eine Vielzahl von spezialisierten Medizinern – anstelle des „alten", für alle Belange zuständigen Hausarztes – zu betrachten.

Mit der Entwicklung der Medizin zu einer naturwissenschaftlichen Disziplin einher geht die Etablierung eines neuen ärztlichen Leitbilds, das den Arzt als „kenntnisreichen, nüchtern-rationalen naturwissenschaftlichen Experten" (Nager, 1999, S. 153) stereotypisiert. Auch ist neben der Verfügung über Handlungsmacht verleihendes wissenschaftliches Wissen auch der fulminante Einzug von Technik als Einflussfaktor auf die professionelle (Selbst-) Konzeption des Arztes nicht zu unterschätzen. Während der Arzt in traditionellen Gesellschaften in der Nähe philosophischer, mystischer oder religiöser Kontexte lokalisiert wurde, mutiert er in der naturwissenschaftlichen Medizin mit seinem „technisch-apparativen-pharmazeutischen Sachverstand" zum „modernen Heilingenieur" (ebd., 1999, S. 154). Nicht zuletzt auf Grundlage seiner wissenschaftlich-technischen Fähigkeiten und der hieraus resultierenden neuen Möglichkeiten der Krankheitsbekämpfung wird der Arzt zum vielzitierten (und zunächst kritiklos akzeptierten) „Halbgott in Weiß" (Shorter, 1991, S. 41).

Die Entwicklung des „medizinischen Blicks"

Verdeutlicht werden soll zunächst unter Rekurs auf Foucaults „Geburt der Klinik", dass „die Einführung des naturwissenschaftlichen Denkens in die Medizin eine völlig neue Sichtweise in der Medizin (bedeutete)" (Badura, 1996, S. 35), die mit Foucaults „Archäologie des medizinischen Blicks" historisch im Zusammenhang mit der Begründung der Kliniken des 19. Jahrhunderts als Ort der Genese und anschließenden Verbreitung einer durch wissenschaftliche Reduktion gekennzeichneten Sichtweise auf den Patienten verortet werden kann. Foucault beleuchtet hierin die mit der Institutionalisierung der Krankenversorgung einhergehende Hinwendung des Arztes zu einer neuen Form „medizinischer Rationalität" (vgl. Foucault, 1985, S. 10–11), die „eine wesentliche Mutation im medizinischen Wissen produziert" (ebd., S. 16) habe. So beschreibt Foucault in seiner Analyse der Durchsetzung des „medizinischen Blicks" unter anderem den Bedeutungsverlust der Kategorien „Wahrnehmung" und „Erfahrung" als direkte Folge des wissenschaftlich-technischen Fortschritts und des hiermit verbundenen Perspektivenwechsels vom „Sichtbaren" zum „Unsichtbaren" bzw. der Dominanz des visuell Wahrnehmbaren. Hierdurch würde „der Raum der Erfahrung" „mit dem Bereich des aufmerksamen Blicks identisch" (ebd., S. 10–11) werden, der zum Maßstab gültiger Erkenntnis wird („Das Auge braucht mit seinem Blick nur noch sein angestammtes Recht auf die Wahrheit durchzusetzen", ebd., S. 19). Die Klinik – mehr Konzept als eigentlicher physischer Ort („eine bestimmte Methode der systematischen Präsentierung und Anordnung der schon erkannten Wahrheit", ebd., S. 75) – wird bei Foucault als Geburtsstätte des Ideals des distanzierten, affektneutralen Blicks erkennbar.

Schlaglichtartig soll im Folgenden auf die „Gefahren" der Formung des ärztlichen Blicks im Sinne eines naturwissenschaftlichen „medizinischen Blicks" sowie die diesem immanenten Beschränkungen hingewiesen werden. Trotz ihrer Erfolge muss die „moderne, heiltechnisch verkürzte Idee des Arztes" offenbar als „zwiespältig" betrachtet werden. Hiermit soll dem rationalen Vorgehen im Sinne der messenden und quantifizierenden Naturwissenschaften seine Berechtigung im Rahmen der medizinischen Forschung sowie vieler Aspekte der ärztlichen Tätigkeit keineswegs abgesprochen werden. In den Fokus der Kritik zu nehmen ist vielmehr der hiermit einhergehende Totalanspruch auf Gültigkeit in puncto Erkenntnisgewinnung sowie seine unhinterfragte und uneingeschränkte Übertragung auf die ärztliche Praxis, das ärztliche Handeln am Krankenbett und die Interaktion mit dem Patienten.

Überbewertung des Kausalitätsprinzips und kausalanalytischen Problemlösens

Mit der Etablierung des Kausalitätsprinzips in der Medizin wird kausalanalytisches Problemlösen zur zentralen Maßgabe ärztlichen Vorgehens. „Seine Heiltechnik, die im Menschen vorzüglich physikalisch-chemische Abläufe wahrnimmt, ist das folgerichtige Produkt seines mechanistischen Weltbilds" (Nager, 1999, S. 154). Das Ursache -und- Wirkungsprinzip der Naturwissenschaften werde hierbei in der menschlichen Natur systematisch überschätzt. So vernachlässige die Übertragung monokausaler Zusammenhangsstrukturen auf die Medizin, dass hier zumeist plurikausale Verknüpfungen vorliegen (vgl. Schölmerich, 1988, S. 8), deren Wirkungen auf den Organismus auch unspezifischer Natur sein können (vgl. Badura, 1996, S. 39). Die Zugrundelegung strenger Ursache-Wirkungsbeziehungen erweise sich z. B. bei der Bekämpfung chronischer Erkrankungen und diffuser somatischer Erkrankungen, deren Anteil an der Summe der Gesamterkrankungen hoch und weiterhin zunehmend ist, als wenig erfolgreich (vgl. Francke, 1994, S. 4). Festzustehen scheint, dass der Determinismus des naturwissenschaftlichen Kausalprinzips, adäquat zur Erfassung und Beschreibung von Naturgesetzen, offenbar nicht uneingeschränkt auf die menschliche Natur appliziert werden kann.

Reduktion des Erkenntnisinteresses auf Mess- und Berechenbares

Durch die Fokussierung auf kausallogisch definierte Aspekte des Krankheitsge-schehens nimmt die wissenschaftsbasierte Medizin vorwiegend quantifizierbare Zusammenhänge in den Blick. Hiermit einher gehe eine Überbewertung von „harten Daten" gegenüber „weichen" Informationen (vgl. Anschütz, 1987, S. 183). Insbe-sondere die Anamnese in ihren biografischen und lebensweltlichen Bezügen wird hierdurch abgewertet, betroffen ist jedoch auch die nicht-technische körperliche Untersuchung, die keine in diesem Sinne „verlässlichen" Daten liefert. Die Über-nahme des naturwissenschaftlichen „medizinischen Blicks" kann demzufolge mit einer Ausblendung relevanter Informationen einhergehen. Im Zuge dieser „verob-jektivierende(n) Perspektive des Medizinischen Blicks" (Wettreck, 1999, S. 257) erfolge eine „Konzentration auf Organfunktionen" sowie die „Einengung auf mess-bare Merkmale dieser Funktionen" (Feuerstein, 1996b, S. 194). Etabliert habe sich, einer besonders prägnanten Zuspitzung folgend, ein „rationalistischer Reduktionis-mus und jener Messbarkeitswahn, der jede Wirklichkeit ausklammert oder verneint, solange sie nicht berechenbar (…) ist" (Nager, 1999, S. 157).

Zur Orientierungsgröße des kritisch als „Biomechaniker" (Anschütz, 1987, S. 183) bezeichneten ärztlichen Prototyps wird der „Normalwert". Vernachlässigt werden im Zuge eines einseitig naturwissenschaftlich-reduktionistischen Zugangs nicht nur leib-seelische Wechselwirkungen sowie soziale Aspekte von Krankheit, sondern generell erweist sich aufgrund der oftmals geringen Objektivierbarkeit medizinischer Problemstellungen ein rein quantifizierender Zugang offenbar als unzureichend („Die menschliche Natur ist launisch und hält sich nicht immer an die Standardwerte der Mediziner", Otte, 1995, S. 64). Dies gilt auch für die Aus-sagekraft technisch generierter Befunde (siehe dazu ausführlicher Abschn. 2.2), deren Objektivitätsversprechen irreführend sein kann, wenn zum „Bezugspunkt aller messenden Verfahren nicht der Kranke, sondern ein normierter Durchschnitts-wert wird, der das Maß der individuellen Abweichungen setzt" (Kathan, 2002, S. 112). Den „Durchschnittspatienten", wie er vor allem in der evidenzbasierten Medizin zugrunde gelegt wird, gibt es offenbar nicht („Statistics embody averages, not individuals", Groopman, 2007, S. 6).

Die Formel: „Der Mensch ist mehr als die Summe seiner Befunde" (Fintel-mann, 2001, S. 36) beschreibt die Unmöglichkeit einer reduktionistischen, rein auf quantitativen Daten beruhenden Betrachtungsweise des Erkenntnisgegenstands Mensch. Kritische Mediziner konstatieren mit dem „Trend von qualitativer hin zu quantifizierbarer Diagnostik" (Silomon, 1983, S. 22) die „Gefahr der Verkürzung der komplexen Wirklichkeit des Patienten auf Mess- und Berechenbares" (Nager, 1999, S. 161) durch „eine bei manchen Ärzten bis zur Naivität reichende Zahlen- und

Befundgläubigkeit" (Silomon, 1983, S. 22). Diese Kritik ist nicht neu[14], erscheint jedoch für die moderne Medizin umso zutreffender.

Verlust der Einzelfallorientierung
Die tradierte ärztliche Maxime der klinischen „Einzelfallorientierung" erfordert die „Anerkennung des Einmaligen im Gegensatz zum naturwissenschaftlich Wiederholbaren" (Bier, 1926; zitiert in Anschütz, 1987, S. 177). Dieser Leitsatz „großer", sich sowohl als Wissenschaftler als auch als Kliniker begreifender Ärzte, dass jeder Kranke „etwas Einmaliges, so nie Dagewesenes, so nie Wiederkehrendes" (der bekannte Kliniker Max Bürger, zitiert in Groß, 1992, S. 296) sei, wird durch die Entwicklungen der radikal verwissenschaftlichten Medizin unterminiert. Aus der Dominanz des verabsolutierten Wissenschaftlichkeitsanspruchs der Medizin resultiert eine Schwächung dieser urärztlichen Handlungsmaxime, indem die Eigenlogik der Praxis durch den wissenschaftlichen Denkstil in den Hintergrund gedrängt wird. So zeichnet sich der Einzelfall in der klinischen Praxis zumeist dadurch aus, dass die vom kausalen Denkmodell verlangten eindeutig determinierenden Faktoren nicht vorliegen (vgl. Anschütz, 1987, S. 78), da dieser „nicht in der Anwendung allgemeiner Theorien und Erkenntnisse auf(geht)" (Marckmann, 2003, S. 63). Kritisch wird daher eingewendet, dass statistisch-mathematisch „abgesicherte" Verfahren zwar Aussagen von hoher Generalisierbarkeit und Exaktheit erlauben, vergessen werde dabei häufig, dass wissenschaftliche Exaktheit nur um den Preis der Abstraktion von individuellen Biografien zu haben ist (vgl. Francke, 1994, S. 12). Modellbildung als Strukturierung einer komplexen Realität ist für das ärztliche Handeln unverzichtbar, dieser liegen jedoch zwangsläufig Vereinfachungen zugrunde, die die Individualität der Krankheitserscheinung nivellieren, und sich als „Diktat der Norm" (Fischer, 2001, S. 20) auswirken können. Die Kehrseite der Abwendung vom Individuellen, befördert durch die gegenwärtige Fetischisierung von Metadaten, ist in der medizinischen Praxis als problematisch zu betrachten. Eine Spaltung der Profession wird hinsichtlich dieser Fragestellung beobachtet – sicherlich pointiert ausgedrückt- in „die Einen, die die Ausübung des ärztlichen Berufs als Kunst, die Anderen, (die sie) als Verarbeitung von Fakten betrachten" (Gross, 1992, S. 296).

Objektivierung des Patienten
Der Prozess der Übernahme des „medizinischen Blicks" und der „Ideologie der affektiven Neutralität" wird in den Arbeiten der Tradition der empirischen

---

[14] Die Entfernung des Arztes vom Kranken zugunsten einer Datengläubigkeit wird schon lange vor den heutigen Standards des Routinelabors und der evidenzbasierten Medizin z. B. als Ergebnis einer falsch verstandenen Rationalität „zu einer ‚rohen Empirie' verflacht", bereits 1802 als „vielarmiges, doch lahmes Ungeheuer" (zitiert in: Lohff, 1990, S. 25) beschrieben.

Krankenhausforschung des 20. Jahrhunderts als sozialisierende Wirkung[15] der in Krankenhäusern vermittelten „Geisteshaltung" (Anschütz, 1987, S. 181) auf den angehenden Arzt untersucht. Als herausragende Statuspassage des Erlernens einer entindividualisierenden, objektivierenden Praxis wird häufig der Anatomiekurs (siehe hierzu Bollinger & Hohl, 1981, S. 16–49)[16] hervorgehoben, im Rahmen von dessen „hidden curriculum" (Badura, 1996, S. 47) der Medizinstudent oftmals zum ersten Mal mit einem Patient, charakteristischerweise in Form eines Leichnams, in Kontakt tritt. Der Erwerb von Handlungsfähigkeit wird hierbei in erster Linie als „Gefühlssozialisation" (ebd., S. 46) durch die „Objektivierung der Leiche", „die Transformation in eine Subjekt-Objekt-Beziehung" (Bollinger & Hohl, 1981, S. 39), veranschaulicht. Über die „Kosten der je individuellen Bewältigung" (ebd., S. 38) dieser „immensen emotionalen Belastung" (ebd., S. 39) durch dieses quasi-öffentliche Initiationsritual kann nur gemutmaßt werden. Bollinger und Hohl 1981 sehen im Anatomiekurs den Ort des Erwerbs von für den Arzt notwendigen Voraussetzungen zum Umgang mit Tod, Aggression und Ekel, gleichzeitig den Ausgangspunkt einer als „Deformation" bezeichneten Entwicklung, die einen objektivierenden und partialisierenden Umgang mit den späteren Patienten begünstige (vgl. ebd., S. 47)[17]. Diese bringen sie in Verbindung mit professionstypischen Umgangsformen, die im Hinblick auf die „übersteigerte Technisierung" und physische Manipulierbarkeit des Objekts Patient als Voraussetzung erscheinen (vgl. ebd., S. 48).

So beinhaltet es das naturwissenschaftliche Paradigma der Medizin – im fundamentalen Unterschied zur Heilkunst der Antike – den Patienten nicht als an seiner Behandlung beteiligtes Subjekt zu verstehen. Statt dem Kranken werde „die Krankheit" behandelt (vgl. Francke, 1994, S. 6) – dies mithilfe objektiver Methoden, die die Bedeutung subjektiver Aussagen, wie sie die Anamnese darstellt, in den Hintergrund rücken. Neben seinen Auswirkungen auf den Erkenntnisstil hat der „Verlust der ‚Patient-als-Person'-Orientierung" (Shorter, 1991, S. 51) tief greifende

---

[15] In diesem Zusammenhang exemplifizieren Bollinger und Hohl (1981) anhand ihrer empirischen Beobachtungen in der Psychiatrie „die sozialisatorische Kraft von Institutionen", die sich als Übernahme professionstypischer Perspektiven, vollzieht und schildern hierbei die „Sozialisationsfunktion von Symbolen" (wie dem weißen Kittel), Ritualen (z. B. der Visite), und exemplarischen Situationen (Selbstmordversuch eines Patienten).

[16] Noch stärker akzentuiert werden die Aspekte der Depersonalisierung des toten Menschen durch den medizinischen Blick und die emotionale Belastung des Studenten von Kathan (siehe hierzu: Kathan, 2002, S. 140–143).

[17] Auf das entlastende Potential des medizinischen Blicks als abgeschlossenen Deutungssystem verweist Wettreck (vgl. Wettreck, 1999, S. 163 f.).

Konsequenzen für die Gestaltung des Arzt-Patient-Verhältnisses, im Rahmen dessen er sich als Entfernung des distanzierten naturwissenschaftlichen Mediziners vom Patienten auswirkt[18]. Häufig wird argumentiert, dass durch die Verfügung über wissenschaftsbasierte Therapiemethoden die persönliche Prägung des Arzt-Patient-Verhältnisses an Zentralität verliert, da dieses zeitgleich zur Entwicklung effektiver Therapien offenbar deutlich abkühlt. Tatsächlich ist wohl anzunehmen, dass der vorwissenschaftliche Arzt ein enges, durch Empathie und Anteilnahme geprägtes Verhältnis auch als Kompensation für seine therapeutische Handlungsunfähigkeit (vgl. Shorter, 1991, S. 41) benötigte. Dennoch scheint es sich, wie die „Krise im Arzt-Patient-Verhältnis" (ebd., S. 14) im späteren 20. Jahrhundert nahelegt, um einen folgenschweren Irrtum zu handeln, den persönlichen Beziehungsaufbau zum Patienten vernachlässigen zu dürfen- dies auch explizit hinsichtlich einer erfolgreichen Gestaltung des Erkenntnisprozesses.

Objektivität als Norm ärztlicher Erkenntnis – Ausgrenzung des Subjektiven
Ärztliche Erkenntnis sieht sich in zunehmenden Maß mit der Anforderung der Objektivität als Maßgabe für korrekte Erkenntnis konfrontiert. So sei es der modernen Medizin durch die „Einengung auf eine Wissenschaftsmethode, die sich zum Ziel gemacht hat, nur das absolut Objektivierbare zum Gegenstand der Wissenschaft zu machen", gelungen, die wissenschaftliche Erkenntnismethode zu „dogmatisieren" (vgl. Fintelmann, 2001, S. 29–30) – dies sogar angesichts einer widersprüchlichen und weit komplexeren Praxis: „Ich kann immer nur wieder staunen, wie es dieser modernen Medizin gelungen ist, diese eigenartige Scheinwelt des objektiven Menschseins, Objektivität der Krankheit oder eben auch Objektivität der Therapie aufrecht zu halten, obwohl doch die Praxis ständig dagegen opponiert und uns lehrt, dass es so doch gar nicht ist" (Fintelmann, 2001, S. 30). Infolgedessen bestehe die Neigung, „weniger den Patienten als die Apparate" zu befragen, die „zeigen, wie es um den Patienten objektiv steht" (Otte, 1995, S. 20).

Die Skepsis vor dem Subjektiven ist offenbar zum Merkmal der modernen Medizin geworden. So ist die Idealisierung der kausal-analytischen Methode direkt in Verbindung zu bringen mit dem Akzeptanzverlust von subjektiven Faktoren im Erkenntnisprozess, die vor dem Hintergrund der Norm wissenschaftlich abgesicherten Entscheidens mit Misstrauen behandelt werden (vgl. Feuerstein, 1996b, S. 194–195). In den Blick geraten die „Kehrseiten einseitiger Rationalisierung und die damit verbundene Gefährdung menschlicher Fähigkeiten und Leistungen im

---

[18] Schon in den euphorischen Hochzeiten der wissenschaftsbasierten Medizin wird die mangelnde Berücksichtigung der Persönlichkeit des Kranken angemahnt (vgl. Rothschuh, 1978, S. 445).

Diagnose- und Therapieprozess" (Weishaupt, 1994, S. 254), die als legitime Variablen wissenschaftlich-technischen Problemlösens an Akzeptanz verlieren. So ist es nur folgerichtig, dass der Arzt mit Aufkommen des naturwissenschaftlichen Ideals als „nüchtern beobachtend" und „außerhalb des zu analysierenden Geschehens" (Anschütz, 1987, S. 75) konzipiert wird.

Verdrängung und Abwertung anderer Wissens- und Erkenntnisformen
Die Medizin und ihre jahrtausendealte Tradition wurden vom naturwissenschaftlichen Denkmodell absorbiert und überformt. Die Übernahme der Definitionsmacht durch das System der Wissenschaft in der Medizin verursachte sowohl „hohe Verluste im volksheilkundlichen Wissen und dem der Heilkunst" als auch eine „generelle Abwertung lebensweltlichen Wissens"[19] (Weishaupt, 1994, S. 244). Von der gleichzeitigen Ausgrenzung als „vorwissenschaftlich" gebrandmarkter Erkenntniswege sind die personengebundene Erfahrung wie auch die traditionell hochgeschätzte ärztliche Intuition betroffen, die im Gegensatz zu statistischen Verfahren und experimentellem Vorgehen den Status von schwachen Methoden der Erkenntnis erhalten und gegenüber naturwissenschaftlich-beweisenden Erkenntnismethoden zurückgedrängt werden. Diese Entwicklung verschärft sich mit der Technisierung ärztlichen Handelns: „Mit der ärztlichen Hochachtung vor technisch generierten Untersuchungsmethoden wächst die Tendenz zur Geringschätzung von weichen Methoden wie Intuition und Hermeneutik" (Danzer, 1993, S. 168), die zunehmend als inadäquat betrachtet werden. Als Ergebnis eines langen Wandlungsprozesses habe sich das Bild des Arztes „von einer ursprünglich übermäßigen Dominanz der Intuition (...) über die Jahrhunderte zu einer fast imperativen Vorherrschaft des Denkens hinbewegt" (Nager, 1999, S. 153)[20]. Insbesondere die „intuitionsfeindliche" akademische Medizin neige dazu, „jene Aspekte der Heilkunde auszuklammern, welche mathematisch-statistisch nicht fassbar sind. In dieser rationalistischen Einseitigkeit und Intuitionsfeindlichkeit lauert Gefahr. Das ‚intueri', das ahnende Anschauen und Wahrnehmen ist ihr fremd, ja suspekt" (ebd., S. 154). In der Konsequenz werden in der modernen Medizin Methoden, die sich nicht in die Kriterien eines wissenschaftlich-rationalen Vorgehens einordnen lassen,

---

[19] Ein Beispiel hierfür ist die Verwissenschaftlichung der Geburtshilfe (siehe dazu: Böhme, 1981).

[20] Auf die Grenzen des naturwissenschaftlichen Erkenntnisprinzips verweist Gadamer: „Aber trotz aller Fortschritte, die die Naturwissenschaften für unser Wissen um Krankheit und Gesundheit gebracht haben, und trotz dem enormen Aufwand an rationalisierter Technik des Erkennens und Handelns, der sich auf diesem Gebiet entfaltet hat, ist der Bereich des Unrationalisierten hier besonders hoch" (zitiert in Dörner, 2001, S. 35).

vor dem gültigen Leitbild objektiver Erkenntnis marginalisiert (vgl. dazu auch Weishaupt, 1994)[21]. Die vielfach, wenn auch oftmals einschränkende Anerkennung von Erfahrung[22] als wertvollem Gut („Erfahrungsschatz") kann nur ungenügend kompensieren, dass eine auf Erfahrung basierende Entscheidung in der Hierarchie weit hinter generalisiertes Wissen in Form von kontrollierten randomisierten Studien zurückgestuft wird (vgl. Anschütz, 1987, S. 191) bzw., um mit Wagner 1995 zu sprechen, die klinische Erfahrung zur „ungeliebte(n) Irritation für eine Profession, die sich als Wissenschaft begreift" (Wagner, 1995, S. 268), wurde.

Kritik an der wissenschaftlich-theoretischen Ausbildung bezieht sich auch auf die Klinik als Ort der Vermittlung praktischen Könnens, die für eine ausgewogene Vermittlung relevanter Inhalte als gleichzeitiger Lehr-, Forschungs- und Versorgungsbetrieb schwierige Rahmenbedingungen stellt. Die kliniktypische Konzentration auf akute somatische und technisch zu regulierende Störungen sowie vor allem die „unzureichende praktischer Ausbildung am Krankenbett" (Anschütz, 1987, S. 181) sind die häufigsten Vorwürfe an die gängige Ausbildungspraxis. Als Folge einseitiger Fokussierung auf wissenschaftlich-technisches Wissen würden emotionale und soziale Fähigkeiten hingegen kaum vermittelt (vgl. Francke, 1994, S. 15). Die „Einseitigkeit ärztlicher Ausbildung auf der Basis so genannter exakter Naturwissenschaft" (Anschütz, 1987, S. 248) wird im Sinne einer wissenschaftlich-rationalen Formung der Arztrolle vielfach negativ beurteilt, wie hier beispielhaft angeführt:

„Unter der Dominanz ihres intellektuellen Geists prägt die akademische Heilkunde ihre Jünger einseitig kortikal. (…) Die Denkfunktion, die kognitiven und memorativen Fähigkeiten werden gedrillt. Dem kordialen, dem intuitiv-emotionalen Gegenpol droht Degeneration. Im eklatanten Mangel an Emotionalität, an Innigkeit, Herzlichkeit, Empathie und Intuition liegt ganz allgemein die Gefährdung unseres technischen Zeitalters mit seinen Krisenerscheinungen." (Nager, 1999, S. 155).

---

[21] So warnte der Arzt und Philosoph Jaspers 1958 vor einer Ablösung wissenschaftlich-technischen Wissens von den philosophischen Grundfesten der Medizin: „Der Arzt, der auf Grund des naturwissenschaftlich- technischen Fortschritts so Unerhörtes kann, wird zum ganzen Arzt erst, wenn er diese Praxis in sein Philosophieren aufnimmt. Dann erst steht er auf dem Felde der Realitäten, die er kundig gestaltet, ohne sich von diesen Realitäten düpieren zu lassen. Als stärkster Realist weiß er im Nichtwissen" (zitiert in Otte, 1995, S. 8).

[22] Lown charakterisiert die oftmals abschätzige Betrachtung von Erfahrung in der verwissenschaftlichten Medizin durch die Äußerung seines damaligen Chefarztes: „Allerdings ist Erfahrung der Name, den wir schlechten Urteilen geben." (Lown, 2002, S. 140).

Evidenzbasierte Medizin als Ausdruck radikaler Verwissenschaftlichung ärztlichen Handelns

Mit der evidenzbasierten Medizin („Evidence-based Medicine"), im Folgenden kurz EbM, als Ansatz zur Stärkung der wissenschaftlichen Grundlagen in der ärztlichen Praxis verbindet sich eine als Radikalisierung der Verwissenschaftlichung der Medizin zu betrachtende Entwicklung. Anfang der 1990er Jahre als „Evidence Based Medicine Working Group" in Hamilton/Ontario (Kanada) mit der Zielsetzung begründet, „sowohl die Klinik als auch die Gesundheitspolitik mit bester ‚evidence' aus klinischer Forschung zu versorgen und hierfür überzeugende und einfach zu handhabende Hilfsmittel zur Verfügung zu stellen" (Vogd, 2002, S. 296), fand die EbM eine rasche Diffusion in den westlichen Industrieländern (vgl. Vogd, 2004a, S. 23). Ausgangspunkt der EbM ist die mittlerweile vielfach als „unüberschaubar" bezeichnete Datenflut der wissenschaftlichen Forschung, vor deren Hintergrund die evidenzbasierte Medizin mit dem Anspruch antritt, „klinische Praxis auf die jeweils beste ‚externe Evidenz' aus kontrollierten wissenschaftlichen Studien zu gründen" (ebd.), dementsprechend den ärztlichen Entscheidungsprozess mathematisch-statistisch zu fundieren. Das Kernstück der EbM bildet die Erstellung von evidenzbasierten Leitlinien aufgrund „objektiver Kriterien" zur Etablierung einheitlicher Behandlungsstandards, die zunächst nur unverbindlichen, empfehlenden Charakter hatten und später zu bindenden und juristisch verankerten Handlungs- und Entscheidungsvorgaben wurden. Die traditionell hohen Freiheitsgrade ärztlichen Handelns, das in seiner berufsrechtlichen Verankerung stark an den Kodex des ärztlichen Ethos angelehnt ist, werden durch die haftungsrechtliche Relevanz von Leitlinien eingegrenzt (vgl. Vogd, 2002, S. 298–299). Die formal erlaubte „begründete Abweichung" wird so für den Arzt zum individuellen Risiko. Wenig verwunderlich entzünden sich an der evidenzbasierten Medizin als „neue Philosophie der Medizin" (ebd., S. 311) heftige Debatten, bietet sie einerseits unerfahrenen Ärzten (ethische und kognitive) Entlastung im Sinne einer Reduktion der Entscheidungskomplexität, stellt sie vor allem für erfahrene Ärzte auch eine Einschränkung ihrer Entscheidungsfreiheit dar[23].

Ärztliche Leitlinien werden im Allgemeinen als „sinnvolle und notwendige Entscheidungshilfen zur Gewährleistung einer qualitativ hochstehenden medizinischen Versorgung" (v. Troschke, 2004, S. 113) angesehen. Auch von der WHO wird

---

[23] Als „soziale Dimensionen der evidence based medicine" (Vogd, 2002, S. 295) haben die Effekte der evidenzbasierten Medizin, so z. B. der als Bruch mit professionellen Merkmalen der Handlungsautonomie zu betrachtende Einschnitt in die tradierte ärztliche Therapiefreiheit, weitreichende Konsequenzen, die als mögliche Tendenz zu einer Deprofessionalisierung diskutiert werden.

die EbM unterstützt (vgl. ebd.)[24]. Zur evidenzbasierten Medizin gibt es jedoch mittlerweile eine Vielzahl von skeptischen Stellungnahmen, die jeweils verschiedene Aspekte der EbM betonen. So seien zum einen die methodischen Grundlagen der evidenzbasierten Leitlinien nicht immer gesichert[25]. Hinzuweisen ist in diesem Zusammenhang auf „eine ganze Reihe von weitreichenden internen Limitationen", prominent zu nennen sind hierbei die „Schwierigkeiten der Durchführung interessensneutraler Studien" sowie der „Verallgemeinerbarkeit der Ergebnisse" (Ewig, 2006).

An dieser Stelle sind in erster Linie die unmittelbar den Problemkomplex einer weiteren Verwissenschaftlichung des ärztlichen Erkenntnisprozesses berührenden Einwände zu reflektieren. Eine grundlegende Feststellung gilt der Tatsache, dass sich in der evidenzbasierten Medizin die langfristige Entwicklung der zunehmenden Dominanz wissenschaftlich generierten Wissens gegenüber subjektbezogenen, nicht-wissenschaftlichen Wissensformen manifestiert[26]. Mit der auf statistisch ermittelten Wahrscheinlichkeiten basierenden ‚evidence' als Maßzahl klinischer Erfolgswahrscheinlichkeit bildet die EbM ein radikales Gegenkonzept zu den (realiter) in der klinischen Praxis angewendeten Wissensformen und Denkmodellen. So werde durch die „Verabsolutierung dieses Konzeptes von Medizin" „die wissenschaftliche und rechtliche Zementierung einer einseitig objektivierten Wahrnehmung von Krankheit" (ebd.) befördert.

Die Auswirkungen der Implementierung von EbM in die ärztliche Praxis sind bislang kaum beforscht. Methoden der Wissensobjektivierung und Handlungsalgorithmisierung bzw. eine durch die Standardisierung von Diagnose und Therapieentscheidungen erreichbare Komplexitätsreduktion mögen angesichts des exponentiell ansteigenden Umfangs theoretischen Fachwissens notwendig erscheinen, im Rahmen einer vielschichtigen und wenig planbaren Praxis ist ihnen jedoch mit einer gewissen Grundskepsis zu begegnen. Allein die Grundgedanken des Konzepts geben Anlass zur kritischen Auseinandersetzung, da durch die EbM typische

---

[24] So wird die WHO zitiert: „Die Einführung von EbM in die Praxis des niedergelassenen Arztes kann zu einer neuen Kultur führen, in der jeder Arzt Aspekte seines Alltagshandelns selbstkritisch hinterfragen kann und gleichzeitig die Gewähr hat, über die eindeutig belegten Fortschritte seines Fachs auf dem laufenden zu bleiben" (in v. Troschke, 2004, S. 113).

[25] Kritisch zu den Qualitätsstandards der medizinischen Metadatenanalysen aufgrund der Uneinheitlichkeit der Datenlage sowie fragwürdiger „methodologischer Taschenspielertricks" (Vogd, 2002, S. 301) und dem nicht zu unterschätzenden „publication bias" (ebd., S. 302) äußert sich Vogd.

[26] EbM steht hierbei nach Vogd für die Dynamik, „aktiv den Prozess der ärztlichen Professionalisierung in Richtung zunehmender wissenschaftlicher Rationalität (zu) verändern" (ebd., S. 311).

Spezifika des naturwissenschaftlichen „medizinischen Blicks" zusätzlich gestärkt,
während andere Erkenntnismedien weiter in die Defensive gedrängt werden. So
zunächst in der Tendenz der Nivellierung und Objektivierung ärztlichen Wissens,
während subjektive Dispositionen wie „persönlicher Stil" des Arztes als „Ausdruck
von Reife und Charakter" (Vogd 2004a, S. 23) an Legitimation verlieren, letztlich
auch die tradierten ärztlichen Leitkonzepte ‚Ärztliche Kunst' und ‚Ärztliche Intuition' zur Disposition gestellt werden. Diese Attribute, stellvertretend genannt für
eine Vielzahl von Umschreibungen einer von heterogenen Wissens- und Erkenntnisformen gestalteten ärztlichen Handlungspraxis, werden durch die EbM zumindest
mit einer neuartigen, rationalen Erwartungshaltung an das ärztliche Handeln und
Entscheiden konfrontiert. Es wird befürchtet, dass auf diese Weise auch die ärztliche „Eigenverantwortung" und „der Wagemut, neue Wege zu gehen" (zitiert in
Vogd, 2002, S. 299) zugunsten eines „Handelns nach Vorschrift" zurückgedrängt
wird (vgl. ebd.)[27] – im Extremfall drohe die „technokratische Regression" (ebd.,
S. 293)[28].

Eine Durchsetzung von evidenzbasierten Entscheidungs- und Therapieprozessen
ist auch aus dem Grund kritisch zu hinterfragen, als die Deduktion von statistisch
generierten Wahrscheinlichkeiten im Sinne einer Probabilistik die Abstraktion vom
Einzelfall bedeutet, die mit der ärztlichen Tätigkeit kaum kompatibel erscheint[29].
In den Blick gerät das Spannungsfeld der ärztlichen Prämisse der individuellen
Fallorientierung und der durch die EbM initiierten Standardisierung des ärztlichen
Entscheidungsprozesse, das in der Praxis ein erhebliches „Transferproblem" (Vogd,
2002, S. 301) erzeuge. Insbesondere erscheint die „Überkomplexität der Situation
im Verhältnis zum verfügbaren Wissen" (Stichweh zitiert in Vogd, 2004a, S. 195) die
direkte Übertragung wissenschaftlichen Wissens zu verunmöglichen. Das „Paradox
der Statistik – Gültigkeit bei großen Zahlen-Ungewissheit im Einzelfall – " (Vogd,
2002, S. 301) erzeuge ein „erkenntnistheoretisches Problem" (ebd.), das erneut nur
durch personengebundene Expertise und die Möglichkeit der Abweichung vom

---

[27] Nicht verschwiegen werden soll an dieser Stelle, dass es auch Positionen gibt, die in der
Einschränkung der ärztlichen Handlungsfreiheit positive Aspekte sehen, so ein „falsches Verständnis" der ärztlichen Therapiefreiheit zugunsten eines stärkeren informativen Einbezugs
des Patienten zu überdenken (Vogd, 2002, S. 299).

[28] Auch der amerikanische Arzt und Autor Jerome Groopman wendet sich in seiner episodischen Analyse „How Doctors Think" gegen eine Überformung unabhängigen ärztlichen
Handelns durch Algorithmen: „Algorithms discourage physicians from thinking indepen-
dently" (Groopman, 2007, S. 5), bzw. die Betrachtung von Ärzten als „well-programmed
computers" (ebd., S. 6).

[29] Auch das kausale Denkmodell des naturwissenschaftlichen Paradigmas werde durch die
Reduktion des Entscheidungsprozesses auf den klinischen Erfolg als ausschlaggebenden
Faktor letztlich ausgehebelt (vgl. Vogd, 2004a, S. 24).

Standard lösbar erscheint. Im klinischen Einzelfall seien die verfügbaren wissenschaftlichen Daten „kritisch zu bewerten im Hinblick auf ihre Validität, auf ihre klinische Relevanz und konkrete Anwendbarkeit im Einzelfall" (ebd.), d. h., sie müssen rekontextualisiert und auf den konkreten Fall bezogen werden, wodurch der „dabei ins Spiel kommende subjektive Faktor" durch „die scheinbare Exaktheit und Objektivität der Rechenoperationen mit Metaanalysen nicht eliminiert" (ebd., S. 302) werde. Von Ärzteseite wird daher tendenziell für einen „erfahrungsbegründeten Ermessensspielraum" (Hoppe, 2005) bzw. „statt Programmmedizin – mehr Vertrauen in die ärztliche Urteilskraft" (ebd.) plädiert. Die von den Protagonisten der evidenzbasierten Medizin proklamierte Beseitigung oder zumindest Reduktion der Unsicherheit klinischer Praxis auf Grundlage evidenzbasierter Empfehlungen ist somit offenbar dahingehend deutlich zu relativieren, dass die externe Evidenz offenbar weiterhin der Ergänzung durch die „interne Evidenz" (Hoppe, 2005) bzw. „Eminenz" (vgl. Behrens, 2003) des Arztes bedarf.

So erscheint letztlich die evidenzbasierte Medizin, nicht im Sinne ihrer Erfinder, in der klinischen Praxis auch als Quelle neuer Unsicherheiten auf und reiht sich somit, gemeinsam mit dem Diagnosecomputer[30] als Bewältigungsversuch reflexiver Verwissenschaftlichung ein. Inwiefern eine tatsächliche Formalisierung des ärztlichen Handlungs- und Entscheidungsprozesses durch die Implementierung evidenzbasierter Standards anzunehmen ist, lässt sich aufgrund bislang fehlender systematischer empirischer Evaluation kaum beurteilen. Denkbar wäre, dass mit der Einführung der evidenzbasierten Medizin „als kultureller Mythos einer Wissensgesellschaft" (Vogd, 2002, S. 312) lediglich eine „Wissensinszenierung" (ebd., S. 308) vor dem Hintergrund sich wandelnder Umwelterwartungen in Richtung zunehmender Objektivität und Rationalität betrieben wird, während in der Praxis weiterhin „business as usual" praktiziert wird[31]. So sei „besonders für einen Mediziner, der eine Leitungsposition abstrebt" „die Inszenierung wissenschaftlicher Kompetenz und Performanz unabdingbar (Vogd, 2004a, S. 195).

Aufschluss geben die Debatten um die evidenzbasierte Medizin vor allem über die tiefe Zäsur, welche die durch die evidenzbasierte Medizin anvisierte Verwissenschaftlichung der ärztlichen Praxis sowohl für das professionelle Selbstverständnis, als auch für die Bewertung ärztlichen Handelns bedeutet. Im vorherrschenden Klima der Idealisierung von Rationalität und Objektivität ist das Festhalten an einem

---

[30] Als Lösung für durch die „Informationsexplosion" gestiegene Entscheidungskomplexität werden gelegentlich wissensbasierte Expertensysteme in Vorschlag gebracht.

[31] Hierfür sprächen Befunde von Siering et al. (2001), nach denen das Vorhandensein evidenzbasierter Leitlinien generell begrüßt, deren Inhalte jedoch zumeist ignoriert würden (vgl. Vogd, 2002, S. 311).

unzeitgemäß erscheinenden Konzept wie der ‚ärztlichen Kunst' sicherlich denkbar unpopulär, während sich ein Programm wie EbM als „Strategie professioneller Selbstbehauptung" (Siegrist, 2005, S. 234) profilieren kann.

1.2   Technisierung der ärztlichen Praxis

Im 19. Jahrhundert wird der Arzt allmählich zum Techniker (vgl. Rothschuh, 1978, S. 431). Zum primären Feld der Intervention durch medizintechnisches Gerät wird die Diagnostik. Die Abwendung vom äußerlich sinnlich Wahrnehmbaren hin zu innerkörperlichen Vorgängen bedingte deren Sichtbarmachung durch medizintechnische Messgeräte. Die Erkenntnismethode messender Verfahren im Sinne der Quantifizierung und Objektivierung des Erkenntnisgegenstands fügt sich bruchlos in einen Zeitgeist, der durch die Erfindung verschiedenartigster Messgeräte geprägt ist. Vorläufer der heute gebräuchlichen medizintechnischen Geräte werden teils durch Zufälle erfunden, erprobt und weiterentwickelt. Sie ergänzen nach und nach die klinische Praxis, wie im Fall der Weiterentwicklung der Methode der Auskultation durch die Erfindung des Stethoskops durch den Franzosen Laennec (vgl. Heidel, 2008, S. 121), der sein Erleben der gesteigerten akustischen Wahrnehmungsfähigkeit durch den Einsatz eines Hörrohrs im Jahr 1816 beschreibt (vgl. Porter, 2000, S. 311–312). Aus erkenntnistheoretischer Perspektive ist das Stethoskop als „erste erfolgreich durchgesetzte Repräsentationspraktik der modernen Medizin" (Kathan, 2002, S. 106) zu betrachten, indem das Geräusch als das „äußere Zeichen einer im Körperinneren verborgenen pathologischen Wirklichkeit" (Lachmund, 1996, S. 62) Relevanz erhält. Realisiert wurde hiermit eine neue Ebene der Objektivierung, durch welche eine „von der Erzählung des Patienten unabhängige Beschreibungsebene des Körpers" (Kathan, 2002, S. 106), die als verlässlicher eingestuft wird, Eingang in die ärztliche Praxis fand (vgl. Lachmund, 1996, S. 76). Nicht mehr nur Leichen, auch der lebende Mensch wurde nun Gegenstand der wissenschaftlich-technischen Durchdringung seiner physischen Materie, mehr dem Geräusch und weniger den „Erfahrungen des Kranken" Bedeutung beigemessen (vgl. ebd., S. 63). Als Unterstützung und Erweiterung der Sinnesorgane bildet das Stethoskop den Ausgangspunkt zur technischen Ergänzung und späteren weitgehenden Substitution der ärztlichen Sinneswahrnehmung sowie der gleichzeitigen Verschiebung der technikinduzierten Aufmerksamkeit vom Patienten zur Krankheit (vgl. Porter, 2000, S. 313) und schließlich generellen Distanzierung vom Patient (vgl. Kathan,

2002, S. 105). Zunächst „kulturelle Hervorbringung der Pariser Krankenhausmedizin" gehört in der zweiten Hälfte des 19. Jahrhunderts „die stethoskopische Untersuchung zum Standardrepertoire der gesamten medizinischen Profession" (Lachmund, 1996, S. 69). Im Verbund mit der in den Folgejahren systematisch betriebenen präzisen Beschreibung pathologischer Geräusche von Lungenerkrankungen gelingt die Integration der technisch generierten Erkenntnisse in klinische Krankheitsbeschreibungen (vgl. Anschütz, 1987, S. 38), auf deren Grundlage die genauere klinische Differenzierung von Atemwegserkrankungen möglich wird (vgl. Shorter, 1991, S. 28).

Ab ca. 1830, das auch das Jahr der Erfindung des Mikroskops ist, sind deutliche Fortschritte im Bereich der Untersuchungstechniken zu verzeichnen (vgl. Anschütz, 1987, S. 39). Der gesamte menschliche Organismus wird zum Gegenstand messender Verfahren. Dies nicht ohne kritische Beobachtung von Medizinern, die eine Grundskepsis gegenüber der Übertragung naturwissenschaftlicher Prinzipien auf die lebendige Natur bzw. gegenüber der technischen Unterstützung oder gar Substitution der sinnlichen Wahrnehmung noch nicht ablegen. So 1834 bei der Ersterprobung des Thermometers: „Mit dem Thermometer kann man zwar den Grad der Körpertemperatur erkennen, es ist aber ganz und gar ungeeignet, um die anderen Qualitäten der krankhaften Wärme zu erfassen". Der originär menschlichen Wahrnehmungsfähigkeit wird (noch) mehr getraut: „Das beste Instrument, welches der Arzt anwenden kann, bleibt demnach seine Hand" (Chomel zitiert in Rothschuh, 1978, S. 421[32]).

Mitte des 19. Jahrhunderts kommen wesentliche Impulse vor allem aus Frankreich und aus Wien, wo vor allem durch den „obsessivsten Sezierer" (vgl. Porter, 2004, S. 111) Rokitansky wichtige Zusammenhänge pathologischer Entwicklungen erkannt wurden Es entsteht die „anatomisch-klinische Methode", die im „Krankenblatt" Symptome und Krankheitsursachen zusammenführt und zum Fundament der systematischen Diagnostik wird (vgl. Anschütz, 1987, S. 41). Der Übergang der „traditionellen" zur „modernen" Medizin kann in Übereinstimmung mit vielen Medizinhistorikern etwa zeitgleich bestimmt werden.

Mit den 1870er Jahren kommen Messgeräte zum Zweck der Diagnostik flächendeckend in der ärztlichen Praxis zum Einsatz (vgl. Rothschuh, 1978, S. 433–435). Weiterer Fortschritt im Bereich der Diagnostik, so durch die Endoskopie

---

[32] Zum Für und Wider in Bezug auf das lange Zeit sehr umstrittene Thermometer äußert sich der Arzt Wunderlich im Jahr 1868: „Es könnte leicht dahin kommen, dass ein wärmemessender Arzt die Berücksichtigung anderer, gleichfalls wertvoller Zeichen vernachlässigen werde. Von geübten Praktikern kann der Einwurf gemacht werden, dass sie des Thermometers nicht bedürfen, da ihre Hände eine so feine Empfindlichkeit erworben haben, dass sie zur Schätzung der Wärme jedes Instrument ersetzen". (zitiert in Rothschuh, 1978, S. 433).

im Jahr 1878 (vgl. Heidel, 2008, S. 121), ermöglicht die präzisere Benennung von Krankheitsphänomenen, deren Behandlung jedoch noch geraume Zeit weit hinter den diagnostischen Möglichkeiten zurückblieb[33]. Auch erschwerte der nach wie vor von tradierten Vorstellungen geprägte Zeitgeist in einigen Fällen die Anerkennung und therapeutische Nutzbarmachung einiger bahnbrechender Erkenntnisse, wie das Beispiel der ursächlichen Aufklärung des Kindbettfiebers 1848 in Wien durch Semmelweis belegt[34]. Mit der Entdeckung der Röntgenstrahlen 1895 erschloss sich schließlich eine „neue Dimension" der Körperbetrachtung. Um 1900 können auf Basis der Kenntnis physiopathologischer Zusammenhänge Differentialdiagnosen für eine Vielzahl von Krankheiten entwickelt werden (vgl. Shorter, 1991, S. 39). Zu Beginn des 20. Jahrhunderts verfügt die ärztliche Praxis mit der Röntgentechnik, der Elektrokardiographie (EKG, 1903) sowie der Narkosetechnik bereits über leistungsstarke Methoden. Die Weiterentwicklung und Ausdifferenzierung der bildgebenden Verfahren ergänzte die ärztliche Praxis mit den im 20. Jahrhundert entwickelten Techniken der Computertomographie und der Sonographie, die den Zugang zum einzelnen Organ eröffneten. Die bis dato nur erträumte Durchleuchtung und Vermessung des menschlichen Körpers wurde Realität, das ärztliche Handlungsrepertoire durch die Fähigkeiten und Kompetenzen im Bereich des technischen Wissens, Könnens und Geschicks ergänzt. Als unmittelbare Folge der medizintechnischen Entwicklung ist die Erweiterung und Stärkung der ärztlichen Erkenntnismöglichkeiten durch messende und quantifizierende Zugänge sowie durch die mit den Methoden der Bildgebung realisierbaren Einsichten in den menschlichen Körper festzuhalten. Insbesondere das Feld der Diagnostik profitiert in hohem Maße von den Möglichkeiten technologiegestützter Untersuchungen, durch die ein neues Level von Präzision und Sicherheit in der Diagnosestellung erreicht werden konnte.

Die Erkenntnismöglichkeiten der Technik eröffnen auch der therapeutischen Intervention neue Chancen. So finden z. B. im Bereich der Krebsdiagnostik- und Therapie hocheffiziente Verfahren Anwendung, die als Meilensteine wissenschaftlich-technischen Fortschritts die Wirksamkeit ärztlichen Handelns

---

[33] In dieser als „therapeutischer Nihilismus" (Shorter, 1991, S. 39) bekannten Phase wurzelt die noch heute verbreitete Fixierung auf den vielfach noch immer als Kern der ärztlichen Kunst begriffenen Bereich der Diagnostik („Der Ehrgeiz des Klinkers bestand primär darin, die Sektionsdiagnose möglichst genau vorauszusagen", Groß, 1992, S. 298), auf den sich der „Ruhm der wissenschaftlichen Medizin" (Göckenjan, 1985, S. 219) primär bezieht, während das Feld der Therapie lange Zeit in dessen Schatten stand.

[34] Semmelweis wurde aufgrund seiner Entdeckung der Infizierung von Frauen in einer Wiener Geburtsklinik durch die behandelnden Ärzte stark angefeindet, ihm lange wissenschaftliche Anerkennung versagt.

enorm verstärkt haben. Auch sind ehemals undenkbare, zunächst noch spektakuläre Eingriffe wie die Transplantation von Organen oder der Herzschrittmacher
heute zum „Routineeingriff", geworden, während immer wieder neue, sich stetig verfeinernde Technologien, wie in den letzten Jahren die minimalinvasive
Chirurgie, für Aufsehen weit über die Grenzen des Fachs hinaus sorgen. Die
Erhaltung von Gesundheit und physisch-psychischer Leistungsfähigkeit und neuerdings auch Attraktivität bis ins hohe Alter als zentrale Werte der westlichen
Industrieländer[35] ist auf Grundlage wissenschaftlich-technischer Entwicklungen
steuerbar geworden, was die moderne Medizin zurecht für sich als großen Erfolg
reklamiert.

**Technisierung ärztlichen Handels: Eine Erfolgsgeschichte mit ambivalenten
Folgen**
Dieser Erfolg hat jedoch einen hohen Preis – und dies nicht nur in monetärer Hin-
sicht. Im Fall spektakulärer Fortschritte im Bereich der Krankheitsbekämpfung als
Erfolgsgeschichte medial gefeiert, als gefährliche Fehlentwicklung und Kosten-
treiber kritisiert, von der Wirtschaft als gewinnträchtiger Markt umworben, vom
Patienten einerseits mit großen Hoffnungen und Erwartungen, andererseits mit
angstvollem Respekt oder resignierter Ablehnung wahrgenommen- die moderne
„High-Tech-Medizin" sieht sich einem Spannungsfeld von Emotionen und Interessen ausgesetzt. Die gesellschaftliche Aufmerksamkeit für die technologische
Entwicklung der Medizin ist zu großen Teilen sicherlich dadurch zu erklären, dass
sie Relevanz für Jedermann als zumindest potenziellen Nutznießer einer hochleis-
tungsfähigen Medizin besitzt. Darüber hinaus ist die moderne Medizintechnologie
mit den an sie gekoppelten Visionen des „reparierbaren" Menschen, der Aussicht auf
den Sieg über Krankheit und Alter, der Manipulation biologischer Grenzen durch
die Möglichkeiten des genetic engineering faszinierend und erschreckend zugleich.
Lebensbeginn- und -Ende stellen nicht länger natürliche Begrenzungen dar, sondern werden zum Gegenstand technischer (Um-)definition. Jenseits individueller
Betroffenheit zwingt die Verwirklichung des alten Traums der Menschheit von der
technisch-artifiziellen Perfektion ihrer selbst die moderne Gesellschaft zu schwierigen Auseinandersetzungen um eine neue „Technik-Moral-Balance" (Dörner, 2001,
S. 305).

---

[35] Dass diese Begriffe durchaus sozial konstruiert sind, zeigen Vertreter der These einer „Medikalisierung der Gesellschaft". Kritisch betrachtet wird hiermit die umfassende Übernahme
der Definitionsmacht der organisierten Medizin über ihre Systemgrenzen hinaus. Im Zuge
dieser Entwicklung wird der Mensch als „Homo hygienicus" zunehmend zum marktfähigen
Gut (vgl. Dörner, 2001, S. 297).

Parallel zur seit den 1980er Jahren unter dem Label „Apparatemedizin" bekannten Diskussion um eine menschenwürdige Medizin im technisierten Zeitalter, die noch aufzugreifen sein wird, gerät die Medizintechnik auch unter dem Gesichtspunkt als gesamtgesellschaftlicher Kostenfaktor in die öffentliche Kritik (vgl. Henke, 2007, S. 34). Die Problematik der volkswirtschaftlichen Finanzierbarkeit des medizintechnisch-industriellen Komplexes durch die Solidargemeinschaft (siehe dazu auch A 3.) mündet immer wieder in politische Diskussionen um die Kosten-Nutzen-Relationen bzw. die Kontingentierung medizinischer Leistungen für bestimmte Patientengruppen[36]. So ist die Debatte um Potenziale und Grenzen der technisierten Medizin kaum trennbar vom teilweise heftigen gesellschaftspolitischen Diskurs um ethische Grundfragen, tangieren diese hoch brisanten Fragestellungen schließlich in zu fundamentaler Weise Grundsätze einer sich als „sozial" verstehenden Gesellschaft, als dass eine Regulierung durch die Ökonomie vertretbar erscheint. Auch das ärztliche Handeln wird durch die zur Verfügung stehenden technischen Möglichkeiten, z. B. in den Fragen der künstlichen Lebensverlängerungen und der Sterbehilfe, neuerdings der Gentechnik, immer wieder in den Grenzbereich gesellschaftlicher Konsensfähigkeit gerückt[37]. So kann in Kürze das soziale Spannungsfeld umrissen werden, in dem das Themenfeld „moderne Medizintechnik" anzusiedeln ist.

Obwohl die Technisierung der ärztlichen Praxis im 19. Jahrhundert schon wesentlich voranschreitet, schlägt erst in der zweiten Hälfte des zwanzigsten Jahrhunderts[38] die große Stunde der apparativen Medizin, die schließlich die Hinwendung zu einer weitgehend vom technisch-apparativem Geschehen dominierten Praxis bedeutete[39].

---

[36] In einigen Ländern, z. B. Großbritannien, ist eine altersabhängige Rationierung medizinischer Leistungen bereits gesetzlich verankerte Realität.

[37] Badura spricht in diesem Zusammenhang sogar von einer „Zerreißprobe" (Badura, 1996, S. 47), der sich die ärztliche Profession hinsichtlich der Entkopplung von technischer Machbarkeit und sozialer Verantwortung ausgesetzt sieht.

[38] Die Zäsur des Übergangs zur Hochtechnisierung ist schwer zu bestimmen, der Medizinhistoriker Silomon setzt sie in den 1950er bis 1960er Jahren an (vgl. Silomon, 1983, S. 12).

[39] So wird in den sechziger Jahren der Ruf nach Computern zur Bewältigung der Informationsflut in der ärztlichen Praxis laut (vgl. Otte, 1995, S. 20). Medizinische IT unterstützt die ärztliche Arbeit mittlerweile in nahezu allen Bereichen. Über den Einsatz von EDV in der Administration und beim Schreiben von Arztbriefen hinaus ergänzen mittlerweile IT-basierte Therapiefahrpläne und standardisierte Anamnesemasken die konventionellen Formen der ärztlichen Praxisgestaltung. Mithilfe von elektronischen Nachschlagewerken wird versucht, die Wissensexplosion unter Kontrolle zu bringen. Etabliert haben sich als Vorzeigekind der KI-Forschung auch wissensbasierte Dialogsysteme, während das Expertensystem, das „Wissen auf Knopfdruck" (ebd., S. 51) bereitstellen soll, wohl eine Utopie bleibt (hierzu

Der bis in die Gegenwart ungebrochene Vormarsch von Medizintechnik schlägt sich in unzweideutigen Zahlen nieder: So stieg die Zahl der Ultraschalluntersuchungen in den 1980er Jahren um das neunfache (Otte, 1995, S. 10), ähnliche Steigerungen sind für viele andere Verfahren zu verzeichnen. Interessanterweise wachsen die Ausgaben für Medizintechnik in den medizinischen Einrichtungen sogar in weit überproportionalem Maße (um den Faktor 22, vgl. Anschütz, 1987, S. 207). Anzumerken ist, dass die qualitative Veränderung der ärztlichen Arbeit als auch durch die umfassende Technisierung des medizinischen Settings getrieben erscheint. Auch in den privaten Arztpraxen findet seit den 1980er Jahren ein auch von Gesichtspunkten der wirtschaftlichen Konkurrenzfähigkeit motiviertes technisches Wettrüsten statt, das in eine Spirale aus technischem Dauerbetrieb und Reinvestition in technische Neuerungen mündete (vgl. Otte, 1995, S. 62). Die Verfügung über dem neuesten wissenschaftlich-technischen Stand entsprechende Medizintechnik wird so zum Statussymbol im Rahmen eines sich verschärfenden Wettbewerbs[40]. Mit der Zielvorgabe, die Kosten für das gestiegene technische Niveau „reinzuwirtschaften" verfestigt sich die Losung der „Leerzeitenminimierung", die die maximale Kapazitätsausschöpfung der vorhandenen apparativen Infrastruktur anvisiert. Handlungsleitend wird somit eine in erster Linie ökonomisch motivierte „gerätezentrierte Perspektive" (Feuerstein, 1996a, S. 92), die das ärztliche Handeln zunehmend nach ihren Bedingungen gestaltet. „Patientenorientierung", hohes Gut und tradiertes Leitmotiv ärztlichen Handelns, muss dabei offenbar als oberstes Entscheidungskriterium angezweifelt werden (vgl. Mannebach, 1993, S. 187). Kritisch als „technischer Imperativ" (Fuchs, 1974; zitiert in Badura, 1996, S. 21) perspektiviert wird eine solche rein den Logiken technischer Machbarkeit und ökonomischer Rentabilität untergeordnete Anwendung von Technik, die darüber hinaus die „Affinität von technischem und ökonomischem Denken" (vgl. Feuerstein, 1996a, S. 91) bzw. die Kompatibilität dieser beiden Funktionslogiken aufzeigt. Das Aufbieten von technischen Leistungen ist vor allem für den Niedergelassenen äußerst „lukrativ" (Otte, 1995, S. 58), der zudem lange Zeit in der glücklichen Position war, die von ihm angebotenen technischen Untersuchungen im Rahmen der Einzelleistungsvergütung in nahezu uneingeschränktem Umfang selbst anordnen zu können, bzw.

---

ausführlicher später). Der Computer wird zur Schlüsseltechnologie der Medizin, die auch den meisten medizintechnischen Verfahren zugrunde liegt, so z. B. dem Computertomographen, dem Kernspin und den automatisierten Operationstechniken. Die Ambitionen des ortsunabhängigen, computergesteuerten Operationstischs reflektieren die (gescheiterte) Vision der „mannlosen Fabrik" in der industriellen Produktion.

[40] So werde das Ansehen von Kliniken zunehmend von ihrer technisch-apparativen Ausstattung abhängig (vgl. Feuerstein, 1996a, S. 90).

„über das medizinisch erforderliche Maß hinaus zu steigern" (Oberbeck & Oppermann, 1994, S. 183)[41]. So wird die „Technikspirale als Phänomen systemischer Fehlsteuerung" (Badura & Feuerstein, 1996, S. 15) eingestuft, indem durch Fehlanreizstrukturen des Abrechnungssystems für technische Leistungen eine Verzerrung sinnvollen ärztlichen Handelns in Richtung eines durch Profitstreben bestimmten Handelns begünstigt werde[42]. Der technische Komplex bzw. die Konstruktion des derzeitigen Abrechnungssystems für technische Leistungen trägt dieser Argumentation folgend wesentlich zur Fehlallokation von Ressourcen im Gesundheitssystem bei.

Angesichts der hohen gesellschaftlichen Ausgaben für Medizintechnik werden zunehmend Fragen nach ihrer Effizienz und Angemessenheit gestellt. So ist der „Überschuss an technischer Rationalität im klinischen Versorgungsangebot" (Badura & Feuerstein, 1996, S. 14) seit den 1980er Jahren verstärkt Gegenstand kritischer Auseinandersetzung geworden. Im Fokus steht hierbei zumeist der „diagnostische Overkill", durch „kostenträchtige Verfahren mit umstrittener therapeutischer Relevanz" (ebd.), in genereller Betrachtung die offenbar nicht immer vorhandene Orientierung der Technikentwicklung am gesellschaftlichen Bedarf (vgl. Otte, 1995, S. 21). Zumindest als fraglich zu bezeichnen ist der gesamtgesellschaftliche Benefit der Technikoffensive, der, angesiedelt in einem sensiblen Feld einer von Interessendivergenzen und Wertepluralismus[43] geprägten Gesellschaft, zudem kaum operationalisier- und messbar ist („Problem der Nutzen- Evaluation", vgl. Feuerstein, 1996a, S. 135 f.). Mit Blick auf den „Wandel des Krankheitspanoramas" (Schipperges, 1982) von akut lebensbedrohlichen Krankheiten hin zu chronisch-degenerativen Erkrankungen (den so genannten „Volkskrankheiten") wird häufig angemahnt, dass trotz aller Erfolge der modernen Medizin ihr Patient, die Gesamtgesellschaft, keineswegs gesünder sei (vgl. Otte, 1995, S. 11). Leistungen der apparativen Medizin werden jedoch gerade für das genannte Spektrum von Krankheiten als eher gering eingestuft (vgl. Francke, 1994, S. 9), angemessenere Zugänge und Alternativen zur hochtechnisierten Akutmedizin dennoch nur

---

[41] Die vielfach als Ursache für die vielzitierte „Kostenexplosion" im Gesundheitswesen verantwortlich gemachten „Mehrfachuntersuchungen" sind nicht zuletzt dieser Logik geschuldet.

[42] Anzumerken ist in diesem Zusammenhang, dass in der ärztlichen Praxis eine „indirekte Subvention des Arzt-Patient-Gesprächs" durch die „großzügige Bezahlung der technischen Leistungen" (Hege, 2001, S. 44) offenbar Usus ist.

[43] Ein Beispiel hierfür sind Kontroversen um den „Nutzen" einer durch Technik erreichbaren Lebensverlängerung „um jeden Preis" bzw. die Hinterfragung von Lebensqualität im Zusammenhang mit den Negativszenarien des Autonomieverlusts infolge von „Technikabhängigkeit".

unzureichend gefördert. So befindet Badura, es sei nicht eine „Feuerwehr-, sondern Gärtnermentalität" gefordert, (zitiert in Otte, 1995, S. 21) bzw. zumindest, eine „interaktionsintensive Flankierung" (Badura, 1996, S. 42) der High-Tech-Medizin vonnöten.

Die wissenschaftlich-technische Revolution des 19. und vor allem des 20. Jahrhunderts hat der Medizin nicht nur eine gänzlich neue Erscheinungsform gegeben, sondern auch das Wesen der (einstigen) Heilkunde substantiell verändert: Sie wurde zur „apparatezentrierten Heiltechnik" (Heidel, 2008, S. 117). Diese Entwicklung greift soweit, dass sogar Spezialdisziplinen, z. B. die Radiologie, nach der in ihnen zur Anwendung kommenden Technik benannt sind (vgl. Silomon, 1983, S. 9). Die moderne Medizin ist offenbar in einem so erheblichen Maß von Technik geprägt, dass „Modernität" im Sinne einer State of the Art-Medizin kaum von Technik zu trennen ist, Fortschritt in der Medizin weitgehend mit technischem Fortschritt gleichgesetzt wird, ja sogar die Vorstellungen von „apparativem Maximum" und „medizinischem Optimum" kongruent werden (vgl. Feuerstein, 1996a, S. 125). So hat die medizintechnische Durchdringung ärztlichen Handelns auch die Wahrnehmung der Profession Arzt fundamental verändert. Der moderne Arzt ist kaum mehr ohne technisches Gerät denkbar, im Extremfall sogar überschattet dieses seine Wahrnehmung als Akteur, der sich der Technik „eigentlich" nur zur Unterstützung seiner Erkenntnismöglichkeiten bedient. Gestärkt wird dieser Eindruck dadurch, dass die Beherrschung komplexer Medizintechnik in vielen Disziplinen mit einer exponierten Position in der internen Abteilungshierarchie gekoppelt ist (vgl. Danzer, 1993, S. 168) und so vielfach zum „stellvertretenden Leistungsnachweis medizinischen Handelns" (Feuerstein, 1996a, S. 135) gerät.

Während die sensibilisierte Öffentlichkeit und auch Teile der beteiligten professionellen Akteure diesen Entwicklungen zumindest skeptisch gegenüberstehen, ist faktisch eine fortgesetzte Ausweitung der technisch-apparativen Durchdringung des gesamten Feldes der Gesundheitsversorgung festzustellen. Erfolgreiches ärztliches Handeln geht zu einem Gutteil auf die Verfügung über elaborierte Technik zurück – gleichzeitig wird durch diese eine Art des Zugriffs auf den Menschen befördert, die der Medizin den Vorwurf der „reduktionistischen Organmedizin" (Anschütz, 1987, S. 61) einbringt. Dies qualifiziert die Durchdringung der ärztlichen Tätigkeit mit Technik als sicherlich folgenreichste – und möglicherweise tragischste- Zäsur in der Medizingeschichte. So ist die Entwicklung zur High-Tech-Medizin insgesamt als zweischneidiger Prozess einzustufen. Dem „Zauber der Technik" (Fischer, 2001, S. 20) stehen eine Reihe nicht-intendierter Nebenfolgen gegenüber, die im Folgenden zu systematisieren sind.

Auswirkungen der Technisierung auf die ärztliche Praxis

Im Folgenden sind die umfassende technikvermittelte Transformation des medizinischen Settings und deren Auswirkungen auf die ärztliche Praxis sowie die Rollen der beteiligten Akteure näher zu betrachten. Zu klären ist zunächst der den folgenden Betrachtungen zugrunde liegende Technikbegriff. Für das Feld der Medizin fällt eine Grenzziehung, was mit dem Begriff Technik zu fassen sei, besonders schwer, da nicht nur im engen Sinne medizintechnische Apparate, sondern zunehmend auch moderne Informations- und Kommunikationsmedien fester, Bestandteil des medizinischen Settings geworden sind. Zudem sind Übergänge von nicht-technischem zu technischem (und umgekehrt) Handeln fließend, so z. B. hinsichtlich des Zusammenspiels von Technik mit nicht technisch generierten „menschlichen Ergänzungshandlungen" (Feuerstein, 1996a, S. 110). Der Blick in die Medizingeschichte ist hier aufschlussreich: Bezeichnete sich die antike Medizin selbst noch als „Techné", „Heilkunst", in der das Element der Kunstfertigkeit gegenüber anderen Formen der Verrichtung eine dominante Rolle spielte, wurde Technik mit Beginn der Neuzeit zum Inbegriff von Abstraktion und Modellhaftigkeit. Assoziiert wird hiermit „eine bestimmte Weise des Handelns, das geprägt ist vom Gebrauch von Werkzeugen sowie bestimmter Verfahren und Methoden, um das jeweilige Ziel des Handelns zu erreichen" (Danzer, 1993, S. 163) bzw. die „regelgeleitete Abfolge detaillierter Handlungsschritte zur automatischen Abarbeitung von Problemlösung" (Feuerstein, 1996a, S. 110). Beschrieben wird hiermit ein relativ stark formalisiertes Handeln im Rahmen eines technischen Handlungsvollzugs, das auch als planmäßig-objektivierendes Handeln verstanden werden kann. „Technisierung" zeigt sich somit als „besondere formgebende Praxis, Elemente, Ereignisse oder Bewegungen, kunstfertig und effektiv in schematische Beziehungen von Einwirkungen und notwendiger Folge zusammenzusetzen" (Rammert, 2007, S. 16). Als erweiterte Vorstellung des traditionellen, an der Funktionsweise von Geräten und Maschinen orientierten Technikbegriffs betrachtet die neuere Techniksoziologie die soziale Dimension technischer Entwicklungen im Sinne der Auswirkungen technischer Artefakte auf Sozialpraktiken. Der Technikbegriff beschränkt sich hiermit nicht auf Gegenstände, sondern erstreckt sich auf die Kategorisierung einer Handlungstechnik, denen ein technisch-artifiziell generierter Prozess zugrunde liegt (vgl. dazu ausführlicher: Rammert, 2007, S. 15 f.). Vor dem Hintergrund dieses Technikverständnisses sind z. B. auch Medikamente als technische Artefakte zu betrachten, da sie steuernd in Körperfunktionen eingreifen (vgl. Feuerstein, 1996a, S. 109). Ein „besonderes Artefakt" (Schubert, 2006, S. 104) stellt, wie in der Studie von Berg 1996 aufgezeigt, die Patientenakte dar, die dem kooperativen System der an der Krankenbehandlung beteiligten Akteure im Krankenhaus als „kollektiver Wissensspeicher" dient (vgl. Schubert, 2006, S. 105). Diese Perspektiven sind in die Betrachtungen der Technisierung des ärztlichen Handlungsfelds einzubringen. Zu hinterfragen ist sowohl die starke These einer technischen Überformung der ärztlichen Praxis, wie sie in der „Apparatemedizin" postuliert wurde, wie auch die Bedeutung wissenschaftlich-technischer Artefakte für den ärztlichen Erkenntnisprozess. Eine frühe Technikkritik des Arztes Bodamer beschreibt den „Einbruch der Technik in die Medizin" „gemessen an dem traditionellen Geist der Heilkunde" als „einschneidende(n) und vielfach katastrophal empfundene(n) Vorgang" (Bodamer, 1962, S. 9). Bereits in den frühen sechziger Jahren stellt sich die Technisierung der Medizin als „höchste Versachlichung" dar – mit Nebenfolgen („unerwartete Problemlagen, die nicht eingeplant waren", ebd.) für Arzt und Patient. Das ursächliche Problem wird mit der Zielsetzung der „Verwandlung des menschlichen Lebens in einen steuerbaren technischen Prozess" im „Großkrankenhaus als Fabrik, in welcher Gesundheit wie eine Ware hergestellt wird" (ebd.) benannt. Was noch Anfang der 1960er Jahre als Dystopie anklang (die Medizin „nähert sich technisch einer Vollendung, die darin gipfelt, dass die elektronische Rechenmaschine die Diagnose stellt und nicht mehr das Wissen, die Erfahrung und das Gewissen eines einzelnen Arzts, der die Verantwortung trägt", ebd.), sollte alsbald im Zuge der Ambitionen zur Entwicklung des „Diagnosecomputers" in den folgenden Jahrzehnten erklärtes Ziel werden.

Eine Radikalisierung dieser Grundskepsis erfolgt in den 1980er Jahren vor dem Hintergrund der umfassenden technischen Aufrüstung, bekannt geworden unter dem Schlagwort der „Apparatemedizin", das die kritische Distanz der Öffentlichkeit zu einer als übertechnisiert wahrgenommenen Medizin zum Ausdruck bringt. Assoziiert werden hiermit vor allem Ängste vor Autonomieverlust und Depersonalisierung unter der „monströsen Herrschaft von Apparaten" (vgl. Anschütz, 1987, S. 14), die Befürchtung „ohnmächtiger Patient in einer allmächtigen Medizin" (Otte, 1995, S. 7) zu werden. Dies nicht gänzlich unbegründet – die im biomedizinischen Modell angelegte Konzeption des kranken Menschen als defekte Maschine manifestiert sich in der hierzu häufig exemplarisch herangezogenen hoch technisierten Intensivstation in Reinform. Jenseits dieses Negativszenarios ist die Haltung der Patienten zur technisierten Medizin als ambivalent einzustufen, weckt sie gleichermaßen Hoffnungen und Ängste. Technik wird häufig als lebensrettend erfahren und zumeist in der lebensbedrohlichen Situation befürwortet. Dennoch fühlt sich der Patient insbesondere im Krankenhaus vielfach der von ihm gefürchteten Belastung oder sogar Gefährdung durch unkontrollierten Technikeinsatz ausgeliefert (vgl. ebd., S. 9–11)[44]. Als „Medizin, in der die verwissenschaftlichte Technik den Alltag

---

[44] Beispiele und Zahlen zu „iatrogenen Schäden" in der hochtechnisierten Medizin führt Badura an (vgl. Badura, 1996, S. 29–30). In der historischen Betrachtung ist dies als Verletzung

bestimmt" (ebd., S. 23) verstanden, ist die viel zitierte „Apparatemedizin" Ausdruck und Ursache für zahlreiche Fehlentwicklungen. Es zeigt sich, dass das Eindringen von Medizintechnologien in die Beziehung von Arzt und Patient Folgen für deren Gestaltung hat, mitunter Sachzwänge schaffen kann, die das ärztliche Handeln unter Anpassungsdruck setzen und die traditionellen Rollen von Arzt und auch Patient nachhaltig verändern (vgl. ebd., S. 24). Vielfach als „seelenlose Apparatemedizin" (ebd., S. 11) etikettiert, steht Technikeinsatz vor allem für den Verlust einer persönlichen Bezugnahme auf den Patienten. In dieser als „stumme Medizin" (Lüth, 1974) kritisierten ärztlichen Praxis habe das Gespräch nur noch „Begleitcharakter zur chemischen Beeinflussung des Patienten" (Francke, 1994, S. 16) durch das in den Status von „technischen Hilfskräften" (Anschütz, 1987, S. 152) degradierte Humanpersonal. Das technische Artefakt wird auf diese Weise zum Symbol einer dehumanisierten Medizin.

Technisches Handeln erhält Übergewicht über kommunikatives Handeln- von der sprechenden zur stummen Medizin

Die Kritik an der Apparatemedizin ist daher insofern ernst zu nehmen, als dass sie das wachsende Unbehagen an der Entwicklungstendenz der technisierten Medizin widerspiegelt, welcher, mag sie auch noch so „erfolgreich" sein, das Fehlen der Begleitung durch den Arzt vorgeworfen wird. Tatsächlich ist es so, dass in der ärztlichen Praxis ein deutlicher Rückgang des kommunikativen Elements zugunsten technischen Handelns (vgl. z. B. Francke, 1994, S. 13; Siegrist, 2005, S. 269) bzw. eine Ausweitung technikintensiver Leistungen auf Kosten interaktionsintensiver Leistungen (vgl. Badura, 1996, S. 42) zu verzeichnen ist. Badura, 1996 konstatiert in diesem Zusammenhang einen Konflikt „von technischem Imperativ" und „zwischenmenschlichem Imperativ" (vgl. Badura, 1996, S. 26).

Eine sicherlich entscheidende Dynamik für diese Schwerpunktverschiebung geht von der Konstruktion des Vergütungssystems für ärztliche Leistungen aus, welches Technikeinsatz, d. h. diagnosetechnische, therapeutisch-invasive und operative Maßnahmen gegenüber dem ärztlichen Gespräch deutlich begünstigt (siehe dazu auch A 3.). So spitzt es ein Kritiker zu: „Der Weg in die ‚stumme Medizin' ist mit Abrechnungsregelungen gepflastert" (Otte, 1995, S. 59). Technikeinsatz wird hierdurch aus der Sichtweise des abrechnenden Arztes (zusätzlich ihrer vermeintlichen generellen Überlegenheit) zur ökonomisch-rationalen Maßnahme erhoben (vgl. Feuerstein, 1996a, S. 128), während die traditionellen Erkenntniswege, Anamnese und körperliche Untersuchung, gegenüber Technik zunehmend ins Hintertreffen

---

des hippokratischen Codes des „nihil nocere" zu werten: „Der Arzt darf seine Fähigkeiten nicht überschätzen und muss sich vor riskanten und nutzlosen Operationen hüten" (Otte, 1995, S. 15).

geraten (vgl. Grönemeyer, 2007, S. 56). Anderslautende Beteuerungen eines nach wie vor hohen Stellenwerts der Anamnese werden angesichts der Realität der klinischen Versorgung teilweise als „Lippenbekenntnis" eingestuft (vgl. Anschütz, 1987, S. 14). Die vielfach kritisierte „Übertechnisierung" erscheint so auch als Resultat oftmals ungenügend durchgeführter Stufendiagnostik (vgl. ebd., S. 242), die als sorgfältiges Verfahren der stufenweisen Eskalation bei der Inanspruchnahme von invasiven technischen Maßnahmen zur Vermeidung von unnötiger Patientenbelastung und Kosten beitragen kann. Vielfach werden – auch aus Zeitnot – ungezielte technische Untersuchungen angestrebt, die durch eine ausführliche Anamnese eingespart werden könnten („Laborflöten", „sinnlose Objektivierungen", ebd., S. 184) und „Datenfriedhöfe gigantischen Ausmaßes" produzieren (Silomon, 1983, S. 27).

Empirische Untersuchungen liefern Zahlen zur enormen Verkürzung des durchschnittlichen Patientenkontakts in Krankenhäusern, der mit drei bis vier Minuten (Siegrist, 2005, S. 256) oder auch nur 90 s (Petzold, 2010) angegeben wird. Auch in Arztpraxen verringerte sich die zur Betreuung des einzelnen Patienten zur Verfügung stehende Zeit vor dem Hintergrund der Pauschalvergütung deutlich (Otte, 1995, S. 58–59). Insbesondere die Bearbeitung komplexer und chronischer Erkrankungen ist in dieser Zeitspanne kaum zu bewerkstelligen. Dem „mit technischen Problemen präokkupierten" (Mannebach, 1993, S. 185) Mediziner fehlt oftmals schlichtweg die Zeit, sich dem Patienten zuzuwenden[45]. Zudem zeigt die Visitenforschung, dass das typische Arzt-Patient-Gespräch durch eine asymmetrische und unidirektionale Kommunikationsstruktur geprägt ist. Im Rahmen dieser kritisch als „Kurvenvisite" (Kathan, 2002, S. 112) bezeichneten Begegnung richtet der Arzt zumeist gezielte befundbezogene Fragen an den Patienten, während er hingegen den emotionalen Appellen des Patienten mittels „Strategien der kommunikativen Entlastung" (Siegrist, 2005, S. 257) auszuweichen versucht. Dieses häufig kritisierte Arztverhalten ist vor allem durch die straffe arbeitsinhaltliche und zeitliche Strukturierung und Fragmentierung des Arbeitstages sowie auch die Überfrachtung der ohnehin knapp bemessenen Visite durch eine Vielzahl von Aufgaben (vgl. ebd., S. 256) zu erklären. Zeitdruck als Rahmenbedingung ärztlicher Arbeit bietet in diesem Zusammenhang eine systemkonforme Legitimation, zeitliche und emotionale Überforderungen durch den Patienten zurückzuweisen. So bleibt als eine Folge die oftmals nur knappe Aufklärung über Nutzen und Risiken von Maßnahmen, als „informed consent" juristisch abgesichert, für geschätzte 90 % der Patienten

---

[45] Auch macht Vogd neben den gestiegenen Anforderungen durch die Bürokratisierung der ärztlichen Tätigkeit Technikfolgeprobleme für die zeitliche Verkürzung der Arzt-Patient-Kontakte verantwortlich (vgl. Vogd, 2002, S. 308).

unverständlich (vgl. Otte, 1995, S. 75). Unterstützt durch die oftmals stark arbeitsteilige Organisation technischer Vorgänge diffundiert im Krankenhaus vielfach die persönliche Verantwortung des Arztes in der fragmentierten Bearbeitung isolierter Untersuchungsetappen (vgl. Feuerstein, 1996a, S. 198), bzw., wie Badura 1996 resümiert: „An die Stelle der Helferrolle- der Arbeit von Mensch zu Mensch – trat das technikvermittelte Management somatischer Risiken" (Badura, 1996, S. 24).

Technik als Medium der Distanzierung und Depersonalisierung
Insgesamt erscheint die Feststellung angezeigt, dass die Überlagerung des Arzt-Patient-Kontakts durch Technik den Arzt vom Patienten distanziert – insbesondere, wenn der konkrete Arzt sich eher als „Gesundheitstechniker" (Dörner, 2001, S. 300) versteht, denn primär als Interaktionspartner seines Patienten. Diese Entwicklung erweist sich in mehrerer Hinsicht als folgenreich. Einige Autoren weisen darauf hin, dass die technische Substitution der körperlichen Untersuchung den Prozess der Erkenntnisgewinnung in seiner Qualität substantiell verändere. Zunächst ermögliche die Verwendung diagnosetechnischer Instrumente eine Reduktion oder sogar gänzliche Aufhebung des direkten körperlichen Kontakts zum Patienten[46]. Als „weitere Stufe der Immaterialisierung" (Feuerstein, 1996b, S. 196) betrachte der Arzt nun vorwiegend nicht mehr den Körper des Patienten, sondern Bilder, die von technischen Geräten hergestellt werden. Technik schiebt sich so als normierendes Regulativ zwischen die körperlich vermittelte Erfahrung. So modifiziere das Eintreten des technischen Hilfsmittels das Gesichtsfeld und auch „die auditive und taktile Potenz" des Arztes „radikal" (Danzer, 1993, S. 168). Im Sinne einer „grundlegende(n) Neuorganisation des sinnlichen Felds" (Kathan, 2002, S. 102) wird die Qualität der sinnlichen Wahrnehmung durch den indirekteren Zugriff auf den Patientenkörper in einer Weise geformt, wie sie dem technischen Instrument entspricht- in der Regel tendenziell als eher objektives Registrieren denn als tatsächlich sinnliches Erfahren. Die Wahrnehmung richte sich infolgedessen statt auf die Person bzw. den Körper des Patienten auf „Äquivalente des Körpers, auf Abbildungen, Zahlen und Texte" (ebd., S. 114). In der Konsequenz werde „das sehende, riechende, schmeckende, detektivische Entdecken des Körpers des Patienten durch die große Zahl der technisch-diagnostischen und therapeutischen Instrumente, die heute zwischen dem Patienten und dem Arzt vermitteln, zunehmend abstrahiert" (ebd., S. 104). Der Fokus geht weg vom „Leib" – hin zum Befund: „Es wird weniger palpitiert als ultrageschallt und weniger ultrageschallt als Ultraschallbefunde gelesen" (ebd., S. 104).

---

[46] Die Errungenschaft der Einführung der körperlichen Untersuchung in das Handlungsrepertoire des untersuchenden Arztes im 19. Jahrhundert wird so durch Technik teilweise revidiert.

An die Stelle der direkten leiblichen Erfahrung tritt das Lesen von Daten. So ist die „Entkörperlichung" der technisierten Medizin (in erkenntnistheoretischer Hinsicht) auch als „Entleibung" (ebd.) zu verstehen. Nicht zufällig wurde mit den bildgebenden Verfahren der am wenigsten subjektiver Korrumpierung verdächtige Sinn zum maßgeblichen Medium ärztlicher Erkenntnis erhoben: „Unter den Sinnesorganen ist das Auge jenes Organ, welches die größte Distanz ermöglicht", „das Sehen der rationalste der Sinne" (ebd., S. 103). Mit dem hierdurch induzierten Bedeutungsverlust der Ebene der sinnlichen Wahrnehmung werde „eine wichtige Ebene des Dialogs abgeschnitten" (ebd., S. 100). Hiervon betroffen ist nicht nur der Erfahrungsprozess des Arztes mit der physischen Materie selbst sondern auch der körperlich vermittelte dialogische Austauschprozess zwischen Arzt und Patient, der vielfach als erkenntnisunterstützend betrachtet wird (siehe dazu auch Kirchner, 1999). Als Mechanismus der Objektivierung und Neutralisierung der sozialen Situation bewirkt Technik offenbar eine „grundlegende Verschiebung der Aufmerksamkeit vom Patient zur Krankheit" (Kathan, 2002, S. 108) bzw. sogar zum Untersuchungsinstrument (vgl. Silomon, 1983, S. 26). Der Eintritt von Technik in die dyadische Beziehung von Arzt und Patient (vgl. Sing, 2007, S. 60) erzeugt so tendenziell eine Dynamik, die den Patient zum Objekt der technischen Betrachtung durch das Ensemble Arzt-Technik macht. Eine Form der Beziehungsgestaltung, in die der Patient als „Koproduzent" (Badura, 1996, S. 24) und somit als Subjekt eingebunden ist, erscheint in einer von der Logik technischer Abläufe gerahmten Situation nur schwer erreichbar.

In der technischen Durchdringung der Arzt-Patient-Begegnung kann somit auch der Ausgangspunkt für eine „zweifache Depersonalisierung" (Badura, 1996, S. 26) gesehen werden: Als „Transformation der Patienten in passive Objekte rationaler Krankheitsbeherrschung" und als Reduktion des ärztlichen Therapeuten „auf einen geschickten Umgang mit Technik, kognitive Informationsverarbeitung und rationale Entscheidungsfindung" (ebd.), während dessen Subjektivität und Persönlichkeit (sowie dessen personengebundenen Fähigkeiten) keine relevanten Faktoren mehr für den Erkenntnisprozess darstellen. Der technische Zugriff auf den Patientenkörper eliminiert so bei genauerer Betrachtung nicht nur die Subjekthaftigkeit des Patienten, sondern auch die des Arztes. Die Effekte der Technisierung auf das konkrete ärztliche Handelns sind offenbar vielschichtig und ambivalent: Zum einen werden sie als Stärkung der Handlungsfähigkeit durch den Gewinn von technisch vermittelter „Überzeugungskraft" (Kathan, 2002, S. 135) deutlich, zugleich lassen sie sich als auch als Schwächung der subjektiven Handlungsträgerschaft im Rahmen des technischen Vorgangs beschreiben.

Zu hinterfragen ist vor allem jedoch die „Dominanz einer technischen Orientierung in der Medizin" (Weishaupt, 1994, S. 239), die Technikeinsatz als „Königsweg" zur Bewältigung gesundheitlicher Beeinträchtigungen vorsieht (vgl. ebd.) bzw.

der „Überschuss an technischer Rationalität im klinischen Versorgungsangebot"
(Badura & Feuerstein, 1996, S. 14). Festzustellen ist insgesamt eine Verschiebung der Bewertung von angemessenem und sachlich richtigem Handeln zugunsten
eines technisch-instrumentellen Handelns sowie damit einhergehend die Transformation des Selbstverständnisses und der Prioritäten der Beschäftigten zugunsten
einer technischen Orientierung (vgl. Badura, 1996, S. 24). Im Rahmen einer solchen erfährt nicht-technisches Handeln tendenziell eine Abwertung. Dies betrifft
in erster Linie die interaktions- und kommunikationsintensiven Tätigkeitselemente
des ärztlichen Handelns[47]. Als problematisch erweist sich jedoch weniger die Technik selbst, sondern ihre „Fetischisierung und die damit verknüpfte Abwertung
des Zwischenmenschlichen" (Kathan, 2002, S. 130). Eine (Wieder-) Aufwertung
interaktionsintensiver Leistungen und sozialer Kompetenzen insbesondere auch in
technikintensiven Arbeitszusammenhängen erscheint erforderlich (Badura, 1996,
S. 23).

Die in technikkritischen Betrachtungen oftmals gestellte Forderung nach der
Bewahrung einer „ursprünglichen Menschlichkeit" (Bodamer, 1962, S. 10) in der
technisierten Medizin ist umfassender einzubetten in eine Hinterfragung des sich
in Technik manifestierenden wissenschaftlich-technischen Denkstils, der sich mit
der Erkenntnislogik der ärztlichen Praxis als nicht immer kompatibel erweist.
Auf Grundlage der „ideellen Voraussetzungen" (Weishaupt, 1994, S. 242) der
Verwissenschaftlichung ärztlichen Handelns wird durch den technisch mediatisierten Zugriff der dem biomedizinischen Paradigma entsprechende reduktionistische
Zugriff auf das Erkenntnisobjekt Patient bzw. seinen Körper als „Datenlieferant"
(ebd. S. 254) verwirklicht. Die Technisierung des Erkenntnisprozesses im Sinne
einer „Begrenzung der medizinischen Wahrnehmung auf technisch kommunizier-
bare Einzeldimensionen des Patientenkörpers" (Feuerstein, 1996a, S. 121) bedeutet
somit in erster Linie „eine Gewichtsverlagerung von qualitativen zu quantitativen Merkmalen von Krankheit" (Silomon, 1983, S. 16). Es zeigt sich jedoch,
dass die Problemstellung der Diagnostik in vielen Fällen eine Reduktion auf
technische Lösungsmuster im Sinne einer „Quantifizierung und Mathematisierung
medizinischer Wahrnehmungsleistung" (Feuerstein 1996a, S. 134) nicht zulässt.

Zur Verdeutlichung der Argumentation sind die mit der Technisierung ärztlichen
Handelns verbundenen Zielsetzungen zu vergegenwärtigen. Der Anwendung von
Technik liegt im Rahmen eines Verständnisses von Technik als Vergegenständ-
lichung naturwissenschaftlicher Erkenntnis die Ambition zugrunde, die mit der

---

[47] Hiermit einher geht eine weitere Ab- bzw. Entwertung nicht-technisch dominierter Hand-
lungsfelder wie der Pflege, die trotz des Trends zur Technisierung auch dieses Felds
(„Pflegeroboter") nach wie vor mehr als die verwissenschaftlichte Medizin durch die
Merkmale und Tätigkeitselemente der Interaktion und persönlichen Zuwendung geprägt ist.

klinischen Arbeit einhergehenden „Ungewissheiten" und „Unkontrollierbarkeiten"
zu reduzieren (vgl. Badura, 1996, S. 25), wenn nicht sogar zu eliminieren, versprechen sie vor allem „klare Antworten auf scheinbar klare Problemstellungen"
(Kathan, 2002, S. 128). Als mutmaßlicher Produzent von Ungewissheit gerät die
Subjektivität des ärztlichen Urteils bzw. die Subjekthaftigkeit der ärztlichen Handlung wie auch des handelnden Arztes ins Visier der Objektivierungsbestrebungen via
Technik. Transportiert werden vom messenden technischen Medium überwiegend
objektive Informationen („Hardfacts"), die ihrerseits objektivierende Handlungsweisen unterstützen. Befördert wird daher durch die technische Mediatisierung eine
„Spaltung des Subjekts", hier des erkennenden Arztes, „in seine objektivierbaren
und nicht-objektivierbaren Anteile" (Böhle, 2003, S. 114)[48].

In erkenntnistheoretischer Hinsicht ist somit die prominente Stellung von
Technik im ärztlichen Handeln vor allem unter dem Gesichtspunkt ihres Konstruktionsprinzips als Produzent von Objektivität und Rationalität – und somit
(vermeintlich) immer überlegener Erkenntnismethode zu problematisieren. Neben
der Gefahr der Ausblendung psychosozialer Kontexte in einem von Technik dominierten Diagnoseprozess (vgl. Feuerstein, 1996a, S. 133–134), im Rahmen dessen
durch den Eintritt von Technik in das soziale Setting „Sozialkontexte präformiert"
(ebd., S. 106–107) werden, besteht die Gefahr der technikimmanenten modellhaften
Verkürzung komplexer biophysikalischer Abläufe. So könne sich ein „in Technik
eingeschriebenes Handlungsprogramm"[49]. (Otte, 1995, S. 24) normierend auf das
ärztliche Handeln auswirken. Diesem Gedanken folgend befördert die Gestaltung
des ärztlichen Erkenntnisprozesses analog zu den Kriterien eines „instrumentellen", d. h., an der Funktionsweise des technischen Geräts orientierten Handelns eine
Verkürzung der Erkenntnismöglichkeiten, indem technisch nicht-Erfassbares (bzw.

---

[48] Als dem ärztlichen Erkenntnisprozess unangemessen erweist sich die – für die Verwissenschaftlichung von Praxisfeldern charakteristische – „paradigmatische Grenzziehung zwischen
physikalisch-organischen und psychisch-subjektiven Gegebenheiten" (Pfeiffer, 2004, S. 66),
als deren Konsequenz subjektive Elemente nicht nur in den Hintergrund treten, sondern
die Subjekte darüber hinaus zur (Selbst-) Objektivierung ihrer subjektiven Handlungsanteile
gezwungen werden (vgl. ebd.).

[49] Otte (1995) merkt diesbezüglich an: „Technologien erlauben nur das zu sehen, wofür sie
gebaut wurden" (Otte, 1995, S. 24). Vergessen wird darüber hinaus häufig, dass technische
Geräte über ein „eingebautes Wissen" verfügen, das nicht nur von Ärzten, sondern vor allem
von Angehörigen fachfremder, wissenschaftlich-technischer Berufsgruppen generiert wurde
(vgl. ebd., S. 22).

nicht-Objektivierbares) marginalisiert wird[50]. Im Rahmen einer einseitigen Fokussierung auf die Erhebung der für das technische System notwendigen Daten sind nicht-objektivierbare Erkenntnisvorgänge davon bedroht, verdrängt bzw. zumindest in ihrem Gültigkeitsanspruch dem objektiv Messbaren untergeordnet werden. Konsequenzen hat dies für den „ärztlichen Blick", der im Zuge einer solchen „apparativen Formierung" (Feuerstein, 1996a, S. 135) zu einem durch die Logik des technischen Systems einseitig überformten und auf das Registrieren messbarer Tatsachen verengten „medizinischen Blick" (vgl. Dörner, 2001) werden kann. Im Rahmen einer solchen Delegation des ärztlichen Erkenntnisvorgangs an Technik übernähme das Artefakt als objektiver Indikator anstelle des Humanexperten die Deutungshoheit über das Vorliegen einer gesundheitlichen Störung. In dieser Variante einer radikalen Dehumanisierung des Erkenntnisvorgang ist Technik nicht länger Handwerksgerät im Dienst eines erkennenden Subjekts, sondern wird zum quasi-selbsttätigen Garant von objektiver und somit „richtiger" Erkenntnis[51].

Eine solche rein wissenschaftlich-technische Konzeption des Erkenntnisprozesses ist jedoch offenbar empirisch nicht haltbar, auch wird dieser Grad der Ausschaltung von Subjektivität zugunsten einer Objektivitätsnorm in der Praxis kaum vorzufinden sein. So unter anderem deshalb, weil die Technisierung des ärztlichen Erkenntnisprozesses ihrerseits anstelle derer, die sie ausmerzen soll, neue Unsicherheiten erzeugt, die das ärztliche Handeln nicht unbedingt einfacher und eindeutiger gestalten, wie man vor dem Hintergrund (vermeintlich) objektiver

---

[50] Differenziert werden kann hierbei hinsichtlich des Autonomiegrads von Technik bzw. des menschlichen Anteils im Rahmen des technischen Vorgangs zwischen „technomorphen" und „technonomen" Handlungsweisen im Zusammenhang mit Technik: Technomorphes Handeln beschreibt ein unreflektiertes, dem Automatismus des Geräts angepasstes Handeln, während technonomes Handeln die abgeschwächte Version eines immer noch an der Funktionslogik des Apparates orientierten, aber „mitdenkenden" Handelns bedeutet. Als autonom-ärztliches Handeln hingegen ist eine Form der Techniknutzung zu verstehen, im Rahmen derer technische Befunde in einen hiervon unabhängigen Problemlöseprozess integriert werden (vgl. Hartmann, 1983, S. 47).

[51] Verwiesen werden muss in diesem Zusammenhang auf die Komplexität und Schwierigkeit der Beherrschung der nicht selbsttätig funktionierenden medizintechnischen Geräte. Die sich stetig verkürzenden Innovationsszyklen von Technik erfordern die permanente Weiterqualifizierung des ärztlichen Personals, der aufgrund von Zeit- und Personalknappheit kaum entsprochen werden kann (vgl. Badura, 1996, S. 67). So führen „verbreitete Ausbildungsdefizite der Gerätebediener" (Badura, 1996, S. 68) sowie auch Mängel auf Seiten der Technik wie „Kompatibilitätsprobleme" (Feuerstein, 1996, S. 136) und Gerätestörungen oftmals nicht zur Ent-, sondern zu vermehrter Arbeitsbelastung in der hoch technisierten Medizin.

Befundung meinen müsste[52]. Zum einen erhöht ein Mehr an technisch generierten Daten nicht unwesentlich die Entscheidungskomplexität (vgl. Schubert, 2006,
S. 108), die wiederum kaum durch eine ausschließlich harte Daten fokussierende
„Geometrisierung des ärztlichen Blicks" (ebd.) zu bewältigen ist- sogar wird der
typisch „technische Blick" mitunter als Ursache für Fehldiagnosen benannt (vgl.
Halfar, 1993, S. 202). Vielmehr zeigt sich in der Fähigkeit zur ärztlichen Interpretation der vielfach im Überfluss vorhandenen technischen Daten „eine Kunst, die
sich zwischen Präzision und Phantasie bewegt" (Feuerstein, 1996b, S. 197), demzufolge eine menschliche Leistung, die in hohem Maße von personengebundenen,
subjektiven Fähigkeiten getragen wird. Quasi durch die Hintertür kommt auf diese
Weise die Subjektivität des Humanexperten, die ihn vom „bloßen Techniker" bzw.
(Be-) Diener einer komplexen Erkenntnismaschine unterscheidet, als originäres und
unverzichtbares Element des Erkenntnisprozesses wieder ins Spiel[53]. Im Rahmen
einer solchen Art von Techniknutzung bedient sich vielmehr das handelnde Subjekt
dem technischen Hilfsmittel.

Der oftmals normativ geleitete Wunsch nach „mehr Menschlichkeit in der Medizin" kann – so die hier vertretene Position – nicht getrennt werden von einer
angemessenen Einschätzung technischer wie auch menschlicher Erkenntnismöglichkeiten sowie der Anerkennung personengebundener, subjektiver Fähigkeiten
im Kontext technisch mediatisierter Erkenntnisprozesse. Als offenbar notwendige „Verärztlichung von Technik" (Dörner, 2001, S. 317) könnte hiermit eine
gegenläufige Entwicklung zur „Technisierung von Ärztlichkeit" angestoßen werden.

Hiermit sei auf problematische Entwicklungen in der Technisierung ärztlichen Handelns hingewiesen. Verdeutlicht werden sollte in erster Linie, dass
Technikeinsatz, anders als gemeinhin angenommen, „nur sehr bedingt als sach-
logische Realisierung objektiver Erkenntnis begriffen werden kann" (Feuerstein,
1996a, S. 113). Techniknutzung vollzieht in der Praxis häufig unter Einsatz von
anderen Erkenntnismethoden und Wissensformen, als es ein rein objektivierend-
instrumentell konzipierter Vorgang suggeriert. Insbesondere die Betrachtung des
Erkenntnisprozesses im Zusammenhang mit den bildgebenden Verfahren verweisen
auf einen wesentlich komplexeren Prozess. Eine Erweiterung der Perspektive auf das
Verhältnis von Mensch und Technik in der Medizin entfaltet Schubert 2006 in seiner

---

[52] Unter anderem hierauf bezieht sich Wagner (1995), wenn er von „reflexiven Unsicherheiten" der verwissenschaftlichten und technisierten ärztlichen Praxis spricht.

[53] Ein Beispiel hierfür sind die Alarmartefakte in der Intensivmedizin, die „der Korrektur
durch menschliche Interaktionskompetenz" (Feuerstein, 1996a, S. 115) bedürfen. Schubert
(2006) verweist in diesem Zusammenhang auf „die Technikgläubigkeit der unerfahrenen
Kollegen, die sich mehr auf die Daten des Monitoring verlassen als auf den Patienten selbst
konzentrieren" (Schubert, 2006, S. 81).

empirischen Untersuchung der Interaktion von Mensch und Technik als „soziotechnische Ensembles" (Schubert, 2006, S. 15, 113 f.) am Beispiel des Operationssaals
als besonders technikintensivem Setting. Jenseits der Diskussion von Technik- vs.
Sozialdeterminismus, die nach Schubert angesichts der Komplexität des Gegenstands zu kurz greift (vgl. ebd., S. 196), betont Schubert mit den „soziotechnischen
Ensembles" „als hybriden Konfigurationen, deren Kooperationszusammenhänge als
situativ hervorgebrachte Ordnungsmuster konzipiert sind" (Schubert, 2006, S. 124)
die enge Verflechtung von „menschlichen und technischen Aktivitäten in Hightech-
Arbeitssettings" (ebd.). Mit konventionellen Unterscheidungen und Zuschreibungen
der Technikbetrachtung (als entweder sozialem oder technischem Handeln sowie
der Konzeption von Medizintechnik als mit humaner Versorgung unvereinbar) bre-
chend perspektiviert Schubert Technik nicht als „Widerpart des Sozialen" (Schubert,
2006, S. 81) zur sondern als „Teil der sozialen Struktur von Krankenhäusern" (vgl.
ebd.). Anstelle der Frage einer Beeinflussung oder sogar Formung des ärztlichen
Handelns durch Technik steht so bei Schubert das wechselseitige Zusammenwirken
(bzw. die „wechselseitig bedingte Handlungsträgerschaft", ebd., S. 69) als „Produkt
eines komplexen Wechselspiels von Akteuren und Artefakten" (ebd., S. 70) im Vordergrund. Der konzeptuell zugrunde liegende Kooperationsbegriff verweist auf die
Notwendigkeit eines solchen Zusammenwirkens von Menschen und Artefakten,
deren jeweils unterschiedliche Ausprägungen als „situative Mischformen aus Routine, Standard, Vorgaben, Abweichung, Anpassung und Reorganisation" (Schubert,
2006, S. 125) beschrieben werden. Hierbei wird vor allem der „routinierten Impro-
visation" (vgl. ebd., S. 128 f.), die z. B. im „Umgang mit Störungen des antizipierten
Ablaufs" (ebd., S. 129) erforderlich sei, ein hoher Stellenwert zugewiesen.

Auf Grundlage ausgewählter empirischer Beobachtungen, die das gemeinsame
Merkmal einer zeitkritischen Situationen aufweisen, dementsprechend eine vollständige Planbarkeit des Handlungsablaufs nicht vorliegt, bezieht sich Schubert zu
deren handlungstheoretischer Verortung auf das Konzept des Erfahrungswissens
bzw. subjektivierenden Handelns nach Böhle (siehe dazu B 4.) und zeigt das Vorhandensein spezifischer Fähigkeiten als Voraussetzungen zum Umgang mit Technik
auf. Durch die Sichtweise auf das soziotechnische Ensemble als hybride Handlungs-
einheit im Sinne einer Verteilung einer Handlung „auf menschliche Akteure und
technische Artefakte" (ebd.) – als solche als „Produkt" der modernen Medizin auch
der „vermittelte", d. h. technisch mediatisierte, ärztliche Blick zu gelten hat (ebd.,
S. 204) – kann das herkömmliche Bild von Mensch und Technik[54] differenziert und

---

[54] So im Sinne von Schuberts These: „Bei einem zweiten Blick wird der streng dichotome
Gegensatz von Gefühlen und Geräten jedoch brüchig" (Schubert, 2006, S. 81).

zudem und „in Richtung subjektivierender Formen geöffnet werden" (ebd., S. 226), wofür die Arbeit eine Vielzahl überzeugender Belege liefert.

Zu betonen ist abschließend die Bedeutung der jeweiligen Formierung von Technik. Insbesondere mit der zuletzt vorgestellten Untersuchung soll darauf verwiesen werden, dass weder „schwarz-weißes Bild von Technik" (ebd., S. 90) im Sinne eines Technikdeterminismus angemessen erscheint, noch das abwegige Argument verfochten werden soll, Medizintechnik sei nicht als sinnvolles Erkenntnisinstrument einsetzbar. Die alltägliche Praxis und auch empirische Untersuchungen beweisen das Gegenteil und zeigen zugleich Kontingenzen bei der Techniknutzung auf. So kann Technik z. B. unter bestimmten Bedingungen auch in der High-Tech-Medizin als „Verlängerung des Körpers" des untersuchenden Arztes[55] fungieren. Ebenso ist es kein Automatismus, dass Technikeinsatz zwangsweise den Patient aus dem Blick geraten lassen muss, können schließlich Befunde präsentiert werden, die verdeutlichen, dass im Rahmen eines „subjektivierenden Umgangs mit Technik" die Einbindung des Patienten prinzipiell gelingen kann. Dass auch Technikgestaltung grundsätzlich „anders" möglich ist, zeigen weiterhin vereinzelte vielversprechende Ansätze zur Technikentwicklung, die Erkenntnis- und Handlungsweisen des Arztes berücksichtigen, die sich nicht als objektivierend-instrumentelles Handeln beschreiben lassen. Techniken mit „Werkzeug- oder Assistenzcharakter", die die sinnliche Wahrnehmung unterstützen kommen u. a. in der minimalinvasiven Chirurgie zum Einsatz (vgl. Weishaupt, 1994, S. 255–256). Seit den 1990er Jahren richtet sich ein großer Teil des entwicklungstechnischen Ehrgeizes auf die Optimierung der „Mensch-Maschine-Schnittstelle", die jüngst vor allem durch Berücksichtigung haptischer Qualitäten des Wahrnehmungsprozesses realisiert werden kann (vgl. Bannwolf, 2007, S. 91). An Einfluss zu gewinnen scheinen Ansätze, „die vermehrt den Menschen mit all seinen (objektiven als auch subjektiven) Fähigkeiten in den Mittelpunkt der Betrachtung rücken" (ebd.), somit die besonderen Leistungen menschlicher Wahrnehmung und praktischen Handelns unterstützen.

Die Arzt-Patient-Beziehung in der hoch technisierten Medizin

---

[55] Schäfer 1983 differenziert in erkenntnistheoretischer Hinsicht zwischen „heterologen" Techniken, die der menschlichen Sinneswahrnehmung unzugängliche Bereiche sichtbar machen, und „homologen" Verfahren, die den Arzt in seiner direkten sinnlichen Wahrnehmungsleistung unterstützen (vgl. Feuerstein, 1996a, S. 113). Auch wenn letztere subjektivierende Handlungsweisen vermutlich erleichtern und begünstigen, wird diese Differenzierung in dieser Untersuchung nicht übernommen. Als Differenzierungskriterium für ein der technischen Logik folgendes instrumentell-objektivierendes Handeln gegenüber einem als subjektivierend zu beschreibenden Handeln werden Denk- und Erlebensformen betrachtet, die nicht zwangsweise an diese Unterscheidung gebunden sein müssen.

Die geschilderten Entwicklungen haben tief greifende Konsequenzen auch für die Arzt-Patient-Beziehung. So begünstigen es die soziotechnischen Voraussetzungen offenbar, dass sich die (bereits bei Foucault beschriebene) „leidenschaftslose Distanz der Ärzte zu menschlicher Krankheit und Leid durch den Technikeinsatz eminent verstärkt" (Danzer, 1993, S. 168). Im Mindesten ist von einer psychologischen Entlastung durch die technische Objektivierung auszugehen (vgl. Feuerstein, 1996a, S. 126). Die durch den Einsatz von Medizintechnik angestrebte Präzisierung der Erkenntnismöglichkeiten stellt sich folglich als Gratwanderung dar, den eigentlichen Erkenntnisgegenstand Patient und dessen Bedürfnisse nicht aus dem Blick zu verlieren. So wird die Anforderung des „switch" von technikintensiven zu interaktionsintensiven Leistungen (vgl. Badura, 1996, S. 43) offenbar zum Erfolgskriterium der Arzt-Patient-Begegnung. Wird das Distanzierungspotential von Technik hingegen dazu genutzt, „aus der Beziehung zum Patienten zurückzutreten" (Kathan, 2002, S. 128), bleiben kommunikative und emotionale Bedürfnisse des Patienten zwangsläufig unberücksichtigt. So kann mit Halfar 1993 resümiert werden: „Apparate zwingen keinen Arzt zur Vernachlässigung der kommunikativen Ebene, aber sie ermöglichen eine weitere Objektivierung und Maschinisierung des Patienten" (Halfar, 1993, S. 204).

Studien verweisen vielfach darauf, dass im von Technik dominierten Gesamtsetting die Bedürfnisse der Patienten nach Zuwendung des Arztes offenbar auf der Strecke bleiben, so z. B. die „lächelnde Einfühlsamkeit" (Shorter, 1991, S. 48) des Arztes vermisst wird, dieser hingegen häufig als „kühl" und „desinvolviert" empfunden wird (vgl. ebd., S. 53). Diese Hinweise sind als Ausgangspunkt für die seit den 1980er Jahren vermehrt thematisierte „Krise des Vertrauens zwischen Arzt und Patient" (Shorter, 1991, S. 14) zu betrachten und erklären den Zulauf zur Alternativmedizin seit den 1980er Jahren (vgl. Otte, 1995, S. 71). Insbesondere die „Sprachlosigkeit der apparativen Medizin" (Anschütz, 1987, S. 228) wird als einschneidendes Problem wahrgenommen, da Sprache als „das zentrale Element der Arzt-Patient-Beziehung" (Siegrist, 2005, S. 250) gilt bzw. lange galt. Hierauf verweist noch der mittlerweile antiquiert anmutende Ausdruck der „Sprechstunde".

Der „Vertrauensschwund" (Otte, 1995, S. 13) im Arzt-Patient-Verhältnis kann u. a. an der Entkörperlichung der Arzt- Patient- Beziehung festgemacht werden[56].

---

[56] Ob Körperkontakt eine notwendige Voraussetzung zur Etablierung eines Vertrauensverhältnisses zwischen Arzt und Patient ist, oder ob es sich damit um ein überkommenes Modell handelt, das in der High-Tech-Medizin ausgedient hat, ist an dieser Stelle kaum zu beantworten. Lown verweist auf die Bedeutung körperlicher Berührung für die Herstellung einer funktionierenden Kommunikationsbasis im Arzt-Patient-Verhältnis (vgl. Lown, 2002, S. 20–21). Der wesentliche Punkt scheint jedoch der der direkten Einbindung des Patienten als Subjekt in den Erkenntnisprozess zu sein, die auch über den körperlichen Kontakt befördert

Die „heilenden Hände des Arztes" (Shorter, 1991, S. 40), denen sich der Patient vertrauensvoll überlässt, verlieren im Zusammenhang mit einer Art der „Behandlung", in der der „biotechnische Spezialist" (Badura, 1996, S. 46) den Patientenkörper nicht mehr berührt, an Symbolkraft – zugunsten einer Aufwertung des technischen Artefakts: Die Vertrauenskrise im Arzt-Patient-Verhältnis wird so mitunter vom Patienten durch eine eigene Form der Technikgläubigkeit kompensiert, in der der Einsatz von Technik offenbar auch eine durchaus beruhigende Wirkung entfalten kann: so als Indikator dafür, in seinem Leiden ernst genommen und mit allen Möglichkeiten der modernen Technik behandelt zu werden (vgl. Danzer, 1993, S. 166). (Blindes) Vertrauen in Technik beinhaltet auch für den Patienten die Möglichkeit der emotionalen Neutralisierung durch die Übernahme des ihr immanenten distanzierenden und objektivierenden Denkstils[57]. So nimmt schließlich auch der Patient gegenüber der „High-Tech-Medizin" eine als ambivalent zu bezeichnende Haltung ein. Faszination und Begeisterung mischen sich mit Furcht, Ablehnung und Enttäuschung zu einer emotionalen Gemengelage, die die technische Intervention begleitet. Im Zuge der Heterogenisierung der „Kategorie Patient" entsteht eine Pluralität von Arzt-Patient-Modellen[58], in welchen der Stellenwert von Technik wie auch der von Kommunikation und Interaktion innerhalb des sozialen Gefüges von Arzt und Patient stark differiert. Als generelle Tendenz hat sich die Erwartungshaltung gegenüber der Medizin jedoch dahingehend verändert, dass eine andere Form der „Rationalitätserwartung" an die ärztliche Handlung festgestellt werden kann, die sich als Wandel der Patientenerwartung zugunsten von Technikeinsatz beschreiben lässt (vgl. Borgetto & Kälble, 2007, S. 165). Infolgedessen werden medizintechnische Maßnahmen explizit von Patientenseite nachgefragt (vgl. Feuerstein, 1996a, S. 125). Ärzte haben ein schlechtes Gewissen, Patienten sind enttäuscht, wenn keine Technik zu Einsatz kommt (vgl. Otte, 1995, S. 33).

---

werden kann. In Bezug hierauf erweist sich der durch die technische Mediatisierung indirekt werdende Kontakt als erschwerend, wobei hierbei sicherlich Unterschiede hinsichtlich der verschiedenen technischen Verfahren zu treffen sind.

[57] Beispiele hierfür sind Herzpatienten, die in Adaption der Maschinenmetapher nur noch von der „defekten Pumpe" oder der „verstopften Leitung" sprechen (siehe Danzer, 1993, S. 167).

[58] Fünf idealtypische Modelle stellt Sing vor (vgl. Sing, 2007, S. 54–62), von denen das „informative" bzw. auch „naturwissenschaftliche" oder „Ingenieursmodell" bezeichnete Modell die Extremvariante eines sich als objektiv- neutraler technischer Experte verstehenden Arztes beschreibt (vgl. ebd., S. 57–58). Zu etablieren scheint sich zudem als übergeordnete Tendenz ein neues, tendenziell an Dienstleistung ohne langfristigen Bindungscharakter orientierendes Modell der Arzt- Patient- Beziehung. Allem Anschein nach verliert die persönlich geprägte Arzt-Patient-Beziehung in der Anonymität der verwissenschaftlichten und technisierten Medizin an Bedeutung.

Entscheidend für Beziehungsgestaltung im Arzt-Patient-Verhältnis erscheint wohl auch die Auswirkung von Technik auf die Machtverteilung zwischen Arzt und Patient, die zunächst kontingent erscheint: So kann sich z. B. die klassische Wissensasymmetrie zwischen Arzt und Patient durch die für ein Großteil der Patientenklientel unverständliche Technik weiter verstärken – oder sich in einer anderen Variante der besonders technikaffine und informierte Patient zum Mitentscheider über zu treffende Maßnahmen ermächtigen, wie dies beim tendenziell „skeptischeren" Patienten in den USA bereits üblich ist (vgl. Tautz, 2002, S. 133). Insbesondere die (potentielle) Auflösung des ärztlichen Informationsmonopols für medizinisches Wissen durch im Internet zugängliches Fachwissen sorgt hier für eine zusätzliche und bislang noch unabsehbare Dynamik. Gleiches gilt auch für digitale Kommunikationsformen zwischen Arzt und Patient: Vom Medizinsystem bereits absorbiert (vgl. Sing, 2007, S. 2–3), so von „technikbegeisterten Medizinern als neuartiges diagnostisch und präventivmedizinisch nutzbares Instrumentarium aufgegriffen" (ebd., S. 17), wird durch internetbasierte Kommunikationsformen zwischen Arzt und Patient vor allem das „Herzstück innerhalb des medizinischen Systems, nämlich die Arzt-Patient-Begegnung" (ebd.) tangiert. Mit den Auswirkungen des „Einbruchs" der Email-Kommunikation in das Arzt-Patient-Verhältnis als einer Folgeerscheinung der neuen Kommunikationsmöglichkeiten beschäftigt sich Sing 2007, der diese als mit dem ärztlichen Handeln grundsätzlich kompatibles, jedoch nur ergänzendes, keinesfalls das direkte Gespräch substituierendes Kommunikationsangebot einstuft (vgl. ebd., S. 151). Einschränkend verweist er u. a. auf die der elektronischen Kommunikation eigene „Kanalbeschränktheit" (ebd., S. 142), durch welche vor allem die sinnliche Wahrnehmung nahezu komplett ausgegrenzt wird. Plausibel erscheint daher, dass die in der Schriftsprache angelegte Tendenz zur Externalisierung und Objektivierung die authentische Patientenkommunikation zurückdrängen sowie zusätzlich durch die Verlagerung der Arzt-Patient-Kommunikation auf eine wissenschaftliche Ebene, „die Gefahr einer Scheinkompetenz" entsteht, „die die Interaktion zwischen Arzt und Patient erschweren kann" (Neumann, 2006, S. 339). In den Kinderschuhen hingegen stecken derzeit noch Ambitionen zur Virtualisierung der direkten Arzt-Patient -Begegnung, die jedoch sicherlich in Zukunft an Einfluss gewinnen werden. Hierbei muss kritisch betrachtete werden, ob und wie die Anforderung einer „vertrauensvollen" Beratungssituation im Sinne einer „echten Interaktion" erfüllt werden können. Als möglicherweise neue Quelle von Ambivalenzen deutet sich daher die Entwicklung der informationstechnischen Mediatisierung des Arzt-Patient-Kontakts an, deren Nachfrage von Patientenseite ironischerweise auf ein empfundenes Defizit an Kommunikation mit dem Arzt zurückgeführt wird (vgl. Tautz, 2002, S. 126). Vor allem im Hinblick auf eine weitere Reduktion des persönlichen Patientenkontakts könnte Technik in diesem Fall einmal mehr zum Medium der Distanzierung werden.

Weiterhin sind im Zuge der technischen Durchdringung des ärztlichen Handlungsfelds medizinische Informationsangebote im Internet zu einer eigenen Dienstleistungssparte von erheblichem Umfang und Ausdifferenzierungsgrad geworden (vgl. Iseringhausen et al., 2005, S. 278 f.). Neben den Ärzten treten zunehmend auch andere Akteure (Selbsthilfegruppen, Patientenorganisationen, Krankenkassen) in das Feld der im weitesten Sinne medizinischen Beratungsleistungen ein. Diese Akteurspluralität geht an der ärztlichen Profession nicht spurlos vorüber, hat sich die Kategorie „Internetwissen" schon jetzt zu einem Schlagwort verfestigt, sodass in diesem Zusammenhang gar von einem „Paradigmenwechsel im Verhältnis von Arzt und Patient" (Diehl, 2006, S. 181) die Rede ist. Klassische Rollen werden durch die vergleichsweise neuen medialen Möglichkeiten herausgefordert, so dass zumindest von einem deutlichen Wandel des Arzt-Patient-Verhältnisses im „Internetzeitalter" gesprochen werden muss (vgl. Henke, 2007, S. 28). Folgen und Potentiale dieser Entwicklungen werden differenzierter zu untersuchen sein. Die Vielzahl kritischer Stimmen zur Entwicklung des Arzt-Patient-Verhältnisses legen derzeit den Eindruck nahe, dass die einstige tragende Säule der (paternalistischen) ärztlichen Betreuung im Schatten des allmächtigen Leitbilds von Wissenschafts- und Technikkompetenz korrodiert. Insbesondere die traditionellen Kernelemente der ärztlichen Rollenausübung, als welche prominent die Begleitfunktion für den Kranken zu nennen ist, treten im Szenario, in dem sich der Arzt auf seine wissenschaftlich-technischen Kernkompetenzen reduziert, in den Hintergrund[59]. Passé sind offenbar die Zeiten nicht-technisch dominierter Begleitung durch den oftmals lebenslang betreuenden „alten Hausarzt", der, bzw. dessen idealisiertes Bild in der jüngeren Zeit jedoch wieder verstärkt bemüht wird. Zu resümieren bleibt die außerordentliche Dynamik, die die Medizintechnik innerhalb des einst relativ klar definierten Verhältnisses von Arzt und Patient auslöst und die durch das Aufkommen der Internettechnologie

---

[59] Durch diese Form der Rollenwahrnehmung dezimiert der Arzt selbst sein professionelles Leistungsspektrum. Vogd deutet die Möglichkeit „technokratischer Regression" (Vogd, 2002, S. 308) an, ebenfalls unter professionssoziologischen Gesichtspunkten argumentieren Bollinger/Hohl mit ihrem Szenario des „Facharbeiter für angewandte Medizinalwissenschaft" (Bollinger & Hohl, 1981, S. 461) in eine ähnliche Richtung. Alternativ zu diesem Szenario verweist Badura auf die Möglichkeit der „Ausdifferenzierung des ärztlichen Berufs in zwei Richtungen"; zum einen „die des biotechnischen Spezialisten mit ausgeprägter Teamfähigkeit" und die des „sozial kompetenten Allgemeinarztes" (Badura, 1996, S. 47). Die Austauschbarkeit des nicht mehr „behandelnden", sondern schwerpunktmäßig befundenden Arztes und die hohe Fluktuation bei der Arztwahl sind weitere hiermit in Verbindung zu bringende Folgen; der nächste Facharzt, der eventuell technisch kompetenter und wissenschaftlich mehr up to date ist, ist schnell gefunden.

als einem weiteren, Kommunikation und Interaktion voraussichtlich reduzierenden technischen Medium noch potenziert wird. So äußert Nager besonders technik-pessimistisch: „Ihm, dem Computer und dem Internet haben manche zu viele ihrer seelischen Kapazitäten überantwortet. In dieser rationalistischen Einseitigkeit haben sie andere seelische Grundfunktionen verkümmern lassen, z. B. jene des Fühlens und der Intuition. Hier gründen auch die Niederlagen unserer technisch-apparativ so großartig entwickelten Medizin, denn sie ist das getreue Spiegelbild unseres Zeitgeistes." (Nager, 1999, S. 155).

So steht der Arzt vor dem Hintergrund der umfassenden Transformation seiner Handlungsgrundlagen vor der Herausforderung, sein professionelles Selbstver-ständnis zu überprüfen und gegebenenfalls neu zu definieren. Hierbei ist der Arzt jedoch keineswegs als Alleinverantwortlicher zu brandmarken. Die Entfer-nung, vielleicht sogar Entfremdung vom Patienten und letztlich auch von der im ursprünglichen Sinn ärztlichen Arbeit (vgl. Mannebach, 1993, S. 186) wird verschärft durch die institutionellen Rahmenbedingungen technischer Hochspezia-lisierung und Arbeitsteilung und erscheint nur im Rahmen einer Hinterfragung der Leitbilder der modernen technisierten Medizin bzw. einer Neuorientierung in der Systemgestaltung revidierbar.

1.3   Ökonomisierung: Vom Gesundheitswesen zum Gesundheitsmarkt – vom Arzt zum Kaufmann- vom Patient zum Kunden?

Die Ökonomisierung des Gesundheitssystems ist sicherlich der am prominen-testen diskutierte Einflussfaktor auf das von verschiedenen makrostrukturellen Entwicklungen dynamisierte Feld der Gesundheitsversorgung weswegen im Fol-genden lediglich eine kurze Darstellung der wesentlichen Eckpfeiler dieser Entwicklung erfolgt. Näher zu betrachten sind im Folgenden die zwei den Transformationsprozess vom Gesundheitswesen zum Gesundheitsmarkt treiben-den Tendenzen der Privatisierung des Gesundheitssystems sowie dessen politische Gestaltung nach marktwirtschaftlichen Prinzipien. In den 1990er Jahren wurde das Gesundheitssystem, welches zuvor vornehmend als Kostenfaktor debattiert wurde von der Politik als prosperierender Wirtschaftssektor und als „Jobmotor" entdeckt, „Wohlfahrt, Wachstum und Beschäftigung" als „tragende Zieldimen-sionen und Wirkungen des Gesundheitswesens" (Sachverständigenrat für die Konzertierte Aktion im Gesundheitswesen: Sondergutachten „Gesundheitswesen in Deutschland: Kostenfaktor und Zukunftsbranche" 1997, zitiert in Preusker,

2008, S. 3) verkündet. Die „Gesundheitsbranche", vom Sorgenkind zum „volkswirtschaftlichen Faktor" (Pieper, 2010, S. 3) avanciert, stellte schließlich mit
ca. 4,5 Mio. Beschäftigen (Statistisches Bundesamt, 2009) schon ein Jahrzehnt
später den beschäftigungsintensivsten Wirtschaftssektor Deutschlands. Entsprechend zeigt sich der Gesundheitssektor als hart umkämpftes Geschäftsfeld, in das
zunehmend private Akteure drängen, dies insbesondere in den milliardenschwe-
ren Krankenhaussektor. Auf Bundesebene wurde mit Umwandlung kommunaler
Krankenhäuser in private Rechtsformen (GmbHs) der Boden für den Vermarktli-
chungsprozess der deutschen Kliniklandschaft bereitet. Mit der Geschäftsform der
GmbH wurden die Voraussetzungen für Maßnahmen zur betrieblichen Rationalisierung in Form von Outsourcing von Unternehmenseinheiten, Lohnsenkungen,
Personalabbau und Leiharbeit geschaffen. Weiterhin ist der Krankenhausbereich
seit den 1990er Jahren Gegenstand eines massiven Privatisierungsprozesses, in
welchem Deutschland sogar zum internationalen Spitzenreiter wurde (vgl. Woratschka, 2008). Die klassische Versäulung in die drei Trägerschaften öffentlich-
freigemeinnützig – privat verschiebt sich seither weiter zugunsten der privaten
Kapitalgesellschaften.

Das derzeitige Gesundheitssystem kann als „komplexes Nebeneinander von
wettbewerblich und korporatistisch regulierten Bereichen" (Gerlinger, 2009,
S. 22) bezeichnet werden. Nachdem sich – vornehmlich vor dem Hintergrund
der „Kostenexplosion" – zu Beginn der 1990er Jahre eine deutliche „Negativbeur-
teilung korporatistischer Regulierung durchgesetzt" (Gerlinger, 2009, S. 20) habe,
beginnt mit dem GSG von 1993 die Implementierung marktwirtschaftlicher, wett-
bewerbsförderlicher Steuerungselemente in der ambulanten und niedergelassenen
ärztlichen Versorgung. Mit den – in Einklang zu bringenden – Zielsetzungen der Wirtschaftlichkeit wie auch der Qualitätsverbesserung medizinischer
Leistungen wurde in den 1990er Jahren schließlich „Wettbewerb im Gesundheitswesen" zur unterhinterfragten Losung erklärt. So stellte die 1993 neu verankerte
Umstellung der Vergütung von der bis dato praktizierten retrospektiven und
ungedeckelten Einzelleistungsvergütung auf Pauschalen und Budgets einen massiven Einschnitt in die bisherige Finanzierungsstruktur dar (vgl. Kraus, 1998,
S. 51 f.). Die Budgetdeckelung verfolgte die Zielsetzung, einer uneingeschränkten Verordnungspraxis Einhalt zu gebieten, somit die Leistungserbringer „auf
rationelles Wirtschaften (zu) verpflichten" (Otte, 1995, S. 68). Im Anschluss an
das GKV-Reformgesetz 2000 wird das neue Leitbild ökonomisch-rationaler Führung mit der Einführung der DRG-Fallpauschalen („Diagnose Related Groups";
„DRG") zur Abrechnung medizinischer Leistungen auf die stationäre Versorgung
übertragen (Implementierungsphase bis 2009). Das Fallpauschalensystem bündelt
Diagnosen mit vergleichbar hohem Aufwand zu „kostenhomogenen Fallgruppen"

(Siegrist, 2005, S. 331), die dem Leistungserbringer einheitlich pro Kranken-
hausaufenthalt bezahlt werden. Die Einführung der DRG-Fallpauschalen ist mit
den Zielen verbunden, eine grundsätzliche Preisgleichheit von vergleichbaren
Leistungen herzustellen, hierdurch Wettbewerb und Transparenz im Gesundheitswesen zu fördern sowie eine bessere Kalkulierbarkeit und final die Reduktion
von Kosten zu ermöglichen. Durch den nun unausweichlichen Zwang zum „Wirtschaften" im Bereich der Patientenversorgung gelten die DRG-Fallpauschalen
als einschneidenste Neuerung in der Systemfinanzierung bzw. als folgenreichstes
Reformelement der letzten dreißig Jahre (vgl. Kühn & Klinke, 2006, S. 6).

Im Rahmen des GKV-Modernisierungsgesetzes von 2004 wurde auch die
Architektur der ärztlichen Honorierung erneut in Richtung einer stärker betriebswirtschaftlichen Ausrichtung überarbeitet (vgl. Preusker, 2008, S. 322). Für die
Leistungserbringer wurden hierdurch Anreize geschaffen, ihr Versorgungshandeln
auf Gewinnsteigerung – oder zumindest Verlustvermeidung – auszurichten. Die
Vergütungsform über Pauschalen und Budgets erzeugt zudem den Effekt, dass
Gewinnerzielung nicht mehr auf dem Wege der Mengenausweitung möglich ist,
sondern vor allem über Leistungsminimierung erreicht werden kann, da sich der
unternehmerische Gewinn nun aus dem Saldo zwischen der fixen prospektiven
Vergütung und den tatsächlich entstandenen Behandlungskosten errechnet (vgl.
Gerlinger, 2009, S. 23–24). Die ausgegebene Zielsetzung der Kostensenkung bei
gleichzeitiger Qualitätsverbesserung, tituliert als „effizientere Versorgung" (vgl.
Gerlinger & Stegmüller, 2009, S. 137) bzw. „Qualitätswettbewerb" (ebd., S. 140)
erscheint als problematisch insofern, als dass in erster Linie monetäre Anreize
gesetzt wurden, die eine Leistungs- und damit Ausgabenbegrenzung im Sinne
einer „Rationierung", honorieren.

Vor allem bedeutete die Implementierung des DRG-Systems mit seinen
Kontroll- und Steuerungselementen die Übertragung betriebswirtschaftlicher
Handlungslogiken auf den Sektor der Gesundheitsleistungen[60]. Zuvor bestand
zum „Aufbau einer leistungsstarken Kostenträgerrechnung" „nur eine geringe
Notwendigkeit" (Lauterbach & Lüngen, 2003, S. 2). Das DRG-System bietet nun

---

[60] Der Rationalisierungsdruck in Kliniken wird infolgedessen als „höher denn je" (Pieper,
2010, S. 6) beschrieben. Hierdurch werden in der Folge vor allem kleinere Häuser in die Knie
gezwungen (vgl. Preusker, 2008, S. 188), da ein entscheidender Wettbewerbsvorteil größe-
rer Krankenhäuser gegenüber kleineren darin zu sehen ist, dass analog zur Industrie, in der
der Gewinn mit jeder Stückzahl überproportional steigt, eine Erhöhung der Fallzahlen pro
DRG höhere Gewinne ermöglicht (vgl. Lauterbach & Lüngen, 2003, S. 143–144). Chancen
kleiner Krankenhäuser, kostendeckend zu arbeiten, fallen entsprechend niedriger aus (vgl.
Pieper, 2010, S. 7). Konzentrationsprozesse der Krankenhauslandschaft im letzten Jahrzehnt
werden zu einem Gutteil auf die durch DRG realisierte Umstellung der Krankenhausfinan-
zierung zurückgeführt. Für eine (befürchtete) Schließungswelle infolge der Umstellung auf

die Grundlagen für die Definition eines „Produkts", zur Kalkulierung von Preisen für das gelieferte „Endprodukt" und einer „besseren" (ökonomischen) Steuerung auf der Basis von Gewinn- und Verlust-Rechnungen (vgl. ebd., S. 127). DRGs als „Kulturrevolution im Krankenhaus" (Braun et al., 2010, S. 239) bedeuten zunächst eine „Anreizumkehr" für die ökonomisch motivierte Krankenhausleitung. Seit Einführung des Fallpauschalensystems ist es für das Krankenhaus rational, Patienten, anders als bei der zuvor üblichen Abrechnung nach Tagespauschalen, möglichst schnell wieder zu entlassen (vgl. ebd.). Das finanzielle Überleben der Krankenhäuser ist nun daran gebunden, die Betriebskosten dauerhaft unter die durch die Preise der mit der DRG erzielten Einnahmen zu „drücken" (vgl. Kühn & Klinke, 2006, S. 6). Zum betriebswirtschaftlichen Ziel wird somit die Senkung der „durchschnittlichen Verweildauer" des Patienten im Krankenhaus, deren Rückgang 2005 auf 30 % gegenüber 1993 beziffert wird und die in unverhohlener Übernahme von an die industrielle Produktion angelehntem Wirtschaftsvokabular als „Produktivitätsfortschritt" (Dtsch. Ärztebl, 2005) interpretiert wird. Eine weitere Verminderung der durchschnittlichen Verweildauer mit gleichzeitiger Erhöhung der Fallzahlen wird anvisiert, um das Ziel der optimalen Kapazitätsausschöpfung zu realisieren (vgl. Preusker, 2008, S. 181).

Der direkte Wettbewerb kreiert mit dem immer bedeutsamer werdenden Krankenhausmarketing einen weiteren Geschäftszweig: „Markenbildung" wird zur neuen Erfordernis im Versorgungswettbewerb, in welchem die Außendarstellung von zunehmender Bedeutung ist (vgl. Lauterbach & Lüngen, S. 139). Als grundlegende Wettbewerbsparameter im DRG-System sind Menge, Preis und Qualität der Leistung zu nennen (vgl. ebd., S. 171). Über das „Kernprodukt" der medizinischen Leistung hinaus werden Regel- und Ergänzungsprodukte („Hotelqualitäten" und Serviceprodukte) zu neuen Wettbewerbsparametern (vgl. ebd., S. 133), wobei diese Entwicklung verstärkt im Bereich weniger schwerer Erkrankungen an Bedeutung gewinnt, während der Bereich der gravierenden Erkrankungen am ehesten von einer Heterogenisierung über das Label „garantierte (evidenzbasierte) Qualität" profitiere (vgl. ebd., S. 135). Auch an das Qualitätsmanagement, eine weitere Abteilung von wachsender Bedeutung innerhalb des Krankenhausmanagements, die seit 1989 für alle Krankenhäuser verpflichtend ist (vgl. Kraus, 1998, S. 54), werden erhöhte Anforderungen gestellt (vgl. Preusker, 2008, S. 189). So sollen die „aus den DRG-immanenten Anreizen abgeleiteten Gefahren für die Qualität der Versorgung im Idealfall durch Qualitätssicherungsmaßnahmen

---

DRGs gibt es jedoch keine belastbaren Daten, so dass eine als „Krankenhaussterben" titulierte Entwicklung mittlerweile als „Dramatisierung" bezeichnet wird (vgl. Braun et al., 2010, S. 290).

neutralisiert werden" (Lauterbach & Lüngen, 2003, S. 187), wodurch diese zu einem unverzichtbaren Marketinginstrument im Rahmen der professionellen Außendarstellung geworden sind (vgl. Siegrist, 2005, S. 234). Insgesamt haben die Aspekte „Kundenorientierung", PR und Marktforschung, bis vor wenigen Jahren im Krankenhaussektor „weitgehend unüblich", einen deutlichen Bedeutungszuwachs erfahren (vgl. Kraus, 1998, S. 55). Krankenhäuser scheinen sich, so suggerieren es nicht zuletzt Hochglanzauftritte von Kliniken im Internet, insgesamt „gewöhnlichen" gewinnorientierten Unternehmen in ihrer grundsätzlichen Funktionsweise weitgehend angeglichen zu haben[61].

Die mit DRG intendierte stärkere betriebswirtschaftliche Ausrichtung der Krankenhäuser schlägt sich in neuen Strategien der betrieblichen Führung nieder. Eine Spielart dessen sind „Portfolio-Überlegungen" zu geeigneten „Produktmixes" im Rahmen eines Ausbaus oder sogar der Spezialisierung der Krankenhäuser auf wirtschaftlich rentable medizinische Leistungen bzw. umgekehrt der Ausgliederung oder zumindest Reduzierung wirtschaftliche unattraktiverer Leistungsbereiche (vgl. Preusker, 2008)[62]. So wurde das DRG-System in vielen Fällen als Fehlanreizstruktur enttarnt, so indem es die leistungsabrechnende ökonomische Einheit für ein DRG-konformes, jedoch möglicherweise vorhandene Ressourcen unökonomisch verausgabendes Verhalten positiv sanktioniert. Strategien der Abrechnungsoptimierung, sei es durch Überversorgung im Sinne einer Verlängerung der Liegezeiten bis hin zur geforderten Mindestgrenze, Unterversorgung

---

[61] Die Zielgröße der Gewinnerzielung kann vor dem Hintergrund der Finanzierungsgrundlage durch ein Solidarsystem in Frage gestellt werden. So bezeichnet es Unschuld (2009) als „Gipfel der Absurdität", dass Kliniken zugunsten von Trägern oder Investoren Gewinn erzielen sollen, anstatt sich mit einer Ausrichtung auf Rentabilität zu begnügen (vgl. Unschuld, 2009, S. 76). Die Hauptprognosen der Arthur-Andersen–Studie eines Wandels des Steuerungsregimes in Richtung Privatisierung und Deregulierung aus dem Jahr 2000 („Das Krankenhaus der Zukunft") haben sich indes in weiten Teilen bestätigt (siehe dazu: Straub, 2002, S. 35 f.). Es fehlen jedoch umfassende Evaluationen zu den hierdurch induzierten (und vermutlich gravierenden) Folgen für die Versorgungsqualität sowie auch für die Arbeitsbedingungen der Beschäftigten.

[62] Dies erscheint jedoch in der Versorgungsrealität aufgrund der oftmals engen Verzahnung der stationären Versorgungsbereiche nicht immer möglich oder ginge als unerwünschtes Szenario mit einer Unterversorgung einher (vgl. Lauterbach & Lüngen, 2003, S. 128). Zahlen aus den USA belegen vor allem für den privaten Krankenhaussektor eine weitere Verstärkung der Tendenz zur Spezialisierung infolge der DRG-Pauschalierung (vgl. ebd., S. 134), die sich im Hinblick auf die Gewährleistung einer lokalen Grundversorgung problematisch auswirken können, da es als wahrscheinlich zu gelten hat, dass auch andere Krankenhäuser sich auf lukrative DRGs spezialisieren werden (vgl. ebd., S. 145). Kritisch bezeichnet wird diese Entwicklung u. a. als „Rosinenpicker-Medizin" (Neumann, 2006, S. 336).

durch vorzeitige Entlassung oder Verlegung oder gar durch die Selektion unrentabler Fälle (vgl. Borgetto & Kälble, 2007, S. 103), seien an der Tagesordnung. Auch fördere das DRG- System die Überdiagnostik, da für jede festgestellte Indikation Mittel zu deren Therapie bereitgestellt werden, es daher dazu einlade, die „gesamte Gebührenbreite abzuschöpfen" (Unschuld, 2009, S. 76). Auch die im Zuge der marktförmigen Ausgestaltung des Krankenhauses neu auftretenden Akteure teils medizinfremder Herkunft („Medical Coder"), die zur Optimierung der Abrechnung nach DRG benötigt werden, gestalten die Diagnoseverschlüsselung bzw. Kodierung nach den Kriterien maximaler ökonomischer Effizienz. Deren Existenzberechtigung leitet sich nicht zuletzt daraus ab, ihre „Rechenkünste" – teilweise im Sinne eines (verbotenen) „Upcoding" – einzusetzen, um dem Krankenhaus den höchstmöglichen Gewinn zu bescheren (vgl. ebd., S. 78).

Zudem gebe es „unzählige Beispiele" für eine Erhöhung der Patientenbelastung durch die Orientierung an der Abrechnungslogik der DRGs, die es beispielsweise begünstigt, operative Eingriffe, die, technisch möglich und medizinisch sinnvoll, in einer Operation gebündelt werden könnten, auf mehrere, separat abzurechnende Operationen zu verteilen und auf diese Weise den ökonomischen Nutzen zu maximieren (vgl. ebd., S. 77). So deutet einiges darauf hin, dass sich das DRG-System in einer langfristigeren Betrachtung hinsichtlich der für das Gesamtsystem entstehenden Folgekosten als (auch) ökonomische Irrationalität auswirken kann, so z. B. auch durch die Verweildauerverkürzung[63]. Systematische empirische Analysen zu den Auswirkungen des DRG–Fallpauschalensystems lagen, auch aufgrund der lange versäumten „Begleitforschung" durch das Bundesministerium für Gesundheit (vgl. Braun et al., 2010, S. 1–2) und dem erst kurz zurückliegenden Abschluss der Konvergenzphase bis Ende 2009, erst mit einiger Verzögerung vor. Anhaltspunkte gibt die erste große Studie zum Thema von Braun et al. 2010, in der die Autoren eine Reihe gängiger Anwürfe und Vorurteile gegen das DRG-System sowie mögliche Auswirkungen auf die Versorgungsqualität und das Selbstverständnis der Akteure hinterfragen. Sie relativieren auf Grundlage ihres Datenmaterials z. B. die Annahme der vorzeitigen „blutigen Entlassungen" (ebd., S. 16) sowie die der „Rehospitalisierung" und des „Fallsplitting" (vgl. ebd., S. 17), Bestätigt sehen sie jedoch en gros andere Befürchtungen, z. B. hinsichtlich der Verschlechterung der Versorgungsqualität bei multimorbiden

---

[63] So hat sich im angloamerikanischen Sprachraum bereits die Wendung „quicker and sicker" zur Beschreibung der Folgekosten der Verweildauerverkürzung etabliert (vgl. Ewers, 2005, S. 157). Auch das Schlagwort „Drehtüreneffekt", Borgetto & Kälble, 2007, S. 104) beschreibt eine neue Praxis der Entlassung und Wiedereinweisung, die sich aufgrund des DRG-Systems etabliert habe. In anderen Studien werden gängige Annahmen einer Qualitätsverschlechterung in der stationären Versorgung zurückgewiesen (vgl. IGES, 2011).

Patienten (vgl. ebd., S. 16), der Auswirkungen des Kostendrucks auf die Behandlungswirklichkeit (ebd.) sowie der Infragestellung des traditionellen beruflichen Selbstverständnisses von Pflegekräften und Ärzten.

Das Krankenhaus- ein „normales" Wirtschaftunternehmen?

Das Krankenhaus als Ensemble aus den historisch gewachsenen Berufsständen Ärzte, Pflege und Verwaltung mit jeweils eigenen Berufskulturen, in die es bis heute organisatorisch gegliedert ist, lässt sich kaum als kohärente, rational strukturierbare Organisation denken (vgl. Kraus, 1998, S. 33). Vor dem Hintergrund der Anforderung ökonomisch effizienter Betriebsführung hat sich jedoch ein dieser entsprechender Führungsstil erfolgreich über die etablierten professionellen Kulturen durchgesetzt. Als Folge dessen ist zu Beginn der 1990er Jahren ein steiler Aufstieg des betriebswirtschaftlichen Controllings zu verzeichnen, das die ökonomische Steuerung von Leistungsprozessen im Krankenhaus in der Folge zunehmend bestimmt (vgl. Huch, 1993, S. 363 f.). Auch Krankenhäuser nicht-privater Trägerschaft, häufig und nicht zuletzt durch das Aufkommen der per definitionem gewinnorientierten privaten Konkurrenz dem Vorwurf unwirtschaftlicher Führung ausgesetzt, werden zunehmend im Stil privatwirtschaftlicher Unternehmen geführt. Noch 1998 werden finanzwirtschaftliche Ziele als „notwendige Nebenbedingung" in der Krankenhausführung bezeichnet, ihre wachsende Bedeutung im Zielsystem des Krankenhauses jedoch schon angezeigt (vgl. Kraus, 1998, S. 7). So erscheint es angemessen, von einem „grundlegenden Wandel der Krankenhauskultur" (vgl. Kühn & Klinke, 2006, S. 9) zu sprechen.

Auch das ambulante Versorgungsgeschehen wurde zum Versorgungsmarkt dynamisiert. Schon 1990 wird der Kassenarzt im Konflikt „zwischen Ethik und Profit" (Berbuer, 1990) beschrieben. Die niedergelassene ärztliche Praxis, einst idealtypische hausärztliche „Sprechstunde", hat sich in der Folge zu einer hoch rationalisierten Praxis gewandelt, in der die ärztliche Tätigkeit als Dienstleistung, Gesundheitsleistungen als konsumierbares Gut erscheinen (vgl. Heim, 1992). Als wesentlicher Impuls zu dieser Entwicklung ist die Budgetierung der ärztlichen Praxis zu nennen. Seit dem GSG 1993 steht für jeden Patienten ein statistisch ermitteltes, einheitliches Budget zur Verfügung, das die regionalen Kassenärztlichen Vereinigungen (KV) mit den Krankenkassen aushandeln. Diese Budgets sind jedoch nicht am realen gesellschaftlichen Bedarf, sondern an der Zielsetzung der Beitragssatzstabilität der Kassen orientiert (vgl. Knüppel, 2004, S. 17). Flankiert wurde die Strategie der Budgetierung durch die Einführung der Bonus- Malus- Regelung für Vertragsärzte, die diese zur Zahlung von Regress im Fall von Budgetüberschreitungen verpflichtet (vgl. Preusker, 2008, S. 57). Die Budgetierung der niedergelassenen ärztlichen Versorgung bedeutete für den freiberuflichen Arzt einen gravierenden

Einschnitt in die bis dato freie Verordnungspraxis[64]. Aus einer ökonomischen Logik verständlich werden so die mittlerweile nicht ungewöhnlichen Praxisschließungen zum Quartalsende. Auch scheint es zur gängigen Praxis geworden zu sein, budgetbelastende Patienten möglichst umgehend an einen anderen Leistungserbringer zu verweisen[65] (vgl. z. B. Otte, 1995, S. 87). Aufgrund des Vorleistungsprinzips der PKV (siehe dazu Knüppel, 2004) fallen privat Versicherte hingegen nicht unter die Budgets und sind daher im Allgemeinen in der privatärztlichen Praxis willkommener als gesetzlich Versicherte- bis hin zum selteneren Phänomen der exklusiven ärztlichen Betreuung für Privatpatienten.

Neben der vertragsärztlichen Abrechnung über die Kassenärztliche Vereinigung wurde dem Vergütungssystem der in ökonomischer Hinsicht wichtige Teilbereich der sogenannten IGeL-Leistungen (Individuelle Gesundheitsleistungen) hinzugefügt. Hiermit ist ein Bereich „sinnvoller Gesundheitsleistungen" definiert, der von der Finanzierung durch die Gesetzliche Krankenversicherung ausgeschlossen, dementsprechend von den Patienten privat zu tragen ist (vgl. Preusker, 2008, S. 319). In diesen Zusammenhang fügt sich auch die vor allem in Großstädten zu beobachtende Tendenz, ärztliche Praxen zunehmend hinsichtlich Gestaltungsaspekten und Inhalten des Zusatzangebots nach Kriterien von Lifestyle, Beauty und Wellness zu gestalten, der Patient hierdurch zunehmend unverhohlen als Kunde adressiert (vgl. Keseberg, 2004, S. 42). Der Arzt gerät, verstärkt durch die fortgesetzte Ausgliederung von Regelleistungen aus dem Katalog der GKV, immer mehr zum Verkäufer von Gesundheitsleistungen oder auch zum mittlerweile so bezeichneten „Gesundheitsdienstleister".

Die Orientierung am neuen Leitbild des ökonomischen Wettbewerbs erzeugt eine entscheidende Veränderungsdynamik in der Gesundheitspolitik. Als wettbewerbsförderliche Steuerungselemente sind die Einführung der freien Kassenwahl (vgl. ebd., S. 136) und die Einführung von „Einzelverträgen" zwischen Leistungserbringern und Kostenträgern (vgl. ebd., S. 141) prominent zu nennen. „Entscheidender

---

[64] Als Folge der Budgetierung wird so häufig eine weitere Reduzierung des Leistungsgeschehens moniert. So sei eine Tendenz zur Rationierung von Gesundheitsleistungen erkennbar, die „grundlegenden Prinzipien des auf Solidarität angelegten Versorgungssystems im Gesundheitswesen (bedroht)" (Schölmerich, 1997, S. 96). Auch Gerlinger/Stegmüller konstatieren „deutliche Hinweise auf Rationierungen" (Gerlinger & Stegmüller, 2009, S. 144). Dies deckt sich mit Erfahrungen aus der Praxis, nach denen die Anfrage nach einer medizinischen Leistung zu Beginn des Quartals erfolgsversprechender ist als gegen dessen Ende.

[65] Als Folge dessen wird nicht nur die Erosion des persönlich geprägten Vertrauensverhältnisses zwischen Arzt und Patient beklagt, auch Multimorbidität sowie psychosomatische Erkrankungen geraten hierdurch leichter aus dem Blickfeld.

Wettbewerbsparameter" wird hiermit die Höhe des Beitragssatzes, die Möglichkeit der Kasse, Gewinne zu erwirtschaften abhängig von deren (dementsprechend aggressiv geführten) Vertragsverhandlungen mit den Leistungsanbietern um die neu eingeführten Einzelverträge (vgl. Braun et al., 1998, S. 14). Sowohl Krankenkassen als auch Krankenhäuser und niedergelassene Ärzte reagieren auf den erzeugten Wettbewerbsdruck mit marktgerechtem Verhalten[66]. So zeigte sich als erste Folge des GSG die als „Risikoselektion" (Gerlinger, 2009, S. 25–26, siehe dazu ausführlicher Knüppel, 2004, S. 85 f.) etikettierte Tendenz der betriebswirtschaftlichen Einheit Krankenkasse, um „rentable", d. h., junge, gesunde und einkommensstarke Versicherungsnehmer zu werben, bzw. umgekehrt „teure", v. a. chronisch Kranke und einkommensschwache Mitglieder zu diskriminieren (vgl. Braun et al., 1998, S. 14). Der komplementär dazu erlassene Risikostrukturausgleich (RSA), einer an der Versichertenstruktur orientierten Ausgleichszahlung zwischen den Kassen, stellt als Ansatz zur Stärkung des Solidarprinzips einen Versuch der Abmilderung dieser Entwicklungen dar, der die grundlegend angestoßene Entwicklung jedoch nur unzureichend kompensiert (vgl. ebd., S. 14 f.). Es zeichnet sich bereits zu diesem Zeitpunkt ein deutliches Spannungsfeld zwischen Solidarität und Wettbewerb ab.

Eine Verschärfung dieser Entwicklung folgt mit Inkrafttreten des Gesetzes zur Stärkung des Wettbewerbs in den Gesetzlichen Krankenkassen zum 01.04.2007 (vgl. Preusker, 2008, S. 4) Die nun auch von den gesetzlichen Krankenkassen angebotenen „Wahltarife" mit einer Staffelung des Angebots der GKV in Basis- und Zusatztarife erzeugen eine Dynamik der „Privatisierung von Krankheitsrisiken" (Gerlinger & Stegmüller, 2009, S. 147). Diese Regelungen, mit denen „Prinzipien der privaten Krankenversicherung Einzug in die GVK" (ebd.) erhalten, sind als weiterer gravierender Einschnitt in das Prinzip der solidarischen Gesundheitsversorgung zu betrachten. Die Einführung des einheitlichen Beitragssatzes zum

---

[66] Politisch gestärkt wurde zudem die wettbewerbsverschärfende Akteurspluralität von jeweils als ökonomische Nutzenmaximier agierenden Einzelakteuren, im Rahmen derer z. B. den Krankenkassen als Kontrollinstanz Einfluss auf die Gestaltung von Versorgungsprozessen übertragen werden soll. Nach dem Motto „vom payer zum player" (Dtsch. Ärztebl, 2004) wurden so z. B. der privaten Krankenversicherung (PKV) im Rahmen des „Managed Care"- Ansatzes weit über ihre bisherige Funktion als Kostenträger hinausgehende Handlungschancen eröffnet. z. B. durch die Feststellung der medizinischen Notwendigkeit von Leistungen, Kosten- und Qualitätssteuerung, Beratung des Versicherten über die Berechtigung von Leistungsansprüchen. Hierbei wird aber verkannt, dass es sich bei der PKV um ein Wirtschaftsunternehmen handelt, deren primäres Ziel die Ausgabensenkung ist. In den USA gibt es bereits Erfahrungswerte, die sich mit dem Satz „Managed Care has failed to manage care" resümieren lassen (vgl. ebd.) bzw. die darauf verweisen, dass hiermit „vor allem die Vermeidung von Leistungen honoriert wird" (Gmelin, 2006, S. 10).

01.01.2009 verstärkt diese Entwicklung zusätzlich durch die Verlagerung des Wettbewerbs der Kassen auf das Feld der Zusatzbeiträge und Wahltarife (vgl. ebd.).
Durch die gleichzeitige Entlastung privilegierter Individuen, typischerweise junger, gesunder Beitragszahler, wie sie die Möglichkeit zum Abschluss z. B. von
Selbstbehalttarifen darstellt, ist eine weitere Schwächung bzw. „Erosion" des kol-
lektiven Solidarsystems, dem auf diese Weise Mittel entzogen werden (vgl. ebd.,
S. 147–148), angezeigt, so dass von einer (weiteren) „Entsolidarisierung" (ebd.)
des Systems des Krankenversicherungssystems gesprochen werden muss (vgl. dazu
auch Gerlinger, 2009, S. 37).

Der Gesundheitspolitik der letzten Jahrzehnte scheint es gelungen zu sein, das
neoliberale Schlagwort der „Eigenverantwortung" für den Bereich der Gesundheitsversorgung nicht nur salonfähig zu machen, sondern als Legitimation für weiterer
Leistungsabbau zu etablieren. Vieles spricht dafür, „dass das Recht des finanzi-
ell Stärkeren in Zukunft einen direkten Einfluss auf die Lebenserwartung haben
(könnte)" (Otte, 1995, S. 77). Folgt man den Entwicklungstendenzen der letzten
Jahre, tritt Gesundheit immer deutlicher und unwidersprochener als Gut, das man
sich leisten können muss, hervor. Hierauf verweisen allein die um mehr als das
Dreifache gestiegenen Eigenanteile und Zuzahlungen an Gesundheitsleistungen der
GKV seit 1991 (Zahlen: Gerlinger & Stegmüller, 2009, S. 145). So verstärkt die
vermehrte Beteiligung des Patienten an den Gesundheitskosten, so in Form der
einkommensunabhängig zu tragenden Zuzahlungen, den im Gesundheitssystem
ohnehin angelegten Mechanismus der sozialen Ungleichheit nicht unwesentlich.
Die durch erhöhtes Erkrankungsrisiko in noch höherem Masse auf eine solidarische
Finanzierung angewiesenen Geringverdiener werden so „doppelt bestraft" (Gerlinger & Stegmüller, 2009, S. 145) und tendenziell exkludiert. Indem der Anspruch
auf Gesundheitsleitungen als marktwirtschaftlich verhandelbares Gut begriffen
wird, wird soziale Ungleichheit in der ökonomisierten Medizin fortgeschrieben.
Das einstige Negativszenario der „Zwei-Klassen-Medizin", scheint offizielle und
gewünschte Realität zu werden.

Die zunehmende Bestimmung des einst als wohlfahrtsstaatliches System konzipierten Gesundheitswesens durch betriebswirtschaftliche Logiken bedeutet für
die professionellen Akteure der „Heilberufe" eine einschneidende Veränderung
institutioneller Rahmenbedingungen, stellenweise sogar eine Neudefinition ihres
Tätigkeitsziels. Kritiker monieren z. B. eine „bedenklich kompetitive und ver-
krampft auf ökonomische Effizienzsteigerung konzentrierte Medizin" (Nager, 1999,

S. 160). Für Patienten werden Konsequenzen dessen in erster Linie als Leistungskürzung spürbar[67]. So zahlt offenbar in erster Linie der Patient (in doppeltem
Sinne) die Rechnung für die Beteiligung von Akteuren, „die ein außerordentlich
starkes finanzielles Eigeninteresse haben" (Gerlinger, 2009, S. 24). „Weitestgehend
unberührt" von Reformen blieben hingegen Interessengruppen wie die pharma-
zeutische Industrie (vgl. Braun et al., 1998, S. 11). Insgesamt verfestigt sich der
Eindruck der politischen Steuerung des Gesundheitswesens durch private Interessen (vgl. Gerlinger, 2009, S. 21). Eine ökonomische Verwendung der verfügbaren
Mittel mit dem Ziel eines Abbaus von Über- und Fehlversorgung, wie sie das
erklärte Ziel der Reformen war, hingegen mit den gewählten Mitteln nur schwer
erreichbar. So wird die z. B. Methode der Budgetierung von vielen Betrachtern
als problematischer Weg der Leistungssteuerung eingestuft, da hiermit pauschal
das Kollektiv kontingentiert wird, eine bedarfsgerechte Versorgung so nur schwer
möglich erscheint (vgl. Feuerstein, 1996a, S. 83). An verschiedenen Stellen ist
zu beobachten, dass die Einführung von Pauschalen und Budgets zwar ein markt-
gerechtes individuelles Verhalten erzeugt, dessen gesamtökonomische Rationalität
jedoch als fraglich einzustufen ist. So muss resümiert werden, dass viele Steuerungselemente eine vom realen Bedarf entkoppelte Leistungssteuerung befördern und
zudem sachfremde Logiken etablieren, die ökonomische Prinzipien über bedarfsgerechte Versorgung stellen (vgl. Braun et al., 2010, S. 68–69). Trotz vielfältiger
Kritikpunkte[68] und bekannter systembedingter Schieflagen in der Versorgungsrealität ist eine breite substantielle Infragestellung der marktförmigen Ausrichtung
des Gesundheitssystems bislang nicht erfolgt. So konstatiert mancher Beobachter
der aktuellen Entwicklungen mit dem Aufkommen der „Ware Gesundheit" schon
„das Ende der klassischen Medizin" (Titel Unschuld, 2009) -nicht zuletzt, weil die

---

[67] Infolgedessen treten in der öffentlichen Wahrnehmung immer stärker Fragen der Ver-
teilungsgerechtigkeit der rationierungsbedingt knapper werdenden Gesundheitsleistungen
hervor. Auch ist die Fülle an Neuerscheinungen zum Thema, die Erscheinungsformen des
Gesundheitsmarkts skandalisieren, kaum mehr zu überblicken, so z. B. König (2007): „Ein
Chefarzt klagt an: Von der Profitgier der Klinikbetreiber" oder Hartwig (2009): „Der verkaufte
Patient".

[68] So werden z. B. Stimmen lauter, die durch die Forderung nach der Stärkung der Säule
der Prävention innerhalb der medizinischen Versorgung (vgl. Preusker, 2008, S. 251–
257) die grundsätzliche Ressourcenverteilung im Gesundheitssystem und deren deutliches
Übergewicht im Bereich der technikintensiven Akutmedizin in Frage stellen. Dieser volkswirtschaftlich betrachtet sinnvolle Vorschlag stößt jedoch an Systemgrenzen: Die Finanzierung
von präventiven Maßnahmen stellt für die Krankenkassen jedoch ein Risiko dar in dem Sinne,
dass punktuelle Kosten definitiv anfallen, die spätere Einsparung für den Individualakteur
jedoch ungewiss bleibt (vgl. Gerlinger, 2009, S. 26) und qualifiziert sich somit in einem auf
kurzfristige Kostensenkung fixierten Markt als individualökonomisch irrationale Maßnahme.

Folgen und Auswirkungen ökonomischer Prinzipien im Gesundheitssystem, verglichen mit den zwei zuvor skizzierten und vergleichsweise subtiler wirksamen „älteren" Dynamiken der Verwissenschaftlichung und Technisierung, deutlicher als sachfremd auftreten.

Ärztliches Handeln im Zeichen der Ökonomisierung

Es gibt zahlreiche Anhaltspunkte für Konflikte mit ärztlichen Handlungslogiken mit ökonomisch motivierter Leistungssteuerung. Insgesamt deutet sich mehr als nur an, dass ökonomische Effizienz als Hauptzielgröße weder den Ansprüchen einer bedarfsorientierten und solidarischen Versorgung gerecht werden kann noch der ärztlichen Handlungslogik angemessenen ist. Grundlegender Tenor ist hierbei die These, dass an ökonomischer Rationalität orientierte Steuerungsformen der Gesundheitsversorgung den „Einbruch völlig fachfremder Kriterien" in die „Berufsrealität" des Arztes (Gmelin, 2006, S. 7) bedeuten. So konstatieren auch Kühn und Klinke 2006: „Betriebswirtschaftliche Handlungslogik konkurriert grundsätzlich mit der Handlungslogik asymmetrischer Sorgebeziehungen" (Kühn & Klinke, 2006, S. 7). Auch auf Systemebene hat offenbar eine Machtverschiebungen zwischen der Finanzierungsseite und den Leistungserbringern stattgefunden, die sich innerhalb der Institution Krankenhaus als Machtgewinn des Managements gegenüber den Ärzten reproduziert[69] (vgl. dazu ausführlicher Unschuld, 2009; vgl. Kühn & Klinke, 2006, S. 6, 8). Durch die Übernahme von strukturellen Elementen und Organisationsformen wie sie die klassische betriebswirtschaftliche Unternehmensberatung anrät, wird letztlich die Unterordnung der Ärzteschaft unter Prinzipien der Verwaltung bzw. der betriebswirtschaftlichen Steuerung in formale Strukturen gegossen.

Verlust von Handlungsautonomie und Bedrohung des ärztlichen Ethos

Als eine Konsequenz dieser Entwicklung lässt sich im marktwirtschaftlich organisierten Gesundheitswesen erkennen eine Einschränkung der ärztlichen Handlungsautonomie[70], zentrales professionelles Merkmal der eigenen Kontrolle über Inhalte und Organisation der Arbeit, erkennen (vgl. Siegrist, 2005, S. 233)[71]. Die Gefahr, dass hierdurch auch originär ärztliche Entscheidungen ökonomischen

---

[69] Inwiefern neue, sich professionalisierende nicht-ärztliche Berufsgruppen wie die DRG-Coder zukünftig vermehrten Einfluss auf ärztliche Entscheidungen ausüben, bleibt abzuwarten.

[70] So beschreibt Hartwig die „informationelle Waffe Qualitätssicherung" als „raffinierten Einbruch in die Autonomie des freien Arztes" (Hartwig, 2009, S. 72).

[71] Kaum deutlicher wird die als Deprofessionalisierungsprozess deutbare Degradierung des Arztes vom einst „freien Beruf" zum abhängig Beschäftigten als in dessen Funktionsbeschreibung als „nachgeordnetem Rad in einem komplexen Getriebe (...), dessen Triebkraft

Interessenlagen untergeordnet werden, erscheint durchaus real: Die beschriebenen Entwicklungen werden, z. B. durch die Priorisierung der ökonomischen Rationalität über die ärztliche Therapiefreiheit, auf Handlungsebene greifbar. So seien „ökonomische Zwänge und andere Formen der Rationierung in ihrer Bedeutung für diagnostische und therapeutische Entscheidungen kaum zu überschätzen" (Siegrist, 2005, S. 269). Qualitative Untersuchungen zeigen, „dass ökonomische Handlungsgrundsätze bereits bis auf die Ebene der Assistenzärzte hinunter vermittelt werden" (Klinke, 2008, S. 40). Spätestens „mit der Übernahme durch privatwirtschaftliche Investoren ist das Renditestreben unvermeidlich: Ärztliche Kompetenz und Standesethik werden ökonomischen Zwängen untergeordnet" (Unschuld, 2009, S. 70). Die DRG-Folgenforschung zeigt auf, dass der ordnungspolitische Wandel auf Makroebene sich auf der Akteursebene im Sinne einer Gewichtungsverschiebung auswirkt. Zu erwarten sei zwar nicht, dass sämtliche Regulierungen „schon komplett als Handlungsimperative angekommen sind", gerechnet werden müsse jedoch mit Konflikten zwischen der medizinischen und ökonomischen Ebene sowie „interessenpolitischen Umdeutungen und Verweigerungshaltungen" (vgl. Braun et al., 2010, S. 70–71). Insgesamt zeige sich eine „zunehmende Integration gewinnwirtschaftlicher Überlegungen in das berufliche Selbstverständnis über alle Ebenen der ärztlichen und pflegerischen Hierarchie hinweg" (ebd., S. 18)[72]. Forschungen über den Einfluss von Behandlungskontexten auf das berufliche Selbstverständnis stehen erst am Anfang, jedoch ist von einer weiteren Verschärfung der Konfliktproblematik auszugehen, sollten sich nicht gänzlich neue professionelle Standards etablieren. Als „statussichernde Neudeutung", die das professionelle Selbstverständnis weniger bedroht, habe sich neuerdings offenbar eine Fixierung auf den (verhandelbaren) „Begriff des medizinisch Notwendigen" unter den Medizinern etabliert (vgl. Klinke, 2008, S. 40–41). So gerät der Arzt als Folge der Unterordnung ärztlichen Handelns unter die Logik des Wirtschaftlichkeitszwangs offenbar zunehmend in Konflikt mit

---

aus vornehmlich ökonomischen Kriterien erwächst" (Unschuld, 2009, S. 68). Sicherlich handelt es sich bei diesen Feststellungen von profilierten Beobachtern der Entwicklungen des, teilt man diese Position, im Abstieg begriffenen „Ärztestands" um pointierte Zuspitzungen. Die vorhandenen empirischen Befunde stützen jedoch diese Tendenzen.

[72] Anders akzentuiert wird der Problemzusammenhang in der Untersuchung von Vogd, der auf Grundlage seiner empirischen Untersuchung von Zielkonflikten im Krankenhaus zu dem Ergebnis kommt, dass Ärzte „primär nicht als Ökonomen agieren" (Vogd, 2004a, S. 31). Dies muss jedoch keineswegs, schon allein durch die zeitliche Versetzung, als Widerspruch zu den oben referierten Befunden gelesen werden, die den Fokus auf das Phänomen der Überformung ärztlicher Handlungs- und Entscheidungslogiken durch ökonomische Zwänge legen. Diese werden von Vogd nicht geleugnet, jedoch parallel zu anderen Zieldimensionen erfasst. Vogd räumt dennoch ein: „so muss dennoch ärztliches Handeln die spezifischen Konditionen des ökonomisch-administrativen Bereichs immer auch mit behandeln (ebd., S. 194).

den Leitvorstellungen des ärztlichen Ethos[73]. Rollenkonflikte zwischen Erwartungen des Arbeitgebers und dem Behandlungsauftrag des Arztes erscheinen an der Tagesordnung, wird schließlich die Entscheidung, welche Leistungen dem Patienten zuteilwerden sollen, in die Interaktion zwischen Arzt und Patient hineingetragen (vgl. Schölmerich, 1997, S. 96). So störe der ökonomische Rahmen vielfach, insbesondere in Zeiten fortgesetzter Leistungskürzung, die mikrosoziale Interaktion (vgl. Siegrist, 2005, S. 261).

Als ein Beispiel für die Verzerrung ärztlichen Handelns nach (vordergründigen) Kriterien der Wirtschaftlichkeit wird vielfach die ärztliche Honorierung nach dem einheitlichen Bewertungsmaßstab für ärztliche Leistungen (eBM) betrachtet, die den Einsatz medizintechnischer Untersuchungen gegenüber kommunikativen Leistungen begünstigt (vgl. Otte, 1995, S. 58). Als direkte Folge der hierdurch induzierten Entwertung des Arzt-Patient-Gesprächs muss die festgestellte Verkürzung der Arzt-Patient-Kontakte (vgl. Siegrist, 2005, S. 329) benannt werden[74]. Die (für den Arzt wirtschaftlich notwendige) Orientierung an den Vergütungskriterien erschwert somit die ganzheitliche Bezugnahme auf den Patienten bzw. befördert umgekehrt Strategien der materiell belohnten punktuellen Intervention. Der Arzt in seiner Rolle als „Beziehungsarbeiter und Kommunikator" (Huber, 1991, S. 125), in der Realität unzweifelhaft nach wie vor existent, wird auf diese Weise zum Relikt eines vergangenen Zeitgeistes, bzw. bietet, nüchtern-ökonomisch formuliert, diese Leistungen nun „auf eigene Rechnung an".

Arbeitsverdichtung und Zeitdruck als Strukturmerkmale ärztlicher Arbeit

Als Folge der Implementierung wettbewerblicher Steuerungsinstrumente zeichnet sich zudem eine wachsende Arbeitsverdichtung vor allem für die Beschäftigten in Krankenhäusern ab. Ärzte und Pflegepersonal im Krankenhaus müssen in der Tendenz mit gleichbleibender Personaldecke eine höhere Anzahl von Patienten „bearbeiten". Eine Folge ist die erhebliche Steigerung der Arbeitsbelastung, wobei als

---

[73] Dies wird schon seit langem kritisiert: „Ökonomisierung, Merkantilisierung und Industrialisierung der Medizin bedeuten nicht nur Technisierung und Rationalisierung aller Vorgänge, sondern auch den Einbruch des Profitdenkens und des Gewinnstrebens in eine ursprünglich von humanitären und karitativen Idealen bestimmte Sphäre. Konflikte mit dem ärztlichen Berufsethos waren damit vorprogrammiert." (Werner Creutzfeldt, zitiert in: Otte, 1995, S. 74).

[74] Einen „denkwürdigen Arztbesuch" beschreibt die Gesundheitssystemkritikerin Renate Hartwig, im Rahmen dessen sie die zeitlich kontingentierte Arzt-Patient-Begegnung mit „Fließband" und „Akkord" vergleicht (vgl. Hartwig, 2009, S. 14–16).

relevantester Belastungsfaktor „Zeitdruck", begründet mit den Variablen „Verweildauerverkürzung", „steigende Fallzahlen" und der Zunahme von Kodieraufgaben[75],
angegeben wird (vgl. Kühn & Klinke, 2006, S. 9). Infolge dieser strukturellen
Arbeitsverdichtung ist der Anteil der Ärzte, die angeben, ihr Arbeitspensum nicht
bewältigen zu können von 2004 bis 2007 von 31 % auf 37 % gestiegen (vgl. Klinke,
2008, S. 41). Die „Dunkelziffer" mag deutlich darüber liegen, berücksichtigt man
vor allem kaum kontrollierbare Zeiteinsparungen im Bereich der nicht messbaren,
„weichen" patientennahen Tätigkeiten, die sich als erstes Rationalisierungspotential anbieten. Bezeichnenderweise hat sich diese Entwicklung mit der Einführung
des DRG-Fallpauschalensystems signifikant zugespitzt (vgl. Braun et al., 2010,
S. 114–116). Als charakteristisch auch für die niedergelassene Versorgung sind
somit eine enge Taktung der zeitlich stark verkürzten Arzt-Patient-Begegnung sowie
auch Ansätze zur Standardisierung und Fragmentierung von patientenbezogenen
Arbeitsabläufen (so z. B. in Form von durch nicht-ärztliches Personal erhobenen
standardisierten Voranamnesen) anzuführen.

Zeitdruck erscheint kaum mit der ärztlichen Sorgfaltspflicht und der zumindest als Idealbild anzustrebenden Ganzheitlichkeit der Betrachtung vereinbar. So
muss „Zeitnot" als permanente Rahmenbedingung der ärztlichen Tätigkeit z. B.
auch als Quelle von (möglicherweise folgenreichen) Fehlbeurteilungen, die sich an
späterer Stelle des diagnostischen Prozesses bemerkbar machen und deren frühere
Berücksichtigung bei sorgfältigerem Vorgehen die eine oder andere (teure, invasive)
Maßnahme überflüssig gemacht hätte (vgl. Schölmerich, 1997, S. 95), in Betracht
gezogen werden. Arbeitsverdichtung als Folge der Rationalisierung von Versor-
gungsabläufen ist somit auch zusätzlich nach den Gesichtspunkten ökonomischer
Effizienzkriterien zu hinterfragen.

Das Arzt-Patient-Verhältnis als Dienstleistungsbeziehung

---

[75] Sowohl die niedergelassene ärztliche Tätigkeit, in der der Arzt als Unternehmer agiert,
als auch die im Krankenhaus ist durch die starke Zunahme bürokratischer und admi-
nistrativer Anforderungen geprägt, die mittlerweile nach variierenden Einschätzungen
zwischen einem Drittel oder sogar bis zu 50 % der Arbeitszeit einnehmen. Im Krankenhaus haben Dokumentations- und Kodierpflichten vor allem infolge der Einführung der
DRG-Fallpauschalen drastisch zugenommen. (vgl. Neumann, 2006, S. 334). Administrative
Tätigkeiten werden vom Gros der Ärzteschaft als weitgehend arztfremde Aufgabe empfunden,
daher deren Zunahme bei gleichzeitigem Rückgang originär ärztlicher Arbeitselemente als
Quelle massiver Unzufriedenheit angegeben (vgl. auch Kühn & Klinke, 2006, S. 9). Diese Entwicklungen sind insofern sicherlich kritisch zu betrachten, als dass an anderer Stelle vielfach
die Zeit für patientennahe Tätigkeiten fehlt.

Wie bereits oben skizziert, wird vor allem der niedergelassene Arzt im Zuge der Ökonomisierung seiner Tätigkeit zunehmend in die Rolle des Verkäufers seiner eigenen Leistungen bzw. die (immer weniger kritisch konnotierte) Rolle des Dienstleisters[76] manövriert. Diese Ausgestaltung der Arztrolle weist eine deutliche Diskrepanz zur tradierten professionellen Rolle des Arztes auf. So ist das – mittlerweile weit verbreitete – Verständnis des Arztes als Dienstleister eine erst im Zuge der ökonomisierten Medizin aktualisierte Erscheinung (vgl. Siegrist, 2005, S. 233), die den Arzt weit in vorprofessionalisierte Zeiten als Leibarzt des wohlhabenden Bürgertums zurückwirft. Interessant erscheint diese Entwicklung zusätzlich, wenn man sich vergegenwärtigt, dass noch bis weit in die 1970er Jahre „Geld" in der Betrachtung der Arzt-Patient-Beziehung keinerlei Raum einnahm (vgl. Oberbeck & Oppermann, 1994, S. 179). Als diesbezügliche Zäsur sind daher spätestens die Ärztestreiks der Jahre 2007/2008 zu betrachten, die vielfach durch monetäre Aspekte motiviert waren. Auch empirische Befunde verweisen auf eine Wahrnehmungsverschiebung seitens des Arztes, die Beziehung zum „Kunden Patient" zunehmend als marktförmiges Verhältnis zu deuten (vgl. Klinke, 2008, S. 40). Die in Teilen der Ärzteschaft erkennbare Übernahme der Selbstinterpretation als Verkäufer bzw. Dienstleister ist daher als konsequente Entsprechung zu den Vermarktlichungsprozessen innerhalb des Gesundheitswesens zu betrachten. Komplementär zur Rollenwahrnehmung des Arztes als privatwirtschaftlich agierender Kaufmann bzw. Dienstleister entsteht eine neue, aktiv Leistungen nachfragende Kohorte von Patienten. Diese Entwicklung erscheint unter anderem in erheblichem Masse getrieben durch den – vermeintlichen oder realen – Abbau der klassischen Wissensasymmetrie durch das Internet In einer dieser neuen Konstellationen von Arzt und Patient tritt der wohlinformierte Patient als Kunde auf und verlangt vom Dienstleister-Arzt eine bestimmte Form der Behandlung[77]. Auch das „Produkt"

---

[76] Zu dieser Konzeption des Arztes gibt es auch einige kritische Stimmen: So pointiert (der Arzt) Gmelin (2006) den „neuen Arzt" als „haftender Facharbeiter der Dienstleistungs- AG" und verweist auf eine Quelle aus der privaten Gesundheitswirtschaft, die sich auf Ärzte tatsächlich als „Franchise- Nehmer und lächelnde Dienstleister" bezieht (vgl. Gmelin, 2006, S. 10). Aus der Perspektive der Analyse der Dienstleistungsbeziehung zwischen Arzt und Patient stellt sich für Wilken, die explizit auf die „Ablehnung der Dienstleistungssemantik durch die Akteure" (Wilken, 2010, S. 18) hinweist, die Frage der inhaltlichen Angemessenheit nicht primär. Wilken fokussiert vorrangig die Abstimmungsproblematik zwischen den beteiligten Akteuren Hausarzt und Patient (siehe Wilken, 2010, S. 96 f.), die im Rahmen der Interaktion gelöst werden muss, hierin z. B. die Thematik der „Compliance" (siehe S. 121 f.). Einen komprimierten Überblick über die gängigen Pro/Contra-Argumente gibt (Erdwien, 2005, S. 17–20).

[77] Eine solche Konstellation ist im „Modell der informierten Entscheidung" beschrieben (vgl. Borgetto/ Kälble, 2007, S. 164).

medizinische Dienstleistung wird in dieser Betrachtung „zu einer scheinbar verfüg- und vermarktbaren Ware" (Gmelin, 2006, S. 10). Im Hinblick auf diese Entwick- lung konnotieren Borgetto/ Kälble kritisch: „Die am Markt orientierte Rhetorik dient wohl eher als Begründung für eine stärkere finanzielle Beteiligung des Patienten am Leistungsgeschehen" (Borgetto & Kälble, 2007, S. 165).

Entspricht eine Reduktion des Arzt-Patient-Verhältnisses auf ein Dienstleis- tungsverhältnis zwar durchaus den in einer ökonomisierten Medizin gängigen Vorstellungen, ist diese Vorstellung in der Realität jedoch sicherlich durchaus pro- blematisch. Die Annahme, dass sich Arzt und Patient in der Realität als zwei freie Marktakteure gegenüberstünden, muss allein mit Verweis auf die Hilfsbedürftigkeit des Patienten und das Fehlen von Alternativen, wie im „freien Markt" zugrunde gelegt, zurückgewiesen werden (vgl. Kühn & Klinke, 2006, S. 8)[78]. Mit gleicher Skepsis ist auch die populäre Konzeption des – den Patienten (scheinbar) als Subjekt einbeziehenden – „mündigen Patienten"[79] (siehe dazu Buchheim, 2006) zu betrach- ten. Dieses Konstrukt erscheint insbesondere im Fall existenzieller Bedrohung durch Krankheit fragwürdig (vgl. Diehl, 2006, S. 183). Hiermit soll weder im Sinne eines unbedingten ärztlichen Paternalismus argumentiert noch der Sinn und Wert von neuen Formen der gemeinsamen Entscheidungsfindung von Arzt und Patient, wie sie z. B. im Konzept des „shared-decision-making"[80] vorgesehen sind, grundsätzlich in Abrede gestellt werden. Hingewiesen sei an dieser Stelle lediglich auf die Gefahr der unterkomplexen Betrachtung des Arzt-Patient-Verhältnisses im Sinne einer ein- fachen Marktbeziehung. In Bezug auf eine Überformung der ärztlichen Rolle durch Anforderungen eines marktförmigen Verhaltens erscheint die These angezeigt, dass

---

[78] Abwegig erscheinen daher die Analogien, die ein führender Vertreter der privaten Gesundheitswirtschaft zwischen dem Mopedkauf eines 16-Jährigen und dem Erwerb einer künstlichen Hüfte des 70jährigen „Wanderfreunds" aufstellt: Beide „Waren" dienten schließ- lich dem Privatvergnügen (vgl. Unschuld, 2009, S. 85)- befremdlicher noch, dass hiermit wohl keine Außenseiterposition in der Branche wiedergegeben ist.

[79] Einiges spricht dafür, dass das Konzept des mündigen Patienten, obwohl es anderes ver- spricht, nur vordergründig eine Aufhebung der klassischen Asymmetrie zwischen Arzt und Patient beinhaltet. Im Gegenteil könnte sich sogar das Wissens- und Machtgefälle verstär- ken, wenn der Patient allein auf der Ebene wissenschaftlich- objektivierten Wissens mit dem Arzt kommuniziert, subjektive Deutungen im Sinne einer „Externalisierung seines Krankheitserlebens" (Sing 2007, S. 54) hierbei marginalisiert werden.

[80] In diesem Zusammenhang verweist Vogd darauf, dass es sich beim Modell der geteil- ten Entscheidungsfindung um das in einer demokratischen Gesellschaft wohl am meisten konsensfähige Modell handelt. Wie sich dieses normative Modell allerdings in der Praxis bewährt, ist empirisch ungeklärt. Feuerstein et al. 1999 gehen hingegen davon aus, „dass die Selbstbestimmung im Arzt-Patient-Verhältnis ein Mythos bleibt". (vgl. Vogd, 2004a, S. 28–29).

der ökonomisch motivierte Dienstleister-Arzt aufgrund von Fehlanreizen im Vergütungssystem zu einem weniger dem Grundgedanken ärztlichen Handelns als ökonomischen Zielen verpflichteten Handeln geneigt sein dürfte- umso mehr, als der „mündige" Kundenpatient ein solches, denkt man an IGel-Leistungen und neueste erfolgsversprechende High-Tech-Interventionen, „selbstbestimmt" nachfragt.

Gestaltung und Bewertung ärztlichen Handelns anhand formaler Kriterien
Kritisch in Bezug eine „Überformung ärztlichen Handelns" (Oberbeck & Oppermann, 1994, S. 191) ist zu betrachten, dass zunehmend nur formalisierbare Anteile des Arbeitshandelns zum Gegenstand der ökonomischen Betrachtung gemacht werden, bzw. vom Prinzip her nicht formalisierbare Anteile formalen Maßstäben untergeordnet werden. Im Extremfall muss sogar von einer Orientierung des Arbeitshandelns an formalen Effizienzkriterien ausgegangen werden, so z. B. im Fall von Versorgungsentscheidungen, die von Kriterien ihrer formalen Darstellbarkeit beeinflusst sind. Als Folge der Einführung des DRG- Pauschalensystems wird vielfach die vermehrte Überfrachtung der ärztlichen Tätigkeit mit administrativen Anforderungen sowie auch die bereits dargelegte Verzerrung zugunsten eines ökonomisch motivierten Handelns thematisiert. Ähnliche Effekte kann die Kontrolle und Steuerung der Arbeitsprozesse durch formale Bewertungsverfahren, wie sie das Qualitätsmanagement vorsieht, erzeugen. So sieht die qualitätssichernde Optimierung des ärztlichen Arbeitsprozesses z. B. „die Erstellung von Checklisten, Funktionsbeschreibungen, Prozess- und Ablaufbeschreibungen" vor, des Weiteren sollen „detaillierte Durchführungsbestimmungen implementiert werden" (Hartwig, 2009, S. 74). So wird auch die immer weiter getriebene Formalisierung von Handlungsabläufen „nach scheinbar objektiven standardisierten wissenschaftlichen Vorschriften" bereits kritisch beurteilt: „Individuelle komplizierte Probleme werden ausgegrenzt, da sie nicht mit dem schematisierten Denken von Ökonomen und mit Prozesssteuerungen vereinbar sind. Die betriebswirtschaftlichen Mechanismen werden sich zwischen Arzt und Patient schieben und damit das individuelle komplexe Handeln durch kurzsichtige und vordergründige, flache utilitaristische Scheinrationalität verdrängen" (Neumann, 2006, S. 335).

Ins Visier zu nehmen sind daher in einem grundsätzlicheren Zugang die durch die Übertragung von Maßstäben der betriebswirtschaftlichen Kostenrechnung auf das ärztliche Handeln wirksam werdenden Effekte. Indem Krankenhäuser „unter dem Druck der prospektiven Finanzierung das Leistungsgeschehen standardisieren und kalkulierbar machen" (Kühn & Klinke, 2006, S. 7), wird auch das ärztliche Handeln verstärkt dem Druck der Formalisierung und Objektivierung ausgesetzt. So erfordert die Pauschalierung von Leistungsbestandteilen als Kalkulationsgrundlage und Bewertungsschablone für die ärztliche Arbeit, ärztliches Handeln formal messbar zu machen. Wie zu zeigen sein wird, entzieht sich jedoch das ärztliche Handeln generell in seinem Wesen als individualisierte und situativ abgestimmte Arbeitsleistung weitgehend der Formalisierung. Kaum formal darstellbar erscheinen auf den ersten Blick vor allem diejenigen Tätigkeitsanteile, die „man unter dem Begriff ‚Zuwendung' zusammenfassen kann" (Neumann, 2006, S. 331), jedoch auch jenseits „menschennaher" Tätigkeitselemente ist von einer nur unvollständigen Formalisierbarkeit ärztlicher Handlungs- und Erkenntnisprozesse auszugehen.

1.4   Standardisierung ärztlichen Handelns (und Verdrängung ärztlicher Kunst) als Effekt der drei Makrotendenzen

Die ärztliche Tätigkeit ist in einem äußerst komplexen, von verschiedenen Logiken dynamisierten Handlungsfeld angesiedelt. Zu den „älteren" Dynamiken der ‚Verwissenschaftlichung' und ‚Technisierung', die ärztliches Handeln zugunsten von verwissenschaftlichtem und technisiertem Handeln „verformen" (Feuerstein, 1996a, S. 92), kommen neue sachfremde Verzerrungen durch die Vermarktlichung des ärztlichen Handlungsfelds hinzu[81]. Die Ökonomisierung als Phänomen der jüngeren Zeit tritt in ihren Auswirkungen im Vergleich mit den beiden anderen, vielfach kaum mehr als „arztfremd" im ursprünglichen Sinne empfundenen Handlungslogiken am wohl prominentesten in Erscheinung. Kritische Betrachtungen zur ärztlichen Tätigkeit beziehen sich in den letzten Jahren fast ausschließlich auf diese sich weiterhin verschärfende Entwicklung, dies umso mehr sie durch die Erhebung von Wirtschaftlichkeit zur obersten Maßgabe ärztlichen Handelns und Entscheidens als immer dringlicheres Problem auftritt.

Die Auswertung der Literatur- und Befundlage zum ärztlichen Handeln legt im Gesamtbild zunächst ein „Spannungsfeld" unterschiedlicher Rationalitäten (siehe dazu: Vogd, 2004a) nahe. Diskrepanzen bestehen, so die These der vorliegenden Arbeit, jedoch weniger (als möglicherweise anzunehmen wäre) zwischen den sich aus den einzelnen Dynamiken ableitenden Handlungsanforderungen als in erster Linie zwischen diesen und der ärztlichen Handlungslogik selbst. Über den Befund eines Spannungsfelds hinausgehend soll im Folgenden das

---

[81] In sehr grundlegender Form setzte sich bereits 1975 der Kulturkritiker Ivan Illich in seinem (vor allem zum Erscheinungszeitpunkt viel kritisierten) Werk „Die Nemesis der Medizin. Die Kritik der Medikalisierung des Lebens" mit der beginnenden szientistischen, technischen und auch ökonomischen Überformung der Medizin, allerdings vorwiegend im Kontext der USA, auseinander.

Argument entwickelt werden, dass mit jeder der drei vorgestellten Makrodynamiken – Verwissenschaftlichung, Technisierung und Ökonomisierung – Tendenzen der Formalisierung und Objektivierung ärztlichen Handelns erzeugt werden, die zugleich einer Standardisierung[82] ärztlichen Handelns Vorschub leisten. Dies mag insofern überraschen, als dass z. B. Verwissenschaftlichung und Ökonomisierung für divergente Logiken (in diesem Fall Präzision versus Effizienz) stehen und auf den ersten Blick sogar Gegensätzliches suggerieren. Bei genauerer Betrachtung kann jedoch als generelle Stoßrichtung aller drei auf Makroebene liegenden Entwicklungen der gemeinsame Effekt einer Standardisierung identifiziert werden, der sich in Bezug auf das ärztliche Handeln als problematisch erweist. Standardisierungsbestrebungen entsprechen neben dem Leitbild ökonomischer Rationalität, das sich als Entwicklungstendenz der Systemgestaltung im Gesundheitswesen durchgesetzt hat auch der gängigen Vorstellung von Arbeitshandeln als planmäßig-objektivierendem Handeln, die sich als Folge eines Wandels der Betrachtung von Medizin als Domäne wissenschaftlich-technischer Rationalität auch für das ärztliche Handeln etabliert hat. So enthalten die innermedizinischen Entwicklungen der Verwissenschaftlichung und Technisierung der ärztlichen Praxis Dynamiken der Objektivierung und Formalisierung eines von heterogenen Logiken bestimmten Handlungsfeldes, die eine Standardisierung von ärztlichen Arbeitsprozessen scheinbar erlauben. Die ökonomisierte Medizin zeigt sich für diese Verkürzung der Sichtweise auf den Menschen und seinen Körper höchst empfänglich, ist schließlich eine hohe Kompatibilität der Funktionslogiken der Verwissenschaftlichung und Technisierung mit den Zielen der Ökonomisierung kaum von der Hand zu weisen[83]. Hierin ergänzen sich die drei Makrodynamiken, indem das wissenschaftlich-technische Modell durch die Zuschreibung von wissenschaftlicher Rationalität und Zuverlässigkeit eine berechenbare Grundlage für die ökonomische Kalkulation von Gesundheitsleistungen bildet, hierdurch deren wirtschaftliche Verwertung anhand von messbaren Leistungsmaßstäben erleichtert.

Die Losung „Standardisierte Medizin für standardisierbare Krankheiten" (Heusser, 1999, S. 92) mag nicht die Ansicht der Mehrheit der Ärzte oder allgemeiner, Akteure des Gesundheitswesens widerspiegeln, jedoch bringt sie in ihrer Zuspitzung eine Entwicklung auf den Punkt, die durchaus politisch bzw. vonseiten

---

[82] An dieser Stelle ist ausdrücklich darauf hinzuweisen, dass der Terminus Standardisierung hier als Objektivierung und Formalisierung bzw. als Festlegung allgemeiner Standards begriffen wird und nicht per se identisch ist mit einer rigiden, hoch arbeitsteiligen tayloristischen Form der Arbeitsgestaltung.

[83] Auch in industriellen Handlungsfeldern ist eine „Affinität von naturwissenschaftlicher Erkenntnis und Verwertungsinteressen" festzustellen (vgl. Böhle, 1992, S. 109, 1997, S. 172).

der betrieblichen Steuerung gewünscht ist. In ihrer Grundaussage beschreibt diese Parole eine Zielsetzung, die als Orientierungsgröße in Bezug auf die Gestaltung und Steuerung des Gesundheitssystems in den letzten zwanzig Jahren maßgeblich geworden ist. Auf der „Suche nach Wirtschaftlichkeitsreserven" wirken Standardisierungsbestrebungen seit geraumer Zeit in jeden Teilbereich der Medizin hinein (vgl. Schölmerich, 1997, S. 95), um im vor dem Hintergrund des Kostendrucks geforderten Wettbewerb eine möglichst weitgehende „Kostentransparenz" mit einer Vergleichbarkeit von genau beschreibbaren Einzelleistungen realisieren zu können. Orientiert wird sich hierbei an den Forderungen der Kostenträger nach einem rationalen Einsatz von Ressourcen, die zunehmend die Rahmenbedingungen der Patientenbehandlung gestalten und definieren. Als wesentliches Instrument der Standardisierung von ärztlichen Arbeitsprozessen ist die Einführung von statistisch basierten Steuerungselementen von Gesundheitsleistungen zu nennen. So werden die DRG-Fallpauschalen auf der Grundlage der „mittleren Verweildauer" kalkuliert, und machen somit die Abstraktion vom individuellen Fall zur Basis der ökonomischen Betrachtung. Durch diese Vereinheitlichung von Versorgungsprozessen unterliegen auch patientenbezogene Tätigkeitsanteile einer Standardisierungstendenz (vgl. Kühn & Klinke, 2006, S. 6), werden Ärzte als „durch das Primat der Ökonomie und das damit einhergehende Primat der Standardisierung" „in ihrem Alltag in ihren medizinischen Entscheidungen immer mehr beherrscht" beschrieben (Neumann, 2006, S. 339). Ähnliche Effekte haben auch andere Steuerungs- und Kontrollinstrumente wie die so genannten „Disease-Management-Programme" zur „Behandlung von Patienten anhand standardisierter Vorgaben" (Hartwig, 2009, S. 170) und das Qualitätsmanagement als Verfahren, mit dem die Einhaltung bestimmter Standards zur Verbesserung der Prozess- und Ergebnisqualität gesichert und mit dem zur Optimierung des Prozessablaufs in Kliniken neue Rationalisierungsreserven erschlossen, das ärztliche Handeln auf dem Wege seiner Objektivierung und Formalisierung der externen Kontrolle und Steuerung zugänglich gemacht werden soll. Verstärkt wird der standardisierende Effekt der genannten Steuerungsinstrumente durch deren Folgen auf Akteursebene, z. B. die stetige zeitliche Verknappung der patientenbezogenen Arbeitszeit, zu deren Optimierung (im Sinne einer effizienten Nutzung) weitere standardisierende Elemente in die Arzt-Patient-Interaktion integriert werden, so z. B. in Form der sich verbreitenden Praxis der standardisierten Voranamnese durch nicht-ärztliches Personal.

Noch Ende der 1980er Jahre wird beteuert, „die ärztliche Praxis selbst ist nicht standardisiert und angesichts der Bedeutung von Ganzheitlichkeit und Kontext-kenntnissen im ökologisch-medizinischen Weltbild auch nicht standardisierbar" (Bollinger, 1988, S. 103), Diese Annahme steht nach den Entwicklungen der Folgejahre sicherlich weniger unwidersprochen da. Standards in Form von wissenschaftlich fundierten Handlungsempfehlungen auf der Grundlage von Metadaten haben sich in den letzten zwei Jahrzehnten in der Medizin etabliert, so in Form von evidenzbasierten Leitlinien, die „rationales Handeln in der ärztlichen Praxis" (Schölmerich, 1997, S. 91) befördern sollen. Intendiert ist hiermit sowohl eine in ökonomischem Sinn verstandene Rationalität als Vorgehen mit möglichst optimaler Kosten-Nutzen-Relation als auch der Gedanke eines rationalen Vorgehens als wissenschaftlich-exaktes Handeln. Im Zuge dessen erscheint es im Anschluss an eine starke These der „Vereinnahmung" der evidenzbasierten Medizin durch Politik und Ökonomie möglich und wahrscheinlich, dass die tatsächliche oder vermeintliche wissenschaftliche Legitimation der „ärztlichen" Therapieentscheidung als Feigenblatt für eine ökonomisch motivierte Rationalisierung dient (vgl. Vogd, 2004b, S. 12).

Institutionell unterstützt wird mit den genannten Instrumenten die „Nivellierung des Individuellen" (Heusser, 1999, S. 93) bzw. die „Ausschaltung individueller Faktoren von Arzt und Patient" (ebd.) durch standardisierte Prozeduren. Der Aufschwung von Konzepten wie der „Evidence Based Medicine" muss als Ausdruck der Hinwendung zu „subjektunabhängigen Behandlungsformen" (Schubert, 2006, S. 196) verstanden werden, nachdem sich in der Medizin selbst eine fundamentale Bewertungsverschiebung von nicht-explizitem Wissen und von „subjektiven Fähigkeiten und Fertigkeiten" vollzogen habe (vgl. ebd.). Im eigentlichen Sinne kritisch zu betrachten ist vor allem eine als „Spaltung des Subjekts" einzustufende Dichotomisierung in gültige und nicht-gültige Handlungs- und Erkenntnisweisen, die darin zum Ausdruck kommt (hierzu: Böhle, 2003). Die Grenze scheint hierbei entlang der Objektivierbarkeit bzw. Formalisierbarkeit derselben zu verlaufen. So stellen sämtliche Instrumente der Leistungssteuerung- und Kontrolle Formalisierungsanforderungen an die ärztliche Tätigkeit, durch welche ausschließlich die objektiven Anteile des Subjekts berücksichtigt werden. Als hochgradig kompatibel mit diesem Mechanismus erscheinen die Effekte der Verwissenschaftlichung und Technisierung ärztlichen Handelns im Sinne des verwissenschaftlichten „medizinischen Blicks" wie auch die dem technisch mediatisierten Erkenntnisprozess immanente Quantifizierungstendenz, die beide auf objektivierende Handlungsweisen rekurrieren. Komplementär zu diesen wartet die ökonomisierte Medizin mit einer deutlichen Zunahme formaler Dokumentations- und Begründungszwänge auf, wie sie im Rahmen der budgetierten und pauschalierten, vom Einzelfall entkoppelten Versorgung notwendig werden. Hierbei erweisen sich wissenschaftliche und technische Daten als anschlussfähig für ein an „Transparenz" (im Sinne einer kleinschrittigen und möglichst lückenlosen formalen Darstellbarkeit) orientiertes Abrechnungssystem. An die ärztlichen Akteure stellt sich dementsprechend die Anforderung, ihr Handeln anhand formaler Kriterien zu bewerten, wenn nicht gar an diesen auszurichten. In diese Logik der Formalisierung fügt sich auch der (immer stärker) informatisierte Krankenhausbetrieb, der von der Informationsverarbeitungslogik des Computers zusätzlich mitbestimmt wird. Auch hier werden standardisierte, quantifizierende Informationen einseitig selektiert, während weiche Daten durch das „maschinelle Sprachraster" fallen oder in die „mathematisierte Grammatik der Apparate gezwungen" (Halfar, 1993, S. 201) werden.

Im Zuge der Orientierung am Leitbild eines wissenschaftsbasierten, rationalen Handelns wird das ärztliche Handeln mit zunehmender Ausschließlichkeit als objektivierendes Handeln adressiert- mit dem Resultat der Vorstellung von ärztlicher Tätigkeit als (zumindest weitgehend) standardisierbarem Handeln. Eine tatsächliche inhaltliche Standardisierung der ärztlichen Tätigkeit erscheint jedoch kaum möglich, da sich weite Teile ärztlichen Handelns, so auf den ersten Blick allein die patientennahen Bereiche der Diagnose und der Therapie „angesichts der Komplexität der in der Praxis auftretenden Krankheitsbilder" (Schölmerich, 1997, S. 93) einer Objektivierung und Formalisierung widersetzen. Vor allem die in der ökonomischen Betrachtungsweise als „Grenzbereiche" und „Grauzonen" (Neumann, 2006, S. 333) von Arbeit konzipierten Elemente interaktiver und kommunikativer Arbeit mit dem Patienten erscheinen kaum vollständig formal darstellbar. Dennoch werden auch diese so genannten „unscharfen Handlungsfelder" durch die Anforderungen der Ökonomie in der Tendenz als prinzipiell standardisierbare Handlungsbereiche konzipiert, in denen Restunsicherheiten keinen Platz haben[84]. Als Konsequenz dieser Betrachtung wird das ärztliche Handeln unter Formalisierungsdruck gesetzt.

---

[84] Auf die Schwierigkeit der Synchronisation medizinisch-technischer Handlungsabläufe und klinischer Versorgungsstrukturen wird bereits 1996 verwiesen (vgl. Feuerstein, 1996a, S. 84), dies im Kontext der betriebswirtschaftlichen Steuerung des Krankenhauses unter ausschließlich mathematisch-ökonomischen Gesichtspunkten. „Eine Konsequenz dieser Adaption", sei, „die mathematisierende Betrachtung des medizinischen Geschehens und der daran beteiligten Akteure" (ebd., S. 91). Es scheint jedoch, dass wesentliche Differenzen oder sogar Inkompatibilitäten zwischen betrieblicher Unternehmensführung und den Eigenlogiken der Gesundheitsberufe von Seiten der Politik und des Krankenhausmanagements systematisch verkannt oder ausgeblendet würden.

Bestimmte Aspekte des ärztlichen Handelns, die gemeinhin als ‚ärztliche Kunst' gelten, fügen sich jedoch weder in das Schema der wissenschaftlichen (Selbst-) beschreibung noch in das Konzept einer effizienzoptimierten, standardisierten Dienstleistungsmedizin. Diese Elemente professionellen ärztlichen Handelns werden unter den beschriebenen systemischen Voraussetzungen zunehmend in die Defensive gedrängt. Mit der ‚ärztlichen Kunst' assoziierte Phänomene wie der ‚ärztliche Blick' und die ‚ärztliche Intuition' werden marginalisiert oder sogar verdrängt, zumindest jedoch aus der vorherrschenden Wahrnehmung des Arztes ausgegrenzt und erfahren aufgrund der Tatsache, dass sie sich strukturell einer Objektivierung entziehen, eine Abwertung. So können die drei oben beschriebenen Makrodynamiken bzw. deren Zusammenwirken als Ursache für den Legitimationsverlust des Kunstkonzepts aufgezeigt werden. Diese Feststellung ließe sich trivial als Wandel eines Berufsbilds im Rahmen des gesellschaftlichen Modernisierungsprozesses deuten. Es stellt sich jedoch die Frage, inwiefern dieser Prozess nicht eine Fehlentwicklung in der Betrachtung und Bewertung ärztlichen Handelns beinhaltet[85]. Hieran anknüpfend wird im Folgenden aus handlungstheoretischer Sicht argumentiert, dass sich ärztliches Handeln nur unvollständig als objektivierendes Handeln fassen lässt, d. h., tragende Aspekte der ärztlichen Professionalität hierin keine Berücksichtigung finden. These der vorliegenden Arbeit ist, dass das ärztliche Handeln als Zusammenspiel objektivierender und – in bestimmten Situationen, die als unwägbare, von einer Vielzahl individueller Variablen abhängige Praxis zu beschreiben sind – subjektivierender Handlungsweisen zu charakterisieren ist. Zum genauen Verständnis der These gilt es mögliche Missverständnisse auszuräumen: Gemeint ist mit der angestrebten Differenzierung in ein „objektivierendes" bzw. „subjektivierendes" Handeln weder die häufig getroffene Gegenüberstellung von instrumentellen Verrichtungen und kommunikativem Handeln[86] noch von fremdbestimmtem und selbstbestimmtem Handeln[87]. Die Analyse des ärztlichen Arbeitshandelns zeigt dieses als quer zu den genannten Kategorien liegend auf: So kann körperbezogenes und auch kommunikatives Handeln sowohl im Modus objektivierenden[88]

---

[85] Dies ohne sich, wie häufig vorgeworfen wird (z. B. von Göckenjan, 1992, S. 121), auf das Terrain standespolitischer Agitation zu begeben.

[86] So ist das beim Arzt konstatierte „Dilemma zwischen instrumentellem und kommunikativem Handeln" (Siegrist, 2005, S. 269) keineswegs zwingend der Fall.

[87] Eine solche Unterscheidung könnte entlang der Kategorie der klassischen Vorstellung von ärztlicher Handlungsautonomie getroffen werden.

[88] Dies wäre im Rahmen des Arzt-Patient-Gesprächs z. B. der Fall, wenn sich Gesprächinhalte rein auf den Bereich expliziten, rational begründbaren Wissens bezögen, andere Kommunikationsformen hingegen keine Rolle spielten.

als auch subjektivierenden Handelns erfolgen. Ebenso kann selbstgesteuertes Handeln Merkmale eines subjektivierenden als auch objektivierenden Handelns aufweisen.

Literatur

Anschütz, F. (1987). *Ärztliches Handeln. Grundlagen, Möglichkeiten, Grenzen, Widersprüche.* Wissenschaftliche Buchgesellschaft.

Badura, B. (1996). Arbeit im Krankenhaus. In B. Badura & G. Feuerstein (Hrsg.), *Systemgestaltung im Gesundheitswesen: Zur Versorgungskrise der hochtechnisierten Medizin und den Möglichkeiten ihrer Bewältigung* (S. 21–82). Juventa.

Badura, B., & Feuerstein, G. (1996). Krisenbewältigung durch Systemgestaltung. In B. Badura & G. Feuerstein (Hrsg.), *Systemgestaltung im Gesundheitswesen: Zur Versorgungskrise der hochtechnisierten Medizin und den Möglichkeiten ihrer Bewältigung* (S. 9–20). Juventa.

Bannwolf, E. (2007). *Usability bei Mensch- Maschine- Schnittstellen. Neue Ansätze bei IuK-Technologien.* VDM.

Beck, U., Giddens, A., & Lash, S. (1994). *Reflexive modernization: Politics, traditions and aesthetics in the modern social order.* Stanford University Press.

Behrens, J. (2003). Vertrauensbildende Entzauberung: Evidence- und Eminenz-basierte professionelle Praxis. Eine Entgegnung auf den Beitrag von Werner Vogd. *Zeitschrift für Soziologie, 31*(4), 294–315.

Berbuer, E. (1990). *Zwischen Ethik und Profit: Arzt und Patient als Opfer eines Systems.* Access.

Bodamer, J. (1962). *Arzt und Patient.* Herder.

Böhle, F. (1992). Grenzen und Widersprüche der Verwissenschaftlichung von Produktionsprozessen – Zur industriesoziologischen Verortung von Erfahrungswissen. In T. Malsch & U. Mill (Hrsg.), *ArBYTE – Modernisierung der Industriesoziologie?* (S. 87–132). Edition Sigma.

Böhle, F. (1997). Verwissenschaftlichung als sozialer Prozess. In D. Bieber (Hrsg.), *Technikentwicklung und Industriearbeit* (S. 153–180). Campus.

Böhle, F. (2003). Vom Objekt zum gespaltenen Subjekt. In M. Moldaschl (Hrsg.), *Subjektivierung von Arbeit* (S. 115–148). Hampp.

Böhme, G. (1981). Wissenschaftliches und lebensweltliches Wissen. Am Beispiel der Verwissenschaftlichung der Geburtshilfe. *Kölner Zeitschrift für Soziologie und Sozialpsychologie, 22,* 445–463.

Bollinger, H. (1988). *Die Entstehung des Ärztestandes. Eine professionstheoretische Untersuchung in subjektorientierter Perspektive.* Dissertation, Fakultät für Theoretische Medizin der Universität Ulm.

Bollinger, H., & Hohl, J. (1981). Auf dem Weg von der Profession zum Beruf. Zur Deprofessionalisierung des Ärzte-Standes. *Soziale Welt, 32*(4), 440–464.

Borgetto, B., & Kälble, K. (2007). *Medizinsoziologie. Sozialer Wandel, Krankheit, Gesundheit und das Gesundheitssystem.* Weinheim und München, Juventa.

Braun, B., Kühn, H., & Reiners, H. (1998). *Das Märchen von der Kostenexplosion. Populäre Irrtümer zur Gesundheitspolitik.* Fischer.

Braun, B., Buhr, P., Klinke, S., Müller, R., & Rosenbrock, R. (2010). *Pauschalpatienten, Kurzlieger und Draufzahler. Auswirkungen der DRGs auf Versorgungsqualität und Arbeitsbedingungen im Krankenhaus.* Huber.

Buchheim, T. (2006). Der mündige Patient – Fünf Thesen aus Sicht des Normalverbrauchers. In V. Schumpelick & B. Vogel (Hrsg.), *Arzt und Patient. Eine Beziehung im Wandel* (S. 98–110). Herder.

Catel, W. (1979). *Medizin und Intuition. Versuch einer Analyse.* Thieme.

Danzer, G. (1993). Zwänge und Effekte des Technikeinsatzes in der klinischen Kardiologie. In B. Badura, G. Feuerstein, & T. Schott (Hrsg.), *System Krankenhaus. Arbeit, Technik und Patientenorientierung* (S. 163–169). Juventa.

Diehl, V. (2006). Definition von Arzt und Patient aus medizinischer Sicht. In V. Schumpelick & B. Vogel (Hrsg.), *Arzt und Patient. Eine Beziehung im Wandel* (S. 178–187). Herder.

Dörner, K. (2001). *Der gute Arzt. Lehrbuch der ärztlichen Grundhaltung.* Schattauer.

Dtsch. Ärztebl. (2004). 101, Heft 33, B 1853.

Dtsch. Ärztebl. (2005). 102, Heft 12, B 665.

Erdwien, B. (2005). *Kommunikationsstrukturen in der Arzt-Patient- und Pflege-Patient-Beziehung im Krankenhaus. Empirische Untersuchung zur Patientenzufriedenheit unter Berücksichtigung der subjektiven Erlebnisperspektive von Patienten, Ärzten und Pflegepersonal.* dissertation.de, Berlin.

Ewers, M. (2005). Krankenhausbasiertes Case Management als Baustein einer integrierten Versorgung. In B. Badura & O. Iseringhausen (Hrsg.), *Wege aus der Krise der Versorgungsorganisation. Beiträge aus der Versorgungsforschung* (S. 156–166). Huber.

Ewig, S. (2006). Was ist ein guter Arzt? *Frankfurter Allgemeine Sonntagszeitung, 18,* 74

Feuerstein, G. (1996a). Zielkomplexe und Technisierungsprozesse im Krankenhaus. In B. Badura & G. Feuerstein (Hrsg.), *Systemgestaltung im Gesundheitswesen: Zur Versorgungskrise der hochtechnisierten Medizin und den Möglichkeiten ihrer Bewältigung* (S. 83–154). Weinheim; München, Juventa.

Feuerstein, G. (1996b). Ausdifferenzierung der kardiologischen Versorgungsstruktur und Kliniklandschaft. In B. Badura & G. Feuerstein (Hrsg.), *Systemgestaltung im Gesundheitswesen: Zur Versorgungskrise der hochtechnisierten Medizin und den Möglichkeiten ihrer Bewältigung* (S. 155–210). Juventa.

Fintelmann, V. (2001). Erkenntnisgewinn im ärztlichen Alltag. Probleme bei Diagnose und Therapieentscheidungen. In B. Steuernagel, T. Doering, & G. Fischer (Hrsg.), *Wege der Erkenntnis in der Medizin. Intuition-Erfahrung-Wissenschaft* (S. 29–40). Hänsel-Hohenhausen.

Fischer, G. C. (2001). (ohne Titel). In B. Steuernagel, T. Doering, & G. Fischer (Hrsg.), *Wege der Erkenntnis in der Medizin. Intuition – Erfahrung – Wissenschaft* (S. 7–22). Hänsel-Hohenhausen.

Foucault, M. (1985). *Die Geburt der Klinik. Eine Archäologie des ärztlichen Blicks.* Ullstein.

Francke, R. (1994). *Ärztliche Berufsfreiheit und Patientenrechte. Eine Untersuchung zu den verfassungsrechtlichen Grundlagen des ärztlichen Berufsrechts und des Patientenschutzes.* Enke.

Gerlinger, T. (2009). Wettbewerb und Patientenorientierung in der gesetzlichen Krankenversicherung. In R. Böckmann (Hrsg.), *Gesundheitsversorgung zwischen Solidarität und
Wettbewerb* (S. 19–41). VS Verlag.

Gerlinger, T., & Stegmüller, K. (2009). Ökonomisch-rationales Handeln als normatives Leitbild der Gesundheitspolitik. In U. H. Bittlingmayer, D. Sahrai, & P.-E. Schnaber (Hrsg.),
Normativität und Public Health (S. 135–161). VS Verlag.

Gmelin, B. (2006). Institutionalisierung und Ökonomie – Der Arzt und die Utopie der Gegenwart. In B. Gmelin & H. Weidinger (Hrsg.), *Interdisziplinäre Gespräche der Nürnberger
Medizinische Gesellschaft e. V.* (S. 47–57). Seubert.

Göckenjan, G. (1985). *Kurieren und Staat machen. Gesundheit und Medizin in der bürgerlichen Welt.* Suhrkamp.

Göckenjan, G. (1992). Selbstbild des Arztes. In A. Schuller, N. Heim, & G. Halusa (Hrsg.),
Medizinsoziologie. Ein Studienbuch (S. 118–125). Kohlhammer.

Grönemeyer, D. H. W. (2007). Deutschland- das Gesundheitsland der Welt! Wollen wir
diese Vision realisieren? In Heinz Nixdorf Museumsforum (Hrsg.), *Computer. Medizin.
Hightech für Gesundheit und Lebensqualität* (S. 48–65). Schöningh.

Groopman, J. (2007). *How doctors think.* Houghton Mifflin.

Groß, R. (1992). *Erfahrung, Intuition, Diskursives Denken und Künstliche Intelligenz als
Grundlage ärztlicher Entscheidungen.* Springer.

Halfar, B. (1993). Technische Ensembles in der Medizin: Wirkungen und Nebenwirkungen.
In B. Badura, G. Feuerstein, & T. Schott (Hrsg.), *System Krankenhaus. Arbeit, Technik
und Patientenorientierung* (S. 191–206). Juventa.

Hartmann, F. (1983). Arzt – Medizin – Technik. In H. Silomon (Hrsg.), *Technologie in der
Medizin. Folgen und Probleme* (S. 45–66). Hippokrates.

Hartwig, R. (2009). *Der verkaufte Patient.* Weltbild.

Hege, H. (2001). Allgemeinmedizin. In M. Dorfmüller (Hrsg.), *Die ärztliche Sprechstunde.
Arzt, Patient und Angehörige im Gespräch* (S. 43–57). ecomed.

Heidel, C.-P. (2008). Der Einfluss der Technik in der Medizin- nur eine Erfolgsgeschichte?
Wissenschaftliche Zeitschrift der Technischen Universität Dresden, 57(1–2), 117–126
(Medizin und Technik).

Heim, N. (1992). Arzt und Patient. In A. Schuller, N. Heim, & G. Halusa (Hrsg.),
Medizinsoziologie. Ein Studienbuch (S. 98–107). Kohlhammer.

Henke, K.-D. (2007). Medizinisch-technischer Fortschritt aus gesundheitsökonomischer
Sicht. In Heinz Nixdorf Museumsforum (Hrsg.), *Computer. Medizin. Hightech für
Gesundheit und Lebensqualität* (S. 25–47). Schöningh.

Heusser, P. (1999). Intuition: Die innere Basis von Wissenschaft und Ethik. In B. Ausfeld-
Hafter (Hrsg.), *Intuition in der Medizin. Grundfragen zur Erkenntnisgewinnung* (S. 77–
98). Lang.

Hoppe, J.-D. (2005). Statt Programm-Medizin: Mehr Vertrauen in die ärztliche Urteilskraft.
Deutsches Ärzteblatt, 102(13), 748.

Huber, E. (1991). Der Arzt dient der Gesundheit. Zur Neubestimmung der Aufgabe des Arztes.
In B. Badura et al. (Hrsg.), *Zukunftsaufgabe Gesundheitsförderung* (S. 125–128). Mabuse.

Huch, B. (1993). Das Krankenhaus als betriebswirtschaftliches System. In K. Hurrelmann &
U. Laaser (Hrsg.), *Handbuch der Gesundheitswissenschaften* (S. 361–381). Beltz.

IGES. (2011). G-DRG-Begleitforschung gemäß § 17b Abs. 8 KHG. Endbericht des zweiten
Forschungszyklus (2006 bis 2008). Berlin.

Iseringhausen, O., Hartung, S., & Badura, B. (2005). Das Public Health Portal: Versorgungs-optimierung durch Bevölkerungs- und systembezogene Wissensangebote. In B. Badura & O. Iseringhausen (Hrsg.), *Wege aus der Krise der Versorgungsorganisation. Beiträge aus der Versorgungsforschung* (S. 278–289). Huber.

Kathan, B. (2002). *Das Elend der ärztlichen Kunst. Eine andere Geschichte der Medizin.* Kadmos.

Keseberg, A. (2004). *Arzt und Gesellschaft.* Shaker.

Kirchner, V. (1999). *Zur Soziologie der Arzt- Patienten- Kommunikation bei der Ultraschall-untersuchung. Ein bildgebendes Verfahren als Schnittpunkt zwischen Wissenschafts- und Alltagswelt.* Dissertation, Universität Hamburg.

Klinke, S. (2008). „Dafür bin ich nicht angetreten." Wie sich die Gesundheitsreformen auf das Verhalten von Krankenhausärzten auswirken. *WZB Mitteilungen, 121,* 40–42.

Knüppel, D. (2004). *Risikoselektion als Folge von Einkaufsmodellen im deutschen Gesund-heitswesen. Instrumente, Indikatoren, Nachweis und Möglichkeiten zur Verhinderung der Risikoselektion: Bd. 15. Schriften zur Sozialpolitik.* eurotrans.

Koelbing, H. M. (1977). *Arzt und Patient in der antiken Welt.* Artemis.

König, F. (2007). *Ein Chefarzt klagt an: Von der Profitgier der Klinikbetreiber.* econ.

Kraus, R. (1998). *Transformationsprozesse im Krankenhaus: Eine qualitative Untersuchung.* Hampp.

Kühn, H., & Klinke, S. (2006). Krankenhaus im Wandel. *WZB Mitteilungen, 113,* 6–9.

Lachmund, J. (1996). Die Erfindung des ärztlichen Gehörs. Zur historischen Soziologie der stethoskopischen Untersuchung. In C. Brock (Hrsg.), *Anatomien medizinischen Wissens. Medizin- Macht- Moleküle* (S. 55–85). Fischer.

Lauterbach, K., & Lüngen, M. (2003). *DRG in deutschen Krankenhäusern.* Schattauer.

Lohff, B. (1990). *Die Suche nach der Wissenschaftlichkeit der Physiologie in der Zeit der Romantik.* Fischer.

Lown, B. (2002). *Die verlorene Kunst des Heilens. Anleitung zum Umdenken.* Schattauer.

Lüth, P. (1974). *Sprechende und stumme Medizin. Über die Patienten-Arzt-Beziehung.* Campus.

Mannebach, H. (1993). High-Tech-Medizin versus Patientenorientierung. In B. Badura, G. Feuerstein, & T. Schott (Hrsg.), *System Krankenhaus. Arbeit, Technik und Patientenori-entierung* (S. 185–190). Juventa.

Marckmann, G. (2003). *Diagnose per Computer? Eine ethische Bewertung medizinischer Expertensysteme.* Deutscher Ärzte Verlag.

Meyer, J. W., & Rowan, B. (1977). Institutionalized Organizations: Formal Structure as Myth and Ceremony. *American Journal of Sociology, 83,* 340–363.

Nager, F. (1999). Intuition: Brücke von der Heiltechnik zur Heilkunst. In B. Ausfeld-Hafter (Hrsg.), *Intuition in der Medizin. Grundfragen zur Erkenntnisgewinnung* (S. 149–162). Lang.

Neumann, H. A. (2006). Der Arzt, der Patient und die DRGs. In V. Schumpelick & B. Vogel (Hrsg.), *Arzt und Patient. Eine Beziehung im Wandel* (S. 316–341). Herder.

Neuweg, G. H. (1999). *Könnerschaft und implizites Wissen.* Waxmann.

Oberbeck, H., & Oppermann, R. (1994). Praxiscomputer und ambulante Medizin: Ärzte zwi-schen hippokratischem Eid und ökonomischen Interessen". In IfS Frankfurt a. M., INIFES Stadtbergen, ISF München SOFI Göttingen (Hrsg.), *Jahrbuch Sozialwisseschaftliche Technikberichterstattung 1994* (S. 179–208). Edition sigma.

Otte, R. (1995). *High-Tech-Medizin.* Rowohlt.

Petzold, A. (2010). Krisengebiet Krankenhaus. Stern Nr. 36, 02.09.2010.

Pfeiffer, S. (2004). *Arbeitsvermögen. Ein Schlüssel zur Analyse (reflexiver) Informatisierung.* VS Verlag.

Pieper, U. (2010). *Logistik in Gesundheitseinrichtungen.* CW Haarfeld.

Porter, R. (2000). *Die Kunst des Heilens. Eine medizinische Geschichte der Menschheit von der Antike bis heute.* Spektrum Akademischer Verlag.

Porter, R. (2004). *Geschröpft und zur Ader gelassen. Eine kleine Kulturgeschichte der Medizin.* Dörlemann.

Preusker, U. (2008). *Das deutsche Gesundheitssystem verstehen.* Economica.

Rammert, W. (2007). *Technik- Handeln- Wissen. Zu einer pragmatistischen Technik- und Sozialtheorie.* VS Verlag.

Rothschuh, K. E. (1978). *Konzepte der Medizin in Vergangenheit und Gegenwart.* Hippokrates.

Schipperges, H. (1982). *Der Arzt von morgen. Von der Heiltechnik zur Heilkunde.* Berlin, Severin und Siedler.

Schipperges, H., Seidler, E., & Unschuld, P. (1978). *Krankheit, Heilkunst und Heilung.* Alber.

Schölmerich, P. (1988). *Wandel im Selbstverständnis der Medizin* (S. 4–24). Akademie der Wissenschaften und der Literatur.

Schölmerich, P. (1997). Standardisierung in der Medizin. In V. Becker (Hrsg.), *Medizin im Wandel* (S. 91–99). Springer.

Schubert, C. (2006). *Die Praxis der Apparatemedizin.* Campus.

Shorter, E. (1991). *Das Arzt-Patient-Verhältnis in der Geschichte und heute.* Picus.

Siegrist, J. (2005). *Medizinische Soziologie.* Elsevier.

Siering, U., Bergner, E., & Staender, J. (2001). Richten sich Ärzte nach Leitlinien? Vortrag auf der Gemeinsamen Wissenschaftlichen Jahrestagung der DGSMP und der DGMS in Bielefeld am 21.09.2001.

Silomon, H. (1983). *Technologie in der Medizin. Folgen und Probleme.* Hippokrates.

Sing, A. (2007). *Email- Beratung als authentischer Bestandteil des spezifischen Kommunikationsbereichs zwischen Arzt und Patient? Eine Analyse aus medizinsoziologischer Sicht.* Dissertation, Universität Augsburg.

Statistisches Bundesamt. (Hrsg.). (2009). *Statistisches Jahrbuch 2009. Für die Bundesrepublik Deutschland.* Statistisches Bundesamt.

Straub, S. (2002). *Gesundheitsökonomie und Gesundheitssysteme. Das Krankenhaus verstehen.* CIP.

Tautz, F. (2002). *E-Health und die Folgen. Wie das Internet die Arzt-Patient-Beziehung und das Gesundheitssystem verändert.* Campus.

von Troschke, J. (2004). *Die Kunst ein guter Arzt zu werden.* Huber.

Unschuld, P. (2009). *Ware Gesundheit. Das Ende der klassischen Medizin.* Beck.

Vogd, W. (2002). Professionalisierungsschub oder Auflösung ärztlicher Autonomie. Die Bedeutung von Evidence Based Medicine und der neuen funktionalen Eliten in der Medizin aus system- und interaktionstheoretischer Perspektive. *Zeitschrift für Soziologie, 31*(4), 294–315.

Vogd, W. (2004a). *Ärztliche Entscheidungsprozesse des Krankenhauses im Spannungsfeld von System- und Zweckrationalität. Eine qualitativ-rekonstruktive Studie unter dem Blickwinkel von Rahmen (frames) und Rahmungsprozessen.* VWF.

Vogd, W. (2004b). Evidence-based Medicine und Leitlinienmedizin. Feindliche Übernahme durch die Ökonomie oder wissenschaftliche Professionalisierung der Medizin. *MMW-Fortschritte der Medizin-Originalien, 1*(146), 11–14.

Wagner, G. (1995). Die Modernisierung der modernen Medizin. Die „epistemologische Krise" der Intensivmedizin als ein Beispiel reflexiver Verwissenschaftlichung. *Soziale Welt, 46*(3), 266–281.

Weishaupt, S. (1994). Körperbilder und Medizintechnik- Die Verwissenschaftlichung der Medizin und ihre Grenzen. In IfS Frankfurt a. M., INIFES Stadtbergen, ISF München SOFI Göttingen (Hrsg.), *Jahrbuch Sozialwissenschaftliche Technikberichterstattung 1994* (S. 239–262). edition sigma.

Wettreck, R. (1999). *Arzt sein – Mensch bleiben. Eine Qualitative Psychologie des Handelns und Erlebens in der modernen Medizin.* Lit.

Wilken, M. (2010). *Arzt und Patient. Die Dienstleistung zwischen Hausarzt und Patient im deutschen Gesundheitssystem – eine handlungsfundierte Institutionenanalyse.* Hampp.

Woratschka, R. (22. März 2008). Immer mehr Kliniken werden privat. *Tagesspiegel.* http://www.tagesspiegel.de/politik/immer-mehr-kliniken-werden-privat/1193676.html. Zugegriffen: 3. Nov. 2010.

Die „andere" Seite ärztlichen Handelns

2

Nachfolgend wird eine Aufbereitung des Forschungsstands und der theoretisch-konzeptuellen Grundlagen erfolgen. Im Anschluss an wegweisende Befunde der angloamerikanischen kognitiven Expertiseforschung können weite Teile ärztlichen Wissens im Spektrum impliziten Wissens, das durch die Expertiseforschung explizit als wesentliche Ingredienz der „art of medicine" benannt wird, verortet werden. Betrachtet werden zudem die Ambitionen der Modellierung ärztlicher Expertise in Form des „Diagnosecomputers" durch die Künstliche Intelligenz-Forschung. In Erweiterung dieses Handlungsbegriffs werden im Rahmen einer umfangreichen Darstellung des State of the Art zum ärztlichen Wissen und Handeln Befunde und Sichtweisen auf die ärztliche Praxis vorgestellt, die die „andere" Seite ärztlichen Handelns reflektieren, hierbei auf der Spur der ärztlichen Kunst Abweichungen von einem objektivierenden Handeln fokussiert. Die Grundlage des aus verschiedenen Blickwinkeln kompilierten Kaleidoskops zur ärztlichen Praxis bilden Klassiker medizin- und professionssoziologischer Forschung. Vor allem in der hieran anschließenden Zusammenschau von aktuelleren Analysen und empirischen Befunden zum ärztlichen Wissen und Handeln werden Elemente der ärztlichen Praxis jenseits eines planmäßig-rationalen Zugangs erkennbar. Bestätigt werden kann anhand des auf diese Weise empirisch verdichteten Bilds, dass ein rein wissenschaftlich-rationaler Arbeitsbegriff für die ärztliche Praxis nicht haltbar ist bzw., dass dieser zur Erfassung des Wesens der ‚ärztlichen Kunst' erweitert werden muss. An Kontur gewinnt die Vorstellung von ärztlichem Arbeitshandeln als einem professionellen Handlungsstil, der sich im Kern über Handlungs- und Wissensformen definiert, für die ein erweiterter Bezugsrahmen gefunden werden muss.

© Springer Fachmedien Wiesbaden GmbH, ein Teil von Springer Nature 2021   85
T. Merl, *Ärztliches Hundeln zwischen Kunst und Wissenschaft*,
Gesundheit. Politik – Gesellschaft – Wirtschaft,
https://doi.org/10.1007/978-3-658-21972-7_2

Abschließend wird die Entwicklung des modernen Arbeitsbegriffs im Sinne des Leitbilds planmäßig-rationalen Handelns und dessen Grenzen erläutert und mit dem Konzept des subjektivierenden Arbeitshandelns ein umfassendes handlungstheoretisches Konzept zur Erfassung professionellen Handelns vorgestellt.

2.1 Erforschung ärztlicher Expertise im Kontext allgemeiner kognitionspsychologischer Forschung – prominenteste Ansätze und Meilensteine

Sicherlich nicht zu Unrecht gilt „Expertise als Domäne psychologischer Forschung" (Gruber & Ziegler, 1996). Die vergleichsweise junge kognitionspsychologische Disziplin der Expertiseforschung hat einen wesentlichen Beitrag zur Revision und Neukartierung des rationalen Wissensbegriffs und der Vorstellung von Problemlösen als rein logisch-rationalem Vorgang geleistet. Als „Urknall" und bis heute gültiger Referenzpunkt der kognitionswissenschaftlichen Expertiseforschung gilt die „Chunking Theory" (Miller, 1956), die Prozesse des Problemlösens mit der Verfügung des menschlichen Arbeitsspeichers über sieben ($\pm$ zwei) Informationsstücke („chunks of information") erklärt. Chunking als komplexitätsreduzierendes und ressourcenschaffendes Verfahren, in den folgenden Jahrzehnten als allen kognitiven Prozessen zugrunde liegender Basismechanismus konzeptuell ausdifferenziert und empirisch vielfach repliziert, lieferte die Grundlage zu einem profunden Erklärungsangebot von Expertise als spezifischer Form der Wissensorganisation und -repräsentation. Expertenwissen konnte im Anschluss an diese Befunde nicht länger als bloße Akkumulation von Wissen gedacht werden. Als erklärungsmächtigster Faktor von Expertise wurde statt dessen das Vorhandensein einer wohlorganisierten Wissensbasis des Experten erkannt, Leistungsunterschiede beim Experte-Novize-Vergleich so mit für den Experten charakteristischen Eigenschaften der Informationsaufnahme- und Verarbeitung begründet.

Auch für das Feld der Expertise im Bereich der Medizin erweisen sich die frühen kognitionspsychologischen Erklärungsmodelle fruchtbar. Ihr Verdienst war es, geistige Prozesse des ärztlichen Experten jenseits von kausallogischem „Reasoning" empirisch zu fundieren. Den Grundstein im Bereich der medizinischen Expertiseforschung bildet die noch eng an die Grundannahmen der Informationsverarbeitungstheorie der späten sechziger Jahre angelehnte Untersuchung „Medical Problem Solving- An Analysis of Clinical Reasoning" von Elstein et al. 1979. Der ärztliche Erkenntnisprozess wurde hier noch als Ablauf routinisierter Programme zur Problemlösung erklärt. Dennoch ist auf diese Pionierarbeit der in späteren Studien ausdifferenzierte Befund zurückzuführen, dass ein wesentlicher Baustein ärztlichen Expertise in der besonderen Struktur von Wissen und nicht in rein quantitativer Überlegenheit an theoretischem Fachwissen zu sehen ist.

In Abwendung von einer allgemeinen Expertisetheorie rückte die Erforschung domänenspezifischer Expertise in den Fokus des Interesses, allen voran das Schachspiel, welches mit dem klar abgrenzbaren Problemraum einer „wohldefinierte Domäne" die notwendigen Voraussetzungen für die grundlegende experimentelle Erforschung der menschlichen Kognitionsleistung bot[1]. Im Rahmen standardisierter Laborbedingungen konnten kognitive Prozesse im Zuge des domänenspezifischen Expertiseerwerbs bestimmt werden. Dieses Feld kann als theoretisch und experimentell gut bestellt gelten: Zahlreiche Untersuchungen des Wissens und der Gedächtnisfunktionen von Experten haben zu einem fundierten Verständnis der Entwicklung von bereichsspezifischer Expertise sowohl auf Ebene der Wahrnehmung und Selektion relevanter Informationen als hinsichtlich deren Verwertung im Problemlöseprozess beigetragen. Als herausragende Studien sind de Groot 1965 („the most influential and pioneering work on expertise", Ericsson, 2007, S. 11) und die eng an diesen anschließenden Chase & Simon 1973 hervorzuheben (vgl. Holyoak, 1991, S. 301–302), die schließlich den Bruch mit der bis dato gültigen Konzeption menschlicher Kognition in Analogie zum Computer herbeiführen. De Groot ging der Beobachtung nach, dass Schachmeister sich offenbar spontan für den korrekten, d. h., erfolgversprechendsten Zug zu entscheiden in der Lage sind. Durch die von ihm eingesetzte Methode des lauten Denkens („think aloud-protocols", vgl. Ericsson & Smith, 1991, S. 9) wurde die Hypothese entwickelt, dass die unmittelbare visuelle Verarbeitung eine größere Rolle spiele als logisch-deduktives Denken, zudem bestimmte Mechanismen der Wahrnehmung und Verarbeitung von Schachpositionen aufgrund von Erfahrung wirksam würden. Dieser als bahnbrechend zu betrachtende Befund konnte durch Chase und Simon 1973, die sich ebenfalls dem Phänomen der erstaunlichen Merkfähigkeit von Schachmeistern bzgl. Figurenkonstellationen widmeten, experimentell repliziert werden. Neben der Bestätigung der überlegenen Gedächtnisleistung von Experten auf der Basis unbewusster Prozesse arbeiten sie diese in Weiterentwicklung des Chunking-Ansatzes zur „Pattern Recognition Theory" aus (vgl. Gruber, 1991, S. 64). Theoretisch integriert wurden hierdurch mehrere Merkmale des Problemlöseprozesses von Experten, deren Entdeckung das Verständnis von kognitiven Prozessen wesentlich erhellte. Die erste Feststellung

---

[1] So begründen Chase und Simon (1973): „As genetics needs its model organisms, its Drosophila and Neurospora, so psychology needs standard task environments around which knowledge and understanding can cumulate. Chess has proved to be an excellent model environment for this purpose" (zitiert in: Gruber, 1991, S. 9).

betrifft die Wahrnehmung von Einzelaspekten nach dem Prinzip der „Mustererkennung" (vgl. ebd., S. 245–250), die sich als der von Novizen praktizierten Abspeicherung von Einzelelementen („Einzelfigurerinnerer", ebd., S. 64) als deutlich überlegen zeigte. Die Informationswahrnehmung des Experten findet offenbar in einem organisierteren Zusammenhang im Sinne eines „Rasters" statt, was von Gruber 1991 schließlich als „Perzeptionschunking" (ebd., S. 251) bezeichnet wurde. Eine weitere konzeptuelle Ausdifferenzierung gelang mit der „Skilled-Memory"-Theorie von Chase und Ericsson 1981/1982, die mit der Zentralstellung von Erfahrung der Komplexität der Gedächtnisleistung und Wissensrepräsentation von Experten Rechnung zu tragen suchte (vgl. Gruber, 1991, S. 68–73). Überragende Leistungen beim Memorieren von Zahlenkolonnen enthüllten neue Aspekte der spezifischen Form der Wissensorganisation des Experten: Bestätigt werden konnte das bereits beim Schach entdeckte Phänomen der assoziativen Verknüpfung von Informationen mit Bedeutung und deren Einbettung in bestehende Wissensstrukturen („Bedeutungshaltiges Enkodieren"). Ebenso verfügten Experten über eine besondere, ebenfalls auf Assoziationen beruhende „Abrufstruktur", sowie daraus resultierend über die Fähigkeit zur „Geschwindigkeitserhöhung", die die Informationsverarbeitungsrate des Lang- und Kurzzeitgedächtnisses aneinander angleiche. Mit der Integration assoziativen Denkens als Wiedererkennen von im Langzeitspeicher des Experten abgelegten Spielsituationen (vgl. ebd., S. 67) wurde eine weitere Entfernung von der Ursprungsannahme rein rationaler kognitiver Prozesse vollzogen. Darüber hinaus wurde deutlich, dass Experten nicht nur auf rein visuell gespeicherte Muster zurückgreifen, sondern dass diese zusätzlich mit Bedeutung, einem Wissen über die erfahrene und dadurch „gelernte" Spielsituation verknüpft sind. Diese Bündelung von Einzelinformationen zu semantisch bedeutsamen Mustern – also die Verbindung objektiver Informationen mit subjektivem Sinn – ermögliche ihnen einen schnellen und zuverlässigen Zugriff auf lösungsrelevantes Wissen. Auch das beobachtete Phänomen der „bereichsspezifisch angepassten Problemwahrnehmung" („perception of domain-specific, meaningful patterns"), bzw. „kategorialer Wahrnehmung" („categorical perception") (vgl. de Sombre & Mieg, 2003, S. 59), ist als bedeutende Korrektur zum ursprünglich konzipierten rechnergleich speichernden Humanexperten zu bewerten. In dieser Fähigkeit ist ein Schlüssel zur grundsätzlichen Überlegenheit des Experten zu sehen, die es ihm erlaubt, aufgrund seiner Vorerwartung bestimmte, aktuell nicht verfügbare Informationen zu ergänzen.

Die „Pattern Recognition-Theorie" mit ihrer These der Verknüpfung von chunks mit einem komplexen Wissensnetzwerk erschien geeignet, Expertise jenseits des Handlungsfeldes Schachs zu beleuchten. Dieses Phänomen konnte in der Folge auch für andere Domänen bestätigt werden, so auch für die Medizin (Patel & Groen, 1991). Als untersuchenswert erschien, dass der erfahrene Arzt offenbar in der Lage ist, korrekte Diagnosen trotz fehlender Informationen stellen (vgl. Patel et al., 1999, S. 84). Die Fähigkeit des erfahrenen Arztes, aus nur wenigen Befunden eine finale Diagnose zu bilden, war Gegenstand einer vertiefenden experimentellen Untersuchungsreihe, die empirisch die Annahme bestätigt, dass im Rahmen einer „expertisebasierten Problemlösestrategie" (Zumbach et al., 2007, S. 5) die Anzahl gesehener ähnlicher Fälle eine Schlüsselrolle einnimmt. (vgl. Patel et al., 1999, S. 83). Mit der Methode lauten Denkens konnte aufgezeigt werden, dass insbesondere in den wenig komplexen Fällen von den erfahrenen Ärzten kaum kausallogische Prozesse genutzt werden, um ans Ziel zu kommen (vgl. ebd., S. 82–83). In Routinefällen zeichne sich der Experte durch „immediate nonanalytic response" aus, wobei er sich in charakteristischer Weise auf eine Problemstellung als Ganzes im Sinne einer holistischen Wahrnehmung beziehe, während sich niedrigere Expertisegrade mit Einzelaspekten der Problemstellung beschäftigten (vgl. ebd., S. 79). Neulinge hingegen machen auf jeder Komplexitätsstufe von kausalen und kategorialen Inferenzen (Schlussfolgerungen) Gebrauch (vgl. Zumbach et al., 2007, S. 6). Wie später von Patel und Ramoni 1997 festgestellt, ist ein solches Problemlöseverhalten beim Experten nur in neuen oder untypischen Fällen zu verzeichnen (vgl. ebd., S. 5–6). Weitere Studien fokussierten speziell die „perceptual domains" Dermatologie und Radiologie. Die hier tätigen Experten übten in geringerem Ausmaß analytische Problemlöseverfahren aus, da ihre spezielle Kompetenz in der Befähigung zur Mustererkennung bestehe (vgl. dazu Patel et al., 1999, S. 79, 85). Als interessanter Befund ist in diesem Zusammenhang die offenbar herausragende Rolle von Bildern im Kanon relevanter Informationen zu betrachten, die sich im Rahmen eines Experiments zur Diagnosetreffsicherheit mit und ohne zusätzliche Präsentation eines Patientenfotos zeigte (vgl. Schmidt/ Boshuizen/ Henny, 1993, S. 215).

Weitere Experimente legten unterschiedliche Aspekte der charakteristischen Abläufe des Problemlöseprozesses und unterschiedliche Strategien der Problembewältigung von Experten im Vergleich zu Novizen offen. Nach der Entdeckung der für den Experten charakteristischen Strategie der Problemzerlegung durch Zwischenziele („Means-End-Analysis", Newell & Simon, 1972) als zunächst noch „schwache" Methode (vgl. Holyoak, 1991, S. 304) konnten Simon und Simon 1978 mit der Entdeckung verschiedenartiger Lösungsstrategien im Sinne einer „Vorwärtssuchstrategie" („Forward Reasoning") des Experten (im Unterschied zur für den Novizen typischen „Rückwärtssuche") einen weiteren qualitativen Aspekt von Expertise beisteuern. Vorwärtssuche als wissensbasierte Strategie schafft wertvolle kognitive Ressourcen (vgl. Zumbach et al., 2007, S. 5), zudem wurde sie als eine dem Experten eigene Form der Repräsentation des Problemraums gedeutet. Der Experte ist offenbar in der Lage, aufgrund seines umfangreichen Hintergrundwissens eine unmittelbar problembezogene und damit effizientere Strategie anzuwenden als der Novize, der unter erheblichem Mehraufwand zahlreiche systematisch zu prüfende Zwischenhypothesen benötigt und dessen Problemlöseprozess dadurch nicht nur ineffizienter, sondern zudem deutlich fehleranfälliger sei. Die „starke" Methode der Vorwärtssuche erwies sich als durchweg überlegene Strategie, die vom Experten bis zu einer gewissen Komplexitätsschwelle (vgl. Holyoak, 1991, S. 304) bevorzugt befolgt werde. Auch konnte hierdurch die Bedeutung von Vorwissen im Sinne einer Antizipation der korrekten Lösung erneut untermauert werden (vgl. Gruber, 1991, S. 52). Belegt werden konnte die besondere Fähigkeit des erfahrenen Arztes, auf der Basis verfügbarer Daten ohne weitere Zwischenschritte der Problemzerlegung eine direkt auf die Lösung des Problems gerichtete Suchstrategie („goal-based heuristic search") zu initiieren (Ericsson & Smith, 1991). Im Rahmen des als „Forward Reasoning" bezeichneten kognitiven Prozesses genügten dem ärztlichen Experten dabei auch nur unvollständig präsentierte Patientendaten- und Befunde sowie das äußere Erscheinungsbild des Patienten und dessen geäußerte Beschwerden zum Stellen der korrekten Diagnose, während der Novize „bei vergleichbaren Informationen eine Reihe von Diagnose- Hypothesen aufstellen (würde), die alternativ getestet werden müssen" (Zumbach et al., 2007). In der Gesamtschau zeigt das Phänomen der „Vorwärtsverkettung" im Sinne eines „reasoning from clinical data to diagnosis" (Patel et al., 1999, S. 82) eklatante Besonderheiten des erfahrungsbasierten Denkprozesses auf der Ebene des Vorgehens auf.

Insgesamt vielfach repliziert werden konnte die Bedeutung bereichsspezifischen Vorwissens bzw. von Erfahrung im Rahmen von Experten-Novizen-Vergleichen. Griffig zur „Zehn-Jahres-Regel" (de Sombre & Mieg, 2003, S. 59) zusammenfassbar zeigt sich die Notwendigkeit einer mindestens zehnjährigen intensiven und reflektierten Praxis zur Erreichung des Expertenstatus innerhalb einer Domäne. So gilt es in der späten zweiten Phase der Erforschung von Expertise als Konsens, dass Erfahrung bzw. der Erwerb von domänenspezifischem Vorwissen als entscheidender Faktor für Expertise zu betrachten ist (vgl. Holyoak, 1991, S. 302). Die sich offenbar vollziehende qualitative Veränderungen der Wissensorganisation im Laufe des Expertiseerwerbs stand in einer Reihe von Ansätzen in den Fokus des Interesses, von denen nur einige wenige stellvertretend als typische Erklärungsmodelle für diese Ära der Expertiseforschung angeführt werden können. So beschreibt Anderson 1983 mit seinem vielzitierten „ACT-Modell" den Prozess der „skill acquisition" als Übergang von

deklarativem Wissen zu prozeduralem Wissen durch eine Phase der „Kompilierung" (vgl. Drücker, 1989, S. 48 f.). Auch mit dem Konzept der „E-MOPs"
(Episodic Memory Organization Packets) (Kolodner, 1983) wird Expertise als
erfahrungsbasierte Reorganisation von Wissensstrukturen konzipiert und Expertiseentwicklung als „fortgesetzte Verfeinerung episodischer Definitionen durch
wiederholte Anwendung domänenspezifischen Wissens" begriffen (vgl. Gruber
& Mandl, 1996, S. 24–25). Auch beim ärztlichen Experten konnten „bereichsspezifischen E-MOPS" empirisch identifiziert werden. Hierbei handelt es sich
um flexible Repräsentationsformen von Wissen, in denen episodisches und
generalisiertes Wissen über Krankheiten und Symptome enthalten ist. Neue Problemstellungen (so z. B. ein neuer Patient) werden zunächst als Abweichungen
vom Generellen und Bekannten, also zuvor gesehenen Patienten, behandelt.

Hervorgehoben wurde die Bedeutung von Erfahrung auch in der erneu-
ten Untersuchung von Schachexperten durch De Groot 1986, der in diesem
Zusammenhang erstmals das Phänomen der Intuition thematisiert.

Auch das Alleinstellungsmerkmal des Experten, auch unter Unsicherheit Entscheidungen zu treffen, geriet hiermit ins Blickfeld der Betrachtung und wurde
von de Groot mit dem Verweis auf Erfahrung, als die er Intuition dechiffriert,
erklärt.

*„Intuition is a name for rule- based cognitive processing where the rules consist
of generally valid, experience-based heuristics, the details of which are not readily
accessible to consciousness."* (zitiert in: Gruber & Mandl, 1996, S. 20)

Praktischer Erfahrung wird an dieser Stelle, unabhängig von bewusstseinsmäßig-
reflektivem Wissen und dessen abstrakter Vermittlung, ein zentraler Stellenwert
zugestanden, weiterhin das Phänomen der Intuition – wenn auch um den Preis
seiner weitgehenden Rationalisierung – aus der irrationalen Ecke geholt.

Zu nennen ist aus der Vielzahl der Forschungsbestrebungen zur Erklärung
von Expertise weiterhin die Strömung der „kognitiven Flexibilität" (Spiro et al.,
1991), die die „Fähigkeit (bzw. Unfähigkeit) einer Person, ihr Verhalten an
das Anforderungsprofil von Problemsituationen angleichen zu können" (Krems,
1996, S. 80) bezeichnet. Festgestellt wurde ein positiver Zusammenhang zwischen höherer Expertise und dem Vorhandensein kognitiver Flexibilität (vgl. ebd.,
S. 89). Ausgangspunkt hierfür ist die Beobachtung, dass Experten sich durch
das Alleinstellungsmerkmal auszeichnen, nicht nur in Routinefällen und Stan-
dardsituationen erfolgreich agieren zu können, sondern insbesondere in schlecht
strukturierten Feldern, zu denen auch die Medizin zu rechnen ist (vgl. Law
& Wong, 1996, S. 135). Die Ursache hierfür wird in der facettenreichen und

vielschichtigen Repräsentation des Expertenwissens gesehen (vgl. Krems, 1996, S. 81) Keinesfalls als „bloßes verdachtsgeleitetes Herumprobieren" oder „Irrlichtern im Alternativenraum" (ebd., S. 83) misszuverstehen, wird Expertenhandeln, vor allem in komplexen Handlungsfeldern, zunehmend als „flexible switching among alternative strategies" (Holyoak, 1991, S. 306) deutlich.

Zunahme expliziten Wissens betrachtet. Zudem vollzieht sich Expertiseentwicklung wie vielfach gezeigt als chronologische Aneignung verschiedenartiger Wissensformen :Die erste Stufe des Expertiseerwerbs bestehe in der Akkumulation kausalen Wissens über Krankheitsbilder- und Zusammenhänge (Studenten, Berufsanfänger). Im Rahmen praktischer Erfahrung werde dieses Wissen schließlich durch die Konfrontation mit konkreten Patientenproblemen „enkapsuliert". Als Ergebnis dessen entstehen narrative Strukturen, die von den Autoren als „Illness Scripts" bezeichnet werden. Als dritte Stufe, der Stufe ausgereiften Expertenwissens, stünden dem erfahrenen Arzt zudem episodische Erinnerungen an Einzelfälle zur Verfügung. Die Autoren konzipieren die ärztliche Expertiseentwicklung folglich als kontinuierliche Abwendung von „Reasoning"-Prozessen, die als Integration medizinischen Wissens in größere und generalisierte klinische Konzepte erfolge (vgl. Schmidt/ Boshuizen/ Henny, 1993, S. 205–208). Den Ausgangspunkt für diese Erkenntnis bildet der mithilfe der Methode lauten Denkens generierte Befund, dass ärztliche Experten bei der Diagnosestellung andersartige kognitive Aktivitäten zeigen als weniger erfahrene Ärzte.

> „Students and experts apply functionally different knowledge. Experts only pick out information that is relevant to the solution without much pathophysiological reasoning, because they possess readymade cognitive structures against which relevant information is matched." (ebd., 1993, S. 210)

Beobachtet werden konnte, dass Experten lösungsrelevantes Wissen direkt abrufen, Studenten hingegen eine formallogische kognitive Aktivität vorschalten müssen, um zum Ziel zu gelangen. „Reasoning" im Sinne von „elaborate biomedical processing" konnte beim Experten nur beobachtet werden, falls keine Wissensressourcen in enkapsulierter Form vorlagen (vgl. Schmidt et al., 2002, S. 27).

Die These einer expertisebasierten Selektion von Informationen stützen auch die Befunde der als „Intermediate Effect Studies" bezeichneten Experimente, die dem Experten eine niedrige Recall-Leistung von Einzelfakten eines präsentierten Falls bescheinigen als dem Intermediate[2]. Klinisches Kontextwissen,

---

[2] „Therefore, rather than a monotonically increasing function of recall with increasing expertise, an inverted u-shaped relation was found." (Schmidt/Rikers/ Boshuizen, 2002, S. 28).

also lösungsrelevantes Wissen, wurde jedoch, wie in einem anderen Experiment gezeigt, deutlich besser vom Experten reproduziert, was die These bestätige, dass dieser unnötige Informationen auszufiltern in der Lage ist (vgl. Schmidt/Boshuizen/Henny, 1993, S. 209). Ebenso zeigte sich der erfahrene Arzt als weniger störbar, wenn Patienteninformationen durch experimentelle Manipulation bedingt in ungewohnter Form oder Reihenfolge präsentiert wurden.

Eine weitere in diesem Zusammenhang interessante Studie (Patel et al., 1988) vergleicht im Rahmen einer experimentellen, an die reale Arzt-Patient-Begegnung angelehnten Interaktionssituation die Art der Informationssuche sowie die Verwendung der erlangten Informationen auf drei verschiedenen Expertiselevels. Die Überlegenheit des Experten begann bereits mit einer korrekten Anfangshypothese (erstmals gezeigt von Elstein et al., 1979) (vgl. Schmidt & Boshuizen, 1993, S. 214–215), auf Grundlage derer Zusatzinformationen selektiv genutzt und richtig eingeordnet wurden, hierdurch gezieltere Fragen an den Patient gestellt werden konnten[3].

Nach Schmidt et al. 1998 und ihrem im Rahmen weiterer Experimente zur „Illness Script Theory" ausgearbeiteten Erklärungsansatz können diese Leistungen mit dem Vorhandensein von „Illness Scripts" erklärt werden. Demzufolge eruiert der Experte die für ihn relevanten Kontextinformationen über den Patienten („enabling conditions"), wie z. B. eventuelle Vorerkrankungen und Lebensweise des Patienten, zu einem sehr frühen Zeitpunkt und baut seine Hypothesen auf diese Informationen auf. Diese offenbar für jede dem Arzt persönlich bekannte Krankheit existierenden Skripte strukturieren sowohl spezifische Erwartungen über Zusammenhänge von Symptomen und Ursachen sowie über Krankheitsverläufe („script instantiation", Schmidt et al., 1998, S. 371), gleichzeitig aktivieren sie lösungsrelevantes Kontextwissen, z. B. Entstehungsgeschichten von Krankheiten (vgl. van Schaik et al., 2005, S. 188). Auf diese Weise ermöglichen sie es dem Experten, fehlende Informationsbausteine mitzudenken. Trotz nachgewiesenem Vorhandensein von biomedizinischem Theoriewissen zeigten sich hierzu weniger erfahrene Ärzte nicht in der Lage (vgl. Schmidt et al., 1998, S. 371). Insbesondere der Erwerb von klinischem Kontextwissen markiert folglich den Übergang von Intermediate zum Experten (vgl. ebd., S. 392). Voraussetzung zum Erreichen dieses Status ist vor allem umfangreiche praktische Erfahrung:

> „It is important to note that it takes thousands of hours of deliberate practice and encounters with large numbers of patients before a physician's knowledge base can be characterized as encapsulated. As in many other domains, the highest level of

---

[3] vgl. Schmidt et al. (1998, S. 368): „Experts have what might be called a head start as far as diagnostic accuracy is concerned".

expert performance is displayed by physicians with more than ten years of experience"
(Schmidt/Rikers/ Boshuizen, 2002, S. 29)

Zusammenzufassend sind im Folgenden die Ergebnisse verschiedener ähnlich
angelegter Versuchsreihen, die meist den Vergleich zwischen Experten und Novizen, Klinikern und Forschern oder auch zwischen Experten unterschiedlicher
Fachgebiete untersuchen (vgl. Patel et al., 1999, S. 84)

1. Experten haben spezifische Erwartungen bzgl. der Symptome eines medizinischen Problems, die es ihnen ermöglichen, bestimmte zusätzliche Informationen aus dem klinischen Text zu entschlüsseln.
2. Expertise zeichnet sich durch das Decodieren relevanter Informationen aus.
3. Voraussetzung hierzu ist ein überlegenes Muster an Wiedererkennungsfähig-
   keit („superior pattern of recognition capabilities"), die auf Tacit Knowledge,
   entwickelt durch die Begegnung mit vielen ähnlichen Fällen, zurückzuführen
   sind.
4. Die Art der Nutzung biomedizinischen Wissens ändert sich mit zunehmender
   praktischer Erfahrung im Sinne einer Entfernung von kausalem und datenge-
   leitetem, an biomedizinischen Zusammenhängen orientiertem Denken hin zur
   Nutzung klinisch relevanter Informationen.
5. Ins Zentrum rückt so die Bedeutung praktischer Erfahrung.

Domänenspezifische Gedächtnisleistungen sowie Effizienz, Schnelligkeit, Genauigkeit und Flexibilität bei der Problemlösung werden auf dieser Grundlage
möglich.

Breite Akzeptanz in der deutschsprachigen Forschung fand schliesslich die
vielzitierte Definition des Begriffs „Experte" nach Posner 1988, der den Experten
als Person konzipiert, „die in einer Domäne dauerhaft (also nicht zufällig und sin-
gulär) herausragende Leistungen erbringt" (vgl. Gruber & Ziegler, 1996, S. 7–16).
Als empirischer Ausgangspunkt dient häufig der Vergleich zwischen Experten und
den „performanzarmen" Novizen, der den Experten als vergleichsweise effizienter, präziser und fehlerfreier arbeitend ausweist (vgl. Hacker, 1992). Weiterhin
wird mit der Definition von Expertise als „Leistungsstärke im relevanten Gegenstandsbereich" durch die explizite Anbindung an das „Performanzkriterium" ein
Paradigmenwechsel innerhalb der Expertiseforschung beschrieben (vgl. Gruber
& Ziegler, 1996, S. 8). Als anschlussfähig erweisen sich folglich Ansätze, die
Kriterien für Expertentum an Performanz, d. h. konkreter Leistung, festmachen.
Die unterschiedlichen Kriterienkataloge weisen insgesamt eine ähnliche Stoßrich-
tung auf, sodass der Experte vorwiegend als Besitzer „reichhaltiger Erfahrung im

Umgang mit domänenspezifischen Anforderungen" und durch „hohe Flexibilität gegenüber neuen Problemsituationen" (Gruber & Mandl, 1996, S. 19) definiert wird.

Als diffiziler, jedoch in enger Verwandtschaft hiermit stehend, erweist sich die Bestimmung des Terminus Expertise, mit welchem Wesen und Formen professionellen Wissens angesprochen sind. Dieser Punkt berührt unmittelbar die Akzeptanz verschiedener Wissensformen, nämlich ‚explizites' und ‚implizites' Wissen, als Expertenwissen. Bereits die teils synonyme Verwendung im angloamerikanischen Sprachraum als „Sachkenntnis", aber auch „Kompetenz" und „Geschick" verweist auf Expertise als ein über den engen Rahmen fachtheoretischen Wissens hinausgehendes Fähigkeitsensemble, das die Grenzen eines rein kognitionswissenschaftlichen Zugangs letztlich sprengt.

Fokussierung von tacit knowledge im Rahmen der „Real World Research"
Die „Natur" impliziten Wissens bzw. von tacit knowledge wird in der neueren US-Forschung in erster Linie als prozedurales Wissen („thumb rules what to do under what circumstances") begriffen, welches sich der Introspektion seines Besitzers entzieht („not readily available for introspection"). Unter einem machttheoretischen Gesichtspunkt wird es darüber hinaus im Unterschied zu explizitem Wissen als individuelle Ressource („source of individual differences until it is made explicit") thematisiert (vgl. Sternberg, 1999, S. 231–233). Jedoch wird es fortan als Element von Expertise konzipiert. Der Erforschung impliziten Wissens, empirisch verschiedenst und vielfältig untermauert, sei es als bildhafte Assoziationen, episodische Verknüpfungen relevanten Wissens, Kompilierung von Anekdoten oder schlicht, „Erfahrung", erwies sich als weiterer notwendiger Baustein zur Erlangung eines umfassenden Verständnisses von Expertise. Implizites Wissen, wenn ihm auch eine außerordentliche Bedeutung[4] vor allem in den so genannten „professions"[5], zugesprochen wurde, galt zu Beginn der 1990er Jahre noch weitgehend als terra

---

[4] „Cognitive researchers have realized that informal knowledge is as important as, and sometimes more important than, formally acquired knowledge", Patel et al. (1999, S. 77).

[5] „Probably nowhere is the study of implicit knowledge more important than in the professions" (Patel et al., 1999, S. 77). Diese hier nur kursorisch angesprochenen Überlegungen reflektiert die US-typische Konzeption von „profession", die sich durch den verstärkten Einbezug bzw. sogar die konzeptuelle Integration von Gedanken der tacit knowledge-Forschungstradition auszeichnet. So subsumiert Horvath 1999 (Horvath & Sternberg, 1999, Preface) in seiner Einleitung zu „Tacit Knowledge in Professional Practice" den von ihm zur Beschreibung erfahrungsbasierten („thoroughly grounded in experience"), personengebundenen Wissens verwendeten Terminus des „personal knowlegde" unter den Oberbegriff des „tacit knowledge" nach Polanyi. Die darüber hinaus gehende Charakterisierung dieses Wissens als „human knowlegde" (ebd.) verweist auf die spezifische Akzentuierung der späteren

incognita: Eher vage bestimmt wurde es als spezifische Form der Sichtweise und des Agierens: „Tacit knowledge can be identified in assumptions, biases, ways of looking at the world, and forms of behavior that take advantage of situational factors" (Patel et al., 1999, S. 78).

Der einhellige empirische Befund, dass sich die ärztliche Expertiseentwicklung als Loslösung von biomedizinisch-theoretisch basierten Denkstrukturen zeigt, gab für die neuere Expertiseforschung Anlass zur Neubestimmung des Verhältnisses von explizitem und implizitem Wissen. Die Anerkennung als verschiedenartige Wissensgattungen[6] bilde nur einen Teil des komplexen Gesamtzusammenhangs ab: Vielmehr zeigen sich beide Wissensformen als eng miteinander verwoben, mehr noch, sich wechselseitig bedingend bzw. interagierend. Eine differenzierte Sicht auf das angesprochene Problemfeld entfalten erneut Patel et al. 1999, die explizites und implizites Wissen nicht als konträre oder gar konkurrierende Wissensgattungen behandeln, sondern eine Interdependenz der beiden Wissensformen feststellen. Aus dieser Erkenntnis erwächst schließlich der Anspruch an eine Expertisetheorie, die in der Lage ist, beide Formen professionellen Wissens, das explizite und das implizite Wissen, nicht als Widerspruch, sondern in ihrer Interdependenz zu erfassen.

Um weiteren Aufschluss über die „tacit dimension" von Expertise zu gewinnen, standen Erscheinungsformen und Stellenwert für das professionelle Handeln sowie dessen Zusammenwirken mit explizitem Wissen in verschiedenen professionellen Handlungsfeldern, wie u. a. Recht, Management sowie der Medizin. im Vordergrund der Forschungsaktivitäten („We need a more differentiated understanding of the broad range of phenomena that have come to be grouped under the umbrella term tacit knowledge", Horvath, 1999, Preface x). Durch die Betrachtung von implizitem Wissen als hinsichtlich seiner konstitutiven Erwerbsprozesse und Funktionsweisen differente Wissensform, gerät zunehmend die Ebene des praktischen Handelns in den Blick („the acquisition of tacit knowledge takes place in real-world environments". Patel et al., 1999, S. 76–77). Die Untersuchung impliziten Wissens könne nicht in einer künstlichen Laborsituation erfolgen, sondern erfordere eine Erfassung am Ort seiner Genese („Laboratory studies paint only part of the picture. To complete the landscape, we argue for an extension of the basic research to include investigation of how experts perform in real world practice."). Von der empirischen Untersuchung

---

US-Forschung, Formen impliziten Wissens als besondere menschliche Befähigung zur Wahrnehmung und Erkenntnis zu betrachten. Diese Vorstellung unterscheidet sich deutlich von der deutschsprachigen Forschungstradition, die Expertise stärker auf der Basis formalisierten Wissens konzipiert.

[6] „Explicit knowledge and implicit knowledge are two separate forms of knowledge which are effected by different mechanisms and acquired through different experiences" (Patel et al., 1999, S. 79).

der professionellen Praxis versprach man sich eine neue Perspektive auf das Wesen von Expertise („Practitioners, for their part, bring a fresh and pragmatic perspective on the phenomena of ‚knowing more than we can tell'", ebd., Preface xi). So wurde die Erforschung impliziten Wissens durch eine auch methodische Neuausrichtung, dem Übergang von den kognitive Prozesse in den Vordergrund stellenden Laborstudien hin zu Feldstudien („complex real-world settings", Patel et al., 1999, S. 86), verwirklicht, die methodisch zur Erfassung dieser vergleichsweise schwieriger zu erforschenden Wissensbestände geeignet erschienen, da durch sie auch realistische Beschränkungen einer komplexen Umwelt offenbart würden („Decision-Making in dynamic real world environments", ebd.). Erst die wissenschaftliche Untersuchung von professionellen Praxisfeldern eröffnete die Gelegenheit, aufbauend auf den Erkenntnissen der Laborforschung, Funktion und Wesen impliziten Wissens als eingebunden in das praktische Handeln in den analytischen Blick zu nehmen. Entsprechende Limitationen sind der experimentellen Laborforschung immanent, das „Verhalten des Arztes am Krankenbett" zu verstehen. („Although findings from the bench concerning the nature of expertise yield valuable insights into proficient and competent performance, they fall short of accounting for the behavior of experts at the bedside.") (ebd., S. 77). Der Experte wird nun als (erfolgreich) Agierender innerhalb eines komplexen, vom Zusammenspiel vieler Faktoren abhängigen Handlungsfelds sichtbar. Tacit knowledge wird fortan im Rahmen der neueren US-Forschung zunehmend als „enabler of practically intelligent behavior" (vgl. Cianciolo et al., 2007, S. 615) konzipiert. Cimino, der als Forscher und Arzt die Perspektive eines „practitioners" einbringt, betont die Notwendigkeit expliziten Wissens als Basis von Expertenhandeln verweist jedoch gleichsam an vielen Stellen auf Kernelemente ärztlicher Expertise, die sich nicht im Rahmen formalisierbaren Wissens fassen lassen („Top scores don't make experts"). Ein zentrales Argument für die hohe Relevanz impliziten Wissens sieht der Forscher darin, dass erfahrene Ärzte ihre Entscheidungen oftmals nicht – zumindest nicht mit dem Verweis auf rationale Entscheidungsprozesse- begründen können. Auch die oftmals angeführten Heuristiken geben in dieser Hinsicht nur wenig Aufschluss, da ihr eigentlicher Gehalt zumeist im Dunkeln liege („We have very little understanding what these heuristics are, let alone how and when they should be applied", Cimino, 1999, S. 104). Cimino plädiert daher im Sine einer Näherbestimmung über das Kriterium der Performanz dafür, den ärztlichen Experten als „good practitioner" im Sinne einer „competence in the *practice* of medicine" (ebd., S. 101–102) zu konzipieren. Als einer Formalisierung ärztlichen Wissens das Wort redend erscheint zunächst der Verweis auf die Möglichkeit zur direkten Anwendung expliziten Wissens im Rahmen von „evidence-based reasoning". Jedoch relativiert Cimino die Bedeutung von

Kriterien der evidenzbasierten Medizin als Entscheidungsgrundlage mit dem Verweis auf den persönlichen Erfahrungshintergrund des Arztes. Eine Generalisierung im Sinne von allgemeinen Wenn-Dann-Regeln erscheint nach Cimino unmöglich, im Gegenteil müssten diese auf den individuellen Patienten maßgeschneidert werden: „Available evidence must often be tailored for use in particular cases in order to account for individual patient differences" (ebd., S. 103). Expertiseerwerb wird hier als Fähigkeit deutlich, theoretisch erlerntes Wissen („Lehrbuchwissen") auf konkrete Patientenfälle anzuwenden, sowie sich hierdurch effiziente Arbeitsroutinen anzueignen („becoming capable of applying book knowledge to particular cases through some kind of clinical insight, coupled with efficient routines for action", ebd., S. 104).

Tacit knowledge, vielfach zuvor als Gefahr, zumindest aber unsolide Wissensquelle verstanden, erwies sich jedoch vor allem in Feldern praktischen Handelns wie der klinischen Praxis als wahres Signum des Könners seines Fachs. Nicht nur wird eine wachsende Bedeutung impliziten Wissen im Rahmen der praktischen Anwendung theoretischen Wissens empirisch belegt[7], sondern auch die Anwendung impliziten Wissens als von einer soliden biomedizinischen Wissensbasis abhängig aufgezeigt. Dieses erworbene theoretische Wissen (‚textbook knowledge') werde seinerseits durch die Praxis „geformt" („practice, in turn, shapes knowledge", (vgl. Patel et al., 1999, S. 76).

Ein Beispiel aus der Feldforschung, dessen zentrale Ergebnisse im Folgenden Absatz referiert werden (vgl. Cimino, 1999, S. 107–117), verdeutlicht sowohl wachsende Zeiteffizienz in der Anamnese als auch die Kombination expliziten und impliziten Wissens als Erfolgsrezept des erfahrenen Arztes. Die Anamneseführung entwickelt sich dadurch von der unfokussierten Abfrage eines Routinekatalogs hin zum gezielten, informationsgenerierenden Interview. Mit zunehmender Erfahrung entwickele sich offenbar ein "Sinn" für das Wesentliche („The more experienced physician develops a *better sense* of how to focus a patient encounter"). Bei ausgereifter Expertise finde eine automatisierte Informationsaufnahme statt, sodass ausreichend Zeit für „Reflection in Action" zur Verfügung stehe. Aufgrund neuer relevanter Informationen könne vom Experten ein „reframing" des Problems vorgenommen werden. Der Novize tendiere hingegen dazu, sich zu stark auf formalisierte Lösungswege zu verlassen oder die Tragfähigkeit seines unzureichenden Erfahrungswissens zu überschätzen. Nur dem Experten gelinge es, anhand eines charakteristischen Symptommusters die zutreffende Diagnose aus dem Vorrat expliziten Wissens abzurufen („triggered retrieval"). Die Lösung des „Routinefalls" – oftmals

---

[7] „As explicit medical ‚textbook knowledge' becomes reified in the practice of medicine, the tacit dimension becomes increasingly important" (ebd.).

unhinterfragte und unterschätzte Arbeitsleistung des Experten – rückt so als Verfügung über einen Wissensvorrat an tacit knowledge in den Blick und erscheint so als besondere Fertigkeit des erfahrenen Arztes. Beim Novizen ist das Wissen noch nicht so organisiert, dass es situationsadäquat abgerufen werden kann, sodass es anhand der Vielzahl der gleichgewichtig behandelten Informationen und möglichen Krankheiten zum „cognitive overload", einer Überlastung des Arbeitsgedächtnisses, komme.

In den Blick rückt zudem die Kommunikations- und Interaktionsfähigkeit des Experten im Rahmen des Arzt-Patient-Verhältnisses, die dem Bereich der „social skills" zugeordnet wird. So zeige sich beispielsweise neben dem Stellen der richtigen Frage vor allem die Art und Weise, wie diese an den Patienten zu richten sei, als Merkmal von ärztlicher Expertise. Im Rahmen der Therapie gelte es nicht nur, den Patienten zu beobachten, einen pragmatischen Plan für dessen individuelles Problem (inklusive der Berücksichtigung kultureller Faktoren, der Wünsche und Bedürfnisse des Patienten) zu entwerfen: Der Arzt werde erst wirklich zum „Doktor des Patienten", wenn er zu dessen stabilem Bezugspunkt, Partner und Anwalt wird. Eine rein auf Prämissen der „technischen Rationalität" mit ihrem verwissenschaftlichten Verständnis des guten Arztes basierende medizinische Ausbildung erscheine daher kaum ausreichend und erfolgsversprechend (vgl. ebd., S. 102–104).

Ein großer „Nachteil" impliziten Wissens wird von einigen Autoren in der Personengebundenheit dieser Wissensform bzw. der daraus resultierenden Schwierigkeit der – zumindest expliziten- interpersonellen Vermittlung gesehen. Umgekehrt spricht jedoch für eindeutige Grenzen expliziten Wissens die verbale Unvermittelbarkeit bestimmter Inhalte. So argumentiert auch Cimino in einigen Situationen eher für die Beobachtung und Imitation des Handelns des ausbildenden Arztes im Sinne eines „Do as I do not as I say" (ebd., S. 105). Der größte Teil dessen, was den späteren Experten ausmacht, werde daher in der Praxis erlernt- ein Prozess, der niemals abgeschlossen sei (vgl. ebd., S. 106–107).

Die neuere medizinische Expertiseforschung weist somit den ärztlichen Experten als nicht nur Besitzer sowohl expliziten als auch impliziten Wissens aus, sondern stellt darüber hinaus die Verfügung des erfahrenen Arztes über implizites Wissen als Quelle dessen heraus, was oftmals als ‚ärztliche Kunst' bezeichnet wird. Cimino ordnet das Differenzierungsvermögen zwischen wichtigen und unwichtigen Informationen zwar eindeutig der „art of medicine" zu, jedoch dient ihm der Kunstbegriff und auch der Begriff „Intuition" nur als Oberflächenbeschreibung, unter der sich, zielgerichtete, erfahrungsbasierte Denkvorgänge verbergen (vgl. ebd., S. 109). Auch Patel et al. 1999 beziehen sich auf die mittlerweile klassische Gegenüberstellung von Kunst und Wissenschaft zur Beschreibung des Wesens der Medizin. Mit dieser Unterscheidung korrespondiert die Sichtweise einer „science of medicine", die der Anwendung naturwissenschaftlich begründeten Wissens bzw. expliziten Wissens entspricht und einer „art of medicine" als Anwendung von Formen impliziten Wissens wie Intuition, ganzheitlicher Wahrnehmung und Erfahrung (vgl. Patel et al., 1999, S. 75). Tatsächlich zeigen sich beide Felder als eng verwoben, sich wechselseitig bedingend und empirisch schwer zu differenzieren (vgl. ebd., S. 76). Bestimmte Erkenntnisprozesse ließen sich nicht rational oder allein durch Kontextwissen begründen und werden daher von den Autoren z. B. der Intuition attribuiert:

> „It is also indicated that diagnostic efficiency and nonanalytical reasoning are determined by knowledge that is particular to the practitioner's intuitive knowledge of the underlying case situation, not by the possession of conceptual domain knowledge alone" (ebd., S. 85).

Festzuhalten ist somit eine deutliche Öffnung der Kognitionspsychologie in Richtung von nicht allein als rational definierbaren geistigen Prozessen[8], deren weitere Analyse sich ihrem begrifflich-konzeptuellen Instrumentarium letztlich jedoch entzieht.

---

[8] Auch die deutschsprachige Psychologie widmet sich mittlerweile von ihr im frühen Expertisediskurs weitgehend ausgegrenzten Themen. Speziell mit dem Phänomen der Intuition als Erscheinungsform impliziten Wissens, wenn auch von ihm nicht so eingeordnet, beschäftigt sich Gigerenzer im Zuge der zeitweise populären Thematisierung von Emotionen (u. a. als „emotionale Intelligenz"). Gegen die lange unangefochtene Gültigkeit des Prinzips des rationalen Entscheidens und planmäßigen Handelns („Erst denken dann handeln") plädierend argumentiert er für den (unbewussten) Einsatz von Intuition und „Bauchgefühlen" als in vielen Situationen ausschlaggebendes Momentum des Entscheidungsverhaltens. Die von Gigerenzer synonym verwendeten Begriffe „Bauchgefühl", „Intuition" oder „Ahnung" bezeichnen ein Urteilsverhalten, „das rasch im Bewusstsein auftaucht, dessen tiefere Gründe uns nicht ganz bewusst sind und das stark genug ist, um danach zu handeln" (Gigerenzer, 2008, S. 25). Hierbei behandelt Gigerenzer Intuition als intelligentes Verhalten, das „häufig (...) ohne bewusstes Denken am Werk" sei. Gerade in der Fähigkeit der unbewussten Entscheidung für den erfolgversprechenden Lösungsweg sieht er die „Intelligenz des Unbewussten", das „ohne zu denken weiß, welche Regel in welcher Situation vermutlich funktioniert" (vgl. ebd., S. 26–27). Die Handlungsfähigkeit des Experten gründe somit auf Entscheidungsregeln („Heuristiken", bzw. „Faustregeln"), denen nicht-rationale Prozessen zugrunde liegen. Aufgrund der beschriebenen „evolvierten Fähigkeiten", einer naturgegebenen menschlichen „Möglichkeit, die dann durch längere Übung zu einer Fähigkeit wird", würden die einfachen Regeln, deren Vorhandensein von den früheren psychologischen Erklärungsmodellen isoliert in der einen oder anderen Ausführung angeboten wurden, wirksam (vgl. ebd., S. 24–25).

Fazit und Kritik der kognitionspsychologischen Expertiseforschung

Der Fokus der Expertiseforschung verschob sich über die Jahrzehnte vom einst sehr engen informationstheoretisch definierten Begriff zu einer offeneren Hinwendung zu Phänomenen des „Könnens", der Handlungskompetenz, und schließlich genereller zur Beschaffenheit der menschlichen Erkenntnismöglichkeit. Verdeutlicht und erstmalig empirisch belegt werden konnte auf Basis von Feldforschung die eminente Rolle impliziten Wissens für das Feld der medizinischen Expertise. Jedoch wird ärztliches Expertentum in den allermeisten -einige darüberhinausgehende Ansätze wurden genannt- Konzepten primär als Lösung eines diagnostischen Problems definiert. Diese Definition basiert konzeptionell auf einem „auf Bewusstsein und Denken verengter Blickwinkel" (Degele, 1994, S. 122) und schließt relevante Bereiche der ärztlichen Praxis, wie z. B. den Umgang mit Technik, die körperliche Untersuchung wie auch den gesamten Bereich der Interaktion mit dem Patienten aus. Insgesamt, so wird konstatiert, klammert der kognitionswissenschaftliche Ansatz „störende Faktoren der Kognition wie Emotionen, Hintergrundkontext und kulturelle Bedingungen aus" (ebd., S. 119). Auch sei die Ausblendung von Körperlichkeit im Kontext des Intelligenzbegriffs, die im Anschluss an die Dominanz des informationstheoretischen Ansatzes nie überwunden wurde, zu bemängeln (vgl. ebd., S. 120). Vor allem der relativ enge Begriff der kognitionspsychologischen Wahrnehmungsforschung erscheint als nicht allein ausreichend zur Erklärung von Expertenleistung. So grenzt die Expertiseforschung den gesamten Bereich der Wahrnehmung auf wissensbezogene Informationsverarbeitung (Enkodierung, Repräsentation, Abruf) (vgl. Gruber, 1991, S. 99) ein. Auch der Ansatz der Mustererkennung scheint isoliert als unterkomplexe Sichtweise zu kurz zu greifen. Ansätze, die eine Verknüpfung von Wahrnehmung mit Bedeutung fokussieren, fügen einen neuen interessanten Aspekt hinzu, da sie die subjektive Erfahrung ins Spiel bringen, bleiben jedoch insgesamt noch zu vage. Nichtsdestoweniger kann durch die Befunde der Kognitionspsychologie eine wesentliche Erweiterung des rationalen Arbeitsbegriffs vorangetrieben werden.

Insbesondere als Leistung der Expertiseforschung der 1990er Jahre hervorzuheben ist die durch die Analyse des Problemlöseverhaltens von Experten vollzogene Hinwendung zur Performanz als Kriterium für Expertise, durch welche ein neues Kapitel in der Erforschung menschlichen Problemlöseverhaltens aufgeschlagen wurde. Deutlich wurde hierdurch die herausragende Rolle von tacit knowledge als Schlüssel zum Verständnis professionellen Handelns, wodurch der Themenkomplex des impliziten Wissens sicher nicht zufällig über die Grenzen der Kognitionspsychologie einen prominenteren Stellenwert erhielt. Professionelles Wissen wird in der Folge als Zusammenwirken expliziten und impliziten Wissens konzipiert, die praktische Erfahrung im Handlungsfeld gegenüber theoretischem Wissen massiv aufgewertet. Eine umfassendere Integration dieser Neuausrichtung in die „konventionelle", explizite kognitive Strukturen zentral stellende Expertiseforschung ist jedoch bis dato nicht (umfassend) erfolgt (vgl. Büssing, 1999, S. 21).

Medizin und künstliche Intelligenz – der Diagnosecomputer

Konsequenzen hatte der Erkenntnisfortschritt der Expertiseforschung auch für die Leitvorstellungen der KI: Als „Geburtsstunde der Expertensysteme" gilt der in den siebziger Jahren vollzogene Übergang von der Entwicklung genereller Algorithmen (im Sinne des „General Problem Solver") hin zur Wissensrepräsentation mit der Modellierung domänenspezifischen Wissens, womit der durch die Expertiseforschung herausgestellten hohen Bedeutung diesen Wissens Rechnung getragen wurde. In den Fokus des ingenieurwissenschaftlichen Ehrgeizes geriet somit das implizite und unregelhafte Expertenwissen, welches durch den Prozess des „Knowledge Engineering" in Wissensbasen übertragen werden sollte (Prozess der „Wissensakquisition", vgl. Marckmann, 2003, S. 41). Expertensysteme mit zwei getrennten Modulen, der algorithmenbasierten „Reasoning Engine" (oder „Inference Engine") und der Wissensbasis („Knowledge Base"), wurden entwickelt (vgl. Brödner, 1997, S. 200; Degele, 1994, S. 24, 48), um Problemlösevorgänge des Experten zu formalisieren. Insbesondere ein als „knowledge of good practice" wie auch ein als „art of good guessing" (Buchanan et al., 2007, S. 94 f.) bezeichnetes Expertenverhalten konnten nur sehr unvollständig im Rahmen von Wenn-Dann-Sätzen („Produktionsregeln") abgebildet werden[9]. Aufgrund der Natur impliziten Wissen erwies sich bereits seine Einspeisung in das technische System, Schlüssel zum Erfolg eines Expertensystems („expert systems rely essentially on explicitly articulated knowlegde", ebd, S. 90), als systematisch unlösbare Aufgabe. Insbesondere die Fähigkeit des Humanexperten zur „holistischen" Informationsverarbeitung bzw. zur Problemlösung ohne vorherige Zerlegung des Problems in Teilziele, oftmals auch als intuitives Problemlösen bezeichnet, markiert die Schranken einer maschinellen Reproduktion (vgl. Marckmann, 2003, S. 46). Die offenkundig werdenden Grenzen der Formalisierung wurden auch innerhalb der KI-Forschung reflektiert, die allmählich von ihren informationstheoretischen Prämissen Abstand nahm (vgl. Winograd & Flores, 1989)[10]. Durch diese Veränderung der Beurteilungssituation

---

[9] Die Behauptung einer Effizienzsteigerung und qualitativen Verbesserung der professionellen Expertentätigkeit („speed- up for human professional work", „improved quality of decision-making", Buchanan et al., 2007, S. 94) muss daher in Bezug auf Domänen, in denen eine schlechte Formalisierbarkeit der zu lösenden Phänomene vorliegt, mit Skepsis betrachtet werden.

[10] Auf der Grundlage eines angesichts der ernüchternden Resultate bei der artifiziellen Reproduktion intelligenten Verhaltens mittlerweile reduzierten Anspruchs werden in der Folge Expertensysteme vorwiegend für eher eng definierte Problemfelder entwickelt (vgl. Rammert,

wurde auch der KI-Kritiker Dreyfus in der scientific community rehabilitiert (vgl. Drücker, 1989, S. 13), dennoch blieb auch im Rahmen der Umorientierung der KI-Forschung ein reduzierter, ausschließlich an kognitiven Leistungen orientierter Intelligenzbegriff grundlegend (vgl. Brödner, 1997, S. 77). Für eine „aufgeklärte" Perspektive innerhalb der KI stehen Winograd/Flores, die die „Blindheit der rationalistischen Tradition" kritisieren, ausschließlich in distanzierter Reflexion den Schlüssel zum komplexen Phänomen der Erkenntnis zu sehen (vgl. Winograd & Flores, 1989, S. 123). Sie argumentieren für eine Neuorientierung der KI im Sinne einer realistischeren Ausrichtung in Abwendung von der Vorstellung, „unsere Interaktionsformen in die Zwangsjacke eines begrenzt formalisierten Bereichs stecken zu wollen" (ebd., S. 131). Sie beziehen sich des Weiteren kritisch auf die kognitive Psychologie, sich zu stark „durch die Forschungen im Bereich künstlicher Intelligenz leiten zu lassen" (ebd., S. 191). Auch der späteren Generation von KI-Systemen bescheinigen sie allenfalls die Aussicht, „nützliche Nebenprodukte" zu erzeugen, da diese weiterhin „tief verwurzelt in der rationalistischen Tradition" (ebd.) seien. Mit dieser Sichtweise nehmen Winograd/Flores eine Randposition innerhalb der KI–Forschung ein, die im Mainstream weitgehend unterreflektiert blieb.

Bei der Betrachtung des sozialen und ökonomischen Settings, in welchem sich die die ärztliche Tätigkeit abspielt, ist eine Konstellation von innerhalb und außerhalb des medizinischen Systems liegenden Dynamiken zu erkennen, die dieses Handlungsfeld anfällig für den Eingriff von informationstechnischen Systemen verschiedenster Art machen. Als interessante Entdeckung erscheint hierbei vor allem der Umstand, dass, anders als in anderen, vornehmlich industriellen Handlungsfeldern, der Ruf nach informationstechnischer Unterstützung nicht ausschließlich vonseiten des betrieblichen Managements zu kommen scheint, sondern teilweise auch von den Akteuren des praktischen Handelns selbst. Der steigende Rationalisierungsdruck der 1980er Jahre tat sein Übriges, auch aus ökonomischen Motivlagen eine Automatisierung des ärztlichen Tätigkeitsbereichs salonfähig zu machen.

2007, S. 158; vgl. Brödner, 1997, S. 196 f.) Repräsentativ für die bescheidenere Ausrichtung der KI ist folgende Äußerung von 1991: „Expertensysteme sind Programme, mit denen die formalisierbaren und symbolisch beschreibbaren Anteile des Spezialwissens sowie die Schlussfolgerungsfähigkeit qualifizierter Fachleute auf eng begrenzbaren Aufgabengebieten nachgebildet werden soll." (zitiert in: Marckmann, 2003, S. 23). Die Zielsetzung der Imitation menschlichen Problemlösens wird indes dennoch nicht gänzlich aufgegeben: „Expert systems are computer programs that exhibit some of the characteristics of expertise in human problem solving" (Buchanan et al., 2007, S. 87), „The working view of knowledge engineering is that tacit knowledge is explicable" (ebd., S. 92).

Computersysteme zur Bewältigung der vielfältigen administrativen und betriebswirtschaftlichen Aufgaben sowie auch zur Unterstützung der „eigentlichen" ärztlichen Arbeit gehören mittlerweile (wenn auch in sicherlich unterschiedlichem
Ausmaß) zur Grundausstattung jedes Krankenhauses und sind aus diesem nicht
mehr wegzudenken. Nach ihrem Verwendungszweck sind medizinische Computer-
programme in patientenbezogene Informationssysteme im Sinne von elektronischen
Patientenakten, medizinische Informationsdatenbanken und Konsultationssysteme,
Planungssysteme und schließlich Monitoringsysteme (wie z. B. in der intensiv-
medizinischen Überwachung gebräuchlich) und diagnostische Expertensysteme
zu differenzieren (vgl. Marckmann, 2003, S. 50 f.), wobei insbesondere letztere,
bezeichnet auch als „Diagnosecomputer", von sowohl expertise- als auch professi-
onstheoretisch von größtem Interesse sind, da sie mit der Diagnosestellung tief in
den Kernbereich ärztlichen Handelns eindringen.

Bereits mit Beginn der KI-Forschung in den fünfziger Jahren war die Medizin
mit der Zielsetzung der Entwicklung eines „Diagnosecomputers" ein prominentes
Forschungsfeld – dies obwohl die Diagnosestellung als unscharfes Handlungsfeld
mit den typischen Problemen behaftet ist, sich sogar als besonders komplexer
und schwer modellierbarer Prozess herausgestellt. Als Beispiel für einen Pro-
totyp eines klassischen regelbasierten Expertensystems gilt das in den siebziger
Jahren an der Stanford University entwickelte System MYCIN (vgl. ebd., S. 53–
54). Ein äußerst ambitionierter Pionierversuch war der INTERNIST von 1975, der
sich mit der gesamten inneren Medizin das wohl umfassendste Gebiet vornahm
(vgl. Hucklenbroich, 1993, S. 21–25) und vielfach als Referenz für ein besonders
komplexes System herangezogen wird. Dieses System wurde wohl auch wegen
seines umfassenden Anspruchs nie in der klinischen Routine eingesetzt (vgl. Marckmann, 2003, S. 51, 54–58). Das Lungendiagnoseprogramm „PUFF", das mit 400
expliziten If–Then-Rules programmiert wurde, arbeite hingegen mit gutem Erfolg
(96 % Trefferquote) und ist wohl auch aufgrund der Überschaubarkeit des Problem-
bereichs eher geeignet, in der klinischen Praxis Anwendung zu finden (vgl. ebd.,
S. 59–60).

Zunächst stand bei der Entwicklung von Diagnosecomputern die Aussicht im
Vordergrund, die zunehmend als unwissenschaftlich kritisierte ärztliche Wissensbasis objektiv zu validieren, auf diese Weise wissenschaftlich zu legitimieren und auch
qualitativ zu verbessern. Die Hoffnungen, die an den Einsatz von Expertensystemen
geknüpft waren, erstreckten sich auch auf eine Entlastung des Arztes von (vermeint-
licher) diagnostischer Routinearbeit, so fortschrittsoptimistisch als wahrscheinliche
Zukunftsentwicklung prognostiziert von Schwarz 1970: „Indeed, it seems probable
that in the not too distant future the computer, (…), will help free the physician to

concentrate on the tasks that are uniquely human such as the application of bed-side skills, the management of the emotional aspects of diseases and the exercise of good judgement in the nonquantifiable areas of clinical care" (zitiert in: Marckmann, 2003, S. 2). Offenkundig werden durch die für den Medizinbereich hergestellten IT-Produkte Probleme der verwissenschaftlichten Medizin, deren Lösungsverspre-chen durch sie, wenn überhaupt, nur mit starken Einschränkungen gehalten werden können und die zumeist über die Pilotphase nicht hinausgekommen sind (vgl. Moldaschl, 1994, S. 215). Der Entwicklungsprozess medizinischer Expertensys-teme erscheint bislang stark von außerhalb des medizinischen Systems liegenden Interessen getrieben, sei es von ingenieurswissenschaftlichen Ambitionen als tech-nisches Projekt begriffen oder von der KI-Forschung ihre eigenen rationalistischen Leitvorstellungen verfolgend[11].

Ohne eine Bewertung des Nutzens der verschiedenen Systeme im Einzelnen vornehmen zu können[12], soll im Folgenden auf die grundsätzlichen Grenzen von dia-gnostischen Expertensystemen in der Medizin eingegangen werden. Als wesentliche Ursache für das en gros als gescheitert zu bezeichnende Vorhaben der Modellierung ärztlicher Expertise ist in erster Linie die mangelnde Formalisierbarkeit ärztlichen Wissens, welches, wie durch die Expertiseforschung erkennbar wurde, in nicht geringem Ausmaß als implizites Wissen einzustufen ist, zu benennen. Allein in der „technischen" Krankheitsdefinition, Krankheit als Abweichung von Normalwerten zu identifizieren und hiermit die „Besonderheiten des individuellen biologischen Systems" (Wagner, 1995, S. 275) nicht erfassen zu können, ist ein wesentliches Problem des Diagnosecomputers zu sehen[13]. Gescheiterte Versuche der infor-mationstechnischen Reproduzierbarkeit ärztlichen Handelns durch medizinische Expertensysteme verweisen auf die Besonderheiten eines Verstehensprozesses, der zu einem nicht unerheblichen Teil in der Dechiffrierung vielschichtiger Bedeutungs- und Sinngehalte besteht, eine Übertragung dessen in explizite Regeln und techni-sche Daten kaum möglich erscheint (vgl. Schachtner, 1999, S. 46). Auch nach der

---

[11] Moldaschl schätzt die Entwicklung von KI-Systemen in der Medizin als mehr wissen-schaftsgetrieben als ökonomisch motiviert ein, da eine profitable Serienherstellung als von vornherein unrealistisch erscheint. Weder ein flächendeckender Einsatz, schon gar nicht außer-halb von Unikliniken, noch eine routinemäßige Nutzung erscheinen in Reichweite. (vgl. Moldaschl, 1994, S. 214, 221).

[12] Eine differenzierte und ausführliche Besprechung der Funktionsweisen und des Erfolgs der verschiedenen Systeme leistet Marckmann (2003).

[13] Grundlage dessen ist eine Modellbildung, die in Anlehnung an das biomedizinische Modell eine Abstraktion vom individuellen Menschen vornimmt und hierdurch die praktische Anwendung prinzipiell limitiert (vgl. Marckmann, 2003, S. 84).

Informatikerin Floyd lasse sich ärztliche Expertise in ihrer Eigenheit als „Zusammenwirken expliziten und impliziten Wissens" nicht mit einem technischen System, welches Handlungsprogramme im Voraus entwerfe, darstellen (vgl. ebd., S. 98). So ist z. B. eine Abbildung individueller Krankheitsverläufe auf Grundlage einer Modellbildung, die in Anlehnung an das biomedizinische Modell eine Abstraktion vom individuellen Menschen vornimmt, prinzipiell limitiert (vgl. Marckmann, 2003, S. 84).

Als kritisch erscheint folglich vor allem die Unregelmäßigkeit und Unschärfe ärztlichen Expertenwissens, für die es keine angemessene technische Repräsentationsform gibt und die es letztlich verunmöglicht, „Fingerspitzengefühl in einen Algorithmus zu fassen" (vgl. Wagner, 1995, S. 274). Das ärztliche Erfahrungswissen und Entscheiden, entzieht sich letztlich in seiner Personen- und Kontextgebundenheit der technischen Reproduktion. Insbesondere das pathophysiologische Tiefenwissen sperrt sich in seiner Komplexität gegen die Unterstellung einer strengen Kausalität, die vom Knowledge Engineering zugrundegelegt wird (vgl. Marckmann, 2003, S. 93). Auch eine flexible Anpassung an variable Problemsituationen, von der Expertiseforschung als eines der zentralen Alleinstellungsmerkmale des Experten erkannt, kann ein mit einer definierten Problemlösestrategie arbeitendes System nicht leisten. Der klassische, auf eine Modellierung ärztlicher Diagnosekompetenz abzielende Diagnosecomputer muss somit als unter Performanzgesichtspunkten gescheitert bezeichnet werden.

Jenseits der Fragestellung einer grundsätzlichen inhaltlichen Machbarkeit gab es auch aus entwicklungstechnischer Sicht zahlreiche Schwierigkeiten, z. B. Verständnisprobleme der Anwender bei der Entwicklung nicht berücksichtigen zu können. Auch lägen der praktische Nutzen von Expertensystemen und die Art und Weise des praktischen Umgangs der Anwender mit ihnen im Dunkeln (vgl. Moldaschl, 1994, S. 222–224). Offenbar gibt es ein auffälliges Defizit an Evaluation generell, zudem erscheinen die in Laborsituationen produzierten Testergebnisse für eine Anwendung in Realsituationen unter Zeitdruck und unter dem Einfluss von anderen Störvariablen als wenig aussagekräftig in Bezug auf eine de facto erzielbare Leistung eines Expertensystems. Zudem seien die nicht geringen Fehlerquoten von 5–15 % in praktischer (und möglicherweise auch juristischer Hinsicht) für eine Realanwendung sicherlich nicht unproblematisch (vgl. ebd., S. 220). Weiterhin ist anzumerken, dass in den diagnostischen Prozess mithilfe einer bereits vorhandenen Wissensbasis, die zudem aufgrund der langen Entwicklungszeiten von bis zu fünfzehn Jahren zum Zeitpunkt der Anwendung bereits veraltet sei, die Dynamik und Veränderlichkeit des Wissensbestands keinen Eingang finden kann (vgl. Moldaschl, 1994, S. 217). Einschränkungen bezüglich der Leistungsfähigkeit von medizinischen Expertensystemen sind demnach auch aus entwicklungsökonomischer Sicht zu machen:

Nicht nur gestaltet sich die Wissensakquisition im Stil eines klassischen Knowledge Engineering aufgrund der enormen Komplexität ärztlichen Wissens als äußerst mühsam, sondern zudem als zeit- und kostenintensiv- mit letztlich wenig zufriedenstellendem Ergebnis. Nur vereinzelt können Einsparungen durch den Einsatz von wissensbasierten Systemen tatsächlich festgestellt werden, „ein beachtliches Rationalisierungspotential" (Marckmann, 2003, S. 132) erscheint die Ausnahme. Jedoch ist in planerischen und administrativen Arbeitszusammenhängen durchaus ein wenn auch mitunter nicht-intendierter Nutzen medizintechnischer Systeme erkennbar[14].

Als Ursache für die unbefriedigenden Ergebnisse der Expertensysteme wird auch das Fehlen einer grundsätzlichen und umfassenden Analyse ärztlichen Handelns und Entscheidens thematisiert (siehe dazu Mannebach et al., 1993; Hucklenbroich, 1993). Hierfür werden nicht nur systematische Grenzen, sondern auch das Selbstverständnis der ärztlichen Profession als „schwankend zwischen Kunst und Wissenschaft" (Mannebach et al., 1993, S. 199–120) verantwortlich gemacht. So könne zumindest theoretisch von der Möglichkeit der Entwicklung einer angemessenen technischen Modellierung medizinischer Expertise ausgegangen werden: „Medizinische Expertensysteme und ähnliche Anwendungen künstlicher Intelligenz in der Medizin werden erst dann in theoretischer und praktischer Hinsicht befriedigen können, wenn sie auf einer methodologisch korrekten und adäquaten Rekonstruktion des medizinischen Wissens und Argumentierens aufbauen. Eine solche Rekonstruktion oder Modellierung existiert derzeit jedoch noch nicht" (Hucklenbroich, 1993, S. 9).

Medizinische Expertensysteme wurden trotz der zahlreichen mit ihnen verbundenen Schwierigkeiten nicht als „Sackgasse der technischen Evolution abgehakt" (Moldaschl, 1994, S. 214). Als augenfälliger – abgesehen von der speziellen intellektuellen Herausforderung, die die Modellierung ärztlicher Kunst als „bereichsspezifische, erfahrungsbasierte Urteilskompetenz" (Marckmann, 2003, S. 1) offenbar für Entwickler darstellt – und wohl auch innerhalb der Profession am ehesten akzeptabler Grund für die bis in die Gegenwart beharrlichen Bemühungen zur Entwicklung diagnostischer Expertensysteme ist sicherlich die zunehmende Unüberschaubarkeit medizinischen Fachwissens zu betrachten, die die praktische ärztliche Entscheidungsfindung zu einem überkomplexen Prozess hat werden lassen. So fokussierte die KI-Forschung weiterhin trotz der vorangegangenen Misserfolge mit offenkundiger „Faszination" ihr Lieblingskind, die Modellierung ärztlicher Expertise (vgl. Moldaschl, 1994. S. 226–229), jedoch in einer neuen Ausrichtung als nicht mehr substituierendes, sondern beratendes „Feedback-System" (Müller-Kolck, 1993, S. 142). Hierbei unterscheiden sich die Entwürfe in ihrer

---

[14] So z. B. festgestellt beim Expertensystem RHEUMA (vgl. Degele, 1994, S. 178 f.).

Radikalität des Eingreifens in die als eine ärztliche Kernkompetenz zu betrachtende Interpretation von Daten oder Bildern[15]. Festzuhalten ist, dass offenbar Bedarf an „intelligenter Selektion und Interpretation von Daten, Information und Wissen" (Moldaschl, 1994, S. 210) sowie an der „Verminderung von Unsicherheit im diagnostischen und therapeutischen Prozess durch zusätzliche Konsultationsmöglichkeiten" (ebd.) besteht. Vor dem Hintergrund der exponentiellen Zunahme medizinischen Fachwissens („Informationsexplosion", Wagner, 1995, S. 269) und der hierdurch induzierten Überforderungssituation und schließlich (scheinbaren) „Konzeptlosigkeit" (ebd., S. 267) ärztlichen Handelns[16] wurden die Potenziale des medizinischen Expertensystems MEDEX analysiert, welches im Unterschied zu früheren Programmen keine Delegation von Expertentum an das intensivmedizinische Diagnosesystem vorsieht, sondern als elektronische Wissensbasis im Sinne einer intelligenten Unterstützung als kritischer Dialogpartner[17]. Dieses meldet Abweichungen von Normalwerten und damit verbundene Diagnose- und Therapievorschläge an den Arzt (vgl. Wagner, 1995, S. 272–273). Als Voraussetzung für ein Funktionieren dieser Kooperation von Mensch und Technik erscheint in jedem Fall - unabhängig von der Qualität des technischen Systems – die Befähigung des Arztes zur medizinischen Urteilskraft, sodass der Humanexperte somit unverzichtbar, der Arzt als autonom entscheidender Akteur erhalten bleibt[18]. In dieser Konstellation können offenbar aus der Sicht der Ärzte einige Erfolge verbucht werden, wenn auch diese wohl eher als subjektive Selbstvergewisserung („Das technische Artefakt erlaubt offenbar seinen Konstrukteuren die Plausibilisierung bestimmter Szenarien seines Verwendungszwecks", Wagner, 1995, S. 279) im Sinne einer zumindest

---

[15] Zu den Besonderheiten der Erkenntnisleistung bei bildgebenden Verfahren siehe Rudolf (1993).

[16] Verfechter informationstechnischer Modellierung plädieren für eine Überlegenheit diagnostischer Systeme gegenüber dem Humanexperten, beispielsweise beim Beurteilen eines EKGs (siehe dazu Buscher, 1993, S. 135).

[17] Reflektiert wird hiermit ein Paradigmenwechsel in der KI-Forschung, der auch allmählich in der Medizintechnikentwicklung Niederschlag findet. Technik wird so im Sinne von „gebrauchstüchtigen Arbeitsmitteln" verstanden (vgl. Brödner, 1997, S. 26–29).

[18] In früheren Konzeptionen medizinischer Expertensysteme wurde diese Urteilsleistung nicht als Stärke des Humanexperten, sondern als (noch auszumerzende) Schwäche des wissensbasierter Systeme gewertet, welche sich „eine solche Unschärfe nicht leisten können" (vgl. Hucklenbroich, 1993, S. 21). Wieland 1986 nimmt auf die Unfähigkeit der Systeme, das von ihnen produzierte Ergebnis zu bewerten, kritischen Bezug: „Denn gerade objektiviertes Wissen bedarf in allen seinen Gestalten der Kompetenz dessen, der hinter ihm steht und mit ihm seiner Eigenart gemäß richtig umgehen kann" (zitiert in: Marckmann, 2003, S. 88).

scheinbaren externen („objektiven") Validierung der eigenen diagnostischen Selbsteinschätzung einzustufen sind[19]. Vorstellbar erscheinen in der Gesamtbeurteilung
Systeme zur „aufgabenorientierten Unterstützung des Experten", die im Rahmen
eines Perspektivenwechsels der Systementwicklung „von der Problemlösemaschine
zum intelligenten Werkzeug" (Moldaschl, 1994, S. 232) konzipiert werden. Ein System, welches „den Problemraum transparent hält" und „kognitive Bilderzeugung
unterstützt" (Müller-Kolck, 1993, S. 158) könne geeignet sein, zu einer neuen Form
der Wissensgenese im Rahmen der dialogischen Auseinandersetzung des Experten
mit dem System beizutragen. Wichtig erscheint hierbei jedoch in jedem Fall, dass
Technik nicht als Sachzwang in den diagnostischen Prozess hineinwirkt, so z. B.
durch Standardisierung des Diagnoseprozesses (vgl. Buscher, 1993, S. 133) und so
letztlich doch die „Elimination des Subjektiven" (Moldaschl, 1994, S. 230) befördert. Zu einer erfolgsversprechenden Gestaltung von Expertensystemen müsste auch
dem Problem der Wissensakquisition auf eine neue Weise begegnet werden. Zur
Modellierung der „ausgeprägt kasuistischen, fallorientierten Praxis" der Medizin
biete sich einzig die Methode des Fallbasierten Ansatzes an, die sich in „relativ
unstrukturierten bzw. schwer systematisierbaren Aufgabenbereichen mit schwach
ausgeprägtem kausalem Wissen" als vergleichsweise zielführend erwiesen habe
(vgl. Moldaschl, 1994, S. 231). Als erforderlich erscheint weiterhin die Betrachtung der hiermit verbundenen sozialen Prozesse und des (eventuellen) Eingriffs
durch das technische System in selbige, die lange Zeit chronisch unterreflektiert
blieben (vgl. Degele, 1994, S. 223 f.).

Angebracht erscheint Skepsis in Bezug auf mögliche sachfremde Einsatzmög-
lichkeiten von Expertensystemen in der Organisation von Arbeitsprozessen in der
Gesundheitsversorgung, die hier schlaglichtartig erwähnt seien:

- Ob die anvisierte „Entlastung für das in Kliniken chronisch überlastete Personal von Routineaufgaben und das Versprechen von mehr Autonomie und die
  Chance, sich auf die „eigentlichen", am Menschen orientierten, medizinischen
  und pflegerischen Aufgaben konzentrieren zu können" nicht als vorgebliche Zielsetzung dient, um simple Rationalisierungsprozesse zu verschleiern, was vor dem
  Hintergrund von Personalabbau im Gesundheitswesen nicht unwahrscheinlich
  erscheint (vgl. Moldaschl, 1994, S. 210).

---

[19] Dass diese für den reflexiv verwissenschaftlichen Arzt, der sich nicht mehr auf seine professionelle Autorität respektive Entscheidungsautonomie verlassen kann oder will, offenbar
zur Legitimation notwendig wird, ist ein Thema für die Professionssoziologie.

- Ob computerbasierte Systeme nicht eher als Kontrollinstrument der beteiligten Akteure denn als fachliche Unterstützung genutzt werden können (vgl. ebd., S. 225–226).
- Und schließlich, ob mit der Übernahme ärztlicher Aufgaben, wie z. B. der Anamnese, mittels technisch standardisierter Erhebungsverfahren durch nichtärztliche Akteure nicht Informationsverluste im Bereich „weicher" Informationen, die sich nur unvollständig formalisieren lassen, einhergehen.

Auch sollte der zusätzliche Einsatz von technischen Systemen im Zeitalter einer sich verschärfenden „Apparatemedizin" wohlüberlegt sein, insbesondere in Fällen, in denen sich kein tatsächlicher fachlicher Mehrwert, sondern im Endeffekt nur ein Anstieg der Datenflut, der im Extremfall durch weitere intelligente Technik bewältigt werden muss, erzielen lässt. Grundsätzlich muss die Zielsetzung einer ökonomischen Rationalisierung des Handlungsbereichs Diagnose als eher unsinnig bezeichnet werden, da die hierauf verwendeten Zeitressourcen im Vergleich zu den stetig zunehmenden administrativen Anforderungen an den Arzt als eher gering einzustufen sind (vgl. ebd., S. 229). Mit Blick auf Arzt-Patient-Verhältnis sind insbesondere Instrumente, die die soziale Interaktion zwischen Arzt und Patient immer weiter technisch mediatisieren im Hinblick auf eine mögliche „Dehumanisierung" (Marckmann, 2003, S. 3) des Arzt-Patient-Verhältnisses mit besonderer Sorgfalt zu betrachten.

Mit Mitte der neunziger Jahre hat sich das Interesse am Diagnosecomputer – im Rahmen der allgemeinen Ernüchterung im Bereich der künstlichen Intelligenzforschung- deutlich abgekühlt. Dennoch können die aus den Forschungs- und Entwicklungsbemühungen zur künstlichen Intelligenz in der Medizin abzuleitenden wesentlichen Erkenntnisse anschlussfähig gemacht werden. Diese bestehen in erster Linie in einer Anerkennung der Nicht-Objektivierbarkeit des ärztlichen Urteilsvermögens. „Das Scheitern des Diagnosecomputers" belegt nachdrücklich die subjektive Interpretationsleistung des Arztes und öffnet den Blick für die hierin zum Einsatz kommenden Kompetenzen und Fähigkeiten. Offenbar verfügt der Mensch über komplexe Erkenntnischancen, die technischen Systemen unzugänglich sind. Regeln und logisch-diskursives Denken sind unbestritten als Basis ärztlichen Denkens und Handelns zu betrachten, dennoch reichen sie nicht aus, um das vielzitierte Phänomen der ‚ärztlichen Kunst' angemessen zu beschreiben. Überdeutlich wird hiermit die herausragende Bedeutung impliziter Wissensformen als Grundlage allen Erkennens und Entscheidens, sei es als Befähigung zur ärztlichen Intuition, dem berühmten „ärztlichen Blick" oder – unspektakulärer, aber nicht weniger relevant – in der alltäglichen Begegnung mit dem Patienten als subtile Befähigung zur Sondierung wichtiger Informationen.

Diesen und anderen verwandten Phänomenen gilt im Rahmen einer Darstellung des „State of the Art" zum „ärztlichen Wissen und Handeln" näheres Augenmerk.

2.2 „State of the Art" zum ärztlichen Wissen und Handeln – Konzepte und Befunde

Die Fülle der Forschungsarbeiten zur ärztlichen Tätigkeit in weitestem Sinne ist kaum zu überblicken, dennoch wird im Folgenden der Versuch unternommen, einen Überblick über den Forschungsstand zum ärztlichen Handeln und Wissen herzustellen. Das ärztliche Arbeitshandeln wird in den vorgestellten Arbeiten aus verschiedenen Perspektiven ausgeleuchtet, steht jedoch im Sinne einer Handlungsanalyse bei keiner der Arbeiten ausdrücklich im Vordergrund des Interesses. Dennoch lassen sich in den verschiedenen Konzeptionen vielfältige Anknüpfungspunkte für den Gegenstand, Erscheinungsformen von Wissen und Handelns jenseits des rationalen, wissenschaftlichen Paradigmas, erkennen.

Nach den „Klassikern" der US-Soziologie sind weiter Arbeiten der Medizin- und Professionssoziologie, die sich speziell auf die ärztliche Tätigkeit in Deutschland beziehen, zu betrachten. Die Forschungsfelder der Medizinsoziologie[20] und der Professionssoziologie bilden eine Schnittmenge im Bereich der Erforschung der Professionen des Gesundheitswesens, wobei die Professionssoziologie traditionell vor alle die „Sonderstellung" (Borgetto & Kälble, 2007, S. 6) des Arztes fokussiert, während die Medizinsoziologie ihren Schwerpunkt auf die Erforschung von psychosozialen Faktoren von Krankheit und Gesundheit legt. Aktuelle Konzepte und empirische Befunde zum ärztlichen Wissen und Handeln werden vorgestellt und systematisiert.

Grundsteine und Klassiker der Medizinsoziologie
Als Grundsteine der Medizinsoziologie sind die Forschungsarbeiten von Parsons, Strauss, Goffman und Freidson zu nennen. Der als „Begründer der Medizinsoziologie" (Gerhardt, 1991, S. 36) geltende Parsons widmet sich im Rahmen seiner strukturfunktionalistischen Gesellschaftsanalyse „The Social System" (1951)[21] in

---

[20] Zur Medizinsoziologie zählt auch der jüngste Ansatz der ‚Public Health', der „Lehre von den öffentlichen und gesellschaftlichen Bedingungen des Gesund- oder Krankseins" (Bauch, 2000, S. 3).

[21] Parsons konzipiert die Entwicklung der modernen Gesellschaftsstruktur als zunehmende Ausdifferenzierung von Teilsystemen. Im Teilsystem der Berufe stehen die Freien Berufe

einem Unterkapitel („Der Fall der modernen medizinischen Praxis"), das zum Referenzpunkt der neuen Forschungsrichtung wurde, dem Medizinsystem, das er als „Mechanismus im sozialen System, welcher der Bekämpfung der Krankheiten der Mitglieder dient" (Parsons, 1958, S. 12), definiert. Im Zentrum von Parsons Betrachtungen stehen die komplementären Rollen von Arzt und Patient bzw. das Arzt-Patient-Verhältnis, das er als das Kernelement des medizinischen Systems bestimmt. Hierin leitet er für den Arzt als zentralen Funktionsträger innerhalb des Medizinsystems bestimmte Rollenerwartungen ab. Einen anderen Fokus legen Strauss und Goffman mit ihrer interaktionstheoretischen Sichtweise auf die Institution Krankenhaus[22], die bei Strauss als Ort konflikthafter Aushandlung („negotiated order"), bei Goffman als „totale Institution" (siehe dazu Stollberg, 2001, S. 15–16; Siegrist, 2005, S. 253) perspektiviert wird. Eine erneute Schwerpunktverschiebung innerhalb der Medizinsoziologie erfolgte mit Freidson, der im Rahmen seiner machttheoretischen Betrachtungen die „Dominanz" der Ärzte kritisch thematisiert.

Eine gänzlich neue, bis dato in der medizinsoziologischen Diskussion unterreflektierte Sichtweise auf das ärztliche Handlungsfeld bot zudem Balint mit seinem mittlerweile ebenfalls als „Klassiker" zu bezeichnenden Werk: „Der Arzt, sein Patient und die Krankheit" (2001/1964) an. Als direkte Reaktion auf die aufkommende Psychosomatik thematisiert Balint die Relevanz des hohen Anteils psychosomatisch verursachter Krankheiten für die ärztliche Arbeit. Folge seines Ansatzes – neben den bis in die Gegenwart existierenden „Balint-Gruppen", ärztlichen Gruppensupervisionen – ist die generelle Erweiterung der Perspektive auf Krankheit und den Arzt als Handlungssubjekt bzw. auf die „nicht medizinalwissenschaftlich fundierten Momente ärztlichen Handelns" (Bollinger, 1988, S. 43). Aus dieser Einsicht entstand das Schlagwort der „Droge Arzt" (Balint, 2001, S. 3), das die kaum noch bestrittene Notwendigkeit der Bezugnahme des Arztes auf das psychisch-seelische Befinden des Patienten sowie den hieraus resultierenden kurativen Effekt pointiert.

Zu vertiefen sind die den Betrachtungen von Parsons und Freidson zugrunde liegenden Konzeptionen des Arztes hinsichtlich ihres Gehalts in Bezug auf das ärztliche Wissen und Handeln. Dieser Aspekt steht nicht explizit im Vordergrund ihrer Analysen, jedoch lassen sich aus ihren Konzeptionen des Arztes zahlreiche Implikationen ableiten.

Parsons' Bestimmung des Arztes aus strukturfunktionalistischer Perspektive

---

(Professionen) an der Spitze. Die moderne Gesellschaft ist nach Parsons vom reibungslosen Funktionieren der Professionen abhängig, diese seien ein wesentliches Strukturelement.

[22] Ein besonders attraktives Feld war von Beginn an die „Krankenhausforschung", zu deren prominentesten Arbeiten neben den genannten Strauss und Goffman auch Foucaults „Geburt der Klinik" zu zählen ist.

Grundlegend für Parsons' Konzeption des Arztes ist die idealtypische (und normative) Bestimmung seiner Rolle und Funktion anhand der strukturfunktionalistischen
„Orientierungsalternativen" des „Universalismus", der „funktionalen Spezifität",
der „emotionalen Neutralität" und der „Kollektivitätsorientierung" (vgl. Parsons,
1958, S. 14)[23]. Die Annahme der „Kollektivitätsorientierung", basierend auf dem
ärztlichen Ethos, bildet bei Parsons die Legitimationsgrundlage ärztlichen Handelns[24]. Durch sie wird der Arzt im grundlegenden Unterschied zum Unternehmer
nicht als Wirtschaftssubjekt konzipiert, „kommerzielles Denken und Handeln"
demnach als unvereinbar mit der „Ideologie des Berufstandes" betrachtet. So
„wird vorausgesetzt", dass das „Gewinnmotiv radikal aus der Welt des Arztes
ausgeschlossen ist" (ebd., S. 15). Folgerichtig hat er im Rahmen seiner universalis-
tischen Handlungsorientierung auf alle Patienten gleichermaßen Bezug zu nehmen.
Anschließend an die „Spezifität der Funktion" (ebd., S. 15), die Beschränkung des
ärztlichen Kompetenzbereichs auf die medizinische Problematik, werden dem Arzt
autonome Handlungsmacht und Entscheidungskompetenz in erster Linie aufgrund
seiner „fachlichen Kompetenz" (ebd.) eingeräumt, die Parsons in erster Linie über
objektives wissenschaftliches Wissen bzw. über objektive Kriterien auf Grundlage
der medizinischen Wissenschaft definiert. Eng hiermit in Verbindung stehend wird
von Parsons die Funktion der „Affektneutralität" (bzw. „emotionalen Neutralität")
begründet: „Man erwartet vom Arzt, dass er ein objektives Problem auf objektive, wissenschaftlich begründbare Weise angeht. Ob ihm etwa der jeweilige Patient
sympathisch ist oder nicht, muss ohne Bedeutung bleiben" (ebd.).

Mit seiner Zuschreibung einer ausschließlich durch wissenschaftliches Wissen
definierten „fachlichen Kompetenz" wie auch der Rollenerwartung der emotionalen
bzw. „affektiven Neutralität" konzipiert Parsons den Arzt einerseits als entsubjekti-
vierte Urteilsinstanz über das Vorliegen eines krankhaften Zustands, andererseits
zeichnet er diesen auch als nicht allein durch Rationalität bestimmt. Nicht nur
bestreitet er das ärztliche „Monopol auf rationale Erkenntnisse und Verfahrenswei-
sen" (ebd., S. 25) und konstatiert für die ärztlichen Tätigkeit „einen sehr bedeutenden
Bereich der Ungewissheit" (ebd., S. 28), der vielfach auf „psychische Faktoren"
zurückzuführen sei und der das ärztliche Handeln in seiner Rationalität begrenze.
Hierbei bleibt Parsons' Analyse auf die „Emotionalität" der Situation begrenzt (vgl.

---

[23] Kritik an Parsons konzentriert sich auf die zwei Aspekte der begrenzten Anwendbarkeit auf
chronische Erkrankungen und auf die einseitige Orientierung der Konzeption an Wertemustern
der amerikanischen Mittelschicht (vgl. Francke, 1994, S. 34).

[24] Als zentrales Merkmal der Professionen als „freie Berufe", zu denen der Arzt zählt (vgl.
ebd., S. 14), bestimmt Parsons Autonomie, die er durch die den Professionen zugeschriebene
Kollektivitätsorientierung als gerechtfertigt ansieht, zudem das ärztliche Berufsethos sowie
Berufsverbände regulierend wirksam seien (vgl. ebd., S. 50–51).

ebd., S. 29–30). Lediglich im „Abwägen" des Chirurgen – nach Parsons einem
in besonderem Masse Handlungsdruck ausgesetztem Arzt – scheinen Aspekte der
subjektgebundenen „ärztlichen Erfahrung" als zusätzliche Wissensform zu medizinischem Fachwissen auf (vgl. ebd., S. 43). Auch wenn Parsons die ärztliche Praxis
nicht allein in der Anwendung wissenschaftlichen Wissens aufgehen lässt, wie es
an verschiedenen Stellen anklingt, bezieht er sich jedoch durchweg kritisch und
in der Tendenz abwertend auf nicht-wissenschaftliche Wissensformen, z. B. als
„abergläubische und irrationale Vorstellungen und Bräuche in Bezug auf Gesundheit und Krankheit" (ebd., S. 25). Zudem konzipiert Parsons den Arzt im Sinne des
später vielfach kritisierten Gesundheitstechnikers, indem er die „moderne ärztliche
Tätigkeit", von emotionalen Belastungen abgesehen, als „durchaus mit irgendeiner
anderen technischen hochqualifizierten Arbeit" (ebd., S. 27) vergleichbar bezeichnet
und diese an verschiedenen Stellen alleinig über die „Anwendung wissenschaftlicher Erkenntnisse durch fachlich kompetente, ausgebildete Menschen" (ebd., S. 33)
definiert.

Im Anschluss an Parsons, obwohl dieser den Terminus selbst nicht geprägt hat,
verfestigte sich das lange Zeit unangefochtene Rollenmodell des „ärztlichen Paternalismus". Diesem liegt die Vorstellung der „Asymmetrie", eines „Macht- und Kom-
petenzgefälles" (Francke, 1994, S. 41) zwischen Arzt und Patient zugrunde. Ebenso
baut es stark auf der Vorstellung eines unbedingten Vertrauens im Arzt-Patient-
Verhältnis auf, das in der „Bedürftigkeit" (ebd., S. 20) und „Belastung" (ebd., S. 23)
des Patienten in psychosozialer Hinsicht sowie der Irrationalität des Patienten (vgl.
ebd., S. 25) und seiner Angewiesenheit auf „professionelle, fachlich kompetente Hil-
feleistung" (ebd., S. 21) wurzelt. Auch der ärztliche Paternalismus begründet sich
in der exklusiven Verfügung und Anwendung naturwissenschaftlicher Erkenntnisse
(vgl. Borgetto & Kälble, 2007, S. 163).

Mit seiner Analyse der Arztrolle bietet Parsons ein Konglomerat an Faktoren an,
die das ärztliche Handeln über eine wissenschaftliche Beschreibung der ärztlichen
Tätigkeit hinaus als soziales Handeln konturieren, indem er den Blick auf z. B. die
emotionalen Faktoren des Krankheitserlebens und die hieraus an den Arzt erwach-
senden Anforderungen bezüglich der Gestaltung der Arzt-Patient-Interaktion lenkt
(vgl. Gerhardt, 1991, S. 166). Parsons' Konzeption der Arztrolle über die vier Ori-
entierungsvariablen wird durch ihre „bleibende analytische Kraft" (Heim, 1992,
S. 102) eine nachhaltige Wirkung auf die medizinsoziologische Betrachtung des
Arztes bescheinigt. Etabliert hat sich vor allem die normative Erwartung der Orientierung des Arztes am Patientenwohl (vgl. Borgetto & Kälble, 2007, S. 166).
Legt man andere Kriterien Parsons' auf die heutige Situation des Arztes an, zeigt
sich eine Erosion der klassischen professionellen Merkmale, u. a. die Aufhebung
der Exklusivität durch Mehrfachkonsultationen, Konkurrenz der Expertise durch

Internetwissen und Überdehnung des Behandlungsauftrags durch „Lifestylebedürfnisse" (vgl. Siegrist, 2005, S. 240). Vor dem Hintergrund der „Säkularisierung der Arztrolle" (Borgetto & Kälble, 2007, S. 163) trägt Parsons' Sichtweise auf das Arzt-Patient-Verhältnis teils anachronistische Züge.

In seiner erkenntnisgenerierenden Funktion wird das Arzt-Patient-Verhältnis bzw. die besondere Funktion des Vertrauens bei Parsons nur gestreift. Wenig in den Blick genommen wird von den meisten kritischen Betrachtungen der Arztrolle nach Parsons dessen Konzeption der „Affektneutralität", die angesichts der Befunde einer Vielzahl von subjektorientierten empirischen Analysen kaum haltbar sein dürfte. Emotion als handlungsbegleitender Umstand findet bei Parsons keine positive Berücksichtigung. Die Bedeutung von Emotionen im Arzt-Patient-Verhältnis wie auch deren Integration durch den Arzt als wichtiges Element professionellen Handelns wird im Laufe dieses Kapitels anhand von diesbezüglichen empirischen Befunden näher in den Blick genommen.

Freidson: Kritik an Parsons aus machttheoretischer Perspektive
In den 1960er und 1970er Jahren wurde der prinzipiell fruchtbare Ansatz Parsons' durch eine stark machttheoretische Ausrichtung der Medizinsoziologie, die mit den Namen Freidson verbunden wird, in den Hintergrund gedrängt, in der Folge „das Band, das Parsons zwischen Medizin und Soziologie knüpfen konnte, zerrissen" (Gerhardt, 1991, S. 39). Parsons wurde dabei pauschal der Vorwurf gemacht, die „Dominanz der Experten" (Freidson, 1975) durch eine soziologische Flankierung stützen zu wollen, seine Bestimmung der Medizin und ärztlichen Handelns jenseits des Bezugsrahmens eines mechanistischen Menschenbilds zunächst nicht weiter aufgegriffen.

Die macht- und konfliktsoziologische Strömung der Medizinsoziologie, allen voran Freidson, thematisiert den Professionalisierungsprozess des Arztes in erster Linie als erfolgreiche Durchsetzung standespolitischer Interessen. Freidsons Werk „The Profession of Medicine" (1970), in deutscher Übersetzung als „der Ärztestand" 1979 erschienen, markiert so einen Wendepunkt im Rahmen des medizinsoziologischen Diskurses, indem Freidson im Zuge einer ideologiekritischen Ausrichtung und in direkter Kritik an Parsons das professionelle Konzept der Gemeinwohlorientierung negiert, statt dessen den Begriff der „Marktmacht" als Strategie der „Konkurrenzreduzierung und Monopolisierung" einführt (vgl. Francke, 1994, S. 27).

Von Interesse ist jedoch in erster Linie Freidsons Perspektive auf das ärztliche Wissen und Handeln, die entscheidende neue Gedanken enthält. Kernelemente sind hierbei die Abweichungen der ärztlichen Tätigkeit von Kriterien der Wissenschaftlichkeit (vgl. Freidson, 1979, S. 137 f., 286 f.), die bei ihm den Ausgangspunkt

seiner Verortung der ärztlichen Tätigkeit „in der Nähe gewöhnlicher Berufe" (Stollberg, 2001, S. 9) bildet. Diesbezügliche Charakteristika ärztlichen Handelns sieht
Freidson vor allem im „Subjektivismus in seiner Methode" (Freidson, 1979, S. 142)
angelegt. Deutlicher noch wird Freidson in „die Dominanz der Experten" (1975):

> „Selbst bei einer derartig wissenschaftlich fundierten Profession wie der der Medi-
> zin und des Arztberufs findet man bloß einen Kernbestand an soliden Fähigkeiten,
> welche von einer ausgedehnten Fettschicht ungeprüfter Praktiken umgeben ist, die
> unkritischerweise wegen ihrer Verbindung mit den zentralen Fähigkeiten anerkannt
> werden." (Freidson, 1975, S. 128).

Hierbei sieht Freidson „das individuelle Abweichen vom kodifizierten Wissen" in
der Ideologie der Medizin verwurzelt, die diese Praxis nicht nur fördere, sie sogar mit
den Prädikaten des „Urteilsvermögens" und der „Weisheit" versehe (vgl. Freidson,
1979, S. 287). So bestimmt Freidson den Arzt in kritischer Absicht als professionellen Akteur, der vorwiegend aufgrund seiner dem Bereich impliziten Wissens
zuzurechnenden Expertise handelt. Die Subjektivität des ärztlichen Wissens ist nach
Freidson jedoch grundlegend von der „Ausübung und Anwendung von Fachwissen
zu unterscheiden" (ebd., S. 280). Den Arzt als „ziemlich grober Pragmatiker" (ebd.,
S. 142) bezeichnend, erkennt Freidson mit Verweis auf die ärztliche Handlungsanforderung der Problemlösung des individuellen, von der Statistik abweichenden
Einzelfalls (vgl. ebd., S. 138) auf der Ebene praktischen Handelns entscheidende
Differenzen zu einer wissenschaftlich definierten Profession. Als notwendige, an
die konkrete Praxis gebundene Wissens- und Handlungsfaktoren werden die „Erfahrung aus erster Hand" (bzw. sogar die „emotionale Erfahrung", ebd., S. 142)
und die sinnliche Wahrnehmung ins Feld geführt, hierbei auf die Unzulänglichkeit
von „Bücherwissen" in der klinischen Praxis verwiesen (vgl. ebd., S. 140). Das
objektive „Fachwissen" allein sei „außerordentlich begrenzt, denn es ist in Büchern
und Köpfen eingeschlossen" und habe, „der Definition nach keine Verbindung zu
den Tätigkeiten des Konsultierens, Behandelns, Beratens oder sonstigen Arten, das
Experte-Sein auszuüben" (ebd., S. 281).

Interessanterweise impliziert diese Analyse für Freidson jedoch keineswegs eine
Anerkennung und Würdigung des professionellen ärztlichen Wissens. Die klinische
Expertise des Arztes betrachtet Freidson als sozial konstruierte (vgl. ebd., S. 281),
subjektive und daher weitgehend „zufällig" (ebd, S. 223) generierte Wissensres-
source, der im Zuge einer „klinische(n) Konstruktion von Krankheit" (ebd., S. 222)
„vielleicht unrichtige und künstliche Beziehungen zur Welt" (ebd., S. 223) zugrunde
lägen. Sein Schluss ist ein gänzlich anderer, indem er eine an der Relevanz praktischen Handelns orientierte Neuausrichtung des professionellen Wissensbegriffs

fordert: „Das fehlende Gleichgewicht zwischen Wissen und Tun macht es notwendig, dass wir entweder ‚Wissen' neu definieren als etwas, was Menschen im Besitz von Wissen tun, oder das Wissen an und für sich als etwas Eigenes herausstellen und dann seine Beziehung zu dem analysieren, was Menschen, die über Wissen verfügen, tun sollen." (ebd.).

So ist Freidsons Konzeption des Arztes als nicht-wissenschaftlich, sondern praktisch Handelndem von höchstem Interesse. Nicht nur entstand im Anschluss an diese eine Debatte zwischen den Polen „Dominanz der ärztlichen Profession über Paraprofessionen Pflege, Physiotherapie" und „Proletarisierung der Ärzte" (Stollberg, 2001, S. 13), auch wurde hiermit verstärktes Augenmerk auf das ärztliche Wissen und Handeln gelenkt, dem Freidson das Fehlen einer einheitlichen professionellen Basis attestiert: „Abgesehen von unzuverlässigen klinischen Erfahrungen hat die Profession kein spezielles Fachwissen, aufgrund dessen sie bestimmen könnte, wie sie ihre Behandlung auszuführen hat" (Freidson, 1979, S. 284). In diese Argumentationsrichtung fügt sich auch Freidsons Perspektive auf die ärztliche Kunst, die „nicht auf einem Gebäude wissenschaftlichen Wissens (beruht), bestenfalls beruht sie auf üblichen Berufspraktiken, statt auf individuellen Gewohnheiten, wobei weder das eine noch das andere systematisch untersucht wurde" (ebd.).

Hiermit macht Freidson auf das Forschungsdefizit im Bereich des ärztlichen Handelns und Wissens aufmerksam, das bis heute einer adäquaten Einschätzung professionellen ärztlichen Handelns im Weg steht.

Deutschsprachige Forschungstradition

Die deutschsprachige Forschungstradition schließt in vielen Punkten an die amerikanischen Begründer an, setzt jedoch auch eigene Akzente. Schwerpunktthemen sind zunächst vor allem spezielle sozialhistorische Entwicklungsbedingungen der Gesundheitsberufe, auch hier vorwiegend des „Ärztestands". Zu nennen, sozusagen als Antwort auf die großen amerikanischen Entwürfe, ist als erste grundlegende Strukturanalyse des modernen Akutkrankenhauses[25] Rohdes „Soziologie des Krankenhauses" (1962) zu nennen. Betrachtet werden hierin die teils widersprüchlichen Rollenanforderungen an den Arzt im Rahmen dieses komplexen institutionellen Gefüges, wie auch die Rolle des mit dem Eintritt in die „fremde Kultur" Krankenhaus einer Depersonalisierung ausgesetzten Patienten.

---

[25] Der Grund für das große Forschungsinteresse an der Institution Krankenhauses liegt unter anderem in dessen besonderer, einerseits äußerst komplexer, andererseits aufgrund seiner starken Formalisierung soziologischer Analyse gut zugänglicher Struktur begründet (vgl. Bauch, 2000, S. 83 f.).

Vor dem Hintergrund der „Zielkomplexität" des Krankenhauses müsse der Arzt als „Funktionsträger in relativ zentralen Positionen" (Rohde, 1962, S. 85) in konkurrierenden Zielbereichen und differenten sozialen Bezugsfeldern gleichzeitig agieren und situativ entscheiden, welchen Verhaltensanforderungen er Priorität einräumt (vgl. ebd., S. 84). Aus dem sich offenbar schon 1962 andeutenden Konflikt der ökonomischen Ressourcenbegrenzung und den ärztlichen Sorgfaltspflichten entstünde die „Neigung, den Umgang mit Patienten auf ein technisch-objektives Minimum zu beschränken, sich vor den Kommunikationsbedürfnissen abzuschirmen" (ebd., S. 85). Einer gänzlichen Unterordnung unter das „Formalziel" (ebd., S. 89) der betriebswirtschaftlichen Führung könne sich der Arzt jedoch unter Verweis auf sein professionelles Ethos entziehen (vgl. ebd., S. 86).

Vertiefend zu betrachten ist Rohdes Interpretation der Arztrolle, die er eng an Parsons Konzeption anhand der vier Orientierungsalternativen anbindet. Hierbei sind vor allem die Variablen der „funktionalen Spezifität" und der „affektiven Neutralität" als sinnvolle „Rollennormen" (ebd., S. 259) näher zu beleuchten, die Rohde gegen die gängigen Anwürfe der Ablösung vom „Corpus Hippocraticum" (vgl. ebd., S. 260) bzw. die von ihm unter Ideologieverdacht gestellte Klage des „Verlust(s) des Mensch zu Mensch-Arzttums" (vgl. ebd., S. 38–39) in Stellung bringt. Eine „Freundschafts- und Liebesideologie im Arztberuf" (ebd., S. 250) hingegen bezeichnet er als eine retrospektive Idealisierung „eines überkommen und ideologisch gestützten Leitbilds" (ebd., S. 40). Eine solche, als „falsche Rolleninterpretation" (ebd., S. 41) bezeichnete sachlich inadäquate Verzerrung „aufgrund der emotional gestörten" (ebd.) Situation (hierbei meint Rohde: durch Emotionalität gestörte Situation) der Arzt-Patient-Begegnung ist nach Rohde nur durch eine „objektive Orientierung der Arztrolle" zu vermeiden (vgl. ebd.). Niemand könne „im Ernst bestreiten, dass diese wissenschaftliche Objektivität in der Orientierung der Rolle des Arztes grundlegend ist" (ebd., S. 40). So dürfe „man sicher behaupten, dass eine affektneutrale Orientierung unter den gegebenen Verhältnissen funktionsnotwendig ist" (ebd.). Als „zweifelhaftes Ansinnen" (ebd., S. 41) beurteilt wird dementsprechend die aus der „Forderung nach einer menschlich-personalen Totalbeziehung" abzuleitende Idee, „in einen Komplex objektiv-zielgerichteter Verhaltensformen – gewissermaßen normativ – imponderabile und daher labile psychische Persönlichkeitsqualitäten einschießen zu lassen, die gerade wegen ihrer Labilität leicht zu Störungsfaktoren werden können" (ebd., S. 41). Stärker als Parsons betrachtet Rohde also Emotionalität in der Arzt-Patient-Interaktion als Störvariable.

Des Weiteren vertritt Rohde eine der machttheoretischen Strömung der Professionssoziologie entsprechende Sichtweise auf die Frage der ärztlichen Handlungsautonomie bzw. deren Kontrolle, die sich hinter seiner Beharrung auf der Funktion „funktionaler Spezifität" verbirgt. Diese Perspektive wurzelt bei Rohde in einer

– stärker als in der US-Tradition üblichen – an formale Kriterien anschließenden Bestimmung der professionellen Kompetenz des Arztes über „medizinisches Wissen" und „medizinisch-praktische Kompetenz" (ebd., S. 240). Leider bleibt Rohde in Bezug auf den letzten Punkt, der sich auf das praktische (Erfahrungs-) Wissen bezieht, durchgehend vage. Tendenziell ist jedoch eine Abwertung dieser Wissensressourcen herauszulesen. Insbesondere hinsichtlich der traditionell anerkannten „Erfahrung", unterstellt er dem Arzt „Sehnsucht nach der guten alten Zeit, da man noch mit einiger Selbstsicherheit aus der Fülle persönlicher Erfahrung in Diagnose und Therapie schöpfen konnte" (ebd., S. 38). Aus dieser Sichtweise heraus kommentiert Rohde auch die oftmals angeführte Analogie ärztlichen und künstlerischen Handelns, die sich „auf den rational nicht aufschließbaren Rest der ärztlichen Tätigkeit" (ebd., S. 263) beziehe, von Rohde als deren „rollenwidrige Schattenseiten" bzw. „boshaft gesprochen, berufsideologischer Deckmantel für rollenwidrige Disziplinbrüche" (ebd.) bezeichnet, und plädiert, vor allem vor dem Hintergrund der ärztlichen Verantwortung für Leben und Tod, für eine emotionale Neutralisierung ärztlichen Handelns (vgl. ebd.).

Bei Rohde zu konstatieren ist ebenso eine Ausblendung wesentlicher Aspekte praktischen ärztlichen Handelns. Wenn auch eingeräumt wird, dass sich die Arbeit im Krankenhaus nicht durchgängig in ähnlich geplanten (…) Bahnen abspielt, wie etwa in einem durchrationalisierten Industriebetrieb" (ebd., S. 264), zeigt sich Rohdes Analyse wenig an der Handlungsebene orientiert, da z. B. emotionale Dispositionen der Handlungssubjekte in seiner idealtypischen Bestimmung der ärztlichen Rolle und Funktion nur als Störvariablen Berücksichtigung finden. Zudem ist bei Rohde die für die Professionssoziologie weitgehend charakteristische Trennung von „personeller Ebene" und „Bearbeitungsebene" (vgl. Böhle, 2006) zu erkennen, durch welche Emotionen nur im Hinblick auf normative Verhaltenserwartungen integriert, nicht jedoch hinsichtlich ihrer Relevanz auf Handlungsebene (z. B. als Erkenntnismedium) betrachtet werden.

Schwerpunkte jüngerer Forschung
Mit dem folgenden Überblick über den „State of the Art" zum ärztlichen Wissen und Handeln soll eine vertiefende Zusammenschau von Analysen und empirischen Befunden zum ärztlichen Wissen und Handeln geleistet werden. Das ärztliche Arbeitshandeln als solches muss auch fünfzig Jahre nach dem Aufkommen der Medizinsoziologie aus grundlagentheoretischer Sicht als nach wie vor (zu) wenig beforscht gelten. Auf diesen Umstand verweist bereits früh Wieland, als diese Feststellung wohl noch in höherem Masse zutraf. Insbesondere die Medizin selbst habe sich deutlich weniger als andere Disziplinen an der wissenschaftstheoretischen Diskussion der Grundlagen des eigenen Fachs beteiligt (Wieland, 1975, S. 23). Dies

hat sich insbesondere in den letzten Jahren durch eine Vielzahl von kritischen Bei-
trägen zur Entwicklung der modernen Medizin auch aus der Reihe von Ärzten
geändert, die ebenfalls auszugreifen sein werden. Ziel ist die Entfaltung eines viel-
schichtigeren Bilds der ärztlichen Tätigkeit, einer differenzierteren Sichtweise auf
die ärztliche Praxis in ihrer Eigenschaft als einerseits menschennahe und zugleich
wissenschaftsbasierte Tätigkeit.

Wie schon angedeutet, ist die Fülle der Forschungsarbeiten rund um die ärztliche
Tätigkeit kaum zu überblicken. Die im Folgenden aufgeführten Arbeiten sind daher
im Sinne eines kursorischen Überblicks zu verstehen. Sie haben zumeist singuläre
Aspekte der ärztlichen Tätigkeit im Blick, während die Grundlagen des ärztlichen
Wissens und Handelns in seinen äußerst komplexen Rahmenbedingungen nur selten
thematisiert werden.

Ein Großteil der Forschungsarbeiten beschäftigt sich mit diesen Themenkom-
plexen:

- Die Fragestellung einer möglichen Deprofessionalisierung des „Ärztestandes"
- Die Arzt-Patient- Beziehung und „Das ärztliche Gespräch", das Thema einer
  mittlerweile unüberschaubaren Anzahl empirischer Analysen und hiermit wohl
  der intensiv beforschteste Aspekt ärztlichen Handelns ist
- Kritische Analysen der ökonomisierten Medizin, deren Anteil stetig größer wird
- Hervorzuheben sind des Weiteren umfassende empirische Analysen der Komplexität ärztlicher Entscheidungsprozesse, z. B. „im Spannungsfeld von System-
  und Zweckrationalität" (Titel Vogd, 2004)
- Theoretische und empirische Arbeiten, die explizit die Frage nach dem „guten Arzt" stellen. Hierin tritt auch der Aspekt der ärztlichen Ethik als Element
  einer einem ursprünglichen Gedanken von „Ärztlichkeit" (Wettreck, 1999) ver-
  hafteten Orientierung zutage. Deutlich werden an dieser Stelle vor allem auch
  die Konflikte des ärztlichen Ethos mit den Anforderungen ökonomisierten und
  zunehmend entindividualisierten Medizin.

Zusammenfassende Betrachtung professionssoziologischer Forschung: Professionalisierung, Deprofessionalisierung, Re-Professionalisierung?

Indikatoren für eine als Deprofessionalisierung zu bezeichnende Entwicklung
lassen sich seit geraumer Zeit finden, insbesondere, wenn man für den Arzt die
„klassischen" professionssoziologischen Maßstäbe bezüglich der „alten" Professionen (Ärzte, Rechtsanwälte, Professoren) anlegt. So erscheinen die Ärzte insgesamt
„den Zenit ihres professionellen, allgemein gesellschaftlich anerkannten, gegen jegliche Kritik von außen abgeschirmten Status überschritten" (Huerkamp, 1985, S. 10)
zu haben. Deutliche Anzeichen hierfür sieht Unschuld 1978 in der Zunahme von

Kunstfehlerprozessen gegen Ärzte (vgl. Bollinger & Hohl, 1981, S. 442). Auch die ökonomisch privilegierte Position des Arztes befindet sich deutlich im Abwind. Nach einer langen Phase der „Dynamisierung der Arzteinkommen" (Siegrist, 2005, S. 329), nicht zuletzt unterstützt durch eine massive Partizipation an der Ausweitung des medizinisch-technischen Leistungsgeschehens bis weit in die 1980er Jahre, ist ein zumindest „partieller Abbau ärztlicher Privilegien" (ebd.) festzustellen. Zudem merken Bollinger/Hohl an, die öffentliche Diskussion um die Angemessenheit von Ärztegehältern sei ein „Moment, das der Profession zutiefst widerspricht" (Bollinger & Hohl, 1981, S. 460).

Bezüglich des ärztlichen Professionalisierungsprozesses sind zwei -teilweise konkurrierende -argumentative Stoßrichtungen vorzufinden. Von der Mehrheit der Autoren wird die ärztliche Professionalisierung als Effekt der Wissenschaftsfundierung der Medizin eingeordnet („Gratifikationsthese", Bollinger, 1988, S. 45), infolge derer der wissenschaftlich ausgebildete Arzt durch seine Befähigung zu Diagnose und Therapie zum „Experten des Körpers" (Göckenjan, 1985, S. 238) wurde. Eine alternative Interpretation sieht soziale Dynamiken der erfolgreichen Durchsetzung standespolitischer Interessen des „Ärztestands" („Interessenthese", siehe dazu Bollinger, 1988, S. 49) als Hauptmotor für den ärztlichen Professionalisierungsprozess an. So wird dieser sowohl als „Erfindung des ärztlichen Standes" (Göckenjan, 1985, S. 267) als auch als „das kollektive soziale Projekt" (Bollinger, 1988, S. 59) thematisiert. Charakteristisch für die deutschsprachige Professionssoziologie im Vergleich zur US-Soziologie ist weiterhin ein deutlich enger an den Kriterien wissenschaftsbasierten Handelns angelegte Professionsbegriff, sowie eine gewisse Sonderstellung der „alten", „traditionellen" akademischen Berufe der Ärzte, Rechtsanwälte und Professoren (vgl. Huerkamp, 1985, S. 19). In Abhängigkeit von der Ursachenzuschreibung der Grundlagen des ärztlichen Professionalisierungsprozesses wird auch die „Ärztliche Kunst" unterschiedlich bewertet: Entweder als überwundener, vormoderner Bestandteil des ärztlichen Handelns, oder als Argument der standespolitischen Interessenvertretung (z. B. von Göckenjan, 1992, S. 120–121).

Auf handlungspraktischer Ebene sind Einschränkung des tradierten professionellen Merkmals der ärztlichen Handlungsautonomie durch eine Veränderung der Rahmenbedingungen der Arbeitsorganisation von Interesse. In dieser Hinsicht ist die Zunahme externer Kontrolle ärztlichen Arbeitshandelns durch die zunehmende Bürokratisierung und Ökonomisierung der ärztlichen Tätigkeit, so durch Evaluation der Effizienz und Qualität der medizinischen Versorgung durch das Qualitätsmanagement, als „stärkste Bedrohung" (Siegrist, 2005, S. 329) der Profession zu betrachten. Siegrist konstatiert diesbezüglich sogar einen „globalen Trend der Deprofessionalisierung" (ebd., S. 233) im Kontext des marktwirtschaftlich organisierten Gesundheitswesens. Teilweise versteckt, subtil bzw. vielfach wenig offenkundig, jedoch sicherlich nicht wenig folgenreich wirken sich die Prozesse der Überformung ärztlichen Handelns durch die makrostrukturellen Entwicklungen aus. Neues Feuer erhält der Deprofessionalisierungsdiskurs durch das Aufkommen der evidenzbasierten Medizin, die eine wissenschaftlich abgesicherte Standardisierung ärztlichen Handelns unterstützt. So steht in offenkundigster Weise bei einer konsequenten Anwendung der evidenzbasierten Medizin das professionelle Merkmal der „ärztlichen Therapiefreiheit" zur Disposition, Freiräume ärztlichen Ermessens werden systematisch verkleinert, zudem werde die ärztliche Intuition zugunsten eines Handelns nach Schema ausgebremst. So wird argumentiert, die evidenzbasierte Medizin beseitige die „Freiheit ärztlichen Handelns" und die „ärztliche Kunst" und führe zu einer „Entakademisierung der Medizin" (vgl. Vogd, 2002, S. 299).

Fokussiert werden weiterhin spezielle Merkmale des ärztlichen Arbeitshandelns jenseits eines „technisch-instrumentellen" Wissens, einem tragenden Charakteristikum von Professionen im Unterschied zu den Berufen. In diesem Bereich, der vielfach über „tradiertes Erfahrungswissen" (vgl. Bollinger & Hohl, 1981, S. 452) bestimmt wird, sind mit der „Transformation der Medizin in einen „normalen Beruf" Entwicklungen mit „gravierenden Konsequenzen" angesprochen (vgl. ebd., S. 460), die eine Deprofessionalisierung im Sinne einer „Verberuflichung" nach sich zögen (vgl. ebd., S. 443). Jenseits der Fragestellung der Angemessenheit von Professionen in der funktional differenzierten Gesellschaft[26] sind als maßgebliche Faktoren für eine solche Entwicklung sowohl die Technisierung des ärztlichen Handlungsfelds (mit der Folge der „Einschränkung der handwerklich-kreativen Potenzen", ebd. S. 458) als auch die hiermit verbundene Verengung der ärztlichen Tätigkeit auf einen „reduktionistischen naturwissenschaftlichen Blick" (ebd., S. 440) anzuführen. Im Rahmen einer Verabschiedung vom ganzheitlichen Gedanken der Bezugnahme auf den Patienten hin zur Anwendung funktionsspezifischen professionellen Wissens werde der Arzt so gleichsam zum „Facharbeiter für angewandte Medizinalwissenschaft" (ebd., S. 461) (degradiert).

Insgesamt wird die Entwicklung wird überwiegend im Sinne einer Deprofessionalisierung, jedoch auch ambivalent oder sogar als Chance zu einer Re-Professionalisierung des Arztes beurteilt. So könne die evidenzbasierte Medizin als Form der Wissensinszenierung einer Medizin, die an Autorität verloren hat, verstanden werden, der Arzt hierdurch an Autorität zurückgewinnen (vgl. Vogd, 2002, S. 311). Auch ist die Rede von der evidenzbasierten Medizin als „wirksame Strategie professioneller Selbstbehauptung" (Siegrist, 2005, S. 234). Eine andere

---

[26] So werden Professionen z. B. prominent von Stichweh, als Relikte der ständischen Gesellschaft betrachtet (vgl. Vogd, 2004, S. 417, 420), auch von Bollinger prinzipiell als „anachronistische" Form der Arbeitsorganisation angesehen (vgl. Bollinger, 1988, S. 26).

Einschätzung sieht den Arzt durch die evidenzbasierte Medizin zunehmend in der Rolle als „Datenverwalter" (Neumann, 2006, S. 335). Die rege Diskussion verdeutlicht eine zumindest Bewegung in der tradierten Betrachtung des Wesens ärztlicher Professionalität. So geht der Systemtheoretiker Stichweh von einer Aufspaltung der Profession in „akademisch-szientifische" und „professionell-klientenbezogene Eliten" auf, die im Unterschied zu Deutschland im anglo-amerikanischen Raum sowohl personell als auch institutionell vollzogen werde (vgl. Vogd, 2004, S. 14). Zu resümieren ist die polarisierte Debatte als Gemengelage „konkurrierender Prognosen" ohne empirische Grundlage (vgl. Lützenkirchen, 2004, S. 426).

(Beziehungsgestaltung im) Arzt-Patient-Verhältnis
Das Arzt-Patient-Verhältnis als „Nukleus der Medizin" (Bergdolt, 2006, S. 20) war von jeher in besonderem Masse Gegenstand der Betrachtung der ärztlichen Tätigkeit und findet derzeit vor allem unter dem Aspekt eines im Wandel begriffenen Verhältnisses Beachtung. So ist auch die Arzt-Patient-Beziehung nicht im „sozialen Vakuum" angesiedelt, sondern vielmehr von gesellschaftlichen Entwicklungen beeinflusst (vgl. Künemund, 2006, S. 173). Kritisch thematisiert werden neuerdings vorwiegend Belastungen des Arzt-Patient-Verhältnisses durch:

- die Folgen der Technisierung des ärztlichen Handlungsfeldes (z. B. prominent von Badura & Feuerstein, 1996)
- fortschreitende Spezialisierung (vgl. Beleites, 2006, S. 85)
- depersonalisierende Effekte der standardisierten Versorgungsformen (vgl. Vogel & Schumpelick, 2006, S. 13) als „zunehmenden negativen Einfluss äußerer Rahmenbedingungen wie Ökonomisierung, Bürokratisierung Standardisierung" (Helmchen, 2006, S. 291)
- sowie die Auswirkungen der „Sparzwänge im Gesundheitswesen" (Vogel & Schumpelick, 2006, S. 16), die mit der „traditionell philantrophischen Arzt-Patient-Beziehung konkurrieren" (Krones et al., 2006, S. 227)

Pointiert werden kann die Stoßrichtung der Argumentationen wie folgt: „Die etablierte und erfolgreiche symbiotische Partnerschaft zwischen Arzt und Patient wird aktuell durch den radikalen und aggressiven Systemwechsel im deutschen Gesundheitswesen geschwächt" (ebd.).

Die Betrachtungen und Analysen des Arzt-Patient-Verhältnisses legen insgesamt nahe, dass diese Charakteristika einer höchst komplexen Beziehung enthält und zudem starkem sozialen Wandel unterlegen ist. Wurde die Arzt-Patient-Beziehung klassisch nach Parsons im Sinne eines ärztlichen Paternalismus begriffen, scheint sich der für dieses Modell zentrale Aspekt der strukturellen Asymmetrie im Arzt-Patient-Verhältnis angesichts der multimedialen Möglichkeiten der Informationsgewinnung zu verflüchtigen[27]. Konstatiert wird daher die „Abwendung vom historischen Paternalismus", „naives Vertrauen" sei durch kritische Distanz abgelöst" worden (vgl. Schölmerich, 1990, S. 67).

So wird vor allem in jüngerer Zeit die „überhöhte Machtposition" (Dorfmüller, 2001, S. 10) des Arztes, z. B. als „entmündigend" (Klose, 2001, S. 273) im Sinne eines mangelnden Einbezugs des Patienten in ärztliche Entscheidungsprozess, vielfach kritisiert. Zugleich entstand die Idee eines gleichberechtigten Verhältnisses „auf Augenhöhe" zwischen dem Arzt und dem „autonomen" (Höfling, 2006) oder „mündigen" (Buchheim, 2006) Patienten. Auch wurde die Vorstellung des Arzt-Patient-Verhältnisses als Dienstleistungsbeziehung zwischen dem Dienstleistungsanbieter Arzt und dem Patienten als „Kunden" (vgl. Vogel & Schumpelick, 2006, S. 12–13) immer populärer. Empirische Untersuchungen deuten jedoch darauf hin, dass ein paternalistisch geprägtes Arzt-Patient-Verhältnis „im Gegensatz zur gängigen Meinung von Ökonomen" (Krones et al., 2006, S. 238) von Patientenseite weiterhin überwiegend erwünscht ist. An der Grundfigur des ärztlichen Paternalismus mit der Vorstellung der Führung des Patienten anhand von professionellen Standards durch den Arzt ist z. B. die jüngere Strömung der „Compliance"-Forschung orientiert, die sich mit der Erforschung von Faktoren der Therapietreue des Patienten befasst (vgl. Francke, 1994, S. 38–39). Als „Herrschaftsmodell" und „ideologieträchtige" Debatte wird die Compliance-Forschung vor allem hinsichtlich ihrer Ausrichtung, eine „effiziente Verhaltenssteuerung der Patienten" anzuvisieren, kritisch reflektiert (vgl. Heim, 1992, S. 105–106).

Zu erkennen ist auch eine neue, nur vordergründig als klassischer ärztlicher Paternalismus erscheinende Ausgestaltung der Arztrolle im Sinne eines „Neopaternalismus", der scheinbar am individuellen Patientenwohl orientiert sei, jedoch vorrangig den Erwartungen der ökonomisierten Medizin genüge (vgl. Feuerstein & Kuhlmann, 1999, S. 12–13). Nicht nur von ärztlicher Seite wird daher eine grundsätzliche Abkehr vom ärztlichen Paternalismus hin zu einer Marktbeziehung mit äußerster Skepsis begegnet.

Sichtbar wird auch die Emanzipation von Teilen der Patientenschaft aus ihrer respektvollen Passivität, die sich allein am Aufkommen von Kriterien wie der „Patientenzufriedenheit", (hierzu: Dorfmüller, 2001) ablesen lässt. Am ehesten konsensfähig zu sein scheint derzeit das zeitgemäße „partnerschaftliche" Konzept, das

---

[27] Es gibt jedoch gute Gründe, diese Annahme, die zudem nur auf den Wissensaspekt abstellt, anzuzweifeln. So werden als Komponenten einer fortbestehenden Asymmetrie „überlegene Sachkompetenz, weitgehende Entscheidungsmacht über Termin und Dauer, Inhalte, usw., größere Erfahrung mit vergleichbaren Erfahrungen, Vertrautheit mit der Umgebung" (Meier, 2001, S. 323) angeführt.

als „im Trend eines gesamtgesellschaftlichen Wandlungsprozesses" (Francke, 1994, S. 39) liege.

Die (normativ geprägte) Betrachtung des Patienten als gleichberechtigtem Partner[28] bzw. des Arzt-Patient-Verhältnisses als „dialogische Partnerschaft" (Meier, 2001, S. 323), in welcher der Patient der „ranghöhere Partner" (Lown, 2002, S. 63) zu sein habe, betont vor allem die Wechselseitigkeit des Verhältnisses im Sinne einer Austauschbeziehung im Rahmen eines gemeinsamen Koproduktionsprozesses.

Unter den verschiedensten Gesichtspunkten untersucht, erscheint die Arzt-Patient-Beziehung zumindest in Bezug auf die Relevanz der Kategorie „Vertrauen" konstant zu bleiben. Vertrauen, in den unterschiedlichsten Bezügen thematisiert, sei es als im Rahmen einer professionstheoretischen Argumentationsführung als Legitimationsaspekt eines per se ungleichen Verhältnisses oder machttheoretisch als zu hinterfragende Ressource, ist an dieser Stelle vor allem als Gestaltungsaspekt im Arzt-Patient-Verhältnis relevant, das offenbar hinsichtlich seiner Erkenntnisfunktion von einem vertrauensvollen Bezug profitiert. Dieser Aspekt schwingt in den meisten Darstellungen eher unterschwellig mit, wird die Arzt-Patient-Beziehung zwar als „entscheidend für den Heilungserfolg" (Vogel & Schumpelick, 2006, S. 12) angesehen, zugleich das offenbar unverzichtbare „Vertrauensverhältnis" zwischen Arzt und Patient zumeist in den Rahmen normativer Überlegungen im Zusammenhang des ethisch-moralisch korrekten Umgangs mit dem Kranken gestellt[29].

Der ärztliche Aufgabenbereich des Vertrauensaufbaus scheint jedoch vielmehr eng mit einer Form der Bezugnahme auf den Patienten verknüpft, die als „Wahrhaftigkeit und Ernstnehmen der Patientin als autonome Persönlichkeit" (Meier, 2001, S. 342) skizziert wird. Die Rollenanforderung der „Affektneutralität" nach Parsons an den modernen Arzt legt zunächst einen instrumentellen Bezug zum Arbeitsgegenstand nahe.

Als Basis im Rahmen der Begegnung von Arzt und Patient wird fast einhellig ein intensiver emotionaler, oftmals als ganzheitlich geschilderter Kontakt betrachtet

---

[28] Die Realisierung einer partnerschaftlichen Beziehung, wenngleich normativ erwünscht, zwischen Arzt und Patient muss jedoch u. a. aufgrund von Interessengegensätzen als äußerst schwierig eingestuft werden (vgl. Dörner, 2001, S. 73).

[29] Vertrauen wird in der ärztlichen Berufsordnung zunächst in Kontext mit der Verpflichtung gegenüber dem Kranken, den ärztlichen Beruf gewissenhaft auszuüben gebracht (vgl. Weber, 2006, S. 263). Mit Blick auf die strenge berufsrechtliche Regulierung der ärztlichen Tätigkeit wird das Arzt-Patient-Verhältnis auch „zwischen Vertrag und Vertrauen" verortet (vgl. Jung, 2005, S. 21), sodass es durch eine „irrationale Komponente" mitbestimmt sei (vgl. ebd.). Infolge der „engen ökonomischen Vorgaben" drohe jedoch die Erosion des Vertrauens, „Zweifel werden auftreten und das Vertrauen unterminieren" (ebd., S. 267).

(z. B. von Maritz-Mosimann & Winzenried, 1999, S. 30). Auch der Empathie wird eine zentrale Rolle in der ärztlichen Praxis zugeschrieben, so z. B. als „vertiefte Fremdwahrnehmung und Selbstwahrnehmung" (ebd., S. 32) und „ganzheitliches Erfassen" (Hege, 2001, S. 45), Herstellung einer „Identität der Wirklichkeiten" (Geisler, 1987, S. 50) zwischen Arzt und Patient. Zu Bezugsgrößen von zentraler Bedeutung werden die Subjektivität und Individualität des Patienten, auf dessen „Wertewelt", „Leiblichkeit" und „Gefühle" der Arzt Bezug nehme (vgl. Francke, 1994, S. 39). Diese Formen der Bezugnahme auf den Patienten werden durch die übergeordneten Entwicklungen der Gestaltung des Medizinsystems vielfach als gefährdet angesehen, so „fehlt die Zeit, ausführlich mit dem Patienten zu sprechen", „die Einführungen von Fallpauschalen lassen offensichtlich die empathische Hinwendung des Arztes zum kranken Menschen immer weniger zu" (Vogel & Schumpelick, 2006, S. 13). Als instruktiv für die Betrachtung der Arzt-Patient-Begegnung in der Gegenwartsmedizin sind daher Hinweise zu werten, die auf Einschränkung ärztlichen Handelns durch „industrielle Handlungspfade, Produktivitätsprüfungen, Prozessanalysen und Lean-Management-Programme" (Krones et al., 2006, S. 227) und Ähnliches hindeuten. So wird bereits befürchtet: „Neben dieser Standardmedizin wird eine individuelle Arzt-Patient-Beziehung die Ausnahme bleiben" (Weber, 2006, S. 265).

Die Anamnese und das Arzt-Patient-Gespräch
Mit dem Blick auf das Arzt-Patient-Gespräch sollen nun Aspekte der Gestaltung einer konstruktiven Interaktionspraxis beleuchtet werden. Im Anschluss an Lüth, 1974, der mit der „sprechenden" und „stummen" Medizin die erste fundamentale Kritik an der „Reduzierung der Kommunikation in der Medizin"[30] infolge ihrer zunehmenden Technisierung leistet, wurde diesem lange Zeit vernachlässigten Feld ärztlichen Handelns erneute Aufmerksamkeit zuteil. Der Themenkomplex des Arzt-Patient-Gesprächs geht weit über den Rahmen von dessen Erkenntnisfunktion, die an dieser Stelle im Vordergrund steht, hinaus. So vor allem hinsichtlich des ärztlichen Gesprächs z. B. im Umgang mit Schwerkranken, in denen Aspekte in der Kommunikation terminaler Diagnosen (z. B. als „Gespräche gegen die Angst", Geisler, 1987, S. 143 f.) behandelt werden. Als Konsens darf gelten, dass die Anamnese bzw. das Arzt-Patient-Gespräch als grundlegender, wenn nicht sogar wichtigster Baustein des Diagnoseprozesses zu betrachten ist. Auch kommt dem Arzt-Patient-Gespräch nachgewiesenermaßen ein „hoher Stellenwert im kurativen Geschehen"

---

[30] In empirischen Untersuchungen konnte die Beeinträchtigung des Behandlungserfolgs infolge von Kommunikationsdefiziten in der Arzt-Patient-Beziehung nachgewiesen werden (vgl. Lüth, 1974, S. 21–27). Lüth prägte daraufhin den Begriff der „Minuten-Medizin" (ebd., S. 26).

(Hege, 2001, S. 44) zu. In den Schilderungen bekannter Ärzte, in denen vielfach der eigene Werdegang zum erfolgreichen Arzt und hierin unter anderem die Rolle von Vorbildern für den Erwerb zentraler Fähigkeiten jenseits theoretischen Fachwissens beschrieben wird[31], nimmt die Anamnese einen großen Raum ein. Vielfach wird die Kommunikation mit dem Patient – in Anlehnung an die hippokratische „Kunst der Anamnese" – als unverzichtbares Element ärztlicher Kunst betrachtet (vgl. z. B. Sing, 2007).

Zu verzeichnen ist ein großer Umfang an Literatur zur ärztlichen Gesprächsführung, in die auch Erkenntnisse der Kommunikationstheorie und der psychologischen Gesprächsführung Eingang fanden- dies wohl aus dem Grund, dass die Vermittlung dieser Kompetenzen, wenngleich höchst praxisrelevant, kein Bestandteil des formalen Medizinstudiums ist. Betrachtet werden auch vielfach die Besonderheiten des ärztlichen Gesprächs mit bestimmten Patientengruppen (Kindern, Migranten, Schwerstkranken, Angehörige unterschiedlicher sozialer Schichten, etc.). Zusammenzufassen sind zentrale Erkenntnisse einer Auswahl an Publikationen, die, teils idealisiert und im Stil eines Lehrbuchs gehalten, teils aber auch analytisch, Rahmenbedingungen und Ablauf der Arzt-Patient-Kommunikation sowie deren zugrunde liegenden Mechanismen fokussieren.

Insbesondere die häufig betonte „Interaktionsfunktion" (z. B. bei Anschütz, 1987, S. 230; Marckmann, 2003, S. 69) der Anamnese verweist auf die hohe Relevanz des direkten, persönlichen Austauschs zwischen Arzt und Patient. Des Weiteren hat die Anamnese hat neben ihrer „Informationsfunktion" auch das Ziel der Herstellung eines vertrauensvollen Arzt-Patient-Verhältnisses (vgl. Anschütz, 1987, S. 230), das als Voraussetzung einer erfolgreichen Anamneseerhebung gilt. Als zentrale Aufgabe müssen im Rahmen der „zuverlässigen" (Anschütz, 1987, S. 229) Anamnese, dem initialen Gespräch mit dem Patienten, das den Ausgangspunkt des Diagnoseprozesses bildet, eine Vielzahl von konkreten „Primärdaten" (Marckmann, 2003, S. 65), vor allem aber auch „unscharfen" Informationen generiert, d. h., den Angaben des Patienten entnommen werden. Häufig zu lesen sind Hinweise auf Besonderheiten und Schwierigkeiten der Genese und Dechiffrierung dieser Kommunikationsinhalte, wie z. B. bei Schölmerich: „Der Kranke erweist sich als Person in ein soziales System integriert, das nicht allein mit naturwissenschaftlichen Kategorien begriffen werden kann" (Schölmerich, 1988, S. 18), was auf die Relevanz von nicht im engen Sinne „medizinischen" Kommunikationsinhalten im

---

[31] „Naturerkenntnis ist das Thema des Medizinstudiums. Kunstfertigkeit erlernt der junge Arzt in seiner klinischen Ausbildung bzw. in der Praxis. Der so zentral wichtige Erwerb von Menschenkenntnis ist trotz der Vermittlung von systematischer Psychologie unterrepräsentiert. Menschenkenntnis ist sicherlich am schwersten zu vermitteln und am engsten an die einzelne Arztpersönlichkeit gebunden." (Anschütz, 1987, Vorwort).

Arzt-Patient-Gespräch verweist. Als zielführend hat die Kommunikationsanalyse z. B. das Stellen von offenen Fragen aufgezeigt, durch welche eine dialogische Gesprächsführung unterstützt werde[32] (vgl. Geisler, 1987, S. 80 f.: „Die Kunst der Frage"). Bezüglich des geeigneten „Settings" seien eine „positive Grundstimmung", „eine Atmosphäre des Vertrauens" (ebd., S. 23), wie auch genügend Zeit für den Patienten, „in Ruhe" seine Beschwerden schildern zu können (vgl. Anschütz, 1987, S. 230) förderliche Rahmenbedingungen. Zudem wirke sich kontinuierliche Betreuung wie im Fall des Hausarztes positiv auf die Genese von wichtigen Kontextinformationen über den Patienten und somit auch auf eine zuverlässigere Anamneseerhebung aus (vgl. ebd., S. 232).

Die Beherrschung der elementaren „Gesprächstechnik" als „Handwerkszeug" (Geisler, 1987, S. 23) ist jedoch nur als „die halbe Miete" zu betrachten. Ein „Patentrezept" zur Gesprächsführung wird als „Utopie" (Dorfmüller, 2001, S. 11), ein „checklistenartiges Abfragen" (Hege, 2001, S. 48) als wenig zielführend bezeichnet. Als mindestens ebenso wichtiger Aspekt muss offenbar die Berücksichtigung und Bezugnahme auf die Emotionen des Patienten gelten (vgl. Groopman, 2007, S. 18). Als Faktoren für das Gelingen des Arzt-Patient-Gesprächs werden mit Verweis auf die notwendige „Haltung" des Arztes z. B. „Geduld", „Empathie", „Verständnis" und „Respekt" angeführt (vgl. Lang, 2006, S. 309). Arzt und Patient werden auch als Kooperationspartner in einem „Arbeitsbündnis" konzipiert (vgl. Lang, 2006, S. 309). Die Analyse des Kommunikationsprozesses zwischen Arzt und Patient als „komplementäre Glieder in einem gemeinsamen Interaktionssystem, in dem sie Zeichen empfangen und Zeichen senden" (zitiert in Marckmann, 2003, S. 65; nach Uexküll & Wesiack, 1991) weist mit der Akzentuierung zum einen des Interaktionscharakters, zum anderen der wechselseitigen Bedeutungszuweisung nicht formaler Kommunikationsinhalte auf ein äußerst komplexes Geschehen hin. Dieser Gedanke wird in neueren Konzeptionen des Arzt-Patient-Gesprächs als Konstruktions- und Interpretationsprozess, der intuitive und emotionale Fähigkeiten verlange (vgl. Sing, 2007, S. 46–47)[33] bzw. in der US-amerikanischen

---

[32] Diese Empfehlung wird auch in den medizinischen Lehrbüchern, z. B. bei Dahmer (2002), ausgesprochen.

[33] Vielfach kommunikationstheoretisch untersucht, lässt sich das Arzt-Patient-Gespräch bzw. die spezifische Herausforderung, die dessen Bewältigung an den Arzt stellt, unter anderem auch durch das Konzept der „Vier Botschaften" nach Schulz von Thun veranschaulichen. Neben dem „Sachinhalt" seien demzufolge in jedem Kommunikationsakt auch die Ebenen der „Selbstoffenbarung", der „Beziehung" und des „Appells" enthalten, die es sinnvoll zu entschlüsseln gilt (vgl. Geisler, 1987, S. 61–63).

Forschung als Prozess des gemeinsamen „history building" (Hunter, 1991)[34] aufgegriffen. Ergebnisse der neueren Kommunikationsforschung, die neben klassischen Gesprächsanalysen auch auf die Methode der Videobeobachtung zur Erfassung nonverbaler Aspekte zurückgreift, verweisen auf die Notwendigkeit einer möglichst dialogischen, bidirektionalen Kommunikation zwischen Arzt und Patient[35] für eine konstruktive Anamnesepraxis (vgl. Groopman, 2007, S. 17). In diesem Zusammenhang betont Groopman die Relevanz der aktiven Unterstützung des Arztes durch den Patienten als notwendige Bedingung der gemeinsamen Konstruktionsarbeit: „Patients can offer a doctor the most vital information about themselves to steer him toward the correct diagnosis" (ebd., S. 10).

In den Schilderungen der Ärzte Lown, Groopman und anderen finden sich zahlreiche Beispiele für die Kunst der ärztlichen Gesprächsführung, in denen die Bedeutung persönlicher und lebensweltlicher Informationen sowie die empathische Teilnahme des Arztes und die oftmals unkonventionell anmutende Methode der ärztlichen Schlussfolgerung deutlich werden. So sei es Aufgabe des Arztes, „im Gespräch mit einem Patienten dessen individuelle Wirklichkeit zu erfassen und eine gemeinsame identische Wirklichkeit zu finden" (Geisler, 1987, S. 53). Die Klage des Patienten sei hierbei lediglich als „Eintrittskarte zu einer Theatervorstellung" (Lown, 2002, S. 10), die Krankengeschichte als „Wegekarte", ohne sie „die Reise nichts als ein zielloses Einholen von Reparaturen bei zahlreichen Garagen" (ebd., S. 13) zu betrachten. Als wichtige Fähigkeit des Arztes betont Lown die „Kunst des Zuhörens", „das Kernstück einer kunstgerecht am Krankenbett ausgeübten Medizin". (ebd., S. 7), das „die Wahrnehmung intimer Einzelheiten aus dem emotionalen Leben des Patienten" (ebd.) auch scheinbar irrelevanter Details miteinschließe (vgl. ebd., S. 58)[36]. Gemeinsam mit der Fähigkeit zur Beobachtung

---

[34] Wie Schubert resümiert, werden diese Aspekte der ärztlichen Wissensgenese vielfach vom naturwissenschaftlichen Selbstverständnis der Medizin überlagert (vgl. Schubert, 2006, S. 99–100).

[35] In vielen Studien war zuvor kritisch auf die Praxis einer vielfach unidirektionalen Kommunikationsgestaltung zwischen dem aktiven, fragenden Arzt und dem passiven, antwortenden Patienten ausgegangen, in der der Patient typischerweise einen geringen Gesprächsanteil erhält und zudem noch vielfach vom Arzt unterbrochen wird (vgl. Groopman, 2007, S. 17).

[36] Lown kritisiert in diesem Zusammenhang, dass „die Notwendigkeit, sich allumfassend mit dem Patienten zu befassen, niemals in medizinischen Lehrbüchern zur Sprache gebracht oder während der medizinischen Ausbildung erwähnt" (ebd., S. 7) werde. Zu wenig Mühe werde daher auf den Aufbau einer zwischenmenschlichen Beziehung verwendet (vgl. ebd., S. 61). Er appelliert daher an dien ärztliche Leserschaft: „Wissenschaftlicher Fortschritt und technologische Neuerungen berechtigen uns noch lange nicht, jene Qualitäten über Bord zu werfen, welche die Intimität verstärken und die Fürsorge fördern" (ebd., S. 22).

können ohne „aufwändige technische Zauberei" eine Vielzahl von Patientenproblemen gelöst werden (vgl. ebd. S. 14)[37]. So bestehe die besondere Herausforderung des Arztes in der Bedeutungszuweisung von Gesprächsinhalten jenseits der „sachlichen Ebene": „Die implizite Botschaft und den impliziten Appell mitzuhören, macht sicher das ärztliche Gespräch manchmal schwierig, aber auch spannend." (Lang, 2006, S. 312)[38]. So seien gute Ärzte „begabt im Hören mit dem Stethoskop, aber auch mit den Ohren des Herzens. Ihr Innewerden einer unmessbaren inneren Wirklichkeit befähigt sie auch zur Kunst des einfühlsamen und behutsamen ärztlichen Gesprächs" (Nager, 1999, S. 161). Die Befunde der kognitionspsychologischen Expertiseforschung können dahingehend erweitert werden, mit den – häufig auf „social skills" reduzierten- interaktiven Kompetenzen des Arztes einen wesentlichen Schlüssel zur Lösung des diagnostischen Problems zu benennen. Die in diesem Zusammenhang erforderlichen Fähigkeiten des Arztes lesen sich jedoch häufig generisch, so als „Grundhaltung der Zuwendungsfähigkeit" (Flieder, 2001, S. 34), Befähigung zu nonverbaler Kommunikation (vgl. Geisler, 1987, S. 137–140) oder Verfügung über „empathische Fähigkeiten" (vgl. Marckmann, 2003, S. 65–66). Weiter geht in diesem Zusammenhang Dörner mit seiner an den Phänomenologen Merleau-Ponty angelehnten Verortung der ärztlichen Haltung als „umfassendes, auch affektiv-leibliches Ergriffensein" (Dörner, 2001, S. 53).

Die erfolgreiche Gestaltung der Arzt-Patient-Kommunikation muss als zentrale Leistung des Arztes eingestuft werden (vgl. Müller-Kolck, 1993, S. 143 f.). Indem diese Handlungsweisen als wesentliches Medium der Erkenntnisgenese aufgefasst werden, wird der konventionelle Rahmen der Einstufung dieser Fähigkeiten als bloß normative und „garnierende" Fähigkeiten (wie es in einigen Analysen anklingt) des „freundlichen" Arztes verlassen: „The communication piece is not seperable from doing quality medicine" (Groopman, 2007, S. 20). Im Anschluss an die Befunde und Einschätzungen der sondierten Arbeiten scheint die hippokratische Kunst der Anamnese auch in der hoch technisierten Medizin kaum an Relevanz eingebüßt zu haben. Vielfach wird ihr zudem das Etikett der ärztlichen Kunst zugewiesen: „Here is the art of medicine, the sensitivity for language and emotion that makes for a superior clinician" (ebd., S. 22).

---

[37] Auch finden sich in den Betrachtungen des Arzt-Patient-Gesprächs Einschätzungen der gelungenen Anamnese als ökonomisch rationales Handeln („Im Übrigen ist nichts zeitersparender als die Zeit, die Sie in die Erstbegegnung investieren.", Dörner, 2001, S. 60).

[38] Gründe für das Scheitern eines Arzt-Patient-Gesprächs werden sowohl in mangelhafter Gesprächstechnik und in der „Störung" des Arzt-Patient-Verhältnisses gesehen (vgl. Geisler, 1987, S. 18).

Die körperliche Untersuchung
Während insbesondere in den medizinischen Lehrbüchern die körperliche Untersuchung nahezu stiefmütterlich und tendenziell schematisch[39] behandelt wird ist ihr
nichtsdestoweniger ein hoher Stellenwert im Rahmen der ärztlichen Praxis zuzu-
weisen. Unter anderem als vertrauensgenerierender Vorgang thematisiert, jedoch
weit über diesen hinausweisend, bildet auch die körperliche Untersuchung einen
zentralen Bestandteil ärztlichen Handelns:

> „Die Beziehung zwischen Patient und Arzt ändert sich oft dramatisch nach der körper-
> lichen Untersuchung. Die Zurückhaltung schwindet. Sie wird durch eine entspannte,
> mühelos dahinfließende Untersuchung abgelöst. Dinge, die weder mitgeteilt noch ver-
> mutet worden waren, treten ohne großes Nachbohren zu Tage. Fragen werden nicht
> länger übelgenommen. Der Patient, vor wenigen Minuten noch ein Fremder, gibt Inti-
> mitäten preis, die üblicherweise erst nach langer und vertrauensvoller Freundschaft
> erfahren werden." (Lown, 2002, S. 18).

Zweifelsohne ist die körperliche Untersuchung, wie im Kapitel „Zuhören durch
Berühren" (ebd., S. 18–22) aufgezeigt, als weiteres wesentliches Medium der
Erkenntnisgewinnung im Rahmen des diagnostischen Prozesses einzustufen („Berühren ist das älteste und wirksamste Werkzeug ärztlichen Handelns. (…) Berühren
ist ein Mittel, mit dem wichtige Einblicke gewonnen werden können.", „die aller-
erste Berührung bei der Begegnung von Arzt und Patient sollte der Händedruck
sein" ebd., S. 18–19). Unmittelbar ist an dieser Stelle der Hinweis auf die menschliche Fähigkeit der sinnesgeleiteten Genese relevanter Informationen[40], im Fall des
Arztes des Gewinns krankheitsbezogener Informationen, die einen eigenständigen
„diagnostischen Wert" (ebd., S. 19) besitzen. Die Praxis der körperlichen Untersuchung als „wahre Fundgrube an Informationen" (ebd., S. 19) beinhaltet offenbar im
Handlungsstil angelegte körpergebundene und erfahrungsbasierte Fähigkeiten und
Kompetenzen des Arztes, die z. B. im „Handauflegen als älteste Fertigkeit des Arztes" zum „Akt der Kunst" (ebd.) werden. Häufig wird sich zur Beschreibung dieser
Erkenntnisvorgänge, wie z. B. im Rahmen der Analyse der Praxis der Auskultation,
die weit über das analytische Registrieren objektiver Informationen hinausgeht (vgl.
Weishaupt, 1994, S. 256), auf Sinne und Leibaspekte berufen.

---

[39] Die „Methodik der körperlichen Untersuchung" wird grundsätzlich als „systematisches
Vorgehen von ,von Kopf bis Fuß' vorgestellt, das laut Lehrbuch fünf Einzeluntersuchungen
enthält (vgl. Dahmer, 2002, S. 64–67). Der Patient hat im Rahmen dieser Beschreibungen den
Status eines „Untersuchungsobjekts" inne, welches nach genauen Vorgaben und Reihenfolgen
systematisch und planmäßig zu inspizieren ist.

[40] „Die Kunst des Arztes besteht darin, dass wir mit unseren unmittelbaren Sinnen wahrnehmen" (Sauerbruch, zitiert in v. Troschke, 2004, S. 143).

Angedeutet seien hiermit vor allem Fähigkeiten der Genese und Verarbeitung komplexer, nicht-objektivierbarer Informationen, die im Rahmen einer dialogischen Interaktion mit dem Patientenkörper gewonnen werden. Es konnte sogar festgestellt werden, dass sich im Rahmen der körperlichen Untersuchung erhobene Tastbefunde – die jedoch stets im Verdacht der „Subjektivität" stünden – häufig als wegweisender als vermeintlich objektive, technisch generierte Befunde erwiesen (vgl. Fintelmann, 2001, S. 34).

Techniknutzung

In diese erweiterte Vorstellung einer interaktiven und stark sinnesgeleiteten Tätigkeit fügt sich auch das Bild der Nutzung medizintechnischer Verfahren. Als „Fortsetzung der klinischen Untersuchung mit anderen Mitteln" (Anschütz, 1987, S. 238) verlangt die Nutzung von Medizintechnik, neben guten anatomischen Kenntnissen, die dem Bereich des formalen Wissens zuzuordnen sind, und handwerklichem Geschick im Sinne einer „Kunstfertigkeit" (vgl. ebd.), vor allem sehr viel Übung. So wird von Rudolf, der mit der Radiologie ein komplexes bildgebendes Verfahren hinsichtlich der dessen Nutzung zugrunde liegenden geistigen Prozesse betrachtet, der Begriff des „Erfahrungswissens" zur Beschreibung der ärztlichen Handlungskompetenz herangezogen (vgl. Rudolf, 1993, S. 75). Zentrale Bedeutung erhalten hierbei die Elemente „Wahrnehmung" und „Erfahrung" (vgl. ebd., S. 89–106) wie auch die an den „Leib" gebundene „Vielfalt der Sinne", die er als eng verbunden mit „Empfinden" und „Denken" aufzeigt (vgl. ebd., S. 95–96). Rudolf schließt hierbei explizit nicht an einen „konventionellen" Erfahrungsbegriff sondern an eine erweiterte Vorstellung von Erfahrungswissen als „hochdifferenzierte, in der Interaktion bzw. im Umgang mit komplexen und geistig anspruchsvollen Aufgaben erworbene Fähigkeit" (ebd., S. 75.), wie mit dem arbeitswissenschaftlichen Begriff von Böhle (siehe dazu weiter unten) geprägt wurde, an. Er charakterisiert hiermit ein Wissen, das zwar „theoretisch anleitbar" (ebd.) sei, sich jedoch „unterhalb der Bewusstseinsschwelle" (ebd.) ausbilde, dementsprechend kaum explizierbar sei und offenbar aufs Engste mit Prozessen der sinnlichen Wahrnehmung verbunden ist. Zudem rekurriert er auf die in der kognitionspsychologischen Forschung als relevante Fähigkeit festgestellte Leistung der „Mustererkennung" zur Erklärung der in der bildgebenden Diagnostik ablaufenden Prozesse (vgl. ebd.). An die Phänomenologie Merleau-Pontys anknüpfend entfaltet Rudolf ein komplexes Bild der in der Radiologie stattfindenden Wahrnehmungsvorgänge, die er mit den Begriffen „Intuition" und „Ganzheitlichkeit" als weit über ein Verständnis des Befundungsvorgangs als „kognitiv-bewusste Prozesse" bzw. an den Abläufen der Computertechnologie orientierter Prozesse hinausgehend erläutert (vgl. ebd., S. 81–82). Den radiologischen Befund ordnet Rudolf

als „Interaktion dieses komplexen radiologischen Erfahrungswissens mit dem visuellen Material" (ebd., S. 177) ein, wobei der Röntgenbefund „meistens vieldeutig"
sein und „im Umgang, im Arrangement der Informationen am Arbeitsplatz vom
Radiologen ‚zum Sprechen gebracht'" (ebd.,) werden müsse. Nur für das „geübte
Auge" seien „diese Artefakte leicht erkennbar" (ebd.), wobei vor allem das Beurteilen von „Signalen" als entscheidende Fähigkeit des Radiologen zu betrachten
sei. Die als „schwer zu analysieren" bezeichnete Frage, „mittels welcher kognitiver
Mittel und Prozesse" (ebd., S. 195) die radiologische Tätigkeit bewältigt werde,
enthüllte u. a. die Fähigkeit des „schnellen, flexiblen Wechsel via Blicksprung"
(ebd., S. 209) des erfahrenen Radiologen. Insgesamt erscheint die Beherrschung
eines medizintechnischen Verfahrens in hohem Masse abhängig von der klinischen
Erfahrung ihres Benutzers (vgl. Fintelmann, 2001, S. 35). Auch die Sonographie
gehört zu den sehr übungsintensiven Verfahren, die erst auf einem hohen Niveau der
technischen Beherrschung reliable, dann aber umso distinktivere Ergebnisse liefern.

Im Rahmen einer instrumentellen Konzeption der Techniknutzung wird vielfach
übersehen, dass die „Interpretationskunst" des Arztes, „eine Kunst, die sich zwischen Präzision und Phantasie bewegt" (Feuerstein, 1996, S. 197), durch den Einsatz
objektivierenden Geräts nicht obsolet wird. Dies gilt, neben der oben angesprochenen Fähigkeit zur Erkennung von Unregelmäßigkeiten in technisch generierten
Daten, auch und sogar in besonderem Maß für die bildgebenden Verfahren. Die zum
Lesen z. B. eines Röntgenbilds oder eines Sonographiebilds erforderliche Interpretationsleistung, die sich bis heute als nicht technisch substituierbar erwiesen hat, gibt
deutliche Hinweise auf ein komplexes Zusammenspiel von Wissensarten und Fähigkeiten. Bei aller (vermeintlichen) Objektivität der Anwendung von Technik gibt die
subjektive Interpretationsleistung den Ausschlag über den Erfolg der Untersuchung.
Die „scheinbare Sicherheit einer absoluten Objektivität oder Beweisbarkeit" erweise
sich in diesem Fall als „relativ" (vgl. Fintelmann, 2001, S. 36). Je höher die Ambi-
guität und Komplexität des Problems ist, desto mehr erfordert seine Bewältigung
einen deutenden, interpretierenden Zugang, im Rahmen dessen quantitative Daten
allenfalls nur als Richtschnur dienen können.

Einen anderen Schwerpunkt, nämlich den der Betrachtung des kommunikativen
Aspekts zwischen Arzt und Patient im Rahmen der Ultraschalluntersuchung legt
Kirchner, indem sie den Prozess der Ultraschalluntersuchung als „vernetztes Sys-
tem mit einer Vielzahl von Kommunikationswegen, die alle gleichzeitig ablaufen"
(Kirchner, 1999, S. 47) veranschaulicht. In den Fokus gerät so die Integrationsfähig-
keit des Arztes bezüglich der verschiedensten optischen, akustischen und visuellen
Reize sowie deren „Deutung". In die Befundung einzubeziehen seien zudem die
Angaben des Patienten wie auch die durch ihn nonverbal vermittelten Informatio-
nen. (vgl. ebd.). Dieser komplexe Prozess vollziehe sich „real-time" (ebd., S. 48),

d. h., weitgehend simultan, wodurch er sich als höchst anspruchsvolle Tätigkeit qualifiziert, die die Fähigkeit der sinnlichen Wahrnehmung maximal fordert. Dem Einbezug des Patienten im Rahmen der Ultraschalluntersuchung als „Schnittpunkt zwischen Wissenschafts- und Alltagswelt" (Titel) kommt in der Untersuchung Kirchners hohe Bedeutung zu. Der Patient werde „in hohem Maße zur Mitarbeit und eigenen Gedankentätigkeit angeregt und durch das Medium ‚involviert'" (ebd., S. 48), wodurch sich die Untersuchungssituation als „Dreiheit" (Triade) auszeichne (vgl. ebd., S. 50). Unter Bezug auf den, wie Kirchner anmerkt, „in der Medizin teilweise ungenügend reflektierten" Leib-Ansatz nach Merleau-Ponty betrachtet Kirchner die vielfach in der ärztlichen Praxis vorgenommene Reduktion des Patienten auf seinen Körper, bzw. auf „Messdaten", durch die technische Intervention, z. B. durch „Aufhebung des Kontaktes", die sie im Ultraschall in vergleichsweise geringerem Masse als gegeben ansieht (vgl. ebd., S. 87).

Eine zeitgenössische Architektur des technisch mediatisierten ärztlichen Blicks als spezifische Form der Aneignung von technischen Artefakten begründet Schubert, der die Interaktion von Arzt und Medizintechnik im Rahmen von „soziotechnischen Ensembles" (vgl. Schubert, 2006, S. 15, 113 f.) analysiert. Fokussiert wird an dieser Stelle der Handlungsstil ärztlicher Experten im Umgang mit Technik, der, als subjektivierendes Handeln (*siehe dazu* weiter unten) erkennbar wird (vgl. ebd., S. 196), bzw. im von Schubert postulierten „sozio-technischen Blick" (ebd., S. 197) des ärztlichen Experten als erfolgreiches Zusammenspiel objektivierender und subjektivierender Erkenntnisformen greifbar wird. Des Weiteren liefert Schuberts Empirie für die Praxis der Anästhesie und andere Bereiche zahlreiche Beispiele für die Relevanz und Funktionsweise subjektivierenden Handelns (vgl. ebd., S. 196–199), so z. B. dafür, wie Technik in „einem Prozess der subjektiv-situationalen Abwägung durch die Ärzte" (ebd., S. 204) sinnvoll umgedeutet wird. Hierbei führe „der jahrelange, alltägliche Umgang mit Laborwerten und Patienten" „zu einer spezifischen Praxis des Wahrnehmens, Einschätzens und Entscheidens" (ebd., S. 195).

Die Diagnosestellung
Die Diagnose als „Durchschauung des Krankheitsbildes" (Anschütz, 1987, S. 99) hat aus verschiedenen Gründen eine herausragende Stellung innerhalb des ärztlichen Handelns. Ist sie als Inbegriff ärztlicher Kunst mit Stolz und Ansehen verbunden, beinhalte sie vor allem ein Handlungsprinzip (Anschütz, 1987, S. 107)[41].

---

[41] Die von einigen Kritikern als überhöht angesehene Stellung der Diagnose als alleinige Basis ärztlichen Handelns wird von Hartmann 1981 als „diagnostischer Imperativ" auf den Punkt gebracht, der das medizinische Denken beherrsche (vgl. Anschütz, 1987, S. 114). Das Ideal der präzisen Abgrenzung von Krankheitsbildern habe das prognostische Denken des vorwissenschaftlichen Zeitalters verdrängt (vgl. ebd., S. 123). Wieland sieht die Diagnose

Auffällig wenig wird sich jedoch mit dem Prozess des Erkennens an sich in der Diagnosestellung analytisch auseinandergesetzt.

Angelehnt an das Leitmotiv planmäßig-rationalen Vorgehens „Erst denken, dann handeln" wird der Diagnoseprozess häufig als sequentielle Abfolge verschiedener Stufen der Diagnostik konzipiert. Dem biomedizinischen Modell von Krankheit – als präzise gegeneinander abgrenzbare und eindeutig definierbare, somit als idealtypische Lehrbuchfälle darstellbare pathologische Erscheinungen – entsprechend hat sich die Sichtweise eines rein formal beschreibbaren ärztlichen Erkenntnis- oder Entscheidungsprozesses verfestigt, so z. B. als „Hypothesengenerierung" anhand von erhobenen Befunden sowie deren kognitiv-rationaler Prüfung im Rahmen von „diagnostischen Schleifen" (z. B. bei Marckmann, 2003, S. 70–71). Die Annahme eines linear-sequentiellen Diagnoseprozesses, der nach wie vor als solcher gelehrt würde, ist jedoch zu hinterfragen, da sich dieser in der Praxis zumeist völlig anders gestalte: „Medical students are taught that the evaluation of a patient should proceed in a discrete, linear way; you first take the patient's history, then perform a physical examination, order test, and analyze the results. (…) But in fact, few if any physicians work within this mathematical paradigm" (Groopman, 2007, S. 11–12). Die Annahme der Deckungsgleichheit des theoretisch modellierten Vorgehens mit der klinischen Praxis muss daher als „Utopie" (Anschütz, 1987, S. 118) enttarnt werden. Die Diagnose, auch wenn sie in wissenschaftlich fundiertem Gewand daherkommt, ist in der ärztlichen Praxis häufig lediglich eine Wahrscheinlichkeitsaussage (vgl. ebd., S. 14). So bewegt sich die Diagnosestellung zwischen den beiden Extrempolen einer eindeutigen Nachweisbarkeit eines pathologischen Befunds (Knochenbruch auf Röntgenaufnahme, histologische Befunde) und der nicht nachweisbaren (oder nicht vorhandenen) organischen Störung trotz subjektiven Krankheitsempfindens. Auch sei nicht jeder Befund in jedem Kontext gleich zu bewerten: „Im Niemandsland zwischen ,noch normal' oder ,schon pathologisch' entscheidet sehr oft das Befinden des Patienten über die fällige Grenzziehung" (ebd., S. 161). Eindeutige Wenn-dann-Regeln greifen in der ärztlichen Praxis oftmals nicht: „Keine Regel und kein Begriff können von sich aus zeigen, wann sie anwendbar sind und wann nicht" (Wieland, 2004, S. 96). Die Diagnose sei „von allem, was in einer theoretischen Naturwissenschaft als Erkenntnis bezeichnet wird, strukturell verschieden" (ebd., S. 67). Entsprechend muss der Prozess der Diagnosestellung vielfach nicht als Ergebnis

---

jedoch als „Fundamentalbegriff der Medizin" (Wieland, 2004, S. 31) und „zentrale(n) Orientierungspunkt im Denken des Arztes" (ebd.) an und stellt sie daher in den Mittelpunkt seiner Analyse, wenn er sie zugleich auch unter Rückgriff auf Koch 1917 als „Fiktion" für die Praxis enttarnt (vgl. ebd., S. 46). Wieland 1975/2004 analysiert in seiner grundsätzlichen Auseinandersetzung das Selbstverständnis und den epistemologischen Status der Medizin anhand der „Diagnose" (Titel) und muss daher als Klassiker zum Thema hervorgehoben werden.

logisch-diskursiver Analyse eines objektiv definierbaren Problems begriffen werden, sondern vor allem als Übersetzungs- und Interpretationsleistung bzw. sogar
„subjektgebundene schöpferische Leistung eines Arztes" (Degele, 1994, S. 178).

Der charakteristischen Form des situativen Verstehens, wie sie sich in der Diagnosestellung vollziehe, wurde sich auch durch die Künstliche Intelligenz-Forschung
angenähert. Die durch den analytischen Vergleich des Verarbeitungsprozesses von
Computern und Menschen offenbarten Besonderheiten menschlichen Problemlösens können in besonders origineller Form durch die in der KI-Forschung rezipierte
Analogie des im Rahmen der Diagnosestellung stattfindenden Erkenntnisprozesses
und dem Verstehen eines Witzes veranschaulicht werden (vgl. Hucklenbroich &
Toellner, 1993, S. 103–104). Unter Bezug auf den Urheber des Gedankens War-
tofsky werden kognitiver Stil und das „Kapieren" eines Witzes mit den sich in der
Diagnosestellung vollziehenden Vorgängen gleichgesetzt. Zentrales Argument ist
das Nichtvorhandensein logischer Analyse im Rahmen einer „blitzartigen" und „intuitiven" Einsicht, die in vielen Diagnoseprozessen das entscheidende Moment sei
(vgl. ebd., S. 103). In der Fähigkeit, „spielerisch und künstlerisch mit Hypothesen
und Assoziationen herumzujonglieren", zur Problemlösung durch „Erleuchtung",
zeige sich die Überlegenheit des Humanexperten gegenüber dem computerbasierten
Diagnosesystem (vgl. ebd., S. 104).

Der „gute Arzt" und die „ärztliche Kunst"
Vielfach quer zu den betrachteten Konzepten und Kategorien liegen in den ver-
schiedenen Analysen und Reflexionen zur ärztlichen Tätigkeit die hierin getroffenen
Einschätzungen zum „guten Arzt" bzw. zur „ärztlichen Kunst".

Insbesondere in älteren Konzeptionen wird der Arzt und das ihm eigene Wissen
tendenziell als unanfechtbares Herrschaftswissen beschrieben, das keiner externen Legitimation bedarf, wie in diesem Zitat des berühmten Arztes Ferdinand
Sauerbruch:

> „Die Medizin ist eine Naturwissenschaft, aber das Arzttum ist keine Naturwissenschaft,
> sondern Arzttum ist das Letzte und Schönste und Größte an Beziehung von Mensch zu
> Mensch. Das Arzttum ist das Königliche; die Naturwissenschaften sind die Minister
> des Königs, die dienen müssen und nicht herrschen dürfen." (zitiert in Fliedner, 2001,
> S. 32).

Breite Akzeptanz findet auch die Verortung der ärztlichen Tätigkeit zwischen den
Feldern Wissenschaft, Kunst und Handwerk. „Arztsein ist eben ein besonderer
Beruf: ausgefüllt von Naturerkenntnis, Menschenkenntnis und Kunstfertigkeit" (V.
v. Weizsäcker, in: Anschütz, 1987, S. 178). Vielfach wird sich in der Betrachtung der „Heilkunst" auf – teils generische „menschliche Fähigkeiten bezogen"

(vgl. v. Troschke, 2004, S. 16–17), oftmals auch wortgewaltig die Besonderheit der ärztlichen Tätigkeit beschworen:

> „Ganzheitlich betrachtet und verwirklicht, ist die Medizin ein einzigartiger Beruf, ein wundersames Gemisch von Wissenschaft, Handwerk, Geschäft, Liebestätigkeit und Kunst. Die ersten drei Ingredienzien: Wissenschaft, Handwerk, Geschäft rufen die Denk- und Empfindungsfunktionen auf den Plan, die letzteren zwei: Liebestätigkeit und Kunst erfordern die Entfaltung von Gefühl und Intuition. Erst die gute Mischung dieser Ingredienzien erweitert die Heiltechnik zur Heilkunst." (Nager, 1999, S. 158).

Erst in den neueren Betrachtungen wird aus den hieraus resultierenden unterschiedlichen und teils widersprüchlichen Anforderungen ein Spannungsfeld „zwischen ärztlicher Kunst und ihrer (natur-) wissenschaftlichen Basis" abgeleitet. Insbesondere durch Bezüge zu einem von charismatischen Fähigkeiten getragenen Arzttum (akzentuiert als „leib-seelische Wechselwirkungen" und „Einfühlungsvermögen" und „schöpferische Phantasie") soll die Inkompatibilität der ärztlichen Handlungslogik mit der nüchtern-technischen Profession verdeutlicht werden (Fliedner, 2001, S. 32–33). oder gar ein Widerspruch zwischen den oftmals als Gegenpole betrachteten Handlungslogiken der Kunst und der Wissenschaft konstatiert. Folgt man anderen Autoren spricht vieles dafür, dass „in ihrem schöpferischen Kern Kunst und wissenschaftlicher Fortschritt wesensverwandt (sind)" (Reichert, 2004, S. 19). Diesbezüglich sei auf die Maxime Goethes verwiesen, „dass wir uns jede Wissenschaft notwendig als Kunst denken (müssen), wenn wir von ihr Ganzheit erwarten" (zitiert in: Nager, 1999, S. 161).

Festzustellen ist weiterhin eine Kontinuität der Bestimmung des guten Arztes über die Komponente des (Mit-) Fühlens: So sprach schon Goethe von „denkenden und fühlenden" Ärzten (vgl. Steiner, 1901, S. 585). „Ein guter Arzt muss Begeisterung mitbringen, eine moralische Affinität zu den Gefühlen seiner Patienten; um ihnen zu helfen, muß er imstande sein zu fühlen, was sie fühlen." (H. Selye, zitiert in: v. Troschke, 2004, S. 7). Die verbreitete Vorstellung, ärztliches Entscheidungshandeln sei frei von Emotion („Most people assume that medical decision making is an objective and rational process, free from the intrusion of emotion", Groopman, 2007, S. 36) ist daher zurückzuweisen: „Ratio" sei durch die „Weisheit des Gefühls zu ergänzen" (Nager, 1999, S. 160).

Es fällt auf, dass sich durchweg auf (scheinbar) personale Eigenschaften bezogen wird, die sich jedoch in der handlungstheoretischen Analyse als Elemente eines professionellen Handlungsstils erweisen. Beschrieben als „Vollorchestrierung ihrer Persönlichkeit" (ebd., S. 161) mobilisieren die handelnden Subjekte spezielle Fähigkeiten z. B. der sinnlichen der Wahrnehmung, welcher über verschiedene Handlungsanforderungen hinweg ein hoher Stellenwert im Rahmen des ärztlichen Handelns eingeräumt wird. Die ärztliche Praxis – entgegen der medizinischen Wissenschaft – sei weitgehend am Sichtbaren, am Beobachtbaren orientiert, das sich im Wesentlichen aus der sinnlichen Wahrnehmung speise (vgl. Fintelmann, 2001, S. 38). Während bei einigen Autoren die Art und Weise der Nutzung sinnlicher Wahrnehmung diffus bleibt oder sich auch als objektivierender Gebrauch der Sinne interpretieren ließe, bezieht sich v. Troschke eng auf eine „erfahrungsgeleitete Nutzung der fünf Sinne", die er zudem mit einem von ihm als „klinischen Blick" bezeichneten Erkenntnisstil in Verbindung bringt (Troschke, 2004, S. 143). Konkreter noch wird Weishaupt, die eine Beschreibung verschiedener Wahrnehmungsphänomene leistet:

> „Die sinnliche Erfahrung und Hautberührung und Farbwahrnehmung von Dermatologen, das an die leibliche Erfahrung gebundene, diffizile Hören bei der Auskultation, das imaginative, d. h., nicht auf das analytische Registrieren eindeutig definierbarer Informationszeichen reduzierbare Sehen des Radiologen, oder auch der ‚ärztliche Blick', der kein lokal beschränkter Blick ist, sondern verschiedene Wahrnehmungsebenen integriert und eher einen intuitiven Einblick ins Geschehen nimmt – sie alle sind unverzichtbar im Diagnose- und Therapieprozess und fügen sich dennoch nicht in wissenschaftlich objektiv-rationale Maßstäbe ein." (Weishaupt, 1994, S. 256).

Erkenntnisreich ist auch die Näherbetrachtung der zentralen Konzepte ärztlichen Wissens ‚Ärztliche Urteilskraft', ‚Ärztlicher Blick', oder ‚Ärztliche Intuition' auf die nahezu alle Analysen zumindest punktuell Bezug nehmen, sowie der mit ihnen in Verbindung gebrachten Handlungs- und Erkenntnisformen. Erscheinen diese Beschreibungen in der verwissenschaftlichen Medizin als Anachronismus, zumindest schwer mit dieser in Einklang zu bringen, zeigt sich eine erstaunliche Kontinuität der Begrifflichkeiten und ihres Stellenwerts im Kanon des ärztlichen Wissens. Als „personengebundene Disposition" (Wieland, 2004, S. 11) beinhalte die ärztliche Urteilskraft Elemente ärztlichen Wissens „hinsichtlich derer sich der moderne Arzt nur wenig vom Arzt der hippokratischen Schule unterscheidet" (ebd.). Ausdrücklich verweist Wieland auf die Unverzichtbarkeit dieser „Instanz" als „Hiatus zwischen Wissen und Handeln" (ebd., S. 13) – dies insbesondere, da die Medizin „immer mehr durch eine Orientierung an statistischen Gesetzmäßigkeiten überlagert" sei (ebd.).

Als äußerst eng verwandt, wenn nicht sogar synonym, erscheinen die unter diesen Begriffen subsumierten Wissensformen und Erkenntnisprinzipien, werden sie teils in ihrer Wechselbezüglichkeit begründet. Dies z. B. prominent von Polanyi, dem Urheber des Begriffs „implizites Wissen", der auch die ärztliche Urteilskraft in den

Blick nimmt und diese mit dem von Intuition getragenen „Kennerblick"[42] fasst.
Auch sei die Fähigkeit zu intuitivem Handeln eine wichtige Fähigkeit im Rahmen
der ärztlichen Diagnosestellung („der Arzt, der zu einer treffsicheren Diagnose
kommt, weil er randbewusst Fingerzeige aufnimmt, die er als solche nicht berichten
könnte", ebd. S. 244). So wird von Schachtner mit der „Fähigkeit der Urteilskraft"
als „flexibler" und „respektloser" Umgang mit Theorie der Kern professionellen
Handelns benannt (Schachtner, 1999, S. 154).

Mit dem ärztlichen Blick im fundamentalen Unterschied zu dem „verobjekti-
vierenden" (Wettreck, 1999, S. 257) „medizinischen Blick"[43] als zwei differente
Erkenntnisstile beschäftigt sich Wettreck im Rahmen seiner normativ geprägten
Auseinandersetzung „Arzt sein – Mensch bleiben". Den ärztlichen Blick verortet
Wettreck im „Ärztlichen" oder „Urärztlichen", das er als Kern ärztlichen Handelns
betrachtet (vgl. ebd., S. 253). Als Charakteristikum des ärztlichen Blicks wird die
umfassende, ganzheitliche Bezugnahme auf die Subjektivität des Patienten angeführt (vgl. ebd., S. 257), die erst auf Grundlage „persönlicher Erfahrung" („nicht
allein aus wissenschaftlicher Statistik", ebd., S. 258) möglich werde. Insgesamt sei
ärztliches Handeln in seinem ursprünglichen Sinn als „Kunst der Gratwanderung
zwischen Distanz und Identifikation, fachlichem Anspruch, ärztlichem Wertesys-
tem und Patientenwillen, Machen und Lassen, Orientierung und Bemächtigung,
Begleitung und psychischer Invasion, Ritualität und Rationalität" (ebd., S. 259) zu
bestimmen, womit zugleich die umfassenden Problemlagen des Arztes in der wissenschaftsbasierten und ökonomisierten Medizin der Gegenwart berührt werden.
Als funktional erforderlich nicht zuletzt zur Bewältigung dieser vielfältigen Span-
nungsfelder scheint der ärztliche Blick als zentrale Kompetenz ärztlichen Handelns
und Entscheidens auf.

Das Thema Intuition beschäftigt eine Reihe von Autoren, die sich von verschiedenen Seiten an das Phänomen annähern[44]. Hervorzuheben ist die umfängliche und

---

[42] Auch als „Connoisseurship" bezeichnet, sei dieser in der Lage, hinter der Fassade irrelevanter Einzelwahrnehmungen sinnstiftende Muster zu identifizieren (vgl. Neuweg, 1999,
S. 177).

[43] Diesen bezeichnet Wettreck nicht nur als Ausdruck „wissenschaftlicher Neutralität"
(Wettreck, 1999, S. 99) sondern auch interessanterweise als Folge einer „Sachzwang-Medizin"
(ebd., S. 280). In diesem Zusammenhang sei auch auf Foucaults „Archäologie des ärztlichen
Blicks" zu verweisen. Foucault analysiert speziell im Kapitel „Sehen, wissen" (Foucault,
1973, S. 121–136) die objektivierende Praxis des ärztlichen Blicks im modernen Klinikum.

[44] Intuition wird teils anekdotisch exemplifiziert (z. B. unter Rückgriff auf Grimms Märchen
Gevatter Tod als rettender ärztlicher „Kunstgriff" Maritz Mosimann & Winzenried, 1999,
S. 29) als heldenhafter Sieg über den Tod durch einen vorwissenschaftlichen Arzt, jedoch
primär auf ärztliches Handeln der Gegenwart bezogen.

titelgebende Analyse der ärztlichen Intuition von Catel (1979), der über die Gemeinsamkeit der starken Relevanz intuitiven Erkennens Analogien des Arztes sowohl
zum Künstler als auch zum Wissenschaftler herstellt. Den Wesenskern der Medizin
sieht Catel in der „Heilkunst", die „ohne diese Intuition und Kreativität nur starres
Gerüst eines Baumes ohne Blüten" sei. Insbesondere das erste Ahnen der korrekten
Diagnose, das den weiteren Verlauf der Interaktion mit dem Patienten leitet, sieht
er als stark von Intuition getragen. Erscheinungsformen der Intuition in der Medizin werden in verschiedenen Bereichen vermutet, so in den intuitiven Entdeckungen
genialer Forscher, der intuitiven Fähigkeit zu richtigen ärztlichen Entschlüssen trotz
ungenügender Information, dem „klinischen Blick" und der „intuitiv-empathischen
Einfühlung in die Individualität und die Befindlichkeit des Kranken" (vgl. Nager,
1999, S. 151). „Die im ärztlichen Alltag wichtigste Erscheinungsform der Intuition
und wohl die eigentliche Brücke von der Heiltechnik zur Heilkunst", nämlich „die
intuitiv-empathische Einfühlung in die Individualität und in die innere Wirklichkeit des Patienten" (ebd.) wird eng mit dem „klinischen Blick" assoziiert, hier
charakterisiert als „Fähigkeit, in einer Fülle von Fakten und Informationen auf
Anhieb das Wesentliche einer komplexen Situation zu erfassen" (ebd.). Die Intuition auf Grundlage „langjähriger klinischer Erfahrung" wird hierbei als „seelische
Grundfunktion" und „kultivierte Schulung der eigenen fünf Sinne" (ebd.) begriffen. Insbesondere die direkte Arzt- Patient- Interaktion betreffend werden eine Reihe
von Verhaltensweisen und Dispositionen angeführt, die einer logisch- diskursiven
Problemoperationalisierung und distanzierten Problembetrachtung widersprechen
(„zarte Empathie, die sich mit dem Gegenüber innigst identisch macht", ebd.) und
eine „gefühlsmäßige Beteiligung" als Voraussetzung von Intuition zugrunde legen
(vgl. ebd.). Der US-amerikanische Arzt Lown verweist in seiner Abhandlung „Die
verlorene Kunst des Heilens" (2002) gleich eingangs mit einem Satz von Paracelsus auf die fortbestehende Relevanz von Intuition in einer stark wissenschaftlich
ausgerichteten Medizin. Paracelsus verortet „Intuition, die nötig ist, den Patienten,
seinen Körper und seine Krankheit zu verstehen" als grundlegende Voraussetzung
des Arztes: „Ein Arzt muss über Wahrnehmungsvermögen und Tastsinn verfügen,
um sich in die Befindlichkeit des Patienten einzufühlen" (zitiert in: Lown, 2002,
S. 1).

Jenseits eines als „gefühlsmäßig" charakterisierten Zugangs wird Intuition in
der ärztlichen Praxis auch als assoziatives Denken relevant: Die „gewohnte Verbindung von Sinneseindrücken mit bereits bekannten", bzw. in seiner Steigerung
als „einmalige Verbindung von Zusammenhängen zwischen früheren und neuen
Apperzeptionen" (vgl. Groß, 1992, S. 300), tritt im offensichtlichsten Fall in der
Blickdiagnose, dem diagnostischen Erkennen beim bloßen Anblick des Patienten,

zutage. Auch im Zusammenspiel mit statistischen Daten würden „intuitive Denkak-
te" wirksam, bzw. durch selbige erst zur Erkenntnis erhoben würden (vgl. Heusser,
1999, S. 93). Dies gelte auch für den Bereich der Therapie: „Therapeutische Intuition" und deren „Freiheit und Kreativität" sei im Zusammenspiel mit bzw. als
Voraussetzung zur Nutzung von objektiven Daten und Erkenntnismethoden notwendig (ebd., S. 92). Hiermit ist zugleich die Diffusität aber auch Vielschichtigkeit
des Phänomens Intuition bzw. der Verwendung des Begriffs zur Beschreibung von
bestimmten Fähigkeiten angezeigt.

Von ungebrochener Aktualität ist offenbar nach wie vor die Frage nach Funktion und Stellenwert von Intuition im ärztlichen Handeln, mehr noch scheint
sie sogar – wie generell die Relevanzzuschreibung von nicht-rationalen oder
nicht-wissenschaftsbasierten Wissensformen und Erkenntnismethoden im ärztlichen Handeln – im Zeitalter der zunehmend als verwissenschaftlicht erscheinenden
Medizin noch an Brisanz zu gewinnen. Vor dem Hintergrund der Zurückdrängung intuitiver Zugänge aus der verwissenschaftlichten Medizin gibt es zahlreiche
Stimmen, die eine Stärkung und Anerkennung von Intuition als „Ergänzung der
wissenschaftlichen Erkenntnis" (Ausfeld-Hafter, 1999, Vorwort) anstreben. Unter
der Fragestellung „Ist Intuition lernbar?" (Maritz-Mosimann & Winzenried, 1999,
S. 31–33) werden intuitionsförderliche Verhaltensdispositionen benannt, die sich
unter dem Sammelbegriff „Aufmerksames Einlassen auf die Situation" subsumie-
ren lassen (z. B. „Erlernen der Kunst der empathischen Identifikation mit Objekten,
Tieren, Menschen", ebd., S. 31). Interessanterweise verorten sie Intuition nicht,
wie man vielleicht mit dem Gedanken an spektakuläre Aktionen herausragender
Ärzte annehmen könnte, in der singulären und seltenen Einzelleistung, sondern
im alltäglichen, „unscheinbaren" Handeln des Arztes („Geduld üben, anstatt zu
intervenieren", ebd. S. 30). Als „Bauchentscheidungen" (Gigerenzer, 2008) explizit
den „gefühlsmässigen", im Unterschied zur „durchdachten" Entscheidung irrational anmutenden Aspekt der Intuition akzentuierend, thematisiert Gigerenzer die
herausragende Bedeutung von emotionalen Entscheidungsgrundlagen, respektive
Intuition, in fast allen Lebenslagen, vor allem auch explizit in der Medizin (vgl. Gigerenzer, 2008, S. 169–190). Seine Ausführungen leitet Gigerenzer mit einem Zitat ein,
das sich im Rahmen eines Plädoyers für „schnelle und einfache Faustregeln" zum
Ziel macht, „die kognitiven Prozesse jener hervorragenden Ärzte verstehen (zu) lernen, die ständig vorzügliche Entscheidungen treffen, ohne sich in erkennbarer Weise
an den Kanon der evidenzbasierten Medizin zu halten" (ebd., S. 169). Hinsichtlich
einer effizienten Gesundheitsversorgung müsse der Arzt von einer überkomplexen statistisch basierten Entscheidungsfindung zur Kunst, „sich auf die wichtigen
Aspekte zu konzentrieren, und den Rest zu vernachlässigen" (ebd., S. 190), zurückkehren. Unter der Überschrift „Wie sich die ärztliche Urteilsfähigkeit verbessern

lässt" (ebd., S. 178–180) empfiehlt Gigerenzer die Implementierung von einfachen Entscheidungsregeln in Form eines „effizienten Entscheidungsbaums" (ebd., S. 185) in die ärztliche Praxis. Mit diesem einfachen Werkzeug könne die klinische Intuition deutlich verbessert werden („Medizinische Intuition lässt sich trainieren", ebd., S. 189). Es erscheint jedoch fraglich, ob hiermit dem komplexen Phänomen der Intuition vollständig Rechnung getragen werden kann.

Merkmale und Randbedingungen der ärztlichen Praxis
Überblicksartig zusammengefasst werden können wesentliche Befunde zu den Merkmalen und Randbedingungen der ärztlichen Praxis:

• *Konkurrierende Handlungslogiken*

Durch umfassende empirische Analyse ärztlichen Handelns im Setting des von verschieden Rationalitäten bestimmten Krankenhauses konnte dieses prinzipiell als Handlungsfeld veranschaulicht werden, dessen Logiken als widersprüchlich und teils konkurrierend wirken. Die mikrosoziologische Betrachtung zeigt insbesondere das Spannungsfeld ärztlicher Entscheidungsprozesse mit Logiken der Ökonomisierung auf (siehe dazu näher: Vogd, 2004), das unmittelbar in die Sphäre des praktischen Handelns hineinwirkt, sei es als Arbeitsverdichtung oder Überformung ärztlicher Handlungslogiken mit sachfremden Steuerungsmechanismen.

• „Unwissenschaftlichkeit" ärztlichen Handelns

Konzeptionen der „Heilkunde als Handlungswissenschaft" (Bier, 1926; zitiert in Anschütz, 1987, S. 177), bzw. der Medizin als „praktische Wissenschaft" (Wieland, 2004, S. 12) oder „angewandte Wissenschaft" sind offenbar weitgehend Konsens (vgl. v. Troschke, 2004, S. 142) und lenken den Blick auf die Relevanz der Ebene praktischen Handelns. Die Vorstellung von Medizin als Wissenschaft wird nahezu einhellig abgelehnt, diene sie allein von ihrem Zweck her nicht in erster Linie der Wissensproduktion, sondern der Heilung individueller Personen (vgl. Marckmann, 2003, S. 63–64). Entgegen der – dennoch verbreiteten und professionskonstitutiven – Annahme der Medizin und somit auch gleichsam der ärztlichen Tätigkeit als stark verwissenschaftlichten Handlungsfeldern liegen u. a. im Rahmen einer Untersuchung zur Eruierung der Potenziale des „Diagnosecomputers" zahlreiche Äußerungen erfahrener Ärzte vor, die die „Unwissenschaftlichkeit" der Medizin bzw. ihre scheinbare „Konzeptlosigkeit" belegen: „Ärztliche Arbeit ist nichts, was irgendwo definiert ist und was umrissen werden kann mit klassischen Methoden. (…). Es gibt kein Konzept, halbwegs wissenschaftlich in der Medizin zu arbeiten"

(Wagner, 1996, S. 267). Auch Vogd konstatiert: „Zwischen harter medizinischer Wissenschaft und ärztlicher Praxis klafft eine Lücke". Erwähnenswert ist weiterhin, dass „(diese Lücke) im ‚Golden Age of Medicine' noch durch die Konzeption der ärztlichen Kunst gefüllt werden konnte" (Vogd, 2004, S. 23), diesbezüglich jedoch eine geringere Akzeptanz in der Medizin der Gegenwart auszumachen ist. Die Komplexität des ärztlichen Wissens als ein weit über wissenschaftliche Zusammenhänge hinausgehendes Wissen zeigt sich in der Einschätzung: „Insgesamt kann ärztliches Wissen" als „Integrationsprodukt betrachtet werden, das Wissensanteile verschiedener Herkunft miteinander verbindet" (Marckmann, 2003, S. 79).

• Mangelnde Formalisierbarkeit ärztlichen Wissens und Handelns

Hiermit in enger Verbindung stehend muss eine nur unzureichende Formalisierbarkeit ärztlichen Wissens und Handelns im Sinne einer Unmöglichkeit der Anwendung formaler Regeln und Prozeduren konstatiert werden – dies allein aufgrund der Vielzahl situativer Variablen sowie der spezifischen Beschaffenheit der ärztlichen Wissensressourcen. Wie durch die Analysen von ärztlichen „Narrativen" gezeigt werden konnte ist vor allem episodischen Anekdoten über erlebte Krankheitsfälle („narrative Knowledge", Hunter, 1991, S. 69) ein besonders hoher Stellenwert im Rahmen des ärztlichen Wissensbestands einzuräumen. Dieses bereits in der antiken Medizin beschriebene subjektgebundene, durch kollegialen Austausch und Weitergabe durch ärztliche Lehrmeister transferierte Wissen sei konstitutiv für den ärztlichen Expertiseerwerb und habe auch in der hoch technisierten Medizin keineswegs an Relevanz eingebüßt („In midst of a highly technologized scientific profession, the anecdote is a clear reminder of the fundamental nature of medicine's ‚raw material' the exigencies of a particular illness", ebd., S. 70). Beispielhaft sei auf kritische Betrachtungen des so genannten „Normalwerts" verwiesen, welcher in der an das biomedizinische Modell angelehnten Definition von Krankheit die Grenze zwischen einer pathologischen Erscheinung und der Gesundheit des Patienten markiert. Generell, jedoch „insbesondere bei der Befundung bildgebender Verfahren" sei eine Norm jedoch wenig aussagekräftig (vgl. Anschütz, 1987, S. 235), oftmals „willkürlich" (ebd., S. 236). Eine Anforderung an den Arzt ist daher das Erkennen der „Grenzen des Normalwerts" (ebd., S. 244) bzw. die Einstufung der Aussagekraft eines Befunds anhand von Kriterien, die sich nicht auf formales Wissen reduzieren lassen. Ein an allgemeinen Richtwerten orientiertes Handeln erscheint in vielen Fällen kaum möglich oder zielführend: „Ich habe immer wieder erlebt, dass diese Handlungsanweisungen im Einzelfall nur selten zu treffen" (Fintelmann, 2001, S. 32). Verwiesen sei in diesem Zusammenhang auf das Prinzip der individuellen Fallorientierung, welches im – durch die allgemeine Fokussierung

auf die Diagnosestellung chronisch vernachlässigten -Handlungsfeld der Therapie
besonders deutlich wird: Dieses erfordert per se ein stark an das Individuum Patient
angepasstes Vorgehen, so z. B. durch die Entwicklung einer „therapeutischen Idee"
(Heusser, 1999, S. 89).

• Unsicherheit ärztlicher Praxis – Entscheiden unter Unsicherheit

Vielfach thematisiert wird die Unsicherheit der ärztlichen Praxis als zentrales
Wesensmerkmal klinischer Arbeit aufgrund der begrenzten Kontrollierbarkeit somatischer Prozesse, worauf bereits Parsons verweist (vgl. Badura, 1996, S. 25). Die
Situativität der Begegnung von Individuen im Rahmen eines großen Spektrums von
geistigen, psychischen und physischen Verfassungen sind nur einige wenige Variablen, die die Unsicherheit des ärztlichen Handelns erzeugen. Diese werde noch
verstärkt durch die mit der „Informationsexplosion" neu hinzugekommenen Unsi-
cherheitszonen im Sinne „reflexiver Unsicherheit" (Wagner, 1995). Das bekannte
Diktum nach Frommhold von den verschiedenen Phasen ärztlichen Könnenser-
werbs als zunächst „unberechtigte Sicherheit", dann „berechtigte Unsicherheit",
später „unberechtigte Unsicherheit" und schließlich „berechtigte Sicherheit" (zitiert
in Anschütz, 1987, S. 192) muss, zumindest was den Endzustand der „berechtigten
Sicherheit" angeht, als Illusion oder Wunschdenken bewertet werden. Unsicherheit bleibt angesichts der Komplexität der Krankheitsursachen das die ärztliche
Praxis prägende Momentum, wie der US-amerikanische Arzt Groopman befindet:
„Medicine is at its core, an uncertain science" (Groopman, 2007, S. 7). Auch der
Bearbeitungsgegenstand „Körper des Patienten" sei eine „black box mit einer nie
ganz berechenbaren Eigenaktivität" – weswegen sich das ärztliche Handeln „immer
in einem Raum der Unsicherheit" abspiele (Vogd, 2004, S. 20). An die Entschei-
dungspsychologie angelehnt, wird das daher Entscheidungsmoment im ärztlichen
Handeln als „Entscheiden unter Unsicherheit" thematisiert (vgl. ebd., S. 21 f.) bzw.
im Kontext der Analyse sozialer Systeme, die ärztliche Praxis als „organisierte
Unsicherheit" (Schubert, 2006, S. 109) betrachtet.

Das vielfach vorgetragene Thema der Unsicherheit ärztlichen Handelns wird
häufig mit intuitiven Fähigkeiten in Zusammenhang gebracht, die sich in bestimmten Situationen als gegenüber kognitiv-rationalen Methoden der Problemlösung als
überlegen zeigen.

> „Es gibt Ärzte, die in dieser „science of uncertainty" mit verblüffendem Spürsinn
> jeweils die richtigen Weichen stellen- diagnostisch und therapeutisch. Andere sind
> hoffnungslos, haarscharf daneben. Verzweifelt und vergeblich blättern sie in ihren
> Checklisten" (Nager, 1999, S. 152).

Das Moment der ärztlichen Entscheidung wurde verschiedentlich untersucht und dabei als ein von vielen, auch nicht-medizinischen, und stark situationsabhängigen Faktoren geleiteter Prozess enttarnt: „Medizinische Entscheidungsfindung stellt sich damit in concreto als ein Konglomerat aus expliziten, impliziten kontrollierten und unkontrollierten, systemisch legitimen und illegitimen Kriterien und Motiven dar" (Wettreck, 1999, S. 107), weshalb es häufig als „Störgröße medizinischer Wissenschaftlichkeit" betrachtet wird, die es zu normieren und auszuschalten gelte (vgl. ebd., S. 108).

- Unscharf definiertes Handlungsfeld

Aufgrund der sie begleitenden Unsicherheitsfaktoren und der mangelnden Generalisierbarkeit von Entscheidungsregeln qualifiziert sich die ärztliche Tätigkeit als unscharf konturiertes bzw. „schlecht strukturiertes" (Marckmann, 2003, S. 67) Handlungsfeld. Das erfolgreiche Agieren unter diesen Randbedingungen erfordert bestimmte Fähigkeiten und Kompetenzen, die sich durch die Analyse so genannter „kritischer" Situationen aufschlüsseln lassen. Besonders in der „Fähigkeit, zu je situativ erforderlichen Abweichungen" (Göckenjan, 1992, S. 120) bei der Bewältigung ambivalenter Situationen ist die Stärke menschlichen Handelns, speziell des Expertenhandelns anzusehen, so „in hyperkomplexen Handlungssystemen" „angesichts unscharfer Problemdefinitionen schnell und sicher zu einer Handlungsorientierung zu gelangen" (Vogd, 2004, S. 53). Auffällig sind im Zusammenhang mit der Anforderung des Handelns in unscharfen Handlungsfeldern die Bezüge zur ärztlichen Kunst: „Wo man nichts Genaues weiß, ist Einfühlungsvermögen, Zufall oder vorsichtiges Herumprobieren von großer Bedeutung. Dieses Überbrücken der Kenntnislücken ist die ‚Kunst' in der Ausübung der Medizin" (Göckenjan, 1992, S. 120).

2.3 Erweiterung der Vorstellung planmäßig-rationalen Arbeitshandelns

Die dargestellten Analysen und Befunde zur ärztlichen Tätigkeit sowie die Randbedingungen und Charakteristika der ärztlichen Praxis markieren die Grenzen eines rein wissenschaftlich-rational bestimmten Handlungsbegriffs im Bereich des ärztlichen Handelns. Insgesamt erscheint die ärztliche Praxis von verschiedensten Unwägbarkeiten bestimmt, die eine Erweiterung des zugrunde liegenden theoretisch-begrifflichen Rahmens erforderlich machen.

Durchsetzung des wissenschaftlichen Weltbilds – Beherrschung der Natur
Wir leben wie selbstverständlich in einer von Wissenschaftlichkeit durchdrungenen Zeit. Hierauf verweist nicht nur der enorme quantitative Anstieg von verfügbarem Wissen[45] als Phänomen der modernen Gesellschaft. Auch wird Wissen vorwiegend als wissenschaftliches Wissen begriffen. Wissenschaftlichkeit wird im 19. Jahrhundert zum Synonym für Wahrheit. Von der herausragenden Prominenz des gesellschaftlichen Teilsystems Wissenschaft kündet auch die Ausdifferenzierung der Wissenschaft in eine unüberschaubare Summe von Disziplinen und Subdisziplinen. Es gibt Spezialisten, Experten, Professionals für alles und jedes. Spätestens mit der prominent gewordenen soziologischen Zeitdiagnose der „Wissensgesellschaft" (Bell, 1973) wurde Wissen bzw. die Verfügung über selbiges als Produktionsfaktor in einer hoch arbeitsteiligen und funktional stark ausdifferenzierten Gesellschaft deutlich. Inzwischen ist nicht nur die „gewachsene Bedeutung von Wissen als Ressource wirtschaftlicher gesellschaftlicher Wertschöpfung und Innovation" sowie vor allem der Prozess des Eindringens wissenschaftlichen Wissens in andere, bis dato von anderen Logiken geprägte gesellschaftliche Teilsysteme als Merkmal hervorheben, durch welches das wissensproduzierende System diese nachhaltig verändere und der modernen Gesellschaft erst den sie prägenden Charakter eines sich als rational definierenden Gesamtsystems verleihe (vgl. Böschen & Schulz-Schaeffer, 2003, S. 9).

Die grundlegende Änderung der Sichtweise auf Natur und Mensch, die von Max Weber pointiert als „Entzauberung der Welt" auf den Begriff gebracht wird, nimmt ihren Ausgang mit der Herausbildung der neuzeitlichen Naturwissenschaften seit dem 17. Jahrhundert. Etabliert wurde hiermit zugleich eine Hierarchie von Erkenntnismöglichkeiten unter Vorherrschaft des Rationalen, „die von dem Bestreben nach gesicherter Erkenntnis und irrtumsfreien Handeln getragen ist" (Brödner, 1997, S. 33), welche das westliche Denken bestimmt. Das im rationalistischen Paradigma verankerte Verständnis der grundsätzlichen Mathematisierbarkeit physikalisch-organischer Gegebenheiten und Vorgänge im Rahmen mathematischer Modellbildung sowie deren Formulierung in abstrakt-logischen Regeln und allgemeinen Gesetzmäßigkeiten verspricht Naturbeherrschung durch „Berechnung". Naturgesetze und mathematische Modelle können im Kurs einer objektiv-rationalen, kausal-deterministischen Weltwahrnehmung, verstanden als Abbildung „objektiver Realität", universelle Gültigkeit beanspruchen (vgl. ebd., S. 78).

---

[45] Die Verdoppelungszeit des zur Verfügung stehenden wissenschaftlichen Wissens hat sich seit Mitte des 19. Jahrhunderts enorm und sprunghaft verkürzt. Betrug sie zwischen 1800 und 1900 ein ganzes Jahrhundert, lag sie Ende des 20. Jahrhunderts bei nur mehr fünf Jahren (vgl. Gross, 1992, S. 292).

Die Beherrschung der äußeren Natur wird gleichsam auf den Menschen als Beherrschung seiner inneren Natur übertragen. In ihrer radikalsten Form auf den Punkt gebracht wird die den Menschen von nun an in korrekte, objektive und verzerrende subjektive Anteile spaltende Konzeption des rationalistischen Menschen- und Weltbilds durch den von Descartes begründeten Dualismus von Mensch und Natur, bzw. von Geist und Körper sowie von Verstand und Gefühl. Die Descartes'sche Leitformel „cogito ergo sum" sowie seine Spaltung des Menschen durch die Konzeption von Materie als „res extensa" und Geist als „res cogitans" plädieren mit nachhaltiger Wirkung für eine systematisch-verstandesmäßige Durchdringung der Wirklichkeit durch das „Verstandeswesen" Mensch- und in der Konsequenz für eine Skepsis gegenüber anderen Deutungsmöglichkeiten (vgl. Böhle, 2009a, S. 161 ff.). Auch reicht der Dualismus Descartes' in den (modernen) Sprachgebrauch hinein, indem kaum mehr auf den menschlichen „Leib", sondern nur auf den menschlichen „Körper" Bezug genommen wird (vgl. Böhle, 1999, S. 94–95). Der körperlich-sinnlichen Wahrnehmung, die als nur begrenzt der rationalen Kontrolle zugänglich betrachtet wird, wird hierdurch die Deutung der Welt entzogen, die nur dem (zur Objektivität fähigen) Verstand zugestanden wird (vgl. dazu ausführlicher: Böhle, 2003b, S. 149–153). Die Unterordnung von sinnlicher Wahrnehmung als Erkenntnismedium unter das Primat der Ratio hat eine lange Tradition in der abendländischen Philosophie[46], die als ursächlich zu betrachten ist für die Geringschätzung des menschlichen Körpers als Störfaktor intelligenten Verhaltens (vgl. Dreyfus, 1972, S. 147 f.)[47].

Vor allem durch ihre Nähe zum subjektiven Empfinden erscheint die sinnliche Wahrnehmung mit den durch die modernen Naturwissenschaften begründeten Erkenntnisprinzipien der universellen Gültigkeit und der Verstandesmäßigkeit unvereinbar. Wenn auch im neuzeitlichen Wissenschaftsbegriff Erfahrung als unverzichtbares Medium der Erkenntnis prinzipiell anerkannt wird, gilt dies jedoch nur im Kontext einer spezifischen Formung des Gebrauchs der Sinne, die als Eingrenzung und Zurichtung der menschlichen Wahrnehmung in Verbindung

---

[46] vgl. hierzu ausführlicher Brödner (1997, S. 33 f.). So repliziert sich die Zentralstellung von „Explikation" und „Reflexion" als Kriterien für Weisheit bei Sokrates bis in die Neuzeit hinein als paradigmatische Engführung des Wissensbegriffs. Auch die Methode der Logik nach Aristoteles konzipiert Erkenntnis durch die formale Beweismethode mittels expliziten Schlussregeln, im Rahmen derer, im Rahmen derer der sinnlichen Wahrnehmung und der Erfahrung zugängliche Dinge nur eine minderwertige Erkenntnisfähigkeit zugestanden wird. Diese Sichtweise kritisiert Dreyfus insofern, als dass Aristoteles – fälschlicherweise – einen kalkulierbaren und kalkulierenden Menschen unterstelle (vgl. Dreyfus, 1972, S. 145).

[47] Eine Konsequenz dieses Weltbilds ist Unterordnung körperlicher unter die geistige Arbeit als überlegene Form menschlicher Arbeitsverrichtung.

mit rationaler Begriffsbildung beschrieben werden kann. Ausgenommen von dieser Ausgrenzung der menschlichen Sinne wird allein die visuelle Wahrnehmung, die sowohl den Prinzipien der Exaktheit, Mess- und Quantifizierbarkeit als auch der rationalen Kontrolle zugänglich erscheint, bzw. in diesem Sinne „geformt" werden kann, während die Nahsinne (Riechen, Schmecken, Tasten, Hören) als so genannte „niedere Sinne" als kaum instrumentell brauchbar eingestuft werden. Der „entseelte und entgeistigte" (Weishaupt, 1994, S. 241) menschliche Körper unterläuft auf diese Weise einen Prozess der „Neutralisierung", der sich auf fünf Ebenen aufzeigen lässt (vgl. Böhle, 1992, S. 105):

1. Disziplinierung und Kontrolle körperlicher Bedürfnisse
2. Abkopplung der sinnlichen Wahrnehmung vom subjektiven Erleben (Objektivierung)
3. Partikularisierung der Sinne (bzw. Zurückdrängung der Nahsinne zugunsten der Fernsinne)
4. Beschränkung der Eigenaktivität der Sinne
5. Ästhetisierung sinnlicher Wahrnehmung und Entwicklung von Innerlichkeit als spezifische Form subjektiven ErlebenDer moderne Arbeitsbegriff

Dem Boden der rationalistischen Denktradition entspringen unstrittige Erfolge, die sich in Wirtschaftszahlen und auch der Vielfalt technischer Artefakte ablesen lassen, welche das Gesicht der modernen Gesellschaft nachhaltig prägen. In den 1980er Jahren konnte ein exponentiell wachsendes Leistungspotential der industriellen Produktion verzeichnet werden (vgl. Brödner, 1997, S. 14). Gegen Ende des 19. Jahrhunderts wird die „Verwissenschaftlichung" industrieller Produktion zum vorherrschenden Leitbild für die betriebliche Praxis, die im Folgenden nach den Prinzipien rationalen Handelns umgestaltet wurde (vgl. Böhle & Rose, 1992, S. 5). Mit der Einführung von wissenschaftsbasierten technischen Prozessen in die Produktion entfaltete sich der mit der Industrialisierung angeschobene sukzessive Verdrängungsprozess von Erfahrungswissen, das bis in die Mitte des 19. Jahrhunderts selbstverständlicher Begleiter und Gestaltungskriterium technischer Entwicklungen war (vgl. Böhle, 1992, S. 97). Erfahrungswissen wurde im Folgenden zunehmend an den Kriterien der Wissenschaften gemessen, Theorie und Praxis getrennt, Erfahrung und Tradition in exakte und rationale Verfahren der modernen Industrie überführt (vgl. Böhle, 2003b, S. 143 f.). Erfahrungswissen wurde damit – soweit überhaupt berücksichtigt und als notwendig erachtet – auf Fingerfertigkeit, Schnelligkeit, Routinisierung reduziert und als „Habitualisierung" und „Handlungsautomatisierung", die auf einer nicht mehr bewussten

Steuerung beruht, gedeutet (vgl. Sevsay-Tegethoff, 2007, S. 37), das Handlungssubjekt zum „potentiell störenden Anhängsel" von Technik degradiert (vgl. Böhle, 2002, S. 41–43).

Die Einführung der Computertechnologie in die industrielle Produktion versprach schließlich Rationalisierung auf ungekanntem Niveau. Die Implementierung von informationstechnischen Systemen bewirkte schließlich einen steigenden Explizierungsdruck für Bereiche, in denen bislang das implizite Wissen der Arbeitskräfte maßgeblich war, sodass von einer „forcierten Verwissenschaftlichung und Informatisierung" (Rammert, 2007, S. 147) gesprochen werden kann. Nicht nur die Ersetzung des ohnehin als obsolet geltenden „Körperwissens" sondern auch die Modellierung geistiger Vorgänge erschien in Reichweite. Die realen Entwicklungen blieben jedoch auch hier, beispielhaft am Scheitern des Konzepts der „mannlosen Fabrik" abzulesen, weit hinter den Erwartungen zurück. Insbesondere die vorrangige Ambition des betrieblichen Managements der Informatisierung von Erfahrungswissen konnte nicht in befriedigendem Umfang realisiert werden. Beim Vorhaben, Expertenwissen durch dessen Replikation zeit-, ort- und subjektunabhängig verfügbar machen zu können und so kapitalintensives Personal technisch zu substituieren, häufig übersehen, dass Expertensysteme personengebundene Expertise keineswegs obsolet werden lassen[48]- im Gegenteil erweist sich diese sowohl zur sinnvollen Nutzung als auch zur Neuerschließung von Expertenwissen vor allem in dynamischen Anwendungskontexten häufig als unabdingbar (vgl. Brödner, S. 201).So hat sich in der neueren Diskussion die Erkenntnis der „Unverzichtbarkeit des besonderen Erfahrungswissens qualifizierter Fachkräfte" (Bauer et al., 2006, S. 30) durchgesetzt, sodass unter diesem Aspekt sogar eine „Requalifizierung industrieller Produktionsarbeit bei fortschreitender Technisierung" (ebd.) konstatiert wird. Prinzipielle Grenzen der Bildung theoretischer Modelle bzw. strukturelle Grenzen der technischen und computerbasierten Durchdringung von Arbeitsfeldern zeigen sich im Bereich interaktiver und kommunikativer Arbeit darüber hinaus direkter und eindeutiger.

Die Abwertung des Körperlichen unter das Primat der Ratio zeigt sich als elementar für die Begriffsbildung und das Verständnis des modernen Arbeitsbegriffs, der in der sozialwissenschaftlichen Diskussion stark von der Weber'schen

---

[48] Grenzen des Einsatzes von Computersystemen wurden vielfach deutlich, wo die Algorithmisierung und technische Ersetzung bzw. Simulation des menschlichen Problemlösens versucht wird. „Irrtümer" rationalistischer Tradition (Brödner, 1997, S. 69) führen dazu, geistige Prozesse rein im objektivierenden Schema zu begreifen, so vor allem in der Zielsetzung der Ausschaltung subjektiver Anteile wesentliche Elemente des menschlichen Erkenntnisprozesses, wie etwa die zum bloßen „Rohmaterial" (ebd., S. 78) empirischer Erkenntnisgewinnung degradierte sinnliche Wahrnehmung, auszugrenzen.

Konzeption zweckrationalen Handelns geprägt ist[49] (vgl. Böhle, 2002, S. 107).
Zentraler Gedanke ist hier die Vorstellung der „verstandesmäßigen" Regulierung
von Handlungsabläufen, die eine gleichzeitige Abgrenzung zu Gefühlen und subjektivem Empfinden bedeutet. Implizit liegt dieser Konzeption die Idee einer
dem Handlungsvollzug vorausgehenden Entscheidung und Planung auf Basis
von rationaler Analyse und Wissen zugrunde. Dem Leitbild planmäßig-rationalen
Arbeitshandelns entspricht auch die psychologische Handlungsregulationstheo-
rie nach Hacker 1987, deren Kernelement der Gedanke einer zielgesteuerten
Veränderung der Umwelt mit definierten Ausgangs- und Zielzustand durch
„Transformationen" ist, Arbeit dementsprechend idealtypisch als zielorientiertes
Erreichen von Zielen durch Planmäßigkeit beschreibt. Vorgeschaltet sei dem Handeln immer eine Denktätigkeit -gemäß der klassischen Vorstellung: ‚erst denken,
dann handeln' (vgl. Böhle et al., 2004, S. 107).

Anforderungen an einen neuen Arbeitsbegriff

Es gilt in einem generelleren Zugang die scheinbar unangreifbare Vorstellung
zu hinterfragen, dass Problemlösen nur durch ein planmäßig-rationales Handeln möglich und erfolgreich ist. Insbesondere im Hinblick auf interaktives
Handeln, das im Rahmen von Dienstleistungsberufen zu einem wesentlichen
Bestandteil moderner Arbeit geworden ist, erscheint weiterhin eine „empfindungs-
und körperlose"Konzeption des handelnden Subjekts als unzureichend (vgl.
Böhle, 1999, S. 102). Aufbauend auf empirischen Untersuchungen und theoretischen Konzepten ist eine erweiterte Sicht auf menschliches Problemlösen im
Allgemeinen und Arbeit im Besonderen zu entfalten. Eingeführt werden soll
hiermit eine Vorstellung menschlichen Arbeitshandelns im Sinne der Verfügung
über „Erfahrungswissen", die sich auch für das ärztliche Handeln als tragfähiges Konzept erweist. Mit dem Konzept des subjektivierenden Arbeitshandelns
wird ein Konzept in Vorschlag gebracht, welches die Dimensionen ‚Vorgehen',
‚Sinnliche Wahrnehmung', ‚Denken' und ‚Beziehungsebene' im Rahmen einer
Handlungstheorie verbindet und sie als Aspekte eines kohärenten Handlungsstils, dem erfahrungsgeleitet-subjektivierenden Handeln, fasst. Das Konzept des
subjektivierenden Arbeitshandelns bildet eine Synthese vielfältiger und disziplin-
übergreifender Forschungsansätzezum Wissen und Handeln, die es im Rahmen
eines mehrdimensionalen Ansatzes aufeinander bezieht und dadurch in ihrer

---

[49] Auch Marx, der durchaus die körperlich-sinnliche Qualität menschlichen Arbeitsver-
mögens erkennt, kapriziert sich auf die geistige Potenz als Signum menschlicher Arbeit
Paradigmatisch hierfür ist sein Vergleich zwischen Biene und Baumeister (Marx, 1971,
S. 193).

Verschränkung aufzeigt. Verschiedene theoretische Fragmente können so als Elemente subjektivierenden Handelns integriert werden, als dass sie ein Handeln beschreiben, das „in sinnlich-körperliche Erfahrungen eingebunden ist und sich der Objektivierung entzieht" (Böhle et al., 2004, S. 107). Durch das Konzept können sie angemessen einer wissenschaftlichen Beschreibung zugänglich gemacht werden.

Erweiterung des Verständnisses von Erfahrungswissen
Im Konzept des subjektivierenden Handelns nimmt der Begriff Erfahrungswissen einen prominenten Platz ein[50]. In der betrieblichen Praxis, vor allem im Rahmen fortschreitender Verwissenschaftlichung, fristete das Erfahrungswissen lange Zeit ein Schattendasein als stillschweigend genutzte Ressource erfahrener Arbeitskräfte („tacit skills"), welche nicht nur nicht honoriert, sondern sogar als störender, vormoderner Rest traditioneller Arbeitspraktiken betrachtet wurde, den es durch weitere Rationalisierung und Technisierung auszumerzen galt. Die Entdeckung von Erfahrungswissen als ein für das „praktische Handeln notwendiges und durch Wissenschaft nicht ersetzbares Wissen" (Böhle et al., 2004, S. 101) bedeutete schließlich einen Bruch in der Erfolgsgeschichte der wissenschaftlichen Steuerung von Arbeitsabläufen. Den Status einer eigenständigen Form von Wissen erhält dieses in der Folge durch die jüngere arbeitswissenschaftliche Forschung, die zwar überwiegend den allgemeingültigen Überlegenheitsanspruch wissenschaftlich begründeten Wissens fortschreibt, dennoch eine Aufwertung und Anerkennung von Erfahrungswissen als eine parallel zu wissenschaftlichem Wissen koexistierende Wissensform mit sich bringt.

Einen Überblick über die Vielfalt von Konzeptionen nicht-wissenschaftlicher Wissensformen, die teils dem Erfahrungswissen zugerechnet werden, geben Böhle et al. 2004 (siehe ebd., S. 96). Als Konsens in den verschiedenen Konzeptionen von Erfahrungswissen können zunächst die Betrachtung von Erfahrungswissen als Wissen, das im praktischen Handeln erworben und angewandt wird, sowie, damit zusammenhängend, seine wesentlichen Charakteristika der Personen- und Situationsgebundenheit gelten. Weitgehende Uneinigkeit besteht jedoch im Umgang mit dem Phänomen der Erfahrung und seiner Akzentuierung innerhalb der unterschiedlichen Handlungskonzeptionen, primär in Bezug auf den Stellenwert, der dem praktischen Handlungsvollzug als Erzeugungsgrundlage von Wissen zugestanden wird. Eine erste wichtige Feststellung ist zunächst, dass sich theoretisches

---

[50] Der Begriff des subjektivierenden Handelns wird daher oft mit dem Zusatz „erfahrungsgeleitet" verwendet. Der Begriff ,erfahrungsgeleitet' betont die besondere Rolle des Erfahrens als Grundlage des sowohl kognitiven als auch des praktischen Umgangs mit äußeren Gegebenheiten" (Böhle et al., 2006, S. 33).

und praktisches Wissen nicht, wie häufig angenommen, hauptsächlich hinsichtlich der Möglichkeit ihrer Nutzbarkeit für die Praxis unterscheiden. So verstehen sich die modernen empirisch orientierten Naturwissenschaften durchaus als praxisbezogen im Sinne ihrer Funktion, wissenschaftlich-experimentell generiertes und damit kontextunabhängiges Wissen für die praktische Anwendung bereitzustellen. Bedeutender ist vielmehr die Zuschreibung der grundsätzlichen Überlegenheit wissenschaftsbasierter Erkenntnis, mit welcher eine grundsätzliche Abwertung von Erfahrungswissen und praktischem Handeln einhergeht, welchem lediglich die Funktion der Ausführung und bestenfalls (handlungspraktischer) Überprüfung von („objektivem") Wissen zugewiesen wird (vgl. Böhle et al., 2004, S. 95–96).

Zu unterscheiden sind vor allem die Erfahrungsvorstellung im Sinne eines aktiven „Erfahrung-Machens" und eines reflektierten „Erfahrung-Habens" (vgl. Sevsay-Tegethoff, 2007, S. 26). Dieser Neuperspektivierung Rechnung tragend ist ein „konservatives" bzw. „konventionelles" von einem „modernen" oder „erweiterten" Verständnis von Erfahrungswissen zu unterscheiden (vgl. im Folgenden: Böhle et al., 2004, S. 101–108). Einer traditionellen Konzeption von Erfahrung entspricht die Sichtweise auf Erfahrungswissen als „Erfahrungsschatz", als über die Jahre erworbene „Routine", die zumeist als vorwiegend prozedurales Wissen, „wie man etwas tut", verstanden wird. Gemein ist diesen Vorstellungen die Perspektivierung von Erfahrungswissen als „besonderes Gut" älterer Arbeitnehmer, jedoch auch oftmals als „Gefahr" bzw. als Hindernis in Bezug auf neue Anforderungen und Lernprozesse. Auch wird dem Erfahrungswissen in einer engen Konzeption des Begriffs, so im Sinne eines „Kontextwissens"oder „Anwendungswissens"nur als objektivierungsfähiges, d. h., in „Lehrbuchwissen" transformierbares Wissen Gültigkeit zugestanden. Auch die populäre Konzeption des „Arbeitsprozesswissens" (Fischer, 2000) beinhaltet zwar eine Abwendung von der Idee, Wissen kontextunabhängig zu vermitteln, verabschiedet sich jedoch nicht vom Gedanken einer grundsätzlichen Verwissenschaftlichung praktischen Handelns. Ebenso bleiben neuere arbeitswissenschaftliche Strömungen, z. B. das Wissensmanagement, prinzipiell einem objektivierenden Bezugsrahmen verhaftet. Zwar ist insgesamt – dies verdeutlicht der Vergleich mit tayloristischen Betrachtungsweisen von Arbeit und Wissen – eine deutliche Aufwertung von Erfahrungswissen zu verzeichnen, dennoch besteht eine Kontinuität hinsichtlich der Zielsetzung, es in explizites Wissen zu transformieren bzw. durch selbiges zu substituieren. Gerade dies erscheint jedoch ohne inhaltlichen Substanzverlust nicht möglich, wie im Folgenden durch die Darstellung eines „erweiterten" Verständnisses von Erfahrungswissen[51] verdeutlicht werden soll.

Eine Veranschaulichung dieses Gedankens kann unter Einbezug der konzeptuellen Differenzierung in die idealtypischen Zugänge des objektivierenden und subjektivierenden Handelns entfaltet werden, im Rahmen derer dem Erfahrungswissen eine jeweils unterschiedliche Bedeutung zukommt. Erfahrungswissen wird im Konzept des subjektivierenden Handelns als Erwerb von Wissen durch „Erfahrung machen" (Böhle et al., 2004, S. 109) vorgestellt. Diese scheinbar simple Formulierung beinhaltet jedoch Implikationen, die einen Erfahrungsbegriff gänzlich anderer Natur prägen. Erfahrungswissen entsteht demnach, im Unterschied zu einem Handeln, das auf anderweitig generiertem Wissen beruht, im Rahmen praktischer Auseinandersetzung mit dem Arbeitsgegenstand, vor allem im Umgang mit ex ante nicht plan- und vorhersehbaren „Unwägbarkeiten" (Böhle, 2004, S. 34). Angesprochen sind hiermit in der empirischen Forschung angetroffene Phänomene wie das „Gespür" oder „Gefühl" für Anlagen und technische Systeme, das Erahnen von Störungen aufgrund diffuser Merkmale u. ä. (vgl. ebd.). Neue Forschungsansätze integrierend, die im Erfahrungswissen, von der Mainstream-Diskussion abweichend, den idealen Nährboden für die Auseinandersetzung mit Neuem sehen, werden die im Paradigma der Verwissenschaftlichung vorgegebenen Kriterien „richtigen" und „gültigen" Wissens einer Hinterfragung unterzogen bzw. deren Grenzen empirisch und konzeptuell ausgelotet. Hiermit einher geht nicht eine bloße Abkehr vom Leitbild rationalen Handelns, sondern vielmehr eine Relativierung des alleinigen Geltungs- und Überlegenheitsanspruchs objektivierenden Handelns im Umgang mit materiellen und technischen Gegebenheiten (vgl. Böhle et al., 2004, S. 102–104). Erweitert werden konnte diese neue Vorstellung von menschlichem Arbeitshandeln durch die empirische Erforschung der zwischenmenschlichen Interaktion und dem Umgang mit dem menschlichen Körper in der personenbezogenen Dienstleistung (Böhle, 2006).

Der im subjektivierenden Handeln angelegte Handlungsstil hat sich als adäquater Umgang mit den Unwägbarkeiten der Praxis erwiesen. Genauer charakterisiert werden kann die Eigenschaft des „Unplanbaren", das es in der Praxis zu bewältigen gilt (vgl. Böhle, 2004), durch die Betrachtung so genannter „kritischer Situation", wie sie im Rahmen des Arbeitshandelns (oft noch forciert durch den Einsatz von Technik) häufig eintreten. Diese kritischen Situationen werden

---

[51] Zum Verständnis des als Schlüsselbegriff im Konzept des subjektivierenden Handelns zu betrachtenden Konstrukts „Erfahrungswissen" ist das Ablegen der alltagssprachlichen Vertrautheit mit dem Begriff „Erfahrung" hilfreich, wenn nicht sogar notwendig.

zumeist auf einen noch nicht ausgereiften Stand des Wissens, der Planung oder
der Technik zurückgeführt und werden in diesem Sinne zumindest potenziell
als in der Zukunft beherrschbar angesehen. Es hat sich jedoch zunehmend die
Erkenntnis durchgesetzt, dass das vorherrschende Leitbild planmäßig-rationalen
Handelns in der Konfrontation mit „kritischen" und „schlecht definierten" Situationen an seine Grenzen stößt. Die häufig von Managementseite als Patentlösung
betrachtete Standardisierung von Handlungsabläufen schlägt daher vor dem Hintergrund der Unvorhersehbarkeit der betrieblichen Realität und von variierenden
Umweltbedingungen z. B. in Situationen suboptimalen Informationsstands oder
Zeitdrucks oftmals fehl (vgl. Böhle, 2009b, S. 209). So müssen unvorhergesehene
Situationen oftmals durch das praktische Handeln kompensiert werden, während
die Problemverursachung durch die praxisferne Planung und Steuerung oftmals
ironischerweise dem menschlichen Versagen zugerechnet wird (vgl. Böhle, 2004,
S. 35)[52].

Für die Weiterentwicklung einer Handlungstheorie sind diese „kritischen Situationen" daher von besonderem Interesse, als dass sie dazu geeignet sind, das
Substrat von Könnerschaft oder Expertentum herauszudestillieren. So zeigt sich,
dass mit dem Prinzip planmäßig-rationalen Handelns, das Handeln als geordnete
Abfolge von geplanten und kontrollierten Handlungsschritten zur Komplexitätsreduktion vorstellt, spätestens in kritischen Situationen gebrochen wird (vgl. ebd.,
S. 20, 37). Dies betrifft nicht nur die „spektakuläreren" Tätigkeiten wie den Kata-
strophenschutz oder die Notfallmedizin, in denen die „konsequente Beschäftigung
mit dem Unerwarteten" merkmalsgebend ist und die daher für eine idealtypische Betrachtung des per se Außerplanmäßigen geeignet erscheinen, sondern, und
das mag vielleicht überraschen, auch für ganz alltägliche Arbeitszusammenhänge
(vgl. Böhle, 2009b, S. 209).

Vor dem Hintergrund dieser Erkenntnis erfährt die Ebene des praktischen
Handlungsvollzugs im Konzept des subjektivierenden Arbeitshandelns besondere
Aufmerksamkeit. Diese beinhaltet zunächst mehr als eine sequentielle Anordnung von Handlungsschritten. Auch die darüber hinausgehende Vorstellung eines
„inkrementellen" Handelns, das die Reaktion des Gegenübers in die schrittweise
Planung des nächsten Handlungsschrittes einbezieht, erscheint hier nicht weitrei-
chend genug (vgl. ebd., S. 210). Ebenso stoßen Ansätze, die praktisches Handeln
als bloße Habitualisierung oder „Routine" konzipieren, an dieser Stelle auf ihre
Grenzen. (vgl. ebd., S. 206). Stattdessen wird der Blick auf so genannte „inkor-
porierte Praktiken" gerichtet, die oftmals als bloß routinisierte und automatisierte

---

[52] Böhle (2004) zitiert in diesem Zusammenhang das Motto der Planungsanhänger: „Die
Theorie ist stark, aber die Praxis schwach" (ebd.).

Abläufe unterschätzt werden, jedoch da wirksam werden, wo Verstandesmäßig-Reflexives auf Grenzen stößt (vgl. ebd., S. 207) und sich daher als angemessenes Handeln in kritischen Situationen qualifizieren (vgl. ebd., S. 215). Mit dem Zugang des Konzepts des subjektivierenden Handelns kann Arbeitshandeln in Abhängigkeit von der Anforderung und der Strukturiertheit der konkreten Problemsituation als ein „sowohl-als auch" im Sinne eines Zusammenspiels von objektivierenden und subjektivierenden Handlungsweisen bestimmt werden, die sich wechselseitig ergänzen und bereichern (vgl. ebd., S. 222). Keineswegs darf es als einseitiges Plädoyer für eine Ersetzung von – in bestimmten Situationen ausreichenden oder sogar überlegenen – objektivierenden Zugängen missverstanden werden, sondern muss als zusätzliche Verfügung des Menschen über von diesem abweichenden Handlungsmöglichkeiten begriffen werden, das eigene Erkenntnischancen enthält. Eröffnet werden kann so eine Perspektive auf das menschliche Arbeitshandeln als ein über zweckrationale Handlungszugänge hinausgehendes Handeln, dessen Wesen in der Beschaffenheit der spezifischen Arbeitssituation begründet liegt.

Zur Diskussion gestellt wird hiermit die allgemeingültige Auffassung von Arbeit als objektivierendem Handeln, wie sie in der Arbeitssoziologie überwiegend vertreten wird und die bis in die Gegenwart als Leitbild des Arbeitshandelns prägend ist. Des Weiteren beschränkt sich das Konzept des subjektivierenden Handelns nicht auf eine Modellierung von Handlungsprozessen, sondern kann im Anschluss an die eigenen Forschungsergebnisse konkrete Perspektiven für eine humanorientierte Arbeit und die berufliche Bildung entwickeln.

Herausforderungen an die berufliche Bildung – „Erfahrungsgeleitetes Lernen"
Die vorgestellten Befunde zum Erfahrungswissen enthalten zahlreiche Implikationen für das Feld der beruflichen Bildung (vgl. Sevsay-Tetegethoff, 2007). Die Arbeitswelt der Gegenwart zeigt einen hohen Bedarf an integrativen Konzepten für das theoretische und praktische Lernen, dem derzeit mit unterschiedlichen Ansätzen begegnet wird. Im Anschluss an eine kurze Skizzierung der jüngeren Historie beruflicher Bildungsgestaltung werden prominente Konzepte der aktuellen Bildungsdiskussion hinsichtlich ihres Verständnisses von Erfahrungswissen systematisiert.

Mit dem Wandel der Arbeitswelt und dem Zuschnitt von Berufen als Folgeerscheinung der Informatisierung sind auch die Anforderungen an Qualifikationsprofile von Arbeitskräften immer rapideren Veränderungen unterworfen. So bedeutete die Automatisierung der sechziger Jahre für die betriebliche Ausbildung eine neue Herausforderung, der mit einer Anpassung des Bildungssystems begegnet wurde, im Zuge derer z. B. die neuen Facharbeiterausbildungen das zuvor teilweise praktizierte „Anlernen" durch systematische Qualifizierung ersetzten (vgl. Bauer et al., 2006, S. 19). In der Konsequenz beförderte das neu begründete, stark institutionalisierte duale Ausbildungssystem auf diese Weise die weitere, mit der tayloristischen „Rationalisierung und Didaktisierung der Praxis" (ebd., S. 77) initiierte Abwertung und Verdrängung des als für die neuen Erfordernisse unzulänglich betrachteten Erfahrungswissens zugunsten einer stärkeren Gewichtung theoretischer Lerninhalte, die nun auch als formelle Trennung praktischen und schulischen, ergo theoriebasierten Lernens verwirklicht wurde (vgl. ebd., S. 74–78). Ähnliches vollzog sich als parallel stattfindende Akademisierung der (vormals praktischen) Ingenieursausbildung. Die „Intellektualisierung" (Volpert, 2003, S. 9) der beruflichen Bildung wurde zum folgenreichen Leitbild, im Zuge dessen Erfahrungswissen als „tacit knowledge" ausgeblendet, die Hierarchisierung körperlicher, ausführender Arbeit unter geistige, planend-dispositive Arbeit gleichsam zementiert wurde.

Während so in den 1960er und 1970er Jahren die „Überwindung des Theoriedefizits" (vgl. Böhle, 2003b, S. 162) im Fokus der beruflichen Bildung stand, zeichnete sich nur wenig später in den 1980er Jahren ein Kurswechsel ab. Das vorherrschende Bildungsverständnis mit seiner Vorstellung, nur wissenschaftliches Wissen, nicht aber praktisches Handeln und das darin enthaltene Wissen genüge den Kriterien für „richtiges" „Wissen" und effizientes Handeln, musste in Anbetracht der zunächst unerwartet aufscheinenden Grenzen der Verwissenschaftlichung und Technisierung praktischen Handelns einer Revision unterzogen werden. Immer deutlicher wurde, dass auf im praktischen Handeln erworbenes Wissen auch im Kontext der hoch technisierten Produktion nicht verzichtet werden kann. Vor allem die Bewältigung von „Unwägbarkeiten" technischer Systeme und von „kritischen Situationen" (Böhle, 2004) sowie stark flexibilisierten betrieblichen Abläufen darf als Domäne erfahrungsbasierten Handelns gelten. Ein Rückgang der Gelegenheiten für den Erwerb praktischer Erfahrung wirkt sich entsprechend problematisch aus.

Die Anerkennung der Unverzichtbarkeit bzw. scheinbar paradoxerweise sogar wachsenden Bedeutung von (praktischer) Erfahrung in stark technisierten Handlungsfeldern mündete in eine Neuthematisierung von Erfahrungswissen und erfahrungsgeleitetem Arbeiten und Lernen. Das Erfahrungswissen erfuhr so in den 1980er Jahren seine „Wiederentdeckung" in der arbeitswissenschaftlichen Diskussion[53]. Nach jahrzehntelanger stiefmütterlicher Behandlung kann ihm – im Rahmen vielfältiger Interpretationen und Konzeptionen- zumindest der Status

---

[53] Einen tabellarischen Überblick über dem Begriff Erfahrungswissen verwandte Konzepte der sozialwissenschaftlichen Diskussion gibt Sevsay-Tegethoff (2007, S. 18 f.).

einer unentbehrlichen „Humanressource" in Zeiten schnelllebigen Wandels nicht mehr streitig gemacht werden. Die Erkenntnis und schließlich auch Akzeptanz der Grenzen der Verwissenschaftlichung praktischen Handelns, auf zuvor exemplarisch verwiesen wurde, finden ihren Niederschlag in neuen berufspädagogischen Konzepten. Vor dem Hintergrund der bekannten Forderung nach mehr „Anwendungsbezug" wurden neue Ansätze zur Verknüpfung von wissenschaftlich begründetem Fachwissen und praktischem Erfahrungswissen durch die Verbindung von systematischer Ausbildung und praktischer Tätigkeit entwickelt (vgl. Bauer et al., 2006, S. 14–15). Diese Konzepte sind als Korrekturen zum „Programm der Verwissenschaftlichung" (vgl. Böhle et al., 2004, S. 111) zu verstehen, indem z. B. im Zuge der „kompetenzorientierte(n) Wende der 90er Jahre" (Sevsay-Tegethoff, 2007, S. 267) paradigmatisch der Begriff der „Kompetenz" als Bündelung subjektgebundener Fähigkeiten den früheren intellektualisierenden bildungspolitischen Leitbegriff der „beruflichen Qualifikation" abgelöst hat.

Für die vorliegende Arbeit ist vor allem eine Systematisierung der prominentesten neuen Bildungskonzepte im Hinblick auf den ihnen zugrunde liegenden Begriff von Erfahrungswissen interessant. Insgesamt kann eine sich nur zögerlich entwickelnde Akzeptanz für nicht-objektivierbare Aspekte von Erfahrungswissen konstatiert werden. Der konzeptuelle Rahmen der meisten berufspädagogischen Konzepte ist demnach deutlich enger gefasst als der eines „subjektivierenden" Erfahrungsverständnisses. Der populäre Sammelbegriff des „informellen Lernens" vereinigt unter seinem Dach verschieden akzentuierte Konzepte, die sich außerhalb formaler Bildungseinrichtungen vollziehen. Als „ungeplantes Erfahrungslernen" wird seine Nähe zum Erwerb von implizitem Wissen noch deutlicher. Allenfalls Ansätze, die an ein „modernes" Verständnis von Erfahrungswissen anschließen, wie der des „Erfahrungslernens" („experimental learning") beziehen „subjektivierende Elemente" wie die „gefühlsmäßige Auseinandersetzung zwischen Person und Umwelt" (teils explizit) in ihr Lernkonzept ein. Deutlich näher an einer als „Erfahrung machen" zu beschreibenden Auslegung von Erfahrungswissen positioniert sich hingegen das Konzept des „dezentralen" Lernens von Dehnbostel 1999 (siehe dazu: Sevsay-Tegethoff, 2007, S. 100). Einige Konzepte („Arbeitsprozesswissen", „Kontext"- oder „Anwendungswissen") legen ihren Schwerpunkt auf die Notwendigkeit der Rekontextualisierung wissenschaftlich begründeten Wissens, im Zuge derer Erfahrungswissen überwiegend als Anpassungswissen an die praktische Arbeit begriffen wird. Implizites Wissen wird im Rahmen der genannten Konzeptionen primär als ein Wissen gefasst, bei dem keine Reflexion des praktischen Handelns erfolgt, Lernen somit zufällig und unreflektiert stattfindet. Prominent ist aus dieser Reihe von Ansätzen vor allem die Konzeption des „Arbeitsprozesswissens" (Fischer, 2000) im Sinne eines kontextbezogenen Wissens, das sich dennoch am oben dargelegten Gedanken eines „reflektierten" Handlungsbegriffs orientiert. Vorherrschend ist nach Sevsay-Tegethoff, 2007 ein eher konservatives „reflektiertes Erfahrungsverständnis", das das rationale Moment als Reflexion des Handelns und der begleitenden Emotionen überbetont, somit folglich ein objektivierendes Verständnis von Erfahrungswissen im Blick hat. Das komplexe Phänomen Erfahrungswissen wird hiermit weder in seiner Eigenständigkeit noch hinsichtlich seiner Genese angemessen gewürdigt (vgl. ebd., S. 121).

„Mit Vorsicht zu genießen" sind hingegen aus verschiedenen Gründen die jüngsten arbeitspsychologischen Bestrebungen, Subjektqualitäten der Arbeits-kräfte („soft skills" oder „emotionale Intelligenz") der betrieblichen Verfügung zugänglich zu machen (vgl. Bauer et al., 2006, S. 25), da sie vordergrün-dig zwar eine Integration nicht-rationaler Elemente menschlichen Denkens und Handelns suggerieren, diese jedoch rationaler Kontrolle und Instrumentalisie-rung für ökonomische Zwecke unterstellen wollen. Eine tatsächliche Würdigung von Formen impliziten Wissens oder sogar von Erfahrungswissen, wie es in der vorliegenden Arbeit begriffen wird, ist aus dieser Richtung daher kaum zu erwarten. Der tendenziell sich andeutenden neuen „Subjektorientierung" folgte auf pädagogischer Ebene bislang keine grundlegende Neuausrichtung des Ver-ständnisses von Lernen, im Gegenteil ist eine Kontinuität der „Spaltung des Subjekts" (Böhle, 2003a) als eine den Menschen nicht in seiner Ganzheitlich-keit berücksichtigenden Sichtweise zu verzeichnen. In den Blick gerückt wird immerhin die Spezifik von Erfahrungswissen als Kenntnis der Eigenheiten der konkreten Situationen bzw. Eigenschaften der jeweiligen Gegenstandsbereiche, das sich von einem systematischen wissenschaftlichen Zugang unterscheidet. Den vorgestellten berufspädagogischen Ansätzen gemein ist eine- wenn auch nicht immer explizite- Geringschätzung von Erfahrungswissen als eigenstän-dige und nicht-objektivierbare Wissensform, wenn auch „ein deutlicher Trend zur stärkeren Berücksichtigung von Erfahrungswissen" (Sevsay-Tegethoff, 2007, S. 133) unstreitig zu sein scheint. Dieses müsse jedoch noch immer durch das „Nadelöhr der Objektivierung" (ebd., S. 134), die Diagnose einer grund-sätzlichen (und umfassenden) Aufwertung von Erfahrungswissen ist daher zu relativieren. Implizites Wissen hat noch lange nicht den Status eines definierten Lernziels solange die Grenzen der Objektivierbarkeit professionellen Handelns nicht oder nur zähneknirschend akzeptiert werden. So resümiert Sevsay-Tegethoff, 2007 trotz der Öffnung gegenüber vormals als „irrational" ausgegrenzten Ele-mente des Arbeitens eine „Beharrlichkeit" des Leitbildes rationalen Handelns und wissenschaftlicher Erkenntnis in der Bildungsdiskussion (vgl. ebd., S. 122).

Als umfassendere Konzeption von praktischen Lernprozessen wird im Folgenden das Konzept erfahrungsgeleiteten Lernens, das im Rahmen eines Modellversuchs in der Industrie entwickelt wurde (siehe dazu: Bauer et al., 2006, S. 26), in Kürze vorgestellt und für die Betrachtung beruflichen Lernens in Vorschlag gebracht.

Das Konzept erfahrungsgeleiteten Lernens
Als Zielsetzung eines integrativen Ansatzes zur beruflichen Bildung wird von neueren arbeitswissenschaftlichen Strömungen vorgeschlagen, neben dem Erwerb expliziten Wissens auch die Befähigung zu subjektivierendem Handeln zu fördern (vgl. Bauer et al., 2006, S. 15–16). Auch das im Rahmen eines BMBF-geförderten Modellversuchs zur beruflichen Bildung in verschiedenen Industriezweigen im Jahr 1996 entwickelte Konzept des erfahrungsgeleiteten Lernensbasiert auf drei Grundannahmen (zusammenfassend hierzu auch: Sevsay-Tegethoff, 2007, S. 122 f.):

1. Im Zentrum der Bemühungen steht nicht der Erwerb von Wissen, sondern die Befähigung zu erfahrungsgeleitetem Handeln.
2. Lernen muss im Rahmen einer im praktischen Handeln angelegten Auseinandersetzung, die an bestimmte Lern- und Arbeitssituationen geknüpft ist, erfolgen.
3. Lernen basiert auf dem Erwerb eigener Erfahrungen, die prinzipiell nicht lehrbar sind.

Im Unterschied zu Konzeptionen wie der des „informellen Lernens" werden im Rahmen des Konzepts Voraussetzungen im Sinne von „Gelegenheitsstrukturen" betont, die im Lernumfeld Berücksichtigung finden müssen. Der Fokus liegt daher auf einer Selbststeuerung des Lernens, die institutionell unterstützt wird, so als neue „Lernorte" und „neue Wege zur Sensibilisierung sinnlicher Wahrnehmung, zu assoziativem und bildhaftem Denken" (vgl. ebd., S. 125 f.). Empirisch belegt werden kann, dass die menschliche Wahrnehmung im Sinne der Entwicklung eines „Gespürs" durch praktische Erfahrung geschult werden kann (und muss), was jedoch durch die in den sechziger Jahren einsetzenden Verwissenschaftlichung und Technisierung praktischer Handlungsvollzüge in zunehmendem Maße erschwert wurde. Betont wird hierbei, dass die Befähigung zu subjektivierendem Handeln keineswegs als selbstverständliche Grundvoraussetzung betrachtet werden darf. Gleichwohl sie in jedem Menschen grundsätzlich angelegt ist bedarf sie der Förderung und Übung (vgl. ebd., S. 127).

Durch eine Orientierung am Konzept des subjektivierenden Handelns kann im Sinne einer Ergänzung objektivierenden Handelns durch bislang unbenannte, nichtsdestoweniger unverzichtbare Fähigkeiten und Kenntnisse von Arbeitskräften eine neue Perspektive auf „bildungswürdige" Aspekte eröffnet werden. Hierzu wurden alternative Konzeptionen von Handeln wie z. B. der Gedanke eines „künstlerischen Handelns" (Brater et al., 1989), deren Schwerpunkt und Zielsetzung sich primär auf Persönlichkeitsbildung und Befähigung zum autonomen Handeln richtet, hinsichtlich ihrer Anschlussfähigkeit für die Gestaltung praktischen Handelns geprüft. Diese Neuausrichtung erscheint insbesondere für „menschennahe" Tätigkeiten in der personenbezogenen Dienstleistung notwendig. Bildung, d. h., das Wissen und Können von Arbeitskräften, muss als Kombination unterschiedlicher Wissensformen und Handlungsweisen begriffen werden, die Konzeption beruflicher Ausbildung hierauf sinnvoll abgestimmt werden.

2.4   Darstellung des Konzepts: „Objektivierendes" und „Subjektivierendes" Handeln

Im Folgenden wird das theoretische Konzept, bzw. die im Zentrum des Interesses stehende Differenzierung zwischen objektivierendem und subjektivierendem Handeln, dazustellen sein. Entscheidend für das Verständnis des Ansatzes ist die in ihm angelegte Differenzierung „objektivierender" und „subjektivierender" Handlungsweisen als verschiedenartige, jedoch komplementäre Handlungsweisen, die sich in der Praxis als jeweils situationsadäquate Methoden und Strategien zu einem komplexen Modell menschlichen Arbeitshandelns ergänzen (vgl. Bauer et al., 2006, S. 40).

„Objektivierendes" Handeln

Der Begriff „objektivierend" bezeichnet ein an allgemeingültigen, von Personen und Situationen unabhängigen Regeln und Wissensinhalten orientiertes Handeln (vgl. Böhle & Rose, 1992, S. 61). In einer konstruktivistischen Perspektive ist Objektivierung als Beschränkung des Zugangs zum Erkenntnisobjekt auf dessen objektiv feststellbaren Merkmale nur eine mögliche Methode der Herstellung von Wirklichkeit. Objektivierung bezieht sich auf Aspekte des Erkenntnisgegenstands, die ihrem Wesen nach quantifizierbar sind (z. B. Größe, Breite, Gewicht), während andere Eigenschaften des Arbeitsgegenstandes ausgeblendet werden (vgl. Böhle et al., 2004, S. 106).

Zum grundlegenden Prinzip praktischen Handelns wurde auf Ebene des Vorgehens Planmäßigkeit erhoben, die praktische Tätigkeit hingegen zum bloßen

Handlungsvollzug im Sinne der Ausführung bzw. Überprüfung vorab geplanter Handlungsschritte degradiert. Das Ideal einer verstandesmäßigen Regulierung von Handlungsvollzügen beinhaltet in Abgrenzung zu affektuellem und emotionalem Handeln die Ausgrenzung von Gefühlen, der Sinne und des Körpers. Befördert wird durch ein Verständnis von Arbeit als ausschließlich planmäßig-rationalem Handeln eine „Spaltung" der Arbeitskraft in objektivierbare und „nur" subjektiv bedeutsame Anteile ihres Handelns (hierzu ausführlicher: Böhle, 2003b).

Im Rahmen der Reduktion des Arbeitsbegriffs auf objektivierende Handlungsweisen werden nicht (oder nur unvollständig) objektivierbare Formen und Aspekte des Arbeitshandelns wie auch „mentale Prozesse, die sich nicht nach den Regeln der Logik vollziehen" (Böhle et al., 2004, S. 106), nicht nur ausgegrenzt, sondern in der Regel als unsachgemäßes, unproduktives, schlichtweg der menschlichen Unzulänglichkeit zuzurechnendes Fehlverhalten betrachtet. Durch ein solches Verständnis von Arbeitshandeln geraten z. B. der menschlichen Wahrnehmung zugängliche Informationen in den Verdacht der „bloßen subjektiven Einschätzungen, Vermutungen", „Projektion" und „Interpretation" (ebd.).

„Subjektivierendes" Handeln
Durch die empirische Untersuchung praktischen Handelns innerhalb verschiedener Arbeitsfelder kann das Konzept des subjektivierenden Handelns dieser Perspektive eine neuartige Sichtweise auf die menschliche Befähigung zur Erkenntnis entgegenhalten, die als Korrektur der Konzeption des arbeitenden Menschen als ausschließlich rational Denkendem und planmäßig Handelnden einzustufen ist. Als Gegenentwurf zu dieser nach den Vorstellungen objektiver Erkenntnisgewinnung geformten Handlungskonzeption richtet sich das Konzept des subjektivierenden Handelns auf Wissensformen, die sich einer Objektivierung widersetzen „sowie deren Einbindung in eine Strukturierung praktischen Handelns" (Böhle et al., 2004, S. 104). Das Konzept verbindet hiermit die Ebenen des Wissens und des Handelns. Durch den analytischen Einbezug personengebundenen und im praktischen Handeln sichtbar werdenden Wissens kann die Eingrenzung des Forschungsgegenstands auf explizierbares Wissen im Rahmen einer handlungstheoretischen Perspektive überwunden werden. Auch kann zugleich das häufig in soziologischen Handlungstheorien im Vordergrund stehende Moment des „Entscheidens" um eine Akzentuierung des praktischen Handlungsvollzugs als Methode des Problemlösens insbesondere in „kritischen Situationen" erweitert werden (siehe hierzu ausführlicher: Böhle, 2004, S. 35 f., 2009b, S. 204 f.).

Die Bezeichnung „subjektivierend" beschreibt eine vom objektivierenden Handeln differente, dennoch wissenschaftlich beschreibbare Form des Umgangs mit der Umwelt. Sie bezieht sich auf die im Konzept zentrale Integration subjektiver

Faktoren des Handlungssubjekts (wie Gefühl und Empfinden) als auch des Bearbeitungsgegenstands (vgl. Böhle, 2004, S. 37). Fokussiert werden vor allem Formen
des Wissens und Handelns, für die die körperlich-sinnliche Wahrnehmung und das
Moment des „Erfahrung-Machens" (Böhle et al., 2004, S. 109) elementar sind. Aus
der Perspektive objektivierenden Handelns schwer (und teilweise nicht-) fassbare
„Unwägbarkeiten" (Böhle et al., 2006, S. 40) der situativen Handlungssituation
wie auch qualitative Eigenschaften des Arbeitsgegenstands werden hierbei nicht als
Störfaktoren effizienten Handelns begriffen, sondern im Rahmen eines subjektivierenden Handlungsstils integriert bzw. zum Orientierungspunkt subjektivierenden
Handelns (vgl. ebd.). Hierbei konnte empirisch gezeigt werden, dass Felder praktischen Handelns zumeist so strukturiert sind, dass in Bezug auf die Wahl der
Erkenntnismittel ein „sowohl-als auch" anstelle eines „entweder–oder" erfolgsversprechend ist (vgl. Böhle, 1999, S. 107), somit in vielen Fällen eine Konzeption
von Arbeitshandeln als Zusammenspiel objektivierender und subjektivierender
Handlungsweisen angezeigt ist, in dem beide Wissensformen in keinem grundsätzlichen Widerspruch zueinander stehen, die „Wahl der Mittel" sich vielmehr aus
der Strukturiertheit der konkreten Situation ableitet.

Durch die nachfolgend erläuterte Dimensionalisierung in die vier analytischen
Kategorien erfahrungsgeleitet-subjektivierenden Handelns werden sowohl eine analytische Trennung als auch eine Näherbestimmung der im praktischen Handeln
verwobenen Handlungsaspekte möglich.

1. Vorgehensweise

Ein zentrales Merkmal subjektivierenden Handelns ist die Verschränkung von
Planung und Ausführung im Stil einer „schrittweise-explorativen" Vorgehens-
weise[54]. Hiermit ist eine Abwendung vom Gedanken einer getrennten sequentiellen
Organisation „planender" geistiger und „ausführender" Aspekte des Handelns im

---

[54] Das Konzept des subjektivierenden Arbeitshandelns integriert hiermit eine Vielzahl von
Überlegungen aus anderen wissens- und handlungstheoretischen Ansätzen: Prominent weist
insbesondere Ryles Konzept von intelligentem Handeln als „knowing how" (Ryle, 1949)
den praktischen Handlungsvollzug als ein über die bloße Realisierung von vorab gefällten
Entscheidungen hinaus gehendes Handeln aus. Auch wenden sich einige Konzepte explizit
gegen die Vorstellung eines bloß routinisierten Handlungsvollzugs. Die Vorstellung eines
regelgeleiteten Handelns wird auch von Dreyfus' Modell des Expertiseerwerbs (Dreyfus &
Dreyfus, 1986) infrage gestellt, indem es Handeln auf Expertenniveau gerade in seiner nicht-
Regelhaftigkeit bestimmt. Akzente eines situativen Eingehens auf veränderliche Situationen,
die mithilfe spielerischen und experimentierenden Handelns bewältigt werden, setzt Volpert mit seinem Konzept des „improvisierend- intuitiven Handelns" (Volpert, 2003). Braters
Ansatz des „künstlerischen Handelns" (Brater et al., 1989) beleuchtet den schöpferischen
Tätigkeitsprozess als nicht-lineares und nicht-teleologisches Handeln, dessen Dynamik von

Sinne einer strikten Trennung von Planung und Ausführung bzw. von der common sense-Vorstellung eines „erst planen-dann handeln" (Böhle, 2004, S. 45) angezeigt. Vielmehr muss dem praktischen Handeln als eigentlichem Ort intelligenter Problemlösung eine erkenntnisgenerierende Qualität zugestanden werden, im Zuge dessen sich die Entscheidung über die Wahl der Mittel und die Definition der Handlungsziele sich allenfalls aus dem praktischen Handlungsvollzug ergibt. Der Handlungsvollzug als Mittel der Problemerkundung- und Bewältigung zeichnet sich durch eine „Verzahnung von Aktion und Reaktion" als Kennzeichen eines dialogisch-interaktiven Prozesses aus. Reaktionen des Gegenübers sowie die Auswirkungen des eigenen Handelns finden so im weiteren Handlungsverlauf Berücksichtigung. Auf diese Weise kann der „Unschärfe des Handlungssettings" bzw. dem „Eigenleben" des Erkenntnisobjekts Rechnung getragen werden (vgl. ebd.).

2. Sinnliche Wahrnehmung
Diametral zur Position der Geringschätzung sinnlicher Wahrnehmung wie sie im Modell rationalen Handelns enthalten ist, erhält die sinnliche Wahrnehmung im Rahmen des subjektivrenden Handlungskonzepts einen prominenten Stellenwert[55].
   Eine „aktive Sinnestätigkeit" (Bauer et al., 2000, S. 27) wird so als Medium der Wissensgenese greifbar, welche das subjektivierende Handeln als primär (sinnlich-) „erfahrungsgeleitetes" Handeln prägt. Die Sinne werden nicht länger der verstandesmäßigen Regulierung unterstellt, sondern moderieren den Wahrnehmungsvorgang durch eine als „Intelligenz der Sinne" (Bauer et al., 2006, S. 37) bezeichnete Strukturierungsleistung diffuser qualitativer Informationen. Auch nicht exakt messbare und

---

der intensiven und emotional geprägten dialogischen Auseinandersetzung mit dem Arbeitsgegenstand getragen ist. Auch in Schöns „Reflection in-Action" (Schön, 1983) leitet sich die Vorgehensweise aus der konkreten Situation ab, die im Laufe des Prozesses im Rahmen eines dialogischen Austauschprozesses mit der Situation immer wieder einer Neubewertung unterzogen wird, während Suchman (Suchman, 1987) mit dem Gedanken der „situated actions" (in der wohl radikalsten Version) das Vorhandensein von Plänen gänzlich bestreitet und die Ursachen für Handeln allein im sozialen Raum bestimmt.

[55] Die Leibkonzepte von Merleau-Ponty und Schmitzens „leibliche Kommunikation" rücken die besondere Leistung sinnlicher Wahrnehmung in den Vordergrund, die im klassischrationalen Handlungsbegriff größtenteils ignoriert oder durch den kognitiven Filter „bereinigt" wird. „Leibliches Spüren" im Rahmen einer partizipierenden Wahrnehmung nach Merleau-Ponty (Merleau-Ponty, 1962) oder das Konzept der „Einleibung" nach Schmitz (Schmitz, 1989) sind in diesem Zusammenhang maßgebliche Gedanken. Das Konzept des „Leiblichenzur-Welt- Seins" nach Merleau-Ponty veranschaulicht einer Form von Intelligenz, die sich nicht auf „Präreflexives" reduzieren lässt (vgl. Böhle, 2009b, S. 206–207). Auch Fuchs verweist mit seiner „Kunst der Wahrnehmung" (Fuchs, 2003) auf die Notwendigkeit der Integration eines umfassenden Wahrnehmungsbegriffs in die eine neue Konzeption von Arbeitshandeln.

nicht eindeutig definierbare Informationen werden durch diesen speziellen Wahrnehmungsmodus integriert Auf diese Weise kann Nicht-Objektivierbares, wie eine
spezielle „Stimmung", „Geräusche, Vibrationen und Farbveränderungen" im Zuge
von als „komplexe sinnliche Wahrnehmung", als „spürende" oder „partizipierende"
Wahrnehmung näher bestimmbaren Dispositionen des erkennenden Subjekts aufge-
fangen werden (vgl. Böhle, 2004, S. 45). Ein aktives und lebendiges „Erfahrungen
machen" wird so möglich, welches auf Engste mit einem auf „Nähe, Verbundenheit
und Teilhabe" (ebd., S. 46) basierenden Umweltbezug sowie bestimmten geistigen
Vorgängen verknüpft ist.

3. Wissen und Denken

Das Konzept des subjektivierenden Arbeitshandelns richtet sich nicht isoliert auf
mentale Prozesse, sondern begreift diese in ihrem Zusammenhang mit praktischem
Handeln (vgl. Bauer et al., 2006, S. 37). Als elementar für das Verständnis subjektivierenden Handelns ist eine Form des Denkens, welches Empfindungen und
Gefühl mit mentalen Prozessen verknüpft[56]. Wie die Arbeitsforschung zeigt, handeln Experten in bestimmten Situationen intuitiv statt planmäßig-rational, denken
holistisch-bildhaft anstatt analytisch-sequentiell, lösen Probleme durch den Vergleich ähnlicher Situationen und nicht durch die Anwendung formaler Regeln (vgl.
Böhle, 2002, S. 117). Begriffe und formallogische Denkweisen werden so durch
Bilder und assoziative Verknüpfungen ergänzt, die auf subjektiven Erfahrungen
basieren, ohne dass sie als „rein subjektiv" abzuqualifizieren wären (vgl. Böhle,
2004, S. 46).

---

[56] An vorderster Stelle anzuführen ist sicherlich das prominenteste Konzept von Polanyi („Implizites Wissen", 1985, Original: The Tacit Dimension 1966) der im Rahmen der Entfaltung
seines Begriffs von implizitem Wissen die Verbindung von Denken und Gefühl prägt, den Akt
des Verstehens nicht als intellektuellen Nachvollzug, sondern als „Einfühlung" veranschaulicht. Mit Polanyi, Dreyfus, der die Körpergebundenheit von Wissen anhand verschiedener
Beispiele illustriert („the fluid performance of a bodily skill", Dreyfus & Dreyfus, 1986,
S. 28) gerät ein inkorporiertes Wissen in den Blick, welches auch im Konzept der Leiblichkeit nach Merleau-Ponty (Merleau-Ponty, 1962), mit dem Begriff „leibhaftiges Können" den
Körper als Träger von Wissen sichtbar macht. Mit diesen Konzepotionen wird die Reduktion
des Körpers auf lediglich „sensumotorische" Fähigkeiten eindrücklich zurückgewiesen. Als
unverzichtbar erscheint auch Intuition, von Dreyfus (Dreyfus & Dreyfus, 1986), der sie als
herausragendes Merkmal des Expertenhandelns konzipiert. Als Einbettung eines Denkmo-
dells in eine Handlungskonzeption ist erneut Schöns „Reflection-in-Action" (Schön, 1983),
welches zudem emotionale Komponenten miteinschließt, zu nennen. Auch Volpert (Volpert,
2003) verbindet die Ebenen des Denkens und Handelns mit der Idee des „imaginierenden
Denkens", das in bestimmten Situationen in Kombination mit der von ihm beschriebenen
explorativen Handlungsweise erfolgreich ist.

4. Beziehungsebene

Grundlage der dargelegten Handlungsebenen ist eine durch „Nähe, Verbundenheit und Teilhabe" gekennzeichnete Umweltbeziehung[57], bzw. eine Aufhebung der im Begriff planmäßig-rationalen Handelns angelegten Subjekt-Objekt-Trennung. Personen und materielle Gegebenheiten werden als „Subjekte" begriffen und behandelt (vgl. Böhle, 2009b, S. 218).

Insbesondere diese Handlungsdimension, die nichtsdestoweniger als tragende Komponente begriffen werden muss, bleibt in den meisten Handlungstheorien unberücksichtigt.

Als gültig werden anstelle übergeordneter, allgemeingültiger Regeln und Gesetzmäßigkeiten die jeweiligen Eigenschaften und Wirkungsweisen des Arbeitsgegenstands anerkannt (vgl. Bauer et al., 2006, S. 40). Die im Rahmen der Entdeckung von so genannten „soft skills" von Arbeitnehmern in den Fokus des arbeitswissenschaftlichen Interesses geratenen Fähigkeiten z. B. der „Empathie" können im Sinne eines „subjektiven, gefühlsmäßigen und körperlichen Nachvollzug(s) äußerer Gegebenheiten" (Böhle, 2009b, S. 218), hierin explizit auch technischer Artefakte, theoretisch verortet werden.

---

[57] Wenn auch teilweise weniger explizit, wird eine solche Beziehung als Aufhebung der rationalistischen Subjekt-Objekt-Trennung im Konzept des schöpferischen Arbeitsprozesses nach Brater (Brater et al., 1989), wie auch dem Leiblichkeitskonzept nach Merleau-Ponty (Merleau-Ponty, 1962) und dem Konzept der „Einleibung" und der „leiblichen Kommunikation" nach Schmitz (Schmitz, 1989) zugrundegelegt. Dreyfus und Dreyfus (1986) veranschaulichen diese Erscheinungsform von (teils auch physischem) Einswerden mit dem Arbeitsgegenstand durch den Autofahrer, der mit seinem Wagen zu einer Einheit verschmilzt.

Grafische Übersicht: Objektivierendes und subjektivierendes Arbeitshandeln

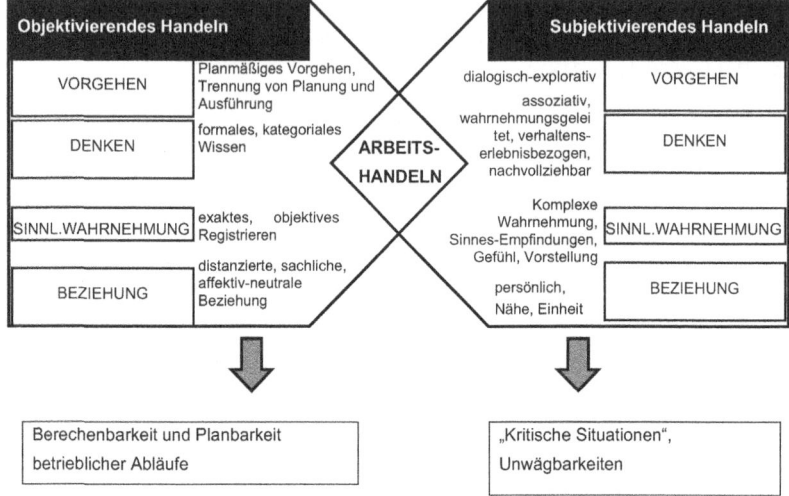

Um eine wissenschaftliche Beschreibung des ärztlichen Handelns leisten zu können, muss ein Bezugsrahmen gewählt werden, der die verschiedenen Ebenen des ärztlichen Handelns erfassen kann. Insgesamt scheint eine Bündelung der vorgestellten Ansätze und Überlegungen durch das Konzept des subjektivierenden Arbeitshandelns eine Systematisierung der momentan noch disparaten Ideen leisten zu können.

Unter Bezugnahme auf die im Konzept angelegte Dichotomie objektivierendes/subjektivierendes Handeln werden im folgenden Kapitel ärztliche Praxisformen durch die Operationalisierung in die Dimensionen „Vorgehensweise", „Denkweise", „Sinnliche Wahrnehmung" und „Beziehung zum Arbeitsgegenstand" vertiefend handlungstheoretisch informiert analysiert.

Literatur

Anschütz, F. (1987). *Ärztliches Handeln. Grundlagen, Möglichkeiten, Grenzen, Widersprüche.* Wissenschaftliche Buchgesellschaft.

Ausfeld-Hafter, B. (1999). Die zusammenfügende Folgerichtigkeit im intuitiven Denken der Traditionellen Chinesischen Medizin. In B. Ausfeld-Hafter (Hrsg.), *Intuition in der Medizin. Grundfragen zur Erkenntnisgewinnung* (S. 137–148). Lang.

Badura, B. (1996). Arbeit im Krankenhaus. In B. Badura & G. Feuerstein (Hrsg.), *Systemgestaltung im Gesundheitswesen: Zur Versorgungskrise der hochtechnisierten Medizin und den Möglichkeiten ihrer Bewältigung* (S. 21–82). Juventa.

Badura, B., & Feuerstein, G. (1996). Krisenbewältigung durch Systemgestaltung. In B. Badura & G. Feuerstein (Hrsg.), *Systemgestaltung im Gesundheitswesen: Zur Versorgungskrise der hochtechnisierten Medizin und den Möglichkeiten ihrer Bewältigung* (S. 9–20). Juventa.

Balint, M. (2001). *Der Arzt, sein Patient und die Krankheit.* Klett-Cotta.

Bauch, J. (2000). *Medizinsoziologie.* Oldenbourg

Bauer, H. G., Böhle, F., Munz, C., Pfeiffer, S., & Woicke, P. (2000). *Ausbildung der Kompetenzen für erfahrungsgeleitetes Arbeiten in der Chemischen Industrie. Band A: Konzeptuelle Grundlagen.* ISF.

Bauer, H. G., Böhle, F., Munz, C., Pfeiffer, S., & Woicke, P. (2006). *Hightech-Gespür. Erfahrungsgeleitetes Arbeiten und Lernen in hoch technisierten Arbeitsbereichen.* BiBB.

Beleites, E. (2006). Ist der Wandel des Arzt-Patient-Verhältnisses Folge des medizinischen Fortschritts? In V. Schumpelick & B. Vogel (Hrsg.), *Arzt und Patient. Eine Beziehung im Wandel* (S. 81–97). Herder.

Bell, D. (1973). *The coming of post-industrial society.* Basic Books.

Bergdolt, K. (2006). „Götter, Kranke und Gelehrte – Das komplizierte Verhältnis von Ärzten und Patienten. In V. Schumpelick & B. Vogel (Hrsg.), *Arzt und Patient. Eine Beziehung im Wandel* (S. 20–35). Herder.

Boeschen, S., & Schulz-Schaeffer, I. (2003). *Wissenschaft in der Wissensgesellschaft.* Westdeutscher Verlag.

Böhle, F. (1992). Grenzen und Widersprüche der Verwissenschaftlichung von Produktionsprozessen – Zur industriesoziologischen Verortung von Erfahrungswissen. In T. Malsch & U. Mill (Hrsg.), *ArBYTE – Modernisierung der Industriesoziologie?* (S. 87–132). Edition Sigma.

Böhle, F. (1999). Arbeit- Subjektivität und Sinnlichkeit. Paradoxien des modernen Arbeitsbegriffs. In G. Schmidt (Hrsg.), *Kein Ende der Arbeitsgesellschaft* (S. 89–110). Sigma.

Böhle, F. (2002). Erfahrungswissen. Eine neue Herausforderung an die berufliche Bildung. In W. Hendricks et al. (Hrsg.), *Die heimlichen Qualifikationen. Jahrbuch Arbeit und Bildung.* Leske+Budrich.

Böhle, F. (2003a). Vom Objekt zum gespaltenen Subjekt. In M. Moldaschl (Hrsg.), *Subjektivierung von Arbeit* (S. 115–148). Hampp.

Böhle, F. (2003b). Wissenschaft und Erfahrungswissen- Erscheinungsformen, Voraussetzungen und Folgen der Pluralisierung von Wissen. In S. Böschen & I. Schulz-Schaeffer (Hrsg.), *Wissenschaft in der Wissenschaftsgesellschaft* (S. 143–177). Westdeutscher Verlag.

Böhle, F. (2004). Die Bewältigung des Unplanbaren als neue Herausforderung in der Arbeits-
welt, Die Unplanbarkeit betrieblicher Prozesse und erfahrungsgeleitetes Arbeiten. In F.
Böhle, S. Pfeiffer, & N. Sevsay-Tegethoff (Hrsg.), *Die Bewältigung des Unplanbaren*
(S. 12–54). VS Verlag.

Böhle, F. (2006). Typologie und strukturelle Probleme von Interaktionsarbeit. In F. Böhle & J.
Glaser (Hrsg.), *Arbeit in der Interaktion – Interaktion als Arbeit* (S. 325–347). Wiesbaden:
VS.

Böhle, F., Glaser, J., & Büssing, A. (2006). Interaktion als Arbeit. Ziele und Konzept des
Forschungsverbunds. In F. Böhle & J. Glaser (Hrsg.), *Arbeit in der Interaktion- Interaktion
als Arbeit* (S. 25–41). VS Verlag.

Böhle, F. (2009a). Der Mensch als geistiges und praktisches Wesen. Verborgene Seiten
intelligenten Handelns. In W. Vossenkuhl, et al. (Hrsg.), *Ecce Homo! Menschenbild –
Menschenbilder* (S. 161–182). Kohlhammer.

Böhle, F. (2009b). Weder rationale Reflexion noch präreflexive Praktik. Erfahrungsgeleitet-
subjektivierendes Handeln. In F. Böhle & M. Weihrich (Hrsg.), *Handeln unter Unsicherheit* (S. 203–228). VS Verlag.

Böhle, F., Bolte, A., Dunkel, W., Pfeiffer, S., Porschen, S., & Sevsay-Tegethoff, N. (2004).
Der gesellschaftliche Umgang Erfahrungswissen: Von der Ausgrenzung zu neuen Grenz-
ziehungen. In U. Beck & C. Lau (Hrsg.), *Entgrenzung und Entscheidung. Was ist neu an
der Theorie reflexiver Modernisierung* (S. 95–122). Suhrkamp.

Böhle, F., & Rose, H. (1992). *Technik und Erfahrung. Arbeit in hochautomatisierten Systemen.*
Campus.

Bollinger, H. (1988). *Die Entstehung des Ärztestandes. Eine professionstheoretische Untersuchung in subjektorientierter Perspektive.* Dissertation, Fakultät für Theoretische Medizin
der Universität Ulm.

Bollinger, H., & Hohl, J. (1981). Auf dem Weg von der Profession zum Beruf. Zur
Deprofessionalisierung des Ärzte-Standes. *Soziale Welt, 32*(4), 440–464.

Borgetto, B., & Kälble, K. (2007). *Medizinsoziologie. Sozialer Wandel, Krankheit, Gesundheit
und das Gesundheitssystem.* Juventa.

Brater, M., Büchele, U., Fucke, E., & Herz, G. (1989). *Künstlerisch handeln. Die Förderung beruflicher Handlungsfähigkeit durch künstlerische Prozesse.* Stuttgart: Verlag Freies
Geistesleben.

Brödner, P. (1997). *Der überlistete Odysseus: Über das zerrüttete Verhältnis von Menschen
und Maschinen.* Sigma.

Buchanan, B. G., Davis, R., & Feigenbaum, E. A. (2007). Expert systems. A perspective from
computer science. In A. K. Ericsson, N. Charness, P. J. Feltovich, & R. R. Hoffman (Hrsg.),
The Cambridge handbook of expertise and expert performance (S. 41–68). Cambridge
University Press.

Buchheim, T. (2006). Der mündige Patient – Fünf Thesen aus Sicht des Normalverbrauchers.
In V. Schumpelick & B. Vogel (Hrsg.), *Arzt und Patient. Eine Beziehung im Wandel* (S.
98–110). Herder.

Buscher, H.-P. (1993). Computereinsatz in der Medizin. Möglichkeiten, Grenzen, Gefahren.
In P. Hucklenbroich & R. Toellner (Hrsg.), *Künstliche Intelligenz in der Medizin. Klinisch-
methodologische Aspekte medizinischer Expertensysteme* (S. 133–139). Fischer.

Büssing, A. (1999). *Implizites Wissen und erfahrungsgeleitetes Arbeitshandeln: Konzeptualisierung und Methodenentwicklung. Berichte aus dem Lehrstuhl für Psychologie der TU München.* Manuskript.

Catel, W. (1979). *Medizin und Intuition. Versuch einer Analyse.* Thieme.

Chase, W. G., & Simon, H. A. (1973). Wahrnehmung im Schach. *Kognitive Psychologie, 4,* 55–81.

Cianciolo, A. T., Matthew, C., Sternberg, R. J., & Wagner, R. K. (2007). Tacit knowledge, practical intelligence and expertise. In A. K. Ericsson, N. Charness, P. J. Feltovich, & R. R. Hoffman (Hrsg.), *The Cambridge handbook of expertise and expert performance* (S. 613–632). Cambridge University Press.

Cimino, J. J. (1999). Development of expertise in medical practice. In R. J. Sternberg & J. A. Horvath (Hrsg.), *Tacit knowledge in professional practice. Researcher and practitioner perspectives* (S. 101–119). Lawrence Earlbaum Associates.

Dahmer, J. (2002). *Anamnese und Befund. Die ärztliche Untersuchung als Grundlage klinischer Diagnostik.* Thieme.

Degele, N. (1994). *Der überforderte Computer. Zur Soziologie menschlicher und künstli-cher Intelligenz.* Campus.

De Groot, A. (1965). *Thought and choice in chess.* The Hague: Mouton.

Dorfmüller, M. (2001). *Die ärztliche Sprechstunde. Arzt, Patient und Angehörige im Gespräch.* ecomed.

Dörner, K. (2001). *Der gute Arzt. Lehrbuch der ärztlichen Grundhaltung.* Schattauer.

Dreyfus, H. L. (1972). *What computers can't do A critique of artificial reasoning.* Harper & Row.

Dreyfus, H. L., & Dreyfus, S. E. (1986). *Mind over machine. The power of human intuition and expertise in the era of the computer.* Free Press.

Drücker, M. (1989). *Expertenverhalten zwischen Bild und Regel.* Universität Münster.

Elstein, A. S., Shulman, L. S., & Sprafka, S. A. (1979). *Medical problem solving. An analysis of clinical reasoning.* Harvard University Press.

Ericsson, A. K. (2007). Introduction. In A. K. Ericsson, N. Charness, P. J. Feltovich, & R. R. Hoffman (Hrsg.), *The Cambridge handbook of expertise and expert performance* (S. 3–19). Cambridge University Press.

Ericsson, A. K., & Smith, J. (1991). Prospects and limits of the empirical study of expertise: An introduction. In J. Smith & K. A. Ericsson (Hrsg.), *Towards a general theory of expertise. Prospects and limits* (S. 1–37). University Press.

Ericsson, K. A., Krampe, R. T., & Tesch-Romer,Clemens (1993). The Role of Deliberate Practice in the Acquisition of Expert Performance. *Psychological Review 1993, 100*(3), 363–406.

Feuerstein, G. (1996). Ausdifferenzierung der kardiologischen Versorgungsstruktur und Kliniklandschaft. In B. Badura & G. Feuerstein (Hrsg.), *Systemgestaltung im Gesundheitswesen: Zur Versorgungskrise der hochtechnisierten Medizin und den Möglichkeiten ihrer Bewältigung* (S. 155–210). Juventa.

Feuerstein, G., & Kuhlmann, E. (Hrsg.). (1999). *Neopaternalistische Medizin. Der Mythos der Selbstbestimmung im Arzt-Patient-Verhältnis.* Huber.

Fintelmann, V. (2001). Erkenntnisgewinn im ärztlichen Alltag. Probleme bei Diagnose und Therapieentscheidungen. In B. Steuernagel, T. Doering, & G. Fischer (Hrsg.),

Wege der Erkenntnis in der Medizin. Intuition-Erfahrung-Wissenschaft (S. 29–40). Hänsel-Hohenhausen.

Fischer, M. (2000). *Von der Arbeitserfahrung zum Arbeitsprozesswissen. Rechnergestützte Facharbeit im Kontext beruflichen Lernens.* Opladen.

Fliedner, T. M. (2001). Wissen und Denken in der Medizin. Ein Beitrag zum Stellenwert „nicht-expliziten Wissens" im Wissensmanagement. In „Management von nicht-explizitem Wissen: Noch mehr von der Natur lernen" Abschlussbericht Teil 3 Die Sicht verschiedener akademischer Fächer zum Thema des nicht-expliziten Wissens. Forschungsinstitut für anwendungsorientierte Wissensverarbeitung (FAW), Ulm Erstellt im Auftrag des Bundesministeriums für Bildung und Forschung (BMBF). (S. 21–40).

Foucault, M. (1973). *Die Geburt der Klinik.* Frankfurt: Suhrkamp.

Francke, R. (1994). *Ärztliche Berufsfreiheit und Patientenrechte. Eine Untersuchung zu den verfassungsrechtlichen Grundlagen des ärztlichen Berufsrechts und des Patientenschutzes.* Enke.

Freidson, E. (1975). *Die Dominanz der Experten. Zur sozialen Struktur medizinischer Versorgung.* Urban & Schwarzenberg.

Freidson, E. (1979). *Der Ärztestand.* Enke.

Fuchs, T. (2003). Was ist Erfahrung. In Hauskeller, M. (Hrsg.) *Die Kunst der Wahrnehmung.* Kusterdingen: SFG.

Geisler, L. (1987). *Arzt und Patient im Gespräch: Wirklichkeiten und Wege.* Pharma Verlag.

Gerhardt, U. (1991). Krankheitsdeutung und Rückkehr zur Arbeit. Zum Problem sozialen Handelns im Arzt-Patient-Verhältnis. In U. Gerhardt (Hrsg.), *Gesellschaft und Gesundheit. Begründung der Medizinsoziologie* (S. 88–132). Suhrkamp.

Gigerenzer, G. (2008). *Bauchgefühle.* Goldmann.

Göckenjan, G. (1985). *Kurieren und Staat machen. Gesundheit und Medizin in der bürgerlichen Welt.* Suhrkamp.

Göckenjan, G. (1992). Selbstbild des Arztes. In A. Schuller, N. Heim, & G. Halusa (Hrsg.), *Medizinsoziologie. Ein Studienbuch* (S. 118–125). Kohlhammer.

Groopman, J. (2007). *How doctors think.* Houghton Mifflin.

Groß, R. (1992). *Erfahrung, Intuition, Diskursives Denken und Künstliche Intelligenz als Grundlage ärztlicher Entscheidungen.* Springer.

Gruber, H. (1991). *Qualitative Aspekte von Expertise im Schach* (S. 1991). Universität München.

Gruber, H., & Mandl, H. (1996). Expertise und Erfahrung. In H. Gruber & A. Ziegler (Hrsg.), *Expertiseforschung* (S. 18–34). Leske+Budrich.

Gruber, H., & Ziegler, A. (1996). *Expertiseforschung. Theoretische und methodische Grundlagen.* Westdeutscher Verlag.

Hacker, W. (1992). *Expertenkönnen. Erkennen und Vermitteln.* Verlag für angewandte Psychologie.

Hege, H. (2001). Allgemeinmedizin. In M. Dorfmüller (Hrsg.), *Die ärztliche Sprechstunde. Arzt, Patient und Angehörige im Gespräch* (S. 43–57). ecomed.

Heim, N. (1992). Arzt und Patient. In A. Schuller, N. Heim, & G. Halusa (Hrsg.), *Medizinsoziologie. Ein Studienbuch* (S. 98–107). Kohlhammer.

Helmchen, H. (2006). Das Arzt-Patient-Verhältnis aus Sicht der Psychiatrie. In V. Schumpelick & B. Vogel (Hrsg.), *Arzt und Patient. Eine Beziehung im Wandel* (S. 282–292). Herder.

Heusser, P. (1999). Intuition: Die innere Basis von Wissenschaft und Ethik. In B. Ausfeld-Hafter (Hrsg.), *Intuition in der Medizin. Grundfragen zur Erkenntnisgewinnung* (S. 77–98). Lang.

Höfling, W. (2006). Der autonome Patient – Realität und Illusion. In V. Schumpelick & B. Vogel (Hrsg.), *Arzt und Patient. Eine Beziehung im Wandel* (S. 390–397). Herder.

Holyoak, K. J. (1991). Symbolic connectionism: Toward third-generation theories of expertise. In K. A. Ericsson & J. Smith (Hrsg.), *Towards a general theory of expertise. Prospects and limits* (S. 301–331). University Press.

Horvath, J. A. (1999). Tacit knowledge in the profession. In R. J. Sternberg & J. A. Horvath (Hrsg.), *Tacit knowledge in professional practice. Researcher and practitioner perspectives*. Preface. Lawrence Earlbaum Associates.

Hucklenbroich, P. (1993). Klinisch-methodologische Aspekte medizinischer Expertensysteme. In P. Hucklenbroich & R. Toellner (Hrsg.), *Künstliche Intelligenz in der Medizin. Klinisch-methodologische Aspekte medizinischer Expertensysteme* (S. 9–35). Fischer.

Hucklenbroich, P., & Toellner, R. (1993). *Künstliche Intelligenz in der Medizin. Klinisch-methodologische Aspekte medizinischer Expertensysteme* (S. 69–77). Stuttgart/ Jena/ New York: Fischer.

Huerkamp, C. (1985). *Der Aufstieg der Ärzte im 19. Jahrhundert. Vom gelehrten Stand zum professionellen Experten: Das Beispiel Preußens*. Vandenhoeck & Ruprecht.

Hunter, K. M. (1991). *Doctor's stories. The narrative structure of medical knowledge.* University Press.

Jung, S. (2005). *Das präoperative Aufklärungsgespräch. Zur Kommunikation zwischen Arzt und Patient*. Nomos.

Kirchner, V. (1999). *Zur Soziologie der Arzt- Patienten- Kommunikation bei der Ultraschalluntersuchung. Ein bildgebendes Verfahren als Schnittpunkt zwischen Wissenschafts- und Alltagswelt.* dissertation, Universität Hamburg.

Klose, R. (2001). Anästhesiologie und Intensivmedizin. In M. Dorfmüller (Hrsg.), *Die ärztliche Sprechstunde. Arzt, Patient und Angehörige im Gespräch* (S. 272–308). ecomed.

Kolodner, J. L. (1983). Towards an understanding of the role of experience in the evolution from novice to expert. *International Journal of Man-Machine Studies, 19,* 497–518.

Krems, J. (1996). Expertise und Flexibilität. In H. Gruber & A. Ziegler (Hrsg.), *Expertiseforschung. Theoretische und methodische Grundlagen* (S. 80–91). Opladen: Westdeutscher Verlag.

Krones, C. J., Willis, S., & Steinau, G. (2006). Die subjektive Wahrnehmung des Arztes – ein aktuelles Meinungsbild vom Patienten. In V. Schumpelick & B. Vogel (Hrsg.), *Arzt und Patient. Eine Beziehung im Wandel* (S. 227–239). Herder.

Künemund, H. (2006). Arzt-Patient-Beziehung aus Sicht der Soziologie. In V. Schumpelick & B. Vogel (Hrsg.), *Arzt und Patient. Eine Beziehung im Wandel* (S. 168–177). Herder.

Lang, H. (2006). Das Arzt-Patient-Verhältnis aus Sicht der medizinischen Psychologie. In V. Schumpelick & B. Vogel (Hrsg.), *Arzt und Patient. Eine Beziehung im Wandel* (S. 293–315). Herder.

Law, L. C., & Wong, K. M. P. (1996). Expertise and instructional design. In H. Gruber & A. Ziegler (Hrsg.), *Expertiseforschung* (S. 115–147). Westdeutscher Verlag.

Lown, B. (2002). *Die verlorene Kunst des Heilens. Anleitung zum Umdenken.* Schattauer.

Lüth, P. (1974). *Sprechende und stumme Medizin. Über die Patienten-Arzt-Beziehung.* Campus.

Lützenkirchen, A. (2004). Stärkung oder Schwächung ärztlicher Autonomie? Die medizinische Profession und das Beispiel der evidenzbasierten Medizin aus soziologischer Sicht. *Zeitschrift für ärztliche Fortbildung und Qualität im Gesundheitswesen, 98,* 423–427.

Mannebach, H., Kraus, D., & Petkoff, B. (1993). Methodologie der klinischen Medizin. Voraussetzung für die Konstruktion eines medizinischen Expertensystems. In P. Hucklenbroich & R. Toellner (Hrsg.), *Künstliche Intelligenz in der Medizin. Klinisch-methodologische Aspekte medizinischer Expertensysteme* (S. 119–131). Fischer.

Marckmann, G. (2003). *Diagnose per Computer? Eine ethische Bewertung medizinischer Expertensysteme.* Deutscher Ärzte Verlag.

Maritz-Mosimann, M., & Winzenried, P. (1999). Ist Intuition lernbar? Intuition in der hausärztlichen Praxis. In B. Ausfeld-Hafter (Hrsg.), *Intuition in der Medizin. Grundfragen zur Erkenntnisgewinnung* (S. 29–34). Lang.

Marx, K. (1971). *Ökonomische Schriften.* Dritter Band.

Meier, C. (2001). Erwartungen an das ärztliche Gespräch- Vom Paternalismus zur dialogischen Partnerschaft. In M. Dorfmüller (Hrsg.), *Die ärztliche Sprechstunde. Arzt, Patient und Angehörige im Gespräch* (S. 323–343). ecomed.

Merleau-Ponty, M. (1962). *Phänomenologie der Wahrnehmung.* Kegan Paul.

Miller, G. A. (1956). The magical number seven, plus or minus two: Some limits on our capacity for processing information. *Psychological Review, 63,* 81–97.

Moldaschl, M. (1994). Wissensbasierte Systeme in der Medizin. In IfS Frankfurt a. M., INIFES Stadtbergen, ISF München SOFI Göttingen (Hrsg.), *Jahrbuch Sozialwisseschaftliche Technikberichterstattung 1994* (S. 209–237). edition sigma.

Müller-Kolck, U. (1993). Expertensysteme als metadiagnostische Hilfsmittel in ärztlichen Entscheidungsprozessen. In P. Hucklenbroich & R. Toellner (Hrsg.), *Künstliche Intelligenz in der Medizin. Klinisch-methodologische Aspekte medizinischer Expertensysteme* (S. 141–159). Fischer.

Nager, F. (1999). Intuition: Brücke von der Heiltechnik zur Heilkunst. In B. Ausfeld-Hafter (Hrsg.), *Intuition in der Medizin. Grundfragen zur Erkenntnisgewinnung* (S. 149–162). Lang.

Neumann, H. A. (2006). Der Arzt, der Patient und die DRGs. In V. Schumpelick & B. Vogel (Hrsg.), *Arzt und Patient. Eine Beziehung im Wandel* (S. 316–341). Herder.

Neuweg, G. H. (1999). *Könnerschaft und implizites Wissen.* Waxmann.

Newell, A., & Simon, H. A. (1972). *Menschliche Problemlösung.* Prentice-Hall.

Parsons, T. (1958). Struktur und Funktion der modernen Medizin, eine soziologische Analyse. *Kölner Zeitschrift Für Soziologie und Sozialpsychologie, 3*(1958), 10–57.

Patel, V. L., Kaufman, D. R. & Arocha, J. (1988). Conceptual Change in the Biomedical and Health Sciences Domain. In R. Glaser (Hrsg.), *Das Handbuch der Lehrpsychologie.* NJ, Hillsdale: Lawrence Erlbaum Associates.

Patel, V. L., & Groen, G. J. (1991). The general and specific nature of medical expertise. A critical look. In K. A. Ericsson & J. Smith (Hrsg.), *Towards a general theory of expertise. Prospects and limits* (S. 93–125). University Press.

Patel, V. L., Arocha, J. F., & Kaufman, D. R. (1999). Expertise and tacit knowledge in medicine. In R. J. Sternberg & J. A. Horvath (Hrsg), *Tacit knowledge in professional practice. Researcher and practitioner perspectives* (S. 75–100). Lawrence Earlbaum Associates.

Polanyi, M. (1985). *Implizites Wissen.* Frankfurt: Suhrkamp.

Rammert, W. (2007). *Technik- Handeln- Wissen. Zu einer pragmatistischen Technik- und Sozialtheorie.* VS Verlag.

Reichert, K. (2004). Intuition – Coup de foudre der Ärzte. In K. Reichert & C. Hoffstadt (Hrsg.), *ZeichenSprache Medizin. Semiotische Analysen und Interpretationen* (S. 13–24). projektverlag.

Rohde, J. J. (1962). *Soziologie des Krankenhauses.* Enke.

Rudolf, H. (1993). *Vom Bilden der Erfahrung und der Erfahrung mit Bildern. Theoretische Grundlegung einer arbeits- und organisationspsychologischen Analyse komplexer mentaler Tätigkeit am Beispiel der radiologischen Diagnostik.* Lang.

Ryle, G. (1949). *Das Konzept des Geistes.* Hutchinson.

Schachtner, C. (1999). *Ärztliche Praxis. Die gestaltende Kraft der Metapher.* Suhrkamp

Schmidt, H., Boshuizen, H., & Custers, E. (1998). The Role of Illness Scripts in the Development of Medical Diagnostic Expertise. In *Cognition and Construction, 16*(4), 367–398.

Schmidt, H. G., & Boshuizen, H. P. (1993). On Acquiring Expertise in Medicine. In *Educational Psychology Review, 5*(3), 1993, 205–221.

Schmidt H., Rikers, R., & Boshuizen, H. (2002). On the Constraints of Encapsulated Knowledge: Clinical Case Representations by Medical Experts and Subexperts. In *Cognition and Construction, 20*(1), 27–45.

Schmitz, H. (1989). *Leib und Gefühl. Materialien zu einer philosophischen Therapeutik.* Junfermann

Schölmerich, P. (1988). *Wandel im Selbstverständnis der Medizin* (S. 4–24). Akademie der Wissenschaften und der Literatur.

Schölmerich, P. (1990). Ärztliches Handeln im Grenzbereich von Leben und Sterben- aus medizinischer Sicht. In Rheinisch-Westfälische Akademie der Wissenschaften (Hrsg.), *6. Akademieforum: Arzt und Patient im Spannungsfeld. Natur – Technische Möglichkeiten – Rechtsauffassungen* (S. 66–75). Westdeutscher Verlag.

Schön, D. A. (1983). *The reflective practitioner. How professionals think in action.* Basic Books.

Schubert, C. (2006). *Die Praxis der Apparatemedizin.* Campus.

Schumpelick, V., & Vogel, B. (Hrsg.). (2006). *Arzt und Patient. Eine Beziehung im Wandel.* Herder.

Sevsay-Tegethoff, N. (2007). *Bildung und anderes Wissen Zur „neuen" Thematisierung von Erfahrungswissen in der beruflichen Bildung.* VS Verlag.

Siegrist, J. (2005). *Medizinische Soziologie.* Elsevier.

Sing, A. (2007). *Email- Beratung als authentischer Bestandteil des spezifischen Kommunikationsbereichs zwischen Arzt und Patient?* Universität Augsburg.

Sombre de, S., & Mieg, H.(2003). Professionelles Handeln aus der Perspektive einer kognitiven Professionssoziologie. In M. Pfadenhauer (Hrsg.), *Professionelles Handeln* (S. 55–68). VS Verlag.

Spiro, R. J., Feltovich, P. J., Jacobson, M. J., & Coulson, R. L. (1991). Wissensrepräsentation, Inhaltsspezifikation und die Entwicklung von Fähigkeiten in der situationsspezifischen Wissensassembly: Einige konstruieren Probleme, da sie sich auf die Theorie der kognitiven Flexibilität und hypertext beziehen. *Educational Technology, 31*(9), 22–25.

Steiner, R. (1901). Goethe und die Medizin. *Wiener klinische Rundschau, 15*(2), 580–588. (13. Jan 1901, GA 30).

Sternberg, R. J. (1999). What do we know about tacit knowledge? Making the tacit become explicit. In R. J. Sternberg & J. A. Horvath (Hrsg.), *Tacit knowledge in professional practice. Researcher and practitioner perspectives* (S. 230–236). Lawrence Earlbaum Associates.

Stollberg, G. (2001). *Medizinsoziologie.* Transcript.

Suchman, L. (1987). *Plans and situated actions: The problem of human-machine communication.* Cambridge University Press.

Uexküll, T. V., & Wesiack, W. (1988). *Theorie der Humanmedizin. Grundlagen ärztlichen Denkens und Handelns.* Urban & Schwarzenberg.

van Schaik, P., Flynn, D., Van Wersch, A., Douglas, A., & Cann, P. (2005). Influence of illness script components and medical practice on medical decision making. *Journal of Experimental Psychology: Applied, 11*(3), 187–199.

von Troschke, J. (2004). *Die Kunst ein guter Arzt zu werden.* Huber.

Vogd, W. (2002). Professionalisierungsschub oder Auflösung ärztlicher Autonomie. Die Bedeutung von Evidence Based Medicine und der neuen funktionalen Eliten in der Medizin aus system- und interaktionstheoretischer Perspektive. *Zeitschrift für Soziologie, 31*(4), 294–315.

Vogd, W. (2004). *Ärztliche Entscheidungsprozesse des Krankenhauses im Spannungsfeld von System- und Zweckrationalität. Eine qualitativ-rekonstruktive Studie unter dem Blickwinkel von Rahmen (frames) und Rahmungsprozessen.* VWF.

Volpert, W. (2003). *Wie wir handeln- was wir können. Ein Disput als Einführung in die Handlungspsychologie.* artefact.

Wagner, G. (1995). Die Modernisierung der modernen Medizin. Die „epistemologische Krise" der Intensivmedizin als ein Beispiel reflexiver Verwissenschaftlichung. In *Soziale Welt, 46*(3), 266–281.

Weber, M. (2006), Das Arzt- Patient- Verhältnis aus der Sicht des Internisten. In V. Schumpelick & B. Vogel (Hrsg.), *Arzt und Patient. Eine Beziehung im Wandel* (S. 257–272). Herder.

Weishaupt, S. (1994). Körperbilder und Medizintechnik- Die Verwissenschaftlichung der Medizin und ihre Grenzen. In IfS Frankfurt a. M., INIFES Stadtbergen, ISF München SOFI Göttingen (Hrsg.), *Jahrbuch Sozialwissenschaftliche Technikberichterstattung 1994* (S. 239–262). edition sigma.

Wettreck, R. (1999). *Arzt sein – Mensch bleiben. Eine Qualitative Psychologie des Handelns und Erlebens in der modernen Medizin.* Lit.

Wieland, W. (2004). *Diagnose. Überlegungen zur Medizintheorie.* Verlag Johannes G. Hoof (Erstveröffentlichung 1975).

Winograd, T., & Flores, F. (1989). *Erkenntnis, Maschinen, Verstehen. Zur Neugestaltung von Computersystemen.* Rotbuch.

Zumbach, J., Haider, K., & Mandl, H. (2007). *Fallbasiertes Lernen: Theoretischer Hintergrund und praktische Anwendung. Pädagogische Psychologie in Theorie und Praxis. Ein Fallbasiertes Lehrbuch* (S. 1–11). Hogrefe.

Empirische Untersuchung der ärztlichen Praxis

Acls erster „empirischer Baustein" wird zunächst im Zuge einer handlungstheoretischen Neuinterpretation entlang der Differenzierungsachse des (erfahrungsgeleitet-) subjektivierenden und des (planmäßig-) objektivierenden Handelns eine detaillierte Analyse der Studie „Ärztliche Praxis" von Christina Schachtner (1999) bzw. der sich hinter den von ihr identifizierten Metaphern verborgenen Praxisformen vorgenommen. Hierzu werden Schachtners Metaphern im Hinblick auf ihre objektivierendes oder und subjektivierendes Handeln nahe legenden Implikationen untersucht. Pointiert als „Frage nach dem „Wie" ärztlicher Praxis"[1] (Schachtner, 1999, S. 98) beschrieben, ist die Arbeit als grundlegende Exploration der „Mikromechanismen des ärztlichen Alltagshandelns" (ebd., S. 231) einzuordnen. Zentraler Befund der Studie ist, dass Handlungsanforderungen der ärztlichen Praxis in Abhängigkeit des übergeordneten Metapherntyps bzw. durch die Persistenz des jeweiligen handlungsleitenden Motivs grundsätzlich im gleichen Stil gelöst werden. Die Handlungsanforderungen Diagnose, Therapie sowie die Ausgestaltung der Arzt-Patient-Beziehung werden so als Variationen ein- und desselben metaphorischen Konzepts erkennbar.

---

[1] Dementsprechend offen gestaltet Schachtner auch ihr methodisches Vorgehen. Mit dem Ziel der Dechiffrierung unterschiedlicher handlungsleitender Motive, von Schachtner als „Metaphern" bezeichnet, werden deren Implikationen für die Gestaltung der Alltagspraxis entfaltet. Mittels eines hermeneutisch-verstehenden Ansatzes können die Selbstbeschreibungen ärztlichen Arbeitshandelns auf ihre tiefer liegenden Bedeutungsschichten analysiert werden. Anhand der zentralen Schlüsselkategorien der Metaphern können acht Handlungstypen identifiziert werden, die die ärztliche Praxis konstituieren, bzw. sämtliche Tätigkeitselemente des jeweiligen Arztes im Sinne seiner spezifischen handlungsleitenden Metapher strukturieren.

© Springer Fachmedien Wiesbaden GmbH, ein Teil von Springer Nature 2021   175
T. Merl, *Ärztliches Hundeln zwischen Kunst und Wissenschaft*,
Gesundheit. Politik – Gesellschaft – Wirtschaft,
https://doi.org/10.1007/978-3-658-21972-7_3

Im zweiten Teil des Kapitels erfolgt eine Darstellung der eigenen, auf den Erkenntnissen der handlungstheoretischen Reinterpretation der Studie „Ärztliche Praxis" anschließenden qualitativen empirischen Untersuchung.

3.1   Handlungstheoretische Reinterpretation der Studie „Ärztliche Praxis. Die gestaltende Kraft der Metapher" (1999) von Christina Schachtner

Zentraler Befund der Studie ist, dass Handlungsanforderungen der ärztlichen Praxis in Abhängigkeit des übergeordneten Metapherntyps bzw. durch die Persistenz des jeweiligen handlungsleitenden Motivs grundsätzlich im gleichen Stil gelöst werden. Die Handlungsanforderungen Diagnose, Therapie sowie die Ausgestaltung der Arzt-Patient-Beziehung werden so als Variationen ein- und desselben metaphorischen Konzepts erkennbar.

Eine erste wesentliche Feststellung gilt der Tatsache, dass der überwiegende Teil der von Schachtner untersuchten ÄrztInnen – allesamt niedergelassene AllgemeinmedizinerInnen, so genannte „HausärztInnen – sich in der Selbstbeschreibung ihres Tuns überwiegend auf Handlungsweisen beziehen, die den Prinzipien subjektivierenden Arbeitshandelns entsprechen[2]. Grundsätzlich gilt, dass die von Schachtner identifizierten Metapherntypen in unterschiedlicher Ausprägung subjektivierende und objektivierende Anteile enthalten.

Reinformen subjektivierender Handlungsweisen finden sich in der Betrachtung der „Beziehungsmetapher" (ebd., S. 80–90), der „Teile-Ganzes-Metapher" (ebd. S. 92–93) und der „Retter- und Heilermetapher" (ebd., S. 65–70). Die diesen Prinzipien folgenden Handlungstypen agieren zumeist im Modus einer als „ganzheitlich" zu bezeichnenden Orientierung[3] mit den darin enthaltenen Dispositionen des *„Zugewendetseins"* (ebd., S. 86), der *„Verbindung"*, der *„Beziehung"* und *„Kontakt"* (ebd., S. 87).

Kontrastiert werden konnten diese Handlungsstile mit objektivierenden Handlungsmodi, die jedoch eindeutig in der Unterzahl sind: Einzig der Metapherntyp

---

[2] Um eventuell denkbaren Missverständnissen vorzubeugen sei darauf verwiesen, dass der subjektivierend handelnde Arzt durchaus über logisch-rationale Kompetenzen verfügt, die er in den Diagnoseprozess einbringt, diese Handlungsweisen jedoch offenbar subjektiv weniger im Vordergrund stehen, das Selbstbild entsprechend weniger über sie konstruiert wird.

[3] Die für ganzheitlich orientierte ÄrztInnen typische Zentralstellung soziopsychischer Aspekte der Lebenswelt des Kranken ist als Gegenpol zu reduktionistischen (den Menschen auf seine Organe reduzierenden) und mechanistischen (im Sinne einer funktionellen Gleichsetzung von Mensch und Maschine) Konzepten von Gesundheit und Krankheit zu betrachten.

„Strukturorientiertes Handeln"[4] (ebd., S. 73–76), der seiner Krankheitsdefinition gemäß durch die Suche nach strikt kausalen Ursache-Wirkungsketten bestimmt ist, repräsentiert die Vorstellung eines rein objektivierenden Vorgehens das sich in der Praxis. Bereits die Zielformulierung, *„Krankheitsbilder zu erfassen"* (und nicht den Menschen) verweisen auf einen dem biomedizinischen Modell entsprechenden, eher eng angelegten Handlungskorridor mit eindeutig abgegrenztem Handlungsgegenstand, der auf einer Vorstellung von Krankheit als primär organischer Störung basiert. Im Zuge „standardisierter, hierarchisch-strukturierter Suchverfahren" (ebd., S. 107–110) stellt dieser Typus die ärztliche Praxis als *„Sortieren, Ordnen, Rechnen"*, *„Symptome zusammenführen"*, *„zusammensummieren"* vor.

Vergleichend zu beleuchten und mit empirischen Beispielen zu exemplifizieren sind die *metaphorisch moderierten* Praxisformen auf den einzelnen Dimensionen des Konzepts des subjektivierenden Arbeitshandelns. Die erste idealtypische Gegenüberstellung bezieht sich auf den (sehr weit gefassten) Themenkomplex „Diagnosesuche".

Objektivierendes Handeln im Prozess der Diagnosesuche
Vorgehen: „Schienen" oder „Bahnen" regeln den Handlungsablauf
Im Rahmen eines planmäßig-objektivierend zu beschreibenden Vorgehens werden einzelne Handlungselemente als strikt voneinander getrennt bzw. in sequentieller Abfolge dargelegt (vgl. ebd., S. 113). Die für den objektivierenden Typus weiterhin typische Betonung der Sequenzialität des Handlungsvollzugs, hier in Form der Trennung der einzelnen Handlungsanforderungen, wird sogar durch die von einem Vertreter vollzogene zusätzliche räumliche Trennung von Anamnese und körperlicher Untersuchung gleichsam materiell manifestiert. Die diesem Handlungsstil zugeordneten ÄrztInnen greifen bevorzugt auf standardisierende Verfahren wie ein „Anamneseband" zurück und stehen strukturierenden Elementen generell positiv gegenüber: Als Ideal gilt ihnen eine klar definierte und geregelte ärztliche Praxis. In diesem Zusammenhang ist die Präferenz für solche Patienten, *„die ganz klar reinkommen und sagen, das tut mir weh und ich kann ganz konkret drauf reagieren"* (ebd., S. 94) zu verstehen. Im Rahmen eindeutig abgesteckter, punktueller Beschwerden kann planmäßig-objektivierendes Handeln störungsfrei „durchlaufen". Die „Schienenmetapher" versinnbildlicht einen solchen auf das Ziel, nämlich die untersuchungstechnisch abgesicherte Diagnose sowie die damit ermöglichte präzise Prognose, zulaufenden Prozess.

---

[4] Diesem Typus wurden mehrere Interviewpartner zugeordnet. Falls nicht anders vermerkt, sind alle Zitate dieser Textpassage entnommen.

Wissen und Denken: Präferenz für „harte Daten", „klare Patienten" und „diagnostic reasoning"
Als ein herausragendes Differenzierungsmerkmal objektivierender und subjektivierender Handlungsweisen kann in erster Linie der Handlungsanschluss an „objektive" Messwerte und Normdaten oder an „weiche" Patientenmerkmalen gelten. Als Beispiel hierfür dient das auf die Identifikation kausaler Zusammenhänge im Sinne von organischen Ursache-Wirkungs-Ketten abzielende Verfahren bei der Anamnese mithilfe eines standardisierten Fragebogens. Die freie Erzählung des Patienten wird durch die Erstellung eines *„Anamnesebandes"* (ebd., S. 107) auf die für den Arzt relevanten Informationen reduziert und so für objektivierendes Handeln anschlussfähig gemacht. Das Gespräch zwischen Arzt und Patient dient hier in erster Linie als Faktenquelle: Referenzgröße sind hierbei quantifizierbare Daten, die später durch Hinzuziehen von technischen Untersuchungen ergänzt werden. So werden beispielsweise verschiedene theoriegeleitete „Bahnen" mit möglichen Erklärungen („ein 40–50 jähriger Mann mit Hörsturz kann herzgeschädigt sein, er kann stoffwechselgeschädigt sein", ebd., S. 108) zum Ausgang genommen, systematisch labortechnisch überprüft und mittels Erhärtung durch objektive Daten, die in einem weiteren Schritt theoriebasiert und *„an den in der Schulmedizin geltenden Standards"* (ebd., S. 108) verifiziert werden, weiterverfolgt respektive ad acta gelegt. Ein Mangel an *„harten Daten"* wird hingegen problematisiert, wie z. B. im Fall der unklaren Symptomatik des psychosomatischen Patienten, der „sich in seinen Beschwerden nicht so eingrenzen lässt". Als Ausgangspunkt des Handelns und Entscheidens dienen Normwerte, *„Normalbefunde"*, bzw. die Abweichung des Patienten von diesen. Mit diesem Fokus auf objektive Daten korrespondiert auf der Ebene des Denkprozesses eine analytische, regelgeleitete und rational-diskursive Denkweise. Aufgrund dieser grundsätzlichen Ausrichtung bedeuten Entscheidungen, die nicht auf reproduzierbaren, „harten Fakten" bzw. allgemeingültigem wissenschaftlichem Konsens, sondern „nur" auf eigener Erfahrung oder gar Intuition beruhen, ein deutlich höheres Maß an Konflikt für den so orientierten Handlungstypus. Vor allem die der „Kontrollmetapher", ebd., S. 94–95) bzw. der „Prozessmetapher" (ebd., S. 76–80) zugeordnete ÄrztInnen suchen den Rekurs auf klare Regeln und Strukturen: Geordnete Abläufe und der Rückgriff auf theoretisches Fachwissen aus dem Lehrbuch bieten Handlungssicherheit und Entlastung in kritischen Situationen.

Sinnliche Wahrnehmung: Der Einsatz von Sinnen als nicht erwähnenswerter Vorgang
Der Einsatz von Sinnen – wie auch eigenen Gefühlslagen – findet in der Schilderung des eigenen Vorgehens keine Erwähnung. Stattdessen werden kognitive Prozesse

stark ins Zentrum gestellt, indem der Diagnosefindungsprozess vom Typus „Strukturorientiertes Handeln" mit einem *„Rechenproblem"* verglichen wird. Grundsätzlich
eignet sich der Prozess der Diagnosefindung durch seinen ihm immanenten Charakter des Erkennens tendenziell zu einer kognitivistischen Überhöhung, in deren
Rahmen die Rolle der sinnlichen Wahrnehmung als untergeordnet eingestuft wird.

Beziehungsebene: Der Patient als zu distanzierendes Objekt
Die Beziehung zum Patienten ist durch Distanz geprägt. So wird die Persönlichkeit des Gegenübers ausgeblendet bzw. die Bedeutung von individuellen
Patientenmerkmalen nicht thematisiert. Diese Relevanzzuschreibung entspricht dem
Objektstatus, dem der Patient zugewiesen wird. Die Patientenbegegnung ist dieser Logik folgend als asymmetrische, strukturell durch den Wissensunterschied
und die Deutungsmacht des Arztes definierte Handlungssituation zu verstehen, in
der Kommunikationen tendenziell einen „Top-Down"-Charakter zeigen (*„Hirtenbrief"*, ebd., S. 143) und in denen gegenseitiges Einvernehmen keine Voraussetzung
ist. Es sind hauptsächlich die strukturorientierten Typen, die in der Selbstbeschreibung die Rationalität ihres Handelns hervorheben, als Kehrseite dessen einem
emotionalen Engagement dem Patienten gegenüber am deutlichsten ablehnend
gegenüberstehen, unter anderem, weil die Gefährdung der Fähigkeit zu (objektiver) Erkenntnis befürchtet wird (vgl. ebd., S. 112). So äußert eine der „Angriff- und
Verteidigungsmetapher" (grundsätzliches zu diesem Typus ebd, S. 83 f.) zugerech-
nete Ärztin die Notwendigkeit, sich gegen Patienten (emotional) *„abzuschirmen"*,
ein anderer bezeichnet die Arbeit mit dem Patienten als *„Kleinkrieg"* ein Dritter,
muss *„schauen, dass die Gespräche nicht ausufern"*. Eine (zeit)-offene Anamnese,
sonst oft als elementare Voraussetzung nicht nur für das Arzt-Patient-Verhältnis,
sondern auch für den Diagnosefindungsprozess genannt, erscheint an dieser Stelle
weder möglich noch erwünscht.

Im Zuge eines Suchprozesses, der linear auf die Identifikation von dysfunktio-
nalen Elementen gerichtet ist, wird der Patient bzw. sein Körper in partialisierender
Perspektive gleich einer defekten Maschine behandelt, während auf psychische
Krankheitshintergründe hinweisende Appelle an den Arzt kein Gehör finden (vgl.
ebd., S. 110). Ein Nähe aufbauender Bezug zum „Erkenntnisgegenstand Patient"
ist in dieser Vorgehensweise nicht vorgesehen, wird teilweise sogar als hinderlich
betrachtet.

Subjektivierendes Handeln im Prozess der Diagnosesuche

Vorgehen: „Körperarbeit" und dialogisch-interaktiver Austauschprozess
Wie eingangs angedeutet, schließt subjektivierendes Arbeitshandeln typischerweise
an als „unscharf" zu bezeichnende Problemsituationen an, die es bearbeitbar zu

machen gilt. Orientiert an den Erfordernissen eines „Handeln am Menschen" bzw. dem „Erkenntnisgegenstand Patient" müssen Handlungsabläufe individuell und situativ angepasst werden und können demnach kaum starren Regeln folgen. Stattdessen gilt das „Prinzip der offenen Planung", realisiert durch Strategien des schrittweise-explorativen und dialogisch-interaktiven Vorgehens. Nicht nur die Rahmenbedingungen, sondern auch die Zielsetzung der ärztlichen Praxis erweisen sich im Rahmen von Motiven wie „nach der Lebenswunde suchen" (ebd., S. 100) oder „Entwicklungen ermöglichen" (ebd., S. 78) als wenig exakt definiert. Die dieser Art von Zieldefinition entsprechende Vorgehensweise erfordert Kompetenzen, die in der Terminologie des subjektivierenden Arbeitshandelns als schrittweise-exploratives Vorgehen und dialogisch-interaktiver Austausch zu bestimmen sind. Folglich ist intensive Interaktion ein zentrales Moment subjektivierenden ärztlichen Arbeitshandelns. Die für diese Handlungsform relevanten Informationen, die im Sinne einer ganzheitlichen Orientierung („sozialer und menschlicher Kontext") über den unmittelbaren organisch-körperlichen, in messbare Befunde transferierbaren Zusammenhang hinausgehen, können nur im Austausch mit dem Gegenüber generiert werden. Als Interaktionsvorgang basiert auch das Phänomen der Körperarbeit auf dem Prinzip der Aktion und Re-Aktion zwischen Arzt und Patient. Die körperliche Reaktion des Patienten bietet bei solchen Vorgehensweisen Aufschluss über die Art und Schwere der Erkrankung. Charakteristisch hierfür ist, dass ein solches Vorgehen sowohl Arzt- als auch Patientenkörper miteinschließt. Der körperliche Kontakt zwischen Arzt und Patient wird zunächst als elementare Methode der Vertrauensgewinnung, die eine Ebene intensiver emotionaler Verbundenheit erschließt, sichtbar (vgl. ebd., S. 40). Darüber hinaus zeigt sich in der Betrachtung von „Körperarbeit" als wissensgenerierende Tätigkeit die spezifische Relevanz körpergebundenen Wissens. Die Gruppe der „leiblich-sinnlichen Suchverfahren" (vgl. ebd., S. 103 f.) stellt hauptsächlich auf leibbezogene Interventionen als primäre Erkenntnisquelle ab. Hierbei ist zu betonen, dass die grundsätzliche Zweiseitigkeit des Prozesses keinen der Interaktionsteilnehmer auf die agierende oder reagierende Rolle festlegt. Diese Prämisse wird von den subjektivierenden Handlungstypen auf unterschiedliche Weise und in unterschiedlichem Maß verwirklicht. Grundlegend ist hierbei eine als „Teilhabe" und „Verhandlung" begriffene, direkten Austausch zentral stellende ärztliche Praxis: „Es ist nicht nur so, dass ich ihm jetzt was gebe, sondern im Grunde genommen auch was von ihm bekomme, was lerne, was erfahre" (ebd., S. 82). Die „Rückkopplung" (ebd., S. 106) des Patienten in Form einer wie auch immer gearteten Reaktion kann so als notwendige Instanz innerhalb des Erkenntnisprozesses erkannt werden. Auch z. B. das gemeinsame Lachen mit dem Patienten liefert so nicht nur Informationen über dessen Befinden, sondern ist Element eines Handlungsablaufs, der auf gemeinsames, dialogisches Arbeiten

(*„Blockierungen lösen"*, ebd., S. 66) abstellt. In diesen Handlungsstil fügt sich die Prämisse einer gemeinsamen Zielvereinbarung in Abstimmung mit dem Patienten, wie z. B. der Absprache von Entscheidungen (vgl. ebd., S. 114, 117).

In diesen Handlungsvollzügen erkennbar ist als weiteres Merkmal subjektivierenden Arbeitshandelns im Sinne eines schrittweise-explorativen Vorgehens eine Verschränkung von zumeist getrennt gedachten Handlungssequenzen wie der Anamnese, der körperlichen Untersuchung und sogar der Techniknutzung. Zumeist stellt sich der Diagnosefindungsprozess nicht als sequenziell gegliederter Ablauf, sondern mitunter als ein zirkulärer Prozess (*„ich kreis das so ein"*, ebd., S. 92) dar – durchaus unter Einbezug von Faktoren, die sich nicht unmittelbar aus der konkreten Begegnungssituation ableiten lassen. Der Nicht-Linearität des Erkenntnisprozesses wird in Form von Sinnbildern wie einem Zopfmuster, Wellen oder unregelmäßigen Stufen Rechnung getragen (vgl. ebd., S. 117). Typischerweise oftmals in Alltagssprache bzw. nicht-medizinischer Terminologie formuliert werden Diagnoseprozesse als exploratives, entdeckendes *„Erkunden der Situation"* (ebd., S. 120) bzw. noch stärker den investigativen Charakter hervorhebend, als *„Rätsel lüften"* (ebd., S. 96). Die Kristallkugel als Wunschinstrument eines Arztes erscheint in diesem Licht als sehr explizites und freimütiges Bekenntnis zur einer – in diesem Fall ohne jede Ambivalenz vorgetragenen – nicht-planmäßig-rationalen Vorgehensweise beim Diagnoseprozess.

Wissen und Denken: Ahnen und Fühlen
Die Exploration der „Suchstrategien" der subjektivierenden Handlungstypen erbringt einen zentralen gemeinsamen Nenner: Bezugspunkt sind z. B. „diffuse leiblich-emotionale Zustände"[5] (ebd., S. 142) des Patienten während „objektive" Patientendaten kaum oder gar nicht erwähnt werden. Stattdessen berufen sich die diesem Handlungstypus zugehörigen ÄrztInnnen auf gänzlich unterschiedliche Erkenntnismedien: *„'ne Verbindung aus Intuition, 'wenn ich mich so aufmach' für den Menschen (...) und wie ich ihn wahrnehme."* (ebd., S. 103). Eine Protagonistin der „Teile-Ganzes- Metapher" geht sogar so weit, Herz und Gehirn auf der Ebene des Erkenntnisses gleichzusetzen: *„Das Hirn ist ja auch Herz eigentlich, das ist ja auch Gefühl"* (ebd., S. 120), wodurch erneut der enge Zusammenhang von Denken und Fühlen im Kontext des subjektivierenden Arbeitshandelns evident wird.

---

[5] Hierbei zeigt sich der Grad der Unschärfe als wesentlich durch den zugrunde liegenden Krankheitsbegriff bestimmt: Werden Laborwerte und Patienteneckdaten zum Ausgang genommen, ist die Handlungssituation naturgemäß deutlich weniger „unscharf", als eine die Gesamtpersönlichkeit des individuellen Patienten und dessen Lebenssituation einbeziehende Konzeption von Krankheit.

Als handlungsrelevante Schlüsselkategorie innerhalb des Diagnoseprozesses erscheint der „(erste) Eindruck" („*ich lass die Leute auf mich wirken*", ebd., S. 71), der durchaus unspezifischer Natur sein kann. So können lebensweltliche Informationen über den Patienten (zieht sich gerne bunt an, züchtet Edelweiß) wesentlicher Bestandteil eines „Eindrucks" sein (vgl. ebd., S. 125). Selbst ein zunächst „*unklares Bild*" (ebd.) kann so dennoch den Ausgangspunkt weiteren Handelns bilden. Der unklare (oder auch „unscharfe") Charakter der Handlungssituation wurzelt im Wesen der Informationen: Das WIE als qualitative Eigenschaft („*wie ist er angezogen?*", ebd., S. 120) gibt Hinweise über den Patienten, entzieht sich jedoch einer Quantifizierung. Das Agieren auf der Basis von „*unklaren Daten*" wird von den subjektivierenden Handlungstypen nicht problematisiert, sondern konfliktfrei in das eigene Handeln integriert: „*in der Medizin ist aus meiner Sicht vieles unsicher*" (ebd., S. 115). Für den subjektivierenden Handlungstyp sind offenbar gerade jene Informationen wesentlich, die ihrem Charakter nach „*mit einer rein technischen Methode nicht aufzuspüren*" (ebd.) sind. Die Wortwahl des „*Aufspüren*" verweist auf eine Vorgehensweise, bei der nicht- rationale Wissensformen wie „Ahnen" und „Fühlen" ausschlaggebend sind. In den Blick geraten weitere Phänomene gefühlten Wissens, u. a. angeführt als „erfahrungsgestützte intuitive Fähigkeiten zur Deutung der naturgemäß unscharfen Signale" (ebd., S. 128). Ein hoher Stellenwert der beiden- an dieser Stelle nicht weiter analytisch ausdifferenzierten- Phänomene „Intuition" und „Erfahrung", wie auch der Sinne in ihrer „erkenntnisfördernde(n) Funktion" (ebd., S. 124) ist für einen breiten Querschnitt der subjektivierenden Handlungstypen zu konstatieren.

„Spürende" sinnliche Wahrnehmung
Die Patientenbegegnung der subjektivierenden Handlungstypen erscheint von Beginn an durch Vorgänge (komplexer) sinnlicher Wahrnehmung geprägt: Der Patient wird typischerweise nicht „registriert", sondern sinnlich „erfahren" („*Ich erfahre meine Patienten am besten durchs Anfassen*", ebd., S. 67) – oftmals, aber nicht notwendigerweise über den körperlichen Kontakt, wie es in der Gruppe der „leiblich-sinnlichen Suchverfahren" (vgl. ebd., S. 103–107) Usus ist. Die durch Berührung des Patientenkörpers vermittelten Informationen über z. B. die Hautbeschaffenheit („*ist sie spröde, ist sie schuppig?*", ebd. S. 115) belegen zum einen herausragende Stellung sinnlicher Wahrnehmung, wie auch das Wesen dieser Art von Information als nicht oder kaum quantifizierbare Eigenschaftsausprägungen. Das Gespräch, aber auch „*Anschauen*", „*Fühlen*" und „*Riechen*" (der klassische „niedere Sinn") sind primäre Quellen der Erkenntnis. Ein Interviewpartner illustriert sein Vorgehen sogar mit einer Zeichnung von Ohren und Nase (vgl. ebd., S. 120).

Als Voraussetzung erscheint die im Rahmen einer komplexen sinnlichen Wahrnehmung erforderliche Disposition der „Achtsamkeit". Nur wer über empathische und kommunikative Kompetenzen verfügt, ist befähigt, nonverbale Botschaften zu entschlüsseln, Eindrücke zu verknüpfen und problembezogen zu interpretieren (*„Bausteine im Gesamtbild"*, ebd., S. 118). Der sinnlich generierte Eindruck wird so erst zu einer „verarbeitbaren" Information und erlaubt deren Einordnung in Gesamtzusammenhänge. *„So ein spitzes, ängstliches Gesicht und schon so leidend (…), hoppla, der geht's schlecht, da geht's wirklich um was und lass dich jetzt mal so drauf ein"* (ebd., S. 114). Angezeigt ist hierdurch, dass die Disposition des „Sich-Einlassens" als gezielte Methode der intensiven Auseinandersetzung mit dem Patienten gewählt wird. *„Das ist ein Mosaik, das setzt sich aus vielen Teilen zusammen, aus dem, was ich sehe, was ich spür, wenn ich ihn untersuch, aus dem, was er sagt, wie er es sagt, auch wie ich es aufnehmen kann"* (ebd., S. 92).

„Beziehung" als zentrales Medium im Prozess der Diagnosesuche (ebd., S. 114)
Für den subjektivierenden Handlungstypus zeigen sich die Schlüsselkategorien „Beziehung", „Interaktion" und Nähe zum „Erkenntnisgegenstand Patient" als zentrale Medien des Austauschprozesses zwischen Arzt und Patient. Im Rahmen einer Bezugnahme auf die „Dynamik der individuellen Problemlage" des „Subjekt Patient" richtet sich die therapeutische Praxis z. B. auf *„die Geschichte, die die Patientin jetzt zu mir hereingetragen hat, mit ihrer Person, ihrem Körper"* (ebd., S. 152). Das *„In-Beziehung-treten mit dem Patienten"* (ebd., S. 158) bringt den Kern subjektivierenden ärztlichen Handelns, dessen Voraussetzung wie auch heuristische Strategie eine stark interaktive Ausrichtung des Arbeitshandelns ist, auf den Begriff.
Grundsätzlich wird Empathiefähigkeit- bzw. Empathiebereitschaft – als zentrales Persönlichkeitsmerkmal des Arztes sichtbar. Nur im subjektiven, identifikatorischen Nachvollzug kann die *„zweite Geschichte"*, bestehend aus – den eigentlich relevanten – *„kleinen Nebeninformationen"*, dechiffriert werden (vgl. ebd., S. 96). Vor allem die „emotional-mentalen Suchverfahren" (vgl. ebd., S. 101–103) wurzeln in einer intensiven Auseinandersetzung mit der Gesamtpersönlichkeit des Patienten, die offenbar als Kernelement des eigenen Arbeitshandelns begriffen wird: *„weil ich es phantastisch finde, einen Menschen in seiner Kompliziertheit und seinem Chaos (…) "ne Erkenntnis zu finden, (…) mit ihm diesen Punkt zu erarbeiten. ",* (ebd. S. 101). Die Sichtweise auf den Patienten als Subjekt und auch die Auffassung von einer partnerschaftlichen Kooperation zwischen Arzt und Patient werden hier erneut evident. Hohes emotionales Involvement untermalt eine Ärztin durch die Zeichnung des Herzens als zentralem Organ. Nur für einen Teil der Gesprächspartner mit Gewissheit zu behaupten, ist Sympathie die herausragende Bedingung der Erkenntnis (*„Ich hatte für die Frau was übrig, ich mag die gern, die Frau"*, ebd.,

S. 125). Leid wird mit dem Patienten zum Teil gemeinsam durchlebt (*„mitleiden können"*, ebd., S. 87), als Minimalanspruch zeigen sich die Dispositionen *„Neugier"* (ebd., S. 114) und *„das totale Interesse"* (ebd.) am Patienten. Die eigene Motivationslage bei der Patientenbegegnung als *„Ehrgeiz"* (ebd., S. 115) beschreibend, ist darüber hinaus auf eine Verfassung verwiesen, die schwierige Situationen als Herausforderung begreift und ihnen als solche begegnet.

Handlungsfeld Therapie
Auch die Analyse der durch die Metaphern geprägten „Bearbeitungsstile" von Krankheit enthüllt zwei idealtypische Handlungsformen[6], wobei der objektivierende Handlungsstil in diesem Fall von Vertretern der „standardisierte(n), hierarchisch strukturierte(n) Therapiemuster" (vgl. Schachtner, 1999, S. 142–144) repräsentiert wird, der (konstruierte) Idealtyp des subjektivierenden Handelns sich hingegen aus verschiedenen Therapiestilen zusammensetzt: „emotional-mental orientierte" (vgl. ebd., S, 135 f.), „leiblich-sinnlich orientierte" (vgl. ebd., S. 140 f.) und schließlich „lebensbewältigungsorientierte" (vgl. ebd., S. 145 f.) Therapiemuster.

Objektivierendes Handeln in der Therapiegestaltung
Objektivierendes therapeutisches Handeln schließt zumeist an labortechnische Befunde und Normwerte an und basiert explizit auf wissenschaftlich-theoretischem Fachwissen und schulmedizinischen Therapiestandards. Die therapeutische Notwendigkeit leitet sich aus der Differenz zwischen gemessenem organischem Befund und Normwert ab: Abweichende Normwerte sollen mittels standardisierter Therapieschemata (*„Schienen"*, ebd., S. 143) in den erwünschten *„Normbereich"* korrigiert werden (vgl. ebd., S, 161). Diese scharf umrissene Zielvorgabe einer an objektive Messdaten anschließenden Indikation hat ein systematisches, planvoll durchstrukturiertes, *„relativ festes Programm"* (ebd., S. 143) mit klar gegliederten Handlungsschritten zufolge.

Als Bedingung eines so zu beschreibenden Handelns erscheint eine spezielle Perspektive auf den Patienten: Dieser wurde bereits im Stadium der Diagnosesuche in den Objektstatus verwiesen, den er typischerweise während des Therapieverlaufs beibehält. Seine Möglichkeiten der Einflussnahme auf eine einmal gelegte therapeutische *„Schiene"* sind als gering einzuschätzen, sicherlich nicht zuletzt aus dem Grund, dass auf intensive Interaktion verzichtet wird. Dem Patienten muss typischerweise etwas *„klargemacht"* werden (vgl. ebd., S. 142). Zu einer Selbstkonstruktion als *„Helfer"* (ebd., S. 174) möglicherweise im Widerspruch stehend,

---

[6] Aufgrund des im Vergleich zum Diagnoseprozess weit weniger umfänglichen Materials wird auf eine Gliederung in weitere Unterdimensionen des Handelns an dieser Stelle verzichtet, stattdessen lediglich pointiert auf Hauptdifferenzierungskriterien verwiesen.

offenbart das empirische Material eine distanzierte Beziehung zum Patienten, die, für diesen Handlungstypus charakteristisch, durch das Streben nach Objektivität und Wissenschaftlichkeit als Handlungsmaxime motiviert ist.

Therapiegestaltung als Subjektivierendes Arbeitshandeln: Beziehung als Handlungsbasis
Das therapeutische Vorgehen zeigt sich beim subjektivierenden Handlungstypus zumeist als Fortsetzung des im Zuge der Diagnosesuche initiierten Austauschprozesses. Eine Zäsur zwischen Diagnose und Therapie als getrennte Handlungsanforderungen ist daher kaum erkennbar. Vielmehr dient die Therapie als eine Art nächste Phase in einem Prozess tiefer gehender Erkenntnis durch weitere Annäherung: *„Es braucht eine Beziehung, um das Problem zu lösen"* (ebd., S. 145). In einigen Fällen kann bereits der Aufbau einer Beziehung zum Patienten therapeutische Wirkungen zeitigen: So scheint das Prinzip der Zugewandtheit über seine erkenntnisfördernde Funktion hinaus als Therapeutikum auf: *„Wo eine Beziehung möglich ist, ist immer so meine Hoffnung, dass man dann auch noch was rausziehen kann von dem, was da ist"* (ebd., S. 150). An dieser Stelle wird erneut auch Interaktion als Schlüsselkategorie subjektivierenden Vorgehens erkennbar. Insbesondere die heilkundlich und ganzheitlich-psychotherapeutisch verankerten Handlungstypen, deren Ausrichtung eine langfristige Therapie mit intensiver Beziehung zum Patienten erfordert (vgl. ebd., S. 137), zielen anstelle einer punktuellen therapeutischen Intervention auf einen im Rahmen der Gesundung zu durchlaufenden Prozess, der typischerweise nicht eingleisig, sondern nach dem Prinzip des *„eine Entwicklung miteinander machen"* (ebd., S. 150) verläuft. Charakteristisch hierfür ist, dass die Integration einer in hohem Maße unscharfen Ausgangssituation vermittels ebenso vager Zielhorizonte wie *„Abwehr stärken"* (ebd., S, 137) bzw. die Dauerhaftigkeit der Beziehung stärker akzentuierend, *„Entwicklung ermöglichen"* (ebd., S. 112) gelingt.

Das Vorliegen einer endgültigen Diagnose als Handlungsvoraussetzung ist im Unterschied zu den objektivierenden Handlungstypen, deren Programm sich nur an eine konkrete Definition anschließen kann, keine Voraussetzung, sondern eher die Ausnahme. Orientiert werden kann sich stattdessen an „diffuse(n) leiblich-emotionale(n) Zustände(n)" (ebd., S. 142), die im Rahmen einer komplexen sinnlichen Wahrnehmung zugänglich gemacht werden. Hierzu zählt auch explizit das subjektive Patientenbefinden, welches für den objektivierenden Handlungstypus neben „objektiven Daten" nur eine randständige Rolle spielt.

Die handlungsleitende Prämisse der Nähe zum Erkenntnisgegenstand besitzt Gültigkeit für alle subjektivierendes Handeln einschließenden Therapiemetaphern. Zu differenzieren ist jedoch hinsichtlich der gewählten Methode, mittels derer Nähe hergestellt wird: Während sich „mental-emotionale" Verfahren auf einen als psychotherapeutisch zu beschreibenden, verbalen Austausch fokussieren, beschreiten „leiblich-sinnliche" Handlungstypen den Weg einer körperlichen Annäherungen an den Patienten. Eine dialogisch-interaktive Vorgehensweise ist beiden gemein-entweder durch das Medium der Körperarbeit (*„etwas ins Fließen bringen"*, ebd., S. 140) oder über einen *„anderen Kontakt, einen innerlichen Kontakt"*, ebd., S. 83) in Form eines „Dialogs". Die Zentralstellung von Austausch und Interaktion lässt die Wissensebene scheinbar in den Hintergrund treten. Jedoch spielen Prozesse des „gefühlten Wissens" auch in der Therapiegestaltung eine tragende Rolle: Die Ärztin „spürt, *„dass da irgendwas Fiedriges und irgendwas Strahlenderes ist"* und interpretiert diese in ihrem Referenzsystem als positive Signale bewerteten Patientenmerkmale als Bestätigung für den von ihr eingeschlagenen therapeutischen Weg (siehe dazu ebd., S. 123 f.).

Gestaltung des Arzt-Patient-Verhältnisses

Das Arzt-Patient- Verhältnis im Rahmen objektivierenden Handelns
Als zugespitzte idealtypische Ausprägung eines im Rahmen objektivierenden Handelns zu verortenden Beziehungstyps kann das „Aktiv-passiv-Modell" (vgl. ebd., S. 171–175) gelten: Das wesentlichste Merkmal eines solchen Modells besteht in der diametralen Rollenausübung des Arztes als aktivem „regieführendem" Part und des Patienten als passivem Empfänger ärztlicher Fragen und Weisungen (*„Hirtenbrief"*, ebd., S. 143), was u. a. auch in der Beschreibung des Ablaufs der körperlichen Untersuchung durch den Gebrauch von Passivformen zum Ausdruck kommt (Patient *wird* gastroskopiert, *wird* hingelegt). Hiermit ist bereits auf eine für dieses Modell charakteristische, die aktiv-passiv-Konstellation reflektierende „Topdown"-Kommunikationsstruktur verwiesen, die sich weiterhin in die körperliche Untersuchung hinein verlängert. In dieser hat der Patient den Status „Untersuchungsobjekt" inne, wodurch sich der Arzt psychischen Appellen des Patienten entziehen kann. Als in dieser Hinsicht ähnlich strukturiert erscheint das von Schachtner identifizierte „Angriff-Abwehr-Modell" (vgl. ebd., S. 189–193). Der hierin geschilderte Fall eines Konflikts während des Therapieverlaufs weist darüber hinaus die Besonderheit des Scheiterns einer Arzt-Patient-Beziehung auf, in welcher der Patient aus dem ihm zugeschriebenen Objekt- Status ausbricht, eine neue Beziehungskonstellation nicht mehr gefunden werden kann.

Das Arzt-Patient-Verhältnis im Zeichen subjektivierenden Handelns
Durch die handlungstheoretische Analyse konnte die unterschiedliche Prominenz der „Beziehungsebene" bei den beiden identifizierten idealtypischen Handlungsstilen als eine Dimension zur Unterscheidung objektivierender und subjektivierender

Handlungsweisen bestimmt werden. Die Gestaltung des Arzt-Patient-Verhältnisses ist somit auch als Kontinuum eines objektivierenden oder subjektivierenden Handlungsstils einzuordnen. Von Schachtner deutlich gemacht wird der Interaktionsstil des Arztes als Resultat seiner jeweiligen handlungsleitenden Schlüsselmetapher. Mit Verweis auf die interaktionstheoretischen Arbeiten von Strauss und Goffman untermauert Schachtner die Dynamik des Aushandlungsprozesses zwischen Arzt und Patient wie auch die Bedeutung einer Interaktionsordnung (vgl. ebd., S. 168). Zwar stellen die Metaphern die Grundlage und den Rahmen für bestimmte, relativ persistente Interaktionsarrangements, was jedoch nicht bedeutet, dass diese als statisch determiniert zu begreifen sind. So enthüllt Schachtners Empirie auch Abweichungen und Variationen, die dem Umstand der situativen, dynamischen Konstruktion von Interaktionsprozessen geschuldet sind. Die aufgrund konträrer Positionen zwischen Arzt und Patient von einem Gesprächspartner im Laufe einer Interaktion vollzogene Rollenmetamorphose vom *„Schulmediziner"* hin zum *„Helfer"* exemplifiziert dieses Phänomen (vgl. ebd., S. 174).

Der Großteil der von Schachtner identifizierten sechs Beziehungstypen erweist sich als hoch kompatibel mit einem subjektivierenden Handeln bzw. als Ausdruck und Ergebnis eines solchen. Hierbei akzentuieren die einzelnen Interaktionsmodelle jeweils unterschiedliche Aspekte subjektivierenden Handelns. Vor allem das „Identifikationsmodell" (vgl. ebd., S. 193–197) erfordert Fähigkeiten des subjektiven, identifikatorischen Nachvollzugs (*„rausfühlen"*) mit dem Ziel des „Eintauchens in die Empfindungswelt des Patienten". Das „Kooperationsmodell" (siehe dazu ebd., S. 180 f.) und das „Verhandlungsmodell" (siehe dazu ebd., S. 185 f.) setzen verstärkt auf dialogisch-interaktiven Austausch. Der Gebrauch von Wir-Formen, der auch bei anderen stark subjektiv involvierten Handlungstypen auffällt, indiziert eine weitgehende Perspektivenübernahme: Arzt und Patient agieren in Kooperation im Rahmen eines gemeinsam definierten Zielhorizonts, der gerade nicht im Erreichen eines objektiv definierten Gesundheitszustands besteht, sondern das gemeinsame, partnerschaftliche Erarbeiten einer individuellen Bewältigungsstrategie zentral stellt.

Das Wesen ihres Bezugs zu Patientinnen beschreibt eine dem Identifikationsmodell zugeordnete Ärztin als *„manchmal vielleicht auch ein bisschen freundschaftlicheren Kontakt (...) oder wir fühlen uns auch als beratende Freundin".* Auf Abgrenzungsschwierigkeiten, von der Ärztin als ‚typisch weibliches' Phänomen auch kritisch thematisiert, verweist die Aussage: *„Wir tragen auch manchmal schwerer an dem Schicksal, (...) tun uns auch schwerer, die notwendige Distanz zu halten. (...) Frauen, also die sind etwas verbändelter."* Die emotionale Nähe zum Patienten wird an dieser Stelle jedoch offenbar höher bewertet, der Preis der eigenen Belastung hierfür in Kauf genommen.

Ein derart ausgeprägtes Maß an persönlichem Engagement ist im „Kooperationsmodell" (vgl. ebd., S. 180–184) nur bedingt zu erwarten. So legt die Praxis des *„sich unterhalten"* eine gleichberechtigte Beziehung nahe, die dem Patienten als ebenbürtigem Partner Subjektcharakter einräumt. Hierbei konstruiert sich der Arzt auch als begleitend („Geländer"), wobei dem Patienten durchweg Aktivität und Selbstbestimmtheit zugestanden wird. So findet die Interaktion, explizit auch auf Wissensebene, mit dem Patienten als „Wissendem" um seine Krankheit statt. Diesen Aspekt betreffend erscheint das „Verhandlungsmodell" (vgl. ebd., S. 185–189) als eng verwandt: Die Anamnese ebenfalls als *„sich unterhalten"* charakterisierend, setzen beide Modelle auf eine Beziehung auf Augenhöhe, wobei im Verhandlungsmodell auf dem Merkmal des Aushandelns, dem *„Geben und Nehmen"* sowie dem Erarbeiten einer Kompromisslösung, ein stärkerer Akzent liegt. Hier gerät verstärkt der Patient als handlungsmächtiges Subjekt in den Blick, mit dem eine intensive Auseinandersetzung geführt wird. Diese Ebene (des mitunter auch Konflikts) wird im „Führungs-Kooperationsmodell" (vgl. ebd., S. 175–180) vermieden: Trotz interaktiver und empathischer Ausrichtung verbleibt im Rahmen dieses am stärksten „paternalistisch" geprägten Arzt-Patient-Verhältnisses das letzte Wort beim Arzt. Die darin enthaltene normative Rollenerwartung der „compliance" an den Patienten verweist auf die prinzipielle Möglichkeit einer asymmetrischen Ausgestaltung dieser speziellen Beziehungskonstellation, von welcher, so legt das empirische Material nahe, die subjektivierenden Handlungstypen jedoch zugunsten eines Erkenntnisgewinns deutlich seltener Gebrauch machen.

Deutlich wird hierdurch, dass subjektivierendes ärztliches Arbeitshandeln grundsätzlich mit verschieden interpretierten Rollenwahrnehmungen seitens des Arztes kompatibel sein kann. Gemein ist den vorgestellten Beziehungsmodellen jedoch die grundsätzliche Bezugnahme auf den Patienten als (tendenziell gleichgestelltes) Subjekt. Charakteristisch für diese Typen von Arzt-Patient-Beziehungen erscheint eine bidirektionale Austauschbeziehung, in der der Patient seinen angestammten passiven Platz (Patient = der Leidende, der Erduldende) verlässt. Auch auf Wissensebene deutet sich an, dass das subjektive Wissen des Patienten über den eigenen Körper eine Kategorie ist, die neben oder zusätzlich zu Formen professionellen Wissens Relevanz besitzt.

Trotz der beschriebenen Differenzen bezüglich der Rollenwahrnehmung seitens des Arztes gemein ist allen Modellen – wenn auch in unterschiedlich starker Ausprägung- die Betrachtung der Patienten als „Mitwirkende im Interaktionsgeschehen" (ebd., S. 197), wodurch gleichzeitig ein herausragendes Charakteristikum einer im Rahmen eines subjektivierenden Arbeitshandelns geprägten Beziehung resümiert ist.

3.2 Reflexionen zur Studie „Ärztliche Praxis" und Anknüpfungspunkte für die eigene empirische Untersuchung

Als Pionierleistung Schachtners ist hervorzuheben, dass durch eine offene Exploration der ärztlichen Praxis der Gegenstand für eine phänomenologische Betrachtung der menschlichen, hier speziell der ärztlichen, Befähigung zu Erkenntnis und Wahrnehmung geöffnet wird. Die von Schachtner entdeckten Metaphern, die sie als „Grundstein für Expertise" (Schachtner, 1999, S. 229) deutlich macht, verweisen als Denk- und Handlungsmuster durch ihre Einbettung in lebensweltliche Kontexte auf die Komplexität des ärztlichen Erkenntnisvorgangs, dessen Wesen vielfach reduzierend als rein rational oder gar wissenschaftlich bestimmt wird. Zu einer solchen Konzeption ärztlicher Expertise im diametralen Widerspruch stehend ist Schachtners „Schlussplädoyer" zu sehen, in welchem sie resümierend den exponierten Stellenwert der Erkenntnismedien „Interaktion", „körperlicher Empfindungen" und „Empathie" betont, dem „Leib" „ungleich komplexere Erkenntnischancen" gegenüber einem „technischen System" einräumt und hierin die wesentliche „Differenz zwischen Mensch und Maschine" (ebd., S. 232) benennt. Diesen außerhalb des Spektrums planmäßig-objektivierenden Handelns zu verortenden menschlichen Fähigkeiten zur Interaktion, Empathie und zur sinnlichen Wahrnehmung ist der Status wissensgenerierender Leistungen zuzuerkennen, die sich nicht nur nicht durch Technik ersetzen lassen, sondern einen alternativen und gleichberechtigten Zugang zur Wirklichkeit darstellen. So untermauert Schachtners Studie nachhaltig, dass ärztliches Handeln im dominierenden rationalen Arbeitsbegriff „nicht aufgeht", „dass die Bearbeitung von Krankheit vielmehr zusätzliche und oft gegenteilige Bezüge, Orientierungen und Kompetenzen erfordert" (ebd., S. 63).

Als einschränkend ist anzuführen, dass die Methode der Metaphernanalyse, deren Stärke in ihrem offenen, explorativen Charakter zu sehen ist, keine systematische Analyse der ärztlichen Tätigkeit leisten kann. Nur kursorisch wird im Rahmen der Darstellung der Metapherntypen auf alternative Erkenntniswege verwiesen, die, wenn auch untergeordnet, offenbar ebenfalls beschritten werden.

Weiterhin näher zu beleuchten sind die jeweiligen Kontextbedingungen objektivierenden und subjektivierenden Handelns, die bei Schachtner nicht untersucht wurden und so der Handlungsstil des Arztes als beliebige Wahl erscheint. Eine Reduktion der Metapherntypen auf ein ausschließlich diesem entsprechendes Handeln erscheint problematisch.

Zu hinterfragen ist in der vertiefenden Untersuchung so u. a., durch welche persönlichen und situativen Faktoren die verschiedenen Handlungsstile der Akteure mitbestimmt sind. Ergänzend werden daher mit dem Ziel einer Ausdifferenzierung des von Schachtner betrachteten sehr homogenen Samples, Ärzte und Ärztinnen verschiedener fachlicher Herkunft und Altersstufen berücksichtigt. Auch mit der systematischen Gegenüberstellung der professionellen Handlungsweisen von erfahrenen und weniger erfahrenen Ärzten wird im Rahmen der vorliegenden Arbeit empirisches Neuland betreten.

Offen bleiben auch im Hinblick auf die Frage nach dem Wesen der ärztlichen Kunst einige zentrale Fragen. Nicht vollständig bestimmbar ist demnach auf der bisherigen empirischen Grundlage das Phänomen der ‚ärztlichen Kunst' wie auch das Spektrum der Fähigkeiten und Kompetenzen des ‚guten Arztes'. Im Hinblick auf eine weitere Annäherung an das Konzept der ärztlichen Kunst erscheint es daher zielführend, die Komplexität des Interdependenzverhältnisses von theoretischem und praktischem Wissen stärker in den Blick zu nehmen. Nicht ausreichend geklärt werden konnte im Anschluss an Schachtners Befunde z. B. die Bedeutung formaltheoretischer Konzepte für die subjektivierenden Handlungstypen wie auch deren Umgang mit „objektiven" und technisch generierten Daten. Nicht zuletzt im Umgang mit heterogenen Informationsquellen ist ein entscheidender Aspekt ärztlicher Professionalität zu vermuten. In diesem Zusammenhang erscheint auch eine Verortung der noch zu wenig systematisierten Formen impliziten Wissens der Erfahrung, der „Intuition", des „Eindrucks" und anderer Varianten „gefühlten Wissens" im „Set" ärztlicher Expertise angezeigt, wobei sie weiterer empirischer Präzisierung bedürfen.

Auch der Bereich des Umgangs mit moderner und komplexer Medizintechnik deutlich unterreflektiert. Der vieldiskutierten Problematik der zunehmenden Technisierung des ärztlichen Handelns wird im empirischen Material Schachtners auf eine interessante Weise begegnet, indem die Metaphern bestimmte Auffassungen des menschlichen Körpers und seiner Funktionsweisen offenbaren, mit denen Techniknutzung auf jeweils verschiedene Weise kompatibel ist. Technik muss folglich keineswegs als Sachzwang im Sinne einer einseitigen Begünstigung objektivierenden Handelns auftreten, sondern beinhaltet durchaus Kontingenzen, die im Rahmen subjektivierenden Arbeitshandelns erkennbar werden.

Die weitere Vertiefung der Analyse ärztlichen Handelns und deren Rückbindung an konkrete Kontextbedingungen sowie eine präzisierende Aufschlüsselung ärztlichen Handelns in Bezug auf unterschiedliche Handlungsanforderungen sollen hierüber zusätzlichen Aufschluss geben. Der bei Schachtner pauschal betrachtete Handlungsbereich ‚Diagnose' ist daher hinsichtlich seiner einzelnen Handlungselemente differenzierter zu analysieren. Fokussiert werden im Rahmen einer systematischen Untersuchung die als Elemente des Handlungsbereichs

Diagnose zu betrachtenden Felder des ärztlichen (Erst-) Gesprächs, der körperlichen Untersuchung, der Nutzung von Medizintechnik und der Gestaltung des
weiteren Diagnoseprozesses[7] und sowie in einem zweiten Analyseabschnitt das
Feld der Therapie. Durch diese analytische Ausdifferenzierung der einzelnen
Handlungsbereiche sollen jeweils charakteristische Aspekte der einzelnen Felder
herauskristallisiert werden, ohne dabei jedoch übergreifende Handlungskontexte
auszublenden.

Zudem sollen bestimmte Problemfelder, die sich unmittelbar aus dem Wandel des ärztlichen Handlungssettings im empirischen Material andeuten, gezielt
fokussiert werden. Als unverzichtbar erscheint vor dem Hintergrund der Umbrü-
che innerhalb des Gesundheitssystems eine Mitbetrachtung des strukturellen
(sozialen, technischen und ökonomischen) Umfelds ärztlicher Praxis. Es ist
anzunehmen, dass empirisch identifizierbare ärztliche Handlungsstile sich nicht
untangiert von den jeweiligen institutionellen Rahmenbedingungen entfalten, sondern bestimmte Voraussetzungen benötigen. So benennt Schachtner explizit das
ausreichende Vorhandensein von Zeit als Rahmenbedingung für den Erkenntnisprozess (vgl. ebd., S. 132). Allein der Beziehungsaufbau zum Patienten
bedeutet einen „Zeitaufwand", der mit besonderen Erkenntnischancen belohnt
wird, jedoch vor dem Hintergrund von Rationalisierungsprozessen nicht immer
geleistet werden kann.

Kritisches Augenmerk ist in diesem Zusammenhang auf die in ihren Auswirkungen als problematisch einzuschätzende Tendenz zu einer Formalisierung des
ärztlichen Handlungsfelds infolge der makrostrukturellen Entwicklungen (Verwissenschaftlichung, Technisierung und Ökonomisierung) zu lenken. So erscheint vor
dem Hintergrund institutionellen Wandels z. B. das Arzt-Patient-Verhältnis in seiner tradierten Funktion bedroht. So gibt es zahlreiche Hinweise darauf, dass auch
die ärztliche Rollenwahrnehmung durch die Vorgaben einer ökonomisierten Medizin beeinträchtigt[8], möglicherweise einer nachhaltigen Modifikation ausgesetzt

---

[7] Gegen eine analytische Trennung des Diagnoseprozesses kann möglicherweise eingewendet
werden, dass eine trennscharfe Unterscheidung einzelner Tätigkeitselemente in der ärztlichen
Praxis schwierig ist, da Arbeitsanforderungen zumeist fluide Übergänge aufweisen, wie z. B.
die häufige Verschränkung von Diagnose und Therapie in der ärztlichen Praxis zeigt – oder,
vor allem beim subjektivierenden Handlungstypus, stellenweise sogar völlig verschmelzen.
Die Möglichkeiten der Darstellung der in der Realität nur schwer abgrenzbaren Abläufe der
ärztlichen Praxis reflektierend, bezeichnet Schachtner selbige als „ganzheitliches Gebilde,
das sich gegen eine analytische Betrachtung, wie sie der Wissenschaft zueigen ist, sträubt"
(Schachtner, 1999, S. 134).

[8] So beschreibt ein Arzt seine Situation sehr bildlich als „Eingekeiltsein" zwischen Sparbe-
schlüssen der Gesundheitsreform und der Anspruchhaltung der Patienten, beklagt „rigorose,

ist. Diese ersten Hinweise auf externe, möglicherweise sachfremde Einflussfakto-
ren auf das ärztliche Handeln sowie die Umgangsweisen der Akteure mit diesen
sind im Zuge der empirischen Untersuchung zu vertiefen.

3.3 Konzeption und Rahmenbedingungen der eigenen empirischen Studie

Mit dem Zielhorizont einer empirischen Exploration der ärztlichen Kunst im 21.
Jahrhundert liegt der Untersuchung ein qualitativer Forschungsansatz zugrunde.
Dieses Vorhaben wurde in der vorliegenden Arbeit zunächst durch umfängliche
Literaturarbeit vorbereitet, die einen informierten Zugang zu dem zu fokussie-
renden Gegenstand ermöglichte. Es zeigte sich, dass sich der Begriff ‚Ärztliche
Kunst' auf bestimmte Aspekte des ärztlichen Handelns und Wissens bezieht,
deren Qualität noch zu unbestimmt erschien. Durch die als weitere Annäherung an das untersuchte Phänomen angelegte systematisierende Zusammenschau
unterschiedlicher Sichtweisen auf das ärztliche Handeln aus historischer, experti-
setheoretischer und professionssoziologischer Perspektive sowie durch zahlreiche
empirische Befunde zur ärztlichen Praxis konnten zahlreiche Hinweise auf ärztliche Handlungsweisen, die Abweichungen von einem planmäßig-rationalen Handeln erkennen lassen, gesammelt werden. Ziel der empirischen Untersuchung ist
es, diese oftmals unverbunden und isoliert beschriebenen Elemente des ärztlichen
Handelns systematisch empirisch zu fundieren und auf Grundlage des Konzepts
des subjektivierenden Arbeitshandelns handlungstheoretisch zu verorten.

Mit der handlungstheoretischen Analyse der ärztlichen Praxis mithilfe des
Konzepts des subjektivierenden Handelns wird auf ein etabliertes theoretisch-
empirisches Instrumentarium zur Erfassung menschlichen Arbeitsvermögens
zurückgegriffen. Hierbei ist es als Vorteil zu betrachten, dass auf Grundlage
umfangreicher empirischer Forschung in verschiedenen Arbeitsfeldern ein ausdifferenziertes Kategoriensystem zur Erfassung der typischen Merkmale und
Charakteristika objektivierenden und subjektvierenden Handelns zur Verfügung
steht. Diese aus der Analyse anderer, vorwiegend industrieller Handlungsfelder
entwickelten theoretischen Kategorien sind nun auf den bislang nicht unter dieser
theoretischen Perspektive betrachteten Forschungsgegenstand anzuwenden.

---

starre Heckenschnitte, die von heute auf morgen eine andere Behandlung vorschreiben" (ebd.,
S. 83).

Als ein erster „empirischer Baustein" konkretisierten die Ergebnisse der Sekundäranalyse zu „Ärztliche Praxis" (Schachtner, 1999) die theoretischen Vorannahmen bezüglich der zentralen Forschungsfrage insofern, als dass sich durch die Anbindung an das handlungstheoretische Konzept des subjektivierenden Arbeitshandelns zwei idealtypische Handlungsstile identifizieren ließen. Folglich existierten im Anschluss an diese Vorarbeiten bereits grundlegende Vorstellungen über das ärztliche Arbeitshandeln, deren weitere empirische Fundierung und Präzisierung einen Schwerpunkt der Untersuchung bildete.

Eine darüber hinaus gehende Anforderung an die empirische Untersuchung bestand darin, die Hypothese einer „Überformung" ärztlichen Handelns – sowohl durch die einzelnen Makrodynamiken als auch durch deren Zusammenwirken im Sinne einer nachhaltigen Formalisierung ärztlichen Handelns – zu überprüfen, bzw. aus dem empirischen Material Rückschlüsse in Bezug auf die „Überformungsthese" zu ziehen.

Die einzelnen Komponenten des Forschungsdesigns sind im Folgenden zu erläutern:

- Das methodische Instrument
- Samplebeschreibung
- Die Datenerhebung
- Kodierung und Datenauswertung

Das methodische Instrument
Vor diesem Hintergrund einer bereits weitgehenden Spezifizierung des Erkenntnisinteresses erschien ein Vorgehen sinnvoll, das in erster Linie eine strukturierte Analyse des ärztlichen Arbeitshandelns unterstützt. Gleichwohl sind im Rahmen eines offenen, explorativen Zugangs methodische Elemente einer gegenstandsverankerten Theoriebildung im Sinne der Grounded Theory nach Strauss/Glaser 1967 zu integrieren, um eine von theoretischen Vorannahmen möglichst unverstellte Datengewinnung zu unterstützen. Als Untersuchungsmethode wurden qualitative Leitfadeninterviews gewählt. Zunächst war ein an das ärztliche Aufgabenspektrum angepasstes Erhebungsinstrument zu entwickeln, durch welches relevante Aspekte und Dimensionen des ärztlichen Arbeitshandelns erfasst werden konnten. Für den die handlungstheoretische Analyse betreffenden Teil wurden die theoretischen Kategorien und Dimensionen des Konzepts des subjektivierenden Handelns auf den zu untersuchenden Gegenstandsbereich angewendet.

Die Interviews erfolgten entlang dieses Interviewleitfadens, der den Gesprächsablauf durch inhaltliche Schwerpunktthemen strukturierte, hierbei jedoch genügend Raum für die subjektive Schwerpunktsetzung des Befragten enthielt. Zum Einstieg wurde mit offenen und persönlichen Fragen eine kurze berufsbiographische Narration angestoßen. Diese bildete – neben der Funktion eines „Warm-Up" – durch erst Hinweise auf das Selbstverständnis und die Rolleninterpretation als Arzt, bzw. auf die diesbezügliche Selbstkonstruktion des Interviewpartners, die Grundlage für das weitere Gespräch, das möglichst ohne größere thematische Brüche durch die im Leitfaden vorbereiteten Themen führte. Im Anschluss an den Einstiegsteil waren die Konturen des Arbeitsumfelds sowie der individuellen Arbeitstätigkeit des Interviewpartners zu eruieren, bevor hierauf Bezug nehmend, die Analyse des ärztlichen Arbeitshandelns in Bezug auf die einzelnen Handlungsanforderungen erfolgte. Hierbei wurde, dem Erkenntnisinteresse der Untersuchung entsprechend, in einem vertiefenden Teil den Themen der sinnesgeleiteten und gefühlsbasierten Erkenntnisprozesse in Abgrenzung zu Prozessen der Objektivierung von Wahrnehmung und Erkenntnis, besondere Aufmerksamkeit zuteil.

Explizit thematisiert wurde zudem der Wandlungsprozess der sowohl makrosozialen als auch institutionellen Rahmenbedingungen der ärztlichen Tätigkeit, hierbei besonders Bezug nehmend auf Prozesse der Standardisierung bzw. Formalisierung ärztlichen Handelns.

Abschließend waren Sichtweisen auf den „guten Arzt" und die „ärztliche Kunst" zu reflektieren und ein persönliches Resümé sowie ein Ausblick auf zukünftige Entwicklungen der Profession zu ziehen.

Samplebeschreibung

Bei der Auswahl der InterviewpartnerInnen[9] wurde sich am Leitgedanken des „Theoretical Sampling" nach Strauss/Corbin orientiert. Hierbei wurde eine Strategie der schrittweisen Auswahl der Untersuchungspersonen anhand inhaltlicher Kriterien und der damit verbundenen Erwartung auf Erkenntnisfortschritt verfolgt (vgl. Flick, 1999, S. 82).

In Erweiterung und Ausdifferenzierung der empirischen Fragestellung wurde ein vergleichsweise heterogenes Sample zur Durchführung der Untersuchung anvisiert. So ließen sich durch die Reinterpretation der empirischen Befunde der Studie „Ärztliche Praxis" erste Hinweise auf „Alter" bzw. „Praxiserfahrung" als Faktoren eines subjektivierenden Handlungsstils generieren, die nun systematisch

---

[9] Anmerkung zum Feldzugang: Nachdem sich „offizielle" Zugänge als problematisch erwiesen, musste der Zugang auf mehr oder weniger informellem Weg erfolgen. Hierzu wurde das persönliche Umfeld mobilisiert sowie durch Besuche von Informationsveranstaltungen in Krankenhäusern der Kontakt zu Ärzten hergestellt, wodurch der Feldzugang schließlich gelang.

zu überprüfen waren. Dem Vorgehen der Grounded Theory entsprechend, wurde
die Untersuchung mit einem erwartungsgemäß das zu untersuchende Spektrum
abdeckenden Querschnitt begonnen (vgl. Böhm, 2000, S. 476), indem mit zwei
(internistischen[10] und psychiatrischen[11]) Assistenzärztinnen, einem arrivierten
Klinikarzt[12] und dem ärztlichen Gutachter[13] sowohl unterschiedliche Erfahrungsstufen als auch verschiedene fachlich-inhaltliche Schwerpunkte vertreten waren.
Im Anschluss an eine erste Auswertungsphase wurden sukzessive die weiteren,
teilweise zur Kontrastierung, teilweise zur Vertiefung der Kernthemen ausge-
wählten InterviewpartnerInnen integriert. So konnte insgesamt ein hinsichtlich
der Forschungsfrage sowohl ausreichend breites als auch tiefes Sample gewonnen
werden.

Zum einen speist sich die Heterogenität der Untersuchungsgruppe aus der
höchst unterschiedlichen Praxiserfahrung der InterviewpartnerInnen. So wurde

---

[10] Internistische Assistenzärztin: 33 Jahre, durchläuft aktuell verschiedene Bereiche Angio-
logie, Diabetologie, Intensivmedizin.

[11] Psychiatrische Assistenzärztin: 32 Jahre, knapp fünfjährige Praxis in psychiatrischer Klinik. Die psychiatrische Therapeutin verweist auf ein Feld der Medizin, in welchen sowohl die
Anwendung von Medizintechnik als auch allgemein die Bedeutung des menschlichen Körpers im Vergleich zur internistischen Medizin eine untergeordnete Rolle spielen. Hingegen
ist das therapeutische Gespräch die Grundlage aller Entscheidungen. Eine weitere Besonderheit ist die Tatsache, dass der Fokus bei der Anamneseerhebung wie auch Therapie stark
symptomorientiert ist, während die Diagnosestellung im Hintergrund steht. Die Ursache der
Erkrankung wie auch deren Aufarbeitung ist zentrales Thema im Rahmen der Therapie.

[12] Internistischer Oberarzt: 59 Jahre, knapp dreißigjährige Praxis im Klinikum.

[13] Ärztlicher Gutachter: 37 Jahre, „Ärztliches Handeln im Rahmen einer stark standardisierten ärztlichen Dienstleistung". Der vierte Interviewpartner stellt aufgrund seiner beruflichen
Tätigkeit als Gutachter eines medizinpsychologischen Instituts einen Sonderfall unter den
Befragten dar. Sein Arbeitshandeln ist von einer gewissen Standardisierung gekennzeich-
net, die im Abarbeiten eines vorgeschriebenen Frage- und Untersuchungskatalogs besteht.
Zudem ist ein weiterer elementarer Unterschied in der Zielrichtung seiner Tätigkeit zu sehen,
welches nicht auf Diagnose und Heilung gerichtet ist, sondern wesentlich stärker auf einen
einzelnen Ausschnitt des Gesundheitszustandes des zu begutachtenden „Klienten", nämlich
dessen Befähigung zur Teilnahme am motorisierten Straßenverkehr, gerichtet ist. Krankheit
spielt somit nur im Hinblick auf mögliche Selbst- oder Fremdgefährdung eine Rolle. Diese
zwei Unterscheidungsmerkmale (stärkere Standardisierung der Handlungsabläufe, reduzierter Zugang zum Individuum) unterscheiden seine Tätigkeit vom typischen ärztlichen Handeln,
das sich durch starke Freiheitsgrade in der Gestaltung der eigenen Tätigkeit und einem ganzheitlichen Zugang zum Erkenntnisobjekt auszeichnet. Ob sich innerhalb des restriktiven
Handlungsfelds dennoch Hinweise auf Kunst als Handlungsstrategie finden lassen, ist ein
interessanter Aspekt bei der Analyse dieses Interviews.

z. B. mit der PJlerin[14], einer angehenden Ärztin im so genannten Praktischen Jahr, gezielt eine Novizin im Feld praktischen ärztlichen Handelns ausgewählt. Insgesamt ist somit von der Berufsanfängerin über die Assistenzärzte bis zu den (leitenden) Oberärzten nahezu das gesamte Spektrum von Berufserfahrung und Klinikhierarchie abgebildet. Der Assistenzarzt[15] steht nach vormaliger Forschungstätigkeit am Beginn seiner Facharztausbildung, die drei inmitten ihrer Facharztausbildung befindlichen Assistenzärztinnen sind seit ca. fünf Jahren, der zur Zeit als ärztlicher Gutachter tätige Arzt seit fast zehn Jahren praktisch tätig, während die drei erfahrenen internistischen Fachärzte auf eine 25–35jährige Praxis zurückblicken können.

Eine weitere Differenzierung des Forschungsgegenstands konnte mit der Integration von Ärzten unterschiedlicher fachlicher Herkunft bzw. Tätigkeitsschwerpunkte erreicht werden. So kontrastieren eine chirurgische[16] und eine psychiatrische Assistenzärztin vor allem durch ihren höchst unterschiedlichen Patientenbezug. Wenn auch die Mehrzahl der Interviewpartner aus den Inneren Medizin stammen, sind sie jedoch in sehr unterschiedlichen Feldern beschäftigt. Vor allem die jungen Ärzte durchlaufen im Rahmen ihrer Facharztausbildung in kurzer Zeit verschiedenste Funktionsbereiche, aus denen jeweils unterschiedliche Erfahrungen und Sichtweisen in ihre Schilderungen Eingang fanden. Auch die

---

[14] Ärztin im Praktischen Jahr („PJlerin"): 29 Jahre, geringe praktische Erfahrung, Perspektive der „Novizin"

[15] Internistischer Assistenzarzt: 38 Jahre, Novize im Bereich praktischen Handelns mit wissenschaftlichem Hintergrund. Der Assistenzarzt deutet einen bisher ungekannten Subtypus im Sample an. Bereits im Eingangsteil schildert sich der Befragte als stark technikfasziniert und IT-affin, was von ihm als Motivation zur Ergreifung des Medizinstudiums genannt. Typische intrinsische Motive scheinen zu diesem Zeitpunkt des Gesprächs auch auf direktes Nachfragen nicht auf. So wird dem wissenschaftlichen und technischen Fortschritt insgesamt eine hohe Bedeutung beigemessen Mit einigem Bedauern räumt er jedoch als Fazit seines in der Diabetesforschung durchgeführten Projekts zur Entwicklung eines automatisierten Insulingeräts ein: „Der Mensch ist nicht vollkommen berechenbar, das ist der Haken".

[16] Chirurgische Assistenzärztin: 32 Jahre, seit fünf Jahren in verschiedenen Kliniken tätig. Mit der Integration der chirurgischen Assistenzärztin in das Sample wurde bewusst eine von den Internisten maximal differente Tätigkeit betrachtet, die im Gegensatz zu der auf den kompletten Menschen bezogenen Sichtweise der inneren Mediziner in einem sehr spezifischen Ausschnitt der Krankenbehandlung besteht. Es ist zu erwarten, dass anhand der Analyse des chirurgischen Tätigkeitsfelds bezüglich typischer Formen ärztlichen Handelns, Denkens und Wissens Hinweise auf eine „Kunst der Chirurgie" abgeleitet werden können, bzw. sich „typisch internistische" Sichtweisen klarer abgrenzen lassen.

Tätigkeit des Hausarztes[17] enthält eine Vielzahl von Alleinstellungsmerkmalen, die ihn von seinem Kollegen in der Klinik unterscheidet. Der dritte „Experte"[18] ist seit einiger Zeit fast ausschließlich als Sonographie-Spezialist tätig und ist so geeignet, das ärztliche Handeln aus dem „technischen" Blickwinkel auszuleuchten.

Die Datenerhebung
Die der vorliegenden Arbeit zugrunde liegende empirische Untersuchung wurde im Zeitraum Dezember 2006 bis November 2007 in München durchgeführt. Es wurden neun ÄrztInnen (fünf männlich, vier weiblich) zwischen 29 und 63 Jahren im Rahmen eines problemzentrierten und leitfadengestützen Interviews berücksichtigt. Die Dauer der explorativen Interviews betrug zwischen 2,5 und vier Stunden.

Die empirische Erhebung wurde in zwei „Wellen" durchgeführt, wobei nach den ersten vier Interviews eine Zwischenauswertung erfolgte. Auch war eingeplant, eine gegebenenfalls notwendige Nachbesserung des Erhebungsinstruments vorzunehmen. Eine solche erwies sich jedoch, von geringfügigen Ergänzungen abgesehen, nicht als angezeigt.

Generell standen bei der Interviewführung die Erfassung der individuellen Besonderheiten des Interviewpartners sowie die Rekonstruktion seiner subjektiven Perspektive im Vordergrund. Im Zuge dessen spielte die Dechiffrierung von latenten Sinnstrukturen eine elementare Rolle, die schon während des Interviews durch gezieltes Nachfragen und Aufwerfen von konträren Perspektiven begann. Um den subjektiven Perspektiven möglichst viel Raum zu geben, wurde der individuellen Erzählchronologie sowie der persönlichen Schwerpunktsetzung Priorität über die Einhaltung der Abfolge des Leitfadens eingeräumt. Insbesondere hinsichtlich des typischerweise mit Erhebungsschwierigkeiten behafteten Themenkomplexes „Implizites Wissen" zeigte sich eine anekdotische Gestaltung des Gesprächs als

---

[17] Internistischer Hausarzt: 57 Jahre, „Hausarzt der alten Schule". Der Hausarzt ist seit fast zwanzig Jahren als niedergelassener Arzt in derselben Praxis tätig und beschreibt sich als „Begleiter" seiner Patienten über den engen medizinischen Kontext hinaus. Die Innere Medizin wird von ihm als „Herzstück" der Medizin betrachtet. Anhand seiner persönlichen Erfahrung thematisiert er selbst die Veränderungen der ökonomischen Rahmenbedingungen der hausärztlichen Versorgung.

[18] Internistischer Oberarzt: 63 Jahre, Leiter der Sonographie. Seine thematischen Schwerpunkte liegen im Feld der erfahrungsbasierten Techniknutzung, wodurch wertvolle Hinweise auf die „Ärztliche Kunst in der High-Tech-Medizin" generiert werden können, sowie des Weiteren in der kritischen Perspektivierung des Wandels der ärztlichen Profession im Sinne einer Ökonomisierung und Deprofessionalisierung.

zielführend. Unterstützend war hierbei die Rückbindung an konkrete Einzelfall-
schilderungen, wodurch ein Reflexionsprozess in Gang gesetzt wurde, der der
Beantwortung der detaillierten Fragen auf die Sprünge half. Insbesondere in
diesen Gesprächspassagen konnten wertvolle Hinweise auf schwer explizierbare
und unbewusste Handlungsweisen bzw. auf implizite Wissensformen generiert
werden.

Im Zuge dieser am Gesprächsfluss orientierten Interviewgestaltung variierte
die Reihenfolge der Themenblöcke teilweise beträchtlich wie auch einzelnen
Aspekten eine unterschiedlich große Bedeutung zukam. Vor dem Hintergrund
des über die handlungstheoretische Analyse hinausgehenden Forschungsinteres-
ses war es wichtig, trotz der notwendigen Strukturierung durch den Leitfaden
den subjektiven Perspektiven der Befragten auf möglicherweise „Kritisches" im
Sinne problematischer Entwicklungen auf makrostruktureller Ebene ausreichend
Raum zu geben. Auf diese Weise konnten sich die vermuteten Zusammenhänge
zwischen übergeordneten Entwicklungen und der konkreten Ausgestaltung von
Handlungsprozessen auf Akteursebene im Sinne eines „geschlossenen Bilds"
empirisch verifizieren lassen.

Als gewinnbringend erwies es sich zudem, den handlungstheoretischen Teil
durch Reflexionen des ‚guten Arztes' bzw. der ‚ärztlichen Kunst' zu ergänzen
sowie durch die hierin enthaltene Möglichkeit zur persönlichen Bilanzierung
abzurunden. An dieser Stelle konnten die geäußerten Ansichten gegebenenfalls
relativiert oder untermauert werden, wodurch sich erneut vielfältige Gelegenheiten zur Überprüfung bis dato gewonnener Eindrücke ergaben. Die Interviews
wurden durch unmittelbar an das Interview anschließende Protokolle bzgl. erster
Eindrücke sowie möglicherweise über das Interview hinausgehender Zusatzinformationen ergänzt. Im Anschluss wurden wortgetreue Transkriptionen der
Interviews erstellt[19].

Vorgehen bei der Auswertung des Datenmaterials
Das Vorgehen in der Datenauswertung orientiert sich an den Prinzipien des
iterativ-zyklischen Prozessmodells, nach welchem Datenerhebung- Analyse und
– Auswertung eng verknüpft sind (vgl. Strübing, 2002).

Ein grundlegendes Prinzip war es zunächst, möglichst „naiv" im Sinne einer
Unvoreingenommenheit an die Texte heranzugehen. So war z. B. vor Beginn

---

[19] Bei der Transkriptionserstellung wurden im Interesse der Kenntlichmachung von möglicherweise einer intensiven Interpretation (z. B. als „Zeile für Zeile-Analyse") bedürftigen
Abschnitten (wie z. B. im Bereich impliziten Wissens) Fülllaute und grammatikalisch unrichtige Sätze authentisch wiedergegeben. Auch „parasprachliche Merkmale" (vgl. Kowal &
O'Connell, 2000) wie „lachen" oder „seufzen", längeres Überlegen fanden Berücksichtigung.

der Analyse keineswegs klar, ob sich zwischen den jüngeren und älteren Interviewpartnern tatsächlich Differenzen im Handlungsstil erkennen ließen, da die jüngeren Ärztinnen mit ihrer rund fünfjährigen Praxis sich teils als „erfahren" selbstbeschrieben. Die unterschiedlichen Tätigkeitsbereiche erschwerten darüber hinaus eine direkte Vergleichbarkeit der einzelnen Interviewpartner, sodass eine intensive inhaltliche Beschäftigung mit den Texten die erste Voraussetzung zu einer abstrahierenden Analyse bildete. Orientiert wurde sich hierbei an den klassischen „theoriegenerierenden" Fragen der Grounded Theory[20], die wesentlich zum Verständnis des komplexen Handlungsfelds beitrugen.

Mit dieser Methode konnten sukzessive Gemeinsamkeiten und Unterschiede in der Betrachtung übergeordneter Phänomene und genereller Themen herausgearbeitet werden, die in ersten Memos festgehalten wurden.

Eine weitere in der frühen Phase wichtige Erkenntnismethode war die „Zeile für Zeile-Analyse", die selektiv für bestimmte, besonders interessant erscheinende Gesprächsabschnitte durchgeführt wurde. Mit der detaillierten Analyse einiger Schlüsselabschnitte konnte ein tieferes Verständnis für die Feinheiten des Materials erlangt werden.

Vorgestellt werden soll ein Beispiel für eine solche Zeile für Zeile-Analyse:

I: Gibt's da bestimmte Patiententypen, Merkmale, oder wie können Sie das in der knappen Zeit erkennen?

IP: „Das ist intuitiv. Das erfassen Sie intuitiv in dem Moment. Man muss versuchen, sehr aufmerksam zu sein, man muss sich schon sehr konzentrieren. Und nach ‚ner durchgemachten Nacht ist das schlecht, da hat man nicht so viele Antennen wissen Sie. Das hängt schon auch, man muss schon immer präsent sein."

Mit der Antwort: *„Das ist intuitiv. Das erfassen **Sie** intuitiv in dem Moment"* wird ein Gegenkonzept zu Rationalität und Kognition entworfen. Intuition wird hierbei als generelle Fähigkeit von Ärzten konzipiert. Eine weitere Lesart dieses Abschnittes könnte darauf hindeuten, dass sich durch den Gebrauch von relativierenden Pronomen („man", „Sie") in gewisser Weise von der Spontanaussage distanziert wird. Auch kann die Äußerung „Man muss versuchen" als Hinweis auf die Möglichkeit des Scheiterns interpretiert werden.

Die in diesem Abschnitt enthaltenen „Keywords" *„Antennen"* und *„präsent sein"* eignen sich in ihrer Prägnanz dazu, als induktive Codes für diesen Handlungsstil verwendet zu werden.

---

[20] Gemeint sind hier die bekannten „W-Fragen": Was? Worum geht es hier? Welches Phänomen wird angesprochen? Wer? Wie? Wann? Warum? Wozu? Womit? (vgl. Böhm, 2000, S. 477–478).

Codierung des Materials mithilfe der Software MaxQdA

Anschließend wurde mit der Codierung des empirischen Materials mithilfe der Software MaxQdA (siehe hierzu: Kuckartz, 2007) begonnen. Zunächst wurde mit dem Ziel einer induktiven Kategorienbildung nach dem Prinzip des „offenen Codierens" (vgl. Böhm, 2000, S. 477 f.) vorgegangen, später erwiesen sich auch theoriegeleitete Codings entlang der Dimensionen des theoretischen Konzepts des subjektivierenden Handelns als wertvolle Ergänzung.

Hierbei wurden die im Zuge offenen Codierens generierten Codes von den theoriegeleiteten Codes innerhalb des Codebaums getrennt gehalten und farblich unterschiedlich markiert.

Durch diese Kombination von wechselseitigem induktivem und deduktivem Denken (vgl. Strauss & Corbin, 1996) konnten auch unter Vermeidung vorschneller Schlüsse wesentliche Erkenntnisfortschritt erzielt werden.

Im Folgenden sind einige Beispiele für das Codierverfahren zu geben:

1. „Offenes", induktives Codieren

Ein Ziel war es, die teilweise bereits aus der Sekundäranalyse bekannten und sich erneut im eigenen empirischen Material als relevant erweisenden Kategorien, wie hier den (ersten) „Eindruck" des Arztes in ihrer subjektiven Bedeutsamkeit zu hinterfragen und konzeptuell auszudifferenzieren. Es zeigten sich im empirischen Material zahlreiche Aktualisierungen dieses zentralen Konzepts sowie inhaltliche Korrelate und Synonyme und weitere hiermit verbundene Konzepte:

Eindruck		15
den Patienten anschauen		5
Gespräch		4
Bild machen		5
gefühlsgeleitet/ "Gespür"		5
einordnen		2
Orient. am subj. Patientenempf.	⊞	3
Verdacht	⊞	1

Mit dem *„Eindruck"* sind offenbar weitere Phänomene und Konzepte verbunden, die unter diesem Aspekt angeführt werden. Die Analyse erbringt, dass die Art und Weise, wie sich ein Interviewpartner seinen „Eindruck" verschafft, sehr aussagekräftig für seinen Handlungsstil ist. So können z. B. anhand des

„Invivo-Codes"[21] *„den Patienten anschauen"*, der sich als weiteres Unterkonzept in Zusammenhang mit dem *„Eindruck"* herauskristallisierte, wesentliche Elemente eines besonderen Wahrnehmungsmodus' dechiffriert und in Kontext gebracht werden.

2. Theoriegeleitetes, deduktives Codieren

Im Rahmen des deduktiven, theoriegeleiteten Codierverfahrens konnte das bestehende Kategoriensystem des Konzepts des subjektivierenden Handelns mittels zusätzlicher induktiver Kategorienbildung eng am empirischen Material ausdifferenziert werden (hier demonstriert anhand der Kategorie des dialogisch-interaktiven Austauschs auf der Ebene der Vorgehensweise). Für die einzelnen Dimensionen konnten auf diese Weise empirische Phänomene identifiziert und differenziert zugeordnet werden. So wurden bestimmte Konzepte als Erscheinungsformen eines subjektivierenden Handelns erkennbar.

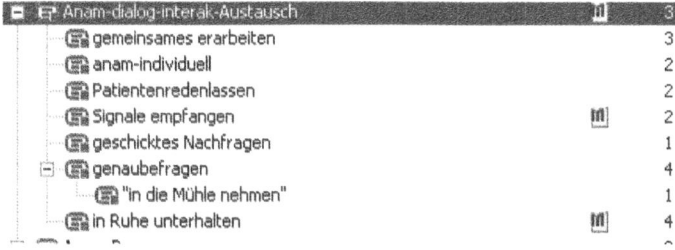

Durch dieses Vorgehen der Ausdifferenzierung von theoretischen Overcodes wurde ersichtlich, wie relevante Themen und Konzepte teils quer zu den theoretischen Dimensionen liegen. So beinhaltet z. B. der Code des individuellen Vorgehens zugleich Implikationen für die theoretische Dimension des (nicht-regelgeleiteten) Vorgehens. Hierdurch wird das subjektivierende Handeln erneut als kohärenter, auf mehreren Ebenen beschreibbarer Handlungsstil sichtbar.

Auch für das objektivierende Handeln der jüngeren Ärzte[22] wurde dasselbe Verfahren der Ausdifferenzierung des theoretischen Konzepts für die einzelnen Handlungsbereiche angewendet. Erkennbar wurde hierdurch, wie die einzelnen,

---

[21] So bezeichnet man Codes, die aus der Sprache des Untersuchungsfelds übernommen werden (vgl. Böhm, 2000, S. 478).

[22] Ausgeblendet wurden bei der Datenauswertung jedoch keineswegs, dass auch bei den jüngeren Ärzten bereits punktuell subjektivierende Handlungsweisen aufscheinen.

auf unterschiedlichen Dimensionen liegenden Aspekte eines objektivierenden Handlungsstils miteinander korrespondieren, bzw., sich wechselseitig bedingen.

3. Kombination von induktivem und deduktivem Codieren

Insgesamt konnten durch die Kombination aus induktivem und deduktivem Codieren bestimmte zentrale Konzepte, wie z. B. „den Patienten erfassen", in ihrer subjektiven Sinnstruktur ausgedeutet werden. Durch diese Technik der Operationalisierung und Visualisierung von betreffenden Textpassagen zeigte sich die enge Verknüpfung der einzelnen Dimensionen subjektivierenden Handelns sowie ihre konkrete Ausgestaltung in der ärztlichen Praxis.

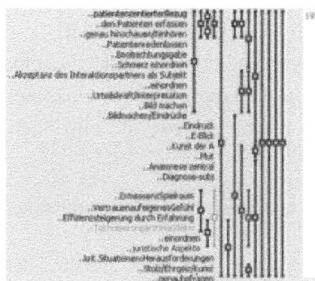

Auf Grundlage der beschriebenen Vorgehensweise konnte ein umfangreiches Kategoriensystem erarbeitet werden, mit welchem schließlich die Operationalisierung der einzelnen Kategorien nach den Dimensionen objektivierenden und subjektivierenden Handelns geleistet werden konnte.

Identifikation von zentralen Themen
Weiterhin konnten Zusammenhänge zwischen den einzelnen Aspekten des Handlungsstils und übergeordneten Themen, wie beispielsweise den institutionellen Rahmenbedingungen ärztlichen Handelns identifiziert werden. Z. B. konnte anhand der Thematisierung von *„Empathie"* als Handlungsmaxime eine komplexe Betrachtung verschiedener zentraler Problemfelder des ärztlichen Handlungsfelds nachvollzogen werden. Auch bei der Rekonstruktion dieser Zusammenhänge kamen Methoden der hermeneutischen, verstehenden subjektiven Sinnrekonstruktion zur Anwendung. Vorannahmen bezüglich der Makrotendenzen konnten so anhand des empirischen Materials überprüft und in Kontext mit den handlungstheoretischen Befunden gestellt werden. Auf diese Weise ließen sich Ambivalenzen der makrostrukturellen Entwicklungen hinsichtlich der Verwissenschaftlichung, Technisierung und Ökonomisierung des ärztlichen Handelns aufzeigen (hier thematisiert als Zweischneidigkeit der Verwissenschaftlichung ärztlichen Handelns, die neue Anforderungen an das Handeln des individuellen Arztes stellt).

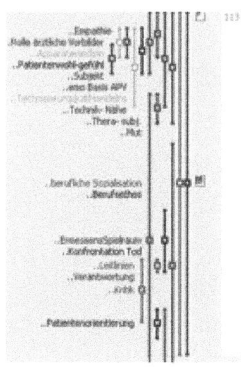

Exploration der ärztlichen Kunst
Schließlich konnte auf Grundlage der Kombination von induktivem und deduktivem Codieren ein ausdifferenziertes Kategoriensystem zur Operationalisierung der ‚ärztlichen Kunst' erarbeitet werden. Hierbei wurde primär berücksichtigt,

welche Aspekte ärztlichen Handelns von den Interviewpartnern explizit als ärztliche Kunst sowie in weiterem Sinne als Schwierigkeiten und Herausforderungen bzw. besondere Kompetenzen des ‚guten Arztes' thematisiert wurden. Als Ergebnis kann das zentrale Phänomen der vorliegenden empirischen Arbeit in den Hauptaspekten als ein den Kriterien subjektivierenden Handelns entsprechendes Handeln aufgezeigt werden.

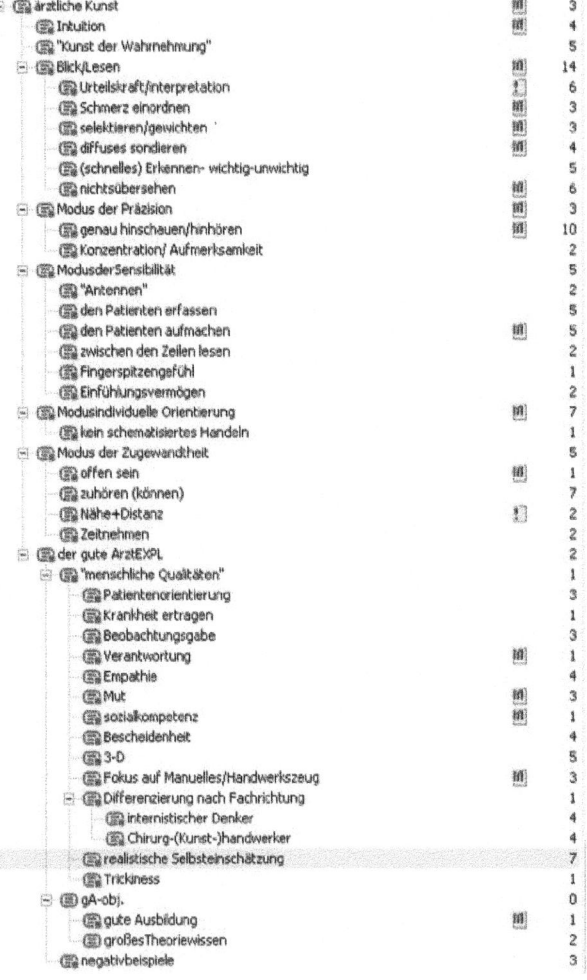

3.4   Ärztliche Praxis als objektivierendes und subjektivierendes Handeln

Im Anschluss an die Neuinterpretation der empirischen Studie „Ärztliche Praxis" von Christina Schachter (1999) konnte der Fokus der eigenen empirischen Untersuchung weiter präzisiert werden. Erkenntnisfortschritt soll hierbei durch drei konzeptuelle Ausdifferenzierungen bzw. Verfeinerungen des Forschungsdesigns erreicht werden.

1. Durch den Einbezug von ÄrztInnen verschiedener Alters- und Erfahrungsstufen soll der Einfluss praktischen Erfahrungswissens auf den Handlungsstil klarer konturiert werden.
2. Einbezug von ÄrztInnen verschiedener Fachgruppen (Innere Medizin, Chirurgie, Psychiatrie, Allgemeinmediziner)
3. Mit dem Ziel der Näherbestimmung der konkreten Anforderungen an das ärztliche Handeln wird der Handlungsbereich der Diagnose hinsichtlich seiner einzelnen Handlungselemente analytisch ausdifferenziert:
   – ‚Erstbegegnung'
   – ‚körperliche Untersuchung'
   – ‚Einsatz medizintechnischer Untersuchungen'
   – ‚Abschließender Diagnoseprozess'
   – ‚Therapeutisches Handeln'
   – ‚Der gute Arzt' in der Reflexion des Samples

Auch die Analyse der Therapie erfährt eine gesonderte Problemfokussierung durch die Thematisierung von Standards und Leitlinien. Besonderheiten der jeweiligen Tätigkeitsfelder sollen auf diese Weise eruiert werden.

Die ärztliche Praxis wird so systematisch im Kontext verschiedener Handlungsanforderungen und durch eine mehrdimensionale Handlungstheorie informiert betrachtet. Auch die Fragestellung des Wesens und der Beschaffenheit einer ärztlichen Kunst wird, ergänzt durch induktiv aus dem Material generierte Kategorien, erneut aufzugreifen sein.

3.4.1   Die Erstbegegnung zwischen Arzt und Patient

Die oftmals betonte hohe Relevanz des Anamnesegesprächs innerhalb des Diagnoseprozesses gab Anlass für eine differenzierte analytische Betrachtung dieses Handlungsfeldes. Auch in der vertiefenden empirischen Untersuchung erwies sich die Anamnese als äußerst prominentes Thema. Zudem bestätigte sich, dass die Erstbegegnung mit dem Patienten einen unter verschiedenen Blickwinkeln interessanten Analysegegenstand darstellt. So ist sie vornehmlich als Situation interessant, in der die Voraussetzungen zu planmäßig-rationalem Handeln kaum oder nur bedingt gegeben sind. Zentrale Aufgabe der Erstbegegnung zwischen Arzt und Patient ist es, innerhalb einer relativ kurzen Dauer eine Entscheidung über die Weiterbehandlung des Patienten zu treffen. Zu diesem Zeitpunkt liegen oftmals keine oder zumindest weitgehend unvollständige „objektive Daten" über den „Bearbeitungsgegenstand" Patient vor. Äußerungen wie *„das erste Kennenlernen"* oder *„die Begegnung mit einem wildfremden Menschen"* reflektieren die Besonderheit dieser niemals vollständig definierten Situation, in welcher dennoch gehandelt und entschieden werden muss. Auch ist zusätzlich die für den ärztlichen Alltag charakteristische Situation der Zeitknappheit offenbar ein nicht zu unterschätzender Faktor, der die Begegnung mit dem Patienten zu einer „kritischen Situation" werden lassen kann.

Insbesondere die erfahrenen ÄrztInnen bestätigen den exponierten Stellenwert der Anamnese[23] und generell des Gesprächs, der niedergelassene Arzt geht sogar so weit, es als seinen *„Schwerpunkt"* zu bezeichnen. Wie der Vergleich von Ärzten mit unterschiedlichem Erfahrungshintergrund erbringt, ist nur der erfahrene Arzt in der Lage, die Anamnese als effizientes „Selektionsinstrument" im diagnostischen Prozess zu nutzen, während das Patientengespräch der jungen Ärzte eine deutlich geringere Erkenntnisfunktion besitzt. Als Grund hierfür kann gezeigt werden, dass die (tendenziell objektivierende) Vorgehensweise der jüngeren Ärzte einen Fokus legt, der die „unscharfe" Situation der Arzt-Patient-Begegnung nur unzureichend zu bewältigen imstande ist.

So erweist sich die Gestaltung einer zielführenden Anamnese als professionelle Kompetenz, die als Ergebnis langjähriger Erfahrung einzuschätzen ist. Typischerweise verweisen die erfahreneren Ärzte in diesem Zusammenhang auf die besondere Rolle von Lehrmeistern, von denen die Durchführung einer guten Anamnese nachhaltig eindrucksvoll erlernt wurde.

> „Ich hatte einen Kollegen, den hab' ich sehr geschätzt und das war ein Meister der Anamnese und ich bin der Meinung, dass das eh das wichtigste ist."

---

[23] Zwar weisen fast alle Gesprächspartner, unabhängig von ihrem Erfahrungshintergrund, der Anamnese explizit eine hohe Relevanz zu, jedoch kann durch die handlungstheoretische Analyse gezeigt werden, dass die stellenweise bekundete Zentralstellung der Anamnese, bzw. allgemeiner des Patientengesprächs durch die weniger erfahrenen Ärzte eher als normative Aussage im Sinne einer zu erlernenden Fähigkeit interpretiert werden muss.

Ergänzt wird das initiale Arzt-Patient-Gespräch zumeist durch die körperliche Untersuchung, der ebenso ein hoher Stellenwert attestiert wird. So hat sie
gemeinsam mit dem kommunikativen Austausch für den Experten eine kaum zu
unterschätzende Selektionsfunktion inne, die vielfach invasive medizintechnische
Untersuchungen ersetzen kann. Eine Mehrzahl der diagnostischen Problemstellungen kann, so bekunden es die erfahrenen Internisten, in diesen frühen Stufen
des Diagnoseprozesses gelöst werden[24]:

> „Man kann in der inneren Medizin meines Erachtens und das muss man sich mal vor-
> stellen, Minimum 85% der Diagnosen anhand einer gründlichen Anamnese und einer
> gründlichen körperlichen Untersuchung stellen. Das muss man sich mal vorstellen.
> Das ist viel, 85%!"

> „Gespräch und körperliche Untersuchung würde ich sagen, 70% sind damit klärbar,
> weil eben Gott sei Dank oft eher Bagatellen oder doch sehr klar psychosomatisch
> vermittelte Dinge und um die anderen muss man dann die weiteren Stufen, in den
> wei-teren Stufen vorgehen, bei den restlichen 30%."

Darzustellen sind nachfolgend die Spezifika objektivierenden und subjektivierenden Handelns in der Erstbegegnung in Form einer idealtypischen Gegenüberstellung beider Handlungsstile.

Planmäßig-objektivierendes Handeln in der Erstbegegnung

Vorgehen im Rahmen der Erstbegegnung im Modus objektivierenden Handelns:
Das „Schema"
Die Analyse der Aussagen der jungen ÄrztInnen zum eigenen Vorgehen bei
der Erstbegegnung enthüllt -wenn auch punktuell bereits andere Handlungs-
ansätze durchscheinen- primär Handlungsweisen, die den Kriterien planmäßig-
objektivierendes Handelns entsprechen: Die genannten Schlüsselkategorien „Pfad",
„Schema" oder „Raster" indizieren ein Handlungsideal rationalen, linearen, stark
strukturierten Vorgehens:

> „Also einfach ein Schema im Kopf, dass man sich ein Schema angewöhnt, wie man
> einen Menschen fragt nach seinen Beschwerden, wie man praktisch auf den Pfad
> gesetzt wird"

---

[24] Zu differenzieren ist hierbei sicherlich einerseits nach Fachrichtung, andererseits, oder ob
es sich um einen Klinikarzt mit stets neuen Patienten oder einen niedergelassenen Hausarzt
mit festem Patientenstamm handelt.

Das „Schema" erscheint auch nach mehrjähriger Praxis als notwendiges Hilfsmittel zur Bewältigung der komplexen und unvollständig definierten Interaktionssituation.

> „Das ist im Prinzip so, im Rahmen vom allgemeinen Gesundheitscheck fragt man ja die verschiedenen Erkrankungen ab oder die verschiedenen, sage ich jetzt mal, Körpersysteme Herzkreislauf, Verdauung, Nervensystem"

Die Perspektive der Ärztin im praktischen Jahr verdeutlicht exemplarisch die Schwierigkeit des unerfahrenen Arztes, der Komplexität der vieldeutigen Handlungsanforderung nur unter Rückgriff auf ein Regelgerüst Herr werden zu können, indem sie sich *„eine gewisse Reihenfolge angewöhnt habe, in der ich diese Fragen stelle. Einfach auch, um selber nichts zu vergessen. Dass man die Reihenfolge eben einhält."* Deutlich wird die Tendenz der jungen Ärzte, Ablauf und Inhalte der Anamnese im Sinne eines linear-sequentiellen Handelns strukturieren zu wollen. Dem Ideal einer Trennung von Planung und Ausführung entsprechend werden Fragekomplexe typischerweise chronologisch getrennt abgearbeitet:

Als funktional erscheint hierzu das *„Raster"*, das es *„abzuklopfen"* gilt, was häufig durch das *„Abfragen"* eines *„Fragenkatalogs"* an größtenteils geschlossenen Fragen geschieht:

> „Dann frage ich: Wann sind Sie da genau gestürzt? War das Gestern? Dann schaue ich genau im Kalender und schreibe hin Samstag 19.05. gestürzt. Dann frage ich: Sind Sie denn zu Hause gestürzt oder wo war das? Dann frage ich: Waren Sie danach bewusstlos? War Ihnen übel? Mussten Sie sich übergeben? Oder frage, worauf sie denn gefallen sind, sind Sie auf den Kopf gefallen oder auf den Rücken oder auf die Hüfte?"

Sicherlich ist diese Art des „Zugriffs" auf den Patienten zum Teil bedingt durch die konkrete Handlungsanforderung der jungen Chirurgin, z. B. den Erfordernissen von Versicherungen entsprechen zu müssen, sowie durch ihre spezifisch chirurgische Perspektive, die tendenziell einen partialisierenden Blick auf den Patienten beinhaltet[25]. Die Ärztin im praktischen Jahr, die aktuell die Felder der Chirurgie und der Inneren Medizin durchlaufen hat, resümiert vergleichend:

> „Das ist aber einfach aufgrund des Krankheitsbildes an sich bedingt, weil Innere ist oft dass verschiedene Probleme ineinander greifen und sich wiederum bedingen und in

---

[25] Nur für bestimmte Patienten sieht sie die Notwendigkeit einer besonderen Aufmerksamkeit: „Wenn ein Patient dement ist, so dass man als Arzt mehr aufpassen muss, als bei Patienten, die sagen können, wo ihr Problem ist. Dass die Wahrnehmung da geschärft werden muss."

der Chirurgischen ist es einfach, da hat der Patient eine konkrete Verletzung, da kann
ich kurz und knapp danach fragen. ( ) Ich lasse vielleicht in der Inneren einen Patienten einfach mal, doof gesagt, einfach mal länger schwafeln und etwas ausführlicher
erzählen und in der Chirurgie werde ich da vielleicht auch mal höflich sagen: ja okay,
aber lassen Sie uns doch mal auf das Ursprungsproblem zurückkommen."

Bei den jüngeren Ärzten – mit Ausnahme der psychiatrischen Assistenzärztin,
die sich vehement gegen jede Form von Vereinheitlichung der Patientenbehandlung ausspricht- klingen Einschätzungen der Anamnese als objektivierbare
Handlungsstrategie, die sich zumindest partiell an verallgemeinerbaren Abläufen
orientieren kann, an. Man will von den Patienten tendenziell *„immer die gleichen Dinge wissen"*. So äußert die internistische Assistenzärztin in Bezug auf eine
Standardisierbarkeit der Anamnese:

> „In 'nem gewissen Masse ist sie's, weil Menschen mit denselben Beschwerden immer
> wieder kommen und da stellt man dieselben Fragen."

Auch erscheint die Anamnese vorwiegend als einseitige Verhörsituation oder einer
„Befragung", wie sie auch stellenweise bezeichnet wird, in welcher der Patient *„be-
fragt"*, Fakten *„abgefragt"* werden Dementsprechend fallen die Beschreibungen
insgesamt durch eine Tendenz zur Faktenorientierung auf. Auch wird die grundsätzliche Frage nach notwendigen Fähigkeiten zur erfolgreichen Bewältigung der
Situation wird insgesamt eher „technisch" interpretiert und verrät eine schul- und
planmäßige Handlungsorientierung an objektiven Fakten. Abgesehen davon, *„dass
man auf jeden Patienten versucht einzugehen"* erscheint die Anamnese als mehr
oder weniger festes Programm, in das individuelle Besonderheiten nur schwer
integrierbar sind:

> „Es gibt auch Leute, die haben eine psychische Disposition, das fragt man dann auch
> (…) wenn man die Anamnese abgeschlossen hat."

Insgesamt wird deutlich, dass die jüngeren Ärzte noch nicht über die Fähigkeit verfügen, die Unsicherheit und Mehrdeutigkeit der Situation durch „echte Interaktion"
zu reduzieren. Als „Notlösung" erscheint der Rückgriff auf das ärztliche Rollenre-
pertoire des „strengen Arztes" (*„Ich muss das auch durchsetzen können, dass ich
das erfahre, was ich erfahren möchte"*), das anstelle von Kooperation gewählt wird.
Die „Arbeit am lebenden Menschen" wird offenbar nicht als Potenzial innerhalb des
Erkenntnisvorgangs im Sinne einer tatsächlichen Rückkopplung durch den Patienten
erkannt und/oder genutzt. So erscheint der Patient stellenweise in einer zuspitzen-
den Umschreibung fast eher als „Hindernis" im Anamneseprozess. Zeitknappheit ist

hierbei offenbar ein Faktor, der eine auf Interaktion basierende Informationsgenese für die jungen Ärzte erschwert.

> „Dass ich jemanden habe, der mir total falsche Aussagen oder ein ganz andere Problem beschreibt, was gar nicht im Vordergrund steht, also es ist immer eine schwierige Sache, ob ich da vielleicht auch wichtige Zeit verliere:"

Wissen und Denken im Rahmen der Erstbegegnung im Modus objektivierenden Handelns: Kausallogisches Denken, „Fakten" und „solides theoretisches Wissen"
Der Denkvorgang der jungen Ärzte während der Erstbegegnung mit dem Patienten zeigt sich vorwiegend an objektiven Daten und formaltheoretischem Wissen orientiert (*„Erstmal kommt das Hintergrundwissen, dann der Patient, wie er sich einem darstellt."*). Für den ärztlichen Novizen stellt eine Patientenbegegnung ohne „Anhaltspunkte" in Form von „harten Fakten" daher eine kaum zu bewältigende Aufgabe dar. (*„Je weniger Informationen ich habe, desto schlechter kann ich ihm helfen."*). Nur unter Rekurs auf *„solides theoretisches Wissen"* können Informationen *„verwertet"* werden, so z. B. als *„ Kurzformel, praktisch, das ich mir eben mal gemerkt habe, Herzprobleme kann Kurzatmigkeit machen also die ganz banalisierte Version."* Auch die weniger erfahrenen Ärzte verschaffen sich einen „Eindruck". Dieser wird vor allem als subjektives Wissen betrachtet („mein eigener/persönlicher Eindruck"), das unter Umständen mit anderen Erkenntnismedien („Fakten", „Hintergrundwissen"; „Diagnostik") konkurriert und dem nur bedingt Gewicht beigemessen bzw. dessen Bedeutung relativiert wird:

Festzuhalten ist, dass die sinnliche Wahrnehmung und weiche Informationen für den Gewinn des „Eindrucks" bei den jüngeren Ärzten insgesamt eine neben- oder gar untergeordnete Rolle zu anderen, vorwiegend objektiven Informationsquellen spielen. Die bei der Erstbegegnung ablaufenden Denkvorgänge sind als kognitiv gesteuertes Ausschlussverfahren zu vergleichen, bei dem die physische Präsenz des Patienten fast verzichtbar erscheint[26]. Als unverlässlicher Auskunftgeber wird auch der Patient betrachtet, der ein *„Symptom, was gar nicht im Vordergrund steht"*, beschreibt. Das Zusammensetzen von disparaten Informationen gelingt noch nicht oder ist nur als retrospektiver Nachvollzug möglich bzw. durch die „Umwege" eines rein kognitiven Vorgangs zu erlangen.

---

[26] Dies legt eine (hypothetische) Äußerung des Assistenzarztes zu einer Anamnese per Telefon, in der die Erkenntnischance des direkten persönlichen Austauschs auf die Funktion der professionellen Vertrauensbildung reduziert wird.

„Es gibt schon die Situation, dass man sich verschiedene Symptome beschreiben lässt und dann hinterher merkt, ah, so gehört das zusammen und das passt auch, also so ein Puzzleteil, dass man verschiedene Diagnosen, die man anamnestisch und diagnostisch erhoben hat und noch nicht das Endbild der Krankheit vielleicht kennt oder so, aber hinterher weiß man, das hat zusammengehört."

Denken und Handeln erscheinen als getrennt und sequentiell organisiert, ebenso wie die Komplexe des Denkens und Fühlens:

„Ich muss ja drüber nachdenken, was ich mache und versuche auch, mich in den Patienten reinzuversetzen und zu überlegen, wie fühlt sich das jetzt an".

Sinnliche Wahrnehmung im Rahmen der Erstbegegnung im Modus objektivierenden Handelns: „Exaktes Registrieren"
Die Relevanz des Einsatzes von Sinnen ist auch bei den „Anfängern" unbestritten: Trotz der grundsätzlichen Anerkennung der Bedeutung von Prozessen sinnlicher Wahrnehmung gestaltet sich der Zugang zum Thema bei den jüngeren Ärzten jedoch als schwierig. Dementsprechend werden zum Teil andere Formeln und Umschreibungen gesucht, wo sich mit sinnlicher Wahrnehmung nicht identifiziert werden kann (*„Ich empfinde durch meinen eigenen Körper"*). Grundsätzlich wird die sinnliche Wahrnehmung sowohl quantitativ weniger als auch weniger reflektiert thematisiert, spontan zumeist in das Feld der körperlichen Untersuchungen verwiesen, die als Ort des Sinneseinsatzes für die jungen Ärzte legitim erscheint (s. u.).
Im Modus eines objektivierenden Handelns richten die Ärzte mit geringer praktischer Erfahrung ihre Wahrnehmung in der Erstbegegnung mit dem Patienten bevorzugt auf Eigenschaften und Merkmale des Patienten, die sich eindeutig, exakt und „objektiv" definieren lassen. So wird von der internistischen Assistentin der „unklare Patient", der wenig konkrete Anknüpfungspunkte – und damit für sie auch nur wenig verwertbare Informationen – bietet, problematisiert:

„Je klarer orientiert der Mensch ist und je klarer umrissen das ist, was er hat, umso wichtiger ist auch seine Aussage. Wenn der kommt und sagt mir tut's seit zwei Minu-ten auf der Brust weh, dann ist das sehr klar, was ihm fehlt. Es gibt Leute, die sagen, mir tut dies weh, mir tut das weh, dann war mir schlecht, dann ist das natürlich schwieriger."

Insbesondere der chirurgische Blick fokussiert konsequent den zu bearbeitenden Handlungsausschnitt, der zudem in der Regel unmittelbar untersuchungstechnisch validiert wird (z. B. Knochenbruch durch Röntgenbild). Jedoch tendieren auch die in im komplexen Handlungsfeld der inneren Medizin agierenden jüngeren Ärzte dazu, ihren Fokus auf Quantifizier- und Messbares zu richten. Deutlich wird hierbei eine spezifische Formung des Gebrauchs der Sinne. Die Interpretation sowie Beurteilung der objektiv registrierten Umwelt ist rational-kognitiven Prozessen vorbehalten, die unter Zuhilfenahme von formalisiertem Wissen „richtiges Erkennen" leiten:

> „Im diabetischen Koma riechen die Leute nach Aceton und das ist ein wichtiges Kriterium."

Sinnliche Wahrnehmung wird so tendenziell als „Rohstoff" begriffen, auf dem die eigentliche kognitive Aktivität bzw. objektive Validierung aufbaut, ihr somit hauptsächlich die Aufgabe zugestanden, Informationen des Patienten exakt aufzunehmen. Ebenso dominiert bei den jüngeren Ärzten eine für das objektivierende Handeln typische Übertonung der visuellen Wahrnehmung als am ehesten der objektiven, exakten Wahrnehmung äußerer Gegebenheiten dienend, während andere Sinne kaum Erwähnung finden. So modifiziert der internistische Assistenzarzt, seinen in engem Sinne auf den Problemausschnitt beschränkten „partialisierenden" Wahrnehmungsmodus beschreibend, das von den Experten im Rahmen komplexer sinnlicher Wahrnehmung verwendete Motiv *„den Patienten anschauen"* (s. u.) als *„Ich gucke mir das Problem natürlich an"*. Konkrete äußerliche Merkmale des Patienten werden im Zuge dessen gezielt ins Visier genommen, um den Patienten zu *„katalogisieren"*.

Beziehungsgestaltung im Rahmen der Erstbegegnung im Modus objektivierenden Handelns: „Professionelle Distanz"
Ähnlich wie der Themenkomplex sinnliche Wahrnehmung trifft die Frage nach der Rolle von Emotionen bei den jungen Ärzten auf eine am ehesten als Reserviertheit zu beschreibende Haltung. Insbesondere der chirurgische Blick gibt sich in einer Abgrenzung zu empathischer Teilhabe betont affektneutral, ein „Hineinfühlen" wird dezidiert zurückgewiesen. Eine durch den Störfaktor „Gefühl" tangierte Interaktion erscheint unerwünscht, da sie in der Regel von den jüngeren Ärzten als Mangel an ärztlicher Professionalität gedeutet wird. Insgesamt wird eine zu große Nähe zum „Erkenntnisgegenstand Patient" wie auch eine individuell unterschiedlich motivierte Bezugnahme auf den Patienten besonders vehement negiert[27]:

> „Ob das jetzt der Herr Müller ist, der mir nicht wohlgesonnen ist oder ob das der Herr Meier ist, der mich auch auf einer menschlichen Ebene mehr anspricht, das spielt

---

[27] Auch die psychiatrische Assistenzärztin, deren Arbeit mit dem Patienten per se auf Nähe und vor allem subjektivem Nachvollzug basiert, äußert sich gelegentlich distanzierend, was bei ihr sicherlich auch als Abgrenzung vor zu großer emotionaler Vereinnahmung durch den Patienten zu verstehen ist.

nicht so die Rolle für mich, da muss ich sagen, da schalte ich ab, ob mir der Mensch wohlgesonnen oder nicht ist."

Vorherrschend ist eine distanzierte, analytische und eher kognitiv rekonstruierende Position des Arztes gegenüber dem Patienten und seinen Beschwerden Wenn überhaupt erwähnt, wird die Interaktion mit dem Patienten vornehmlich auf den Aspekt der professionellen Vertrauensbildung im Rahmen des Arzt-Patient-Verhältnisses reduziert. Eine Zuspitzung dessen findet sich bei den beiden Ärzten mit der geringsten praktischen Erfahrung, die das Vertrauensthema punktuell in seiner Bedeutung verkehren: Nicht der Patient gibt dem Arzt im Rahmen eines Annäherungsprozesses sein Vertrauen, sondern kann umgekehrt der Arzt als „Leistungsanbieter" prüfen und entscheiden, ob er dem Patienten vertrauen kann und möchte:

> „Er will ja auch von mir eine Leistung haben, sonst kann er ja auch direkt gehen, also deswegen muss er auch versuchen, ein Vertrauensverhältnis aufzubauen."

Nur die sehr intensive Nachfrage erbringt bei den jüngeren Ärzten Eingeständnisse in Bezug auf eine nicht nur faktenbasierte Ebene der Interaktion, die aber entweder relativierend als angenehmer Nebeneffekt anklingt (*„Das ist einfach schön, wenn man einen Patienten hat, mit dem man sich gut austauschen kann."*) oder einen deutlich instrumentellen, auf reibungslose Durchführung zielenden Bezug offenbart, die die Kontrolle und Steuerung des Interaktionsablaufs ermöglicht:

> „Dass man gemerkt hat, auf welche Fragen reagiert der Patient positiv, eher weniger auf die richtige Frage, sondern mehr, wie stelle ich die Frage. Also in welchem Tonfall, wie freundlich, wie wenig freundlich, wie präzise."

Der Patient wird vorwiegend als Objekt beschrieben, „mit dem etwas gemacht wird". (*„mit dem kann man eine Therapie und eine Diagnostik machen und mit dem kann man es schlechter machen."*). So wird das Verhalten des Patienten entweder verkürzend unter dem Aspekt der Verwertbarkeit seiner Aussagen oder dem des „Mitmachens" im Sinne seiner Unterordnung (als „compliance") gedeutet.

> „In der Compliance schlägt sich das nieder, also was er macht oder was ich ihm rate oder wie gut er mitmacht"

Deutlich werden zudem aus den organisatorischen Rahmenbedingungen resultierende Schwierigkeiten, die für jüngere Ärzte besonders belastend zu sein scheinen. So ist der oftmals anzutreffende Umstand der Zeitknappheit, der fast ausnahmslos von den Assistenzärzten problematisiert wird, für die Entwicklung einer persönlichen Beziehung zum Patienten sicherlich abträglich. Beispiele hierfür sind die stationäre Notaufnahme, in der *„Tohuwabohu"* herrscht oder generell der sehr *„straff organisierte"* Klinikalltag, in welchem auch oder gerade patientenbezogene Arbeitsanteile auf das Notwendigste reduziert werden müssen:

> „Ich versuch das möglichst straff zu gestalten, das abzuarbeiten und ich muss jetzt auch nicht unbedingt frühstücken gehen. Ich mach lieber die Visite schneller"

Das Verhältnis zum Patienten „leidet" darunter offenkundig:

> „Das Verhältnis zum Patienten würd' ich sagen ist wechselhaft. Manchmal kommt man mit jemandem gut klar und manchmal ist das halt auf 'ner schlechten Ebene. Besser läuft' s, wenn man mehr Zeit hat. (…) Dass man sehr wenig Zeit hat, und deshalb Leute sehr knapp behandeln muss, das ist schon blöd, das macht sich auch nicht gut."

Für die jüngeren Ärzte erweist sich die Zeitknappheit im Bereich des Patientenkontakts als besonders fatal. Nicht nur kann der von einigen erwünschte intensivere Kontakt nicht verwirklicht werden, auch scheint es für die unerfahreneren Ärzte schwierig, unter Zeitdruck wichtige Informationen aus der Arzt-Patient-Begegnung zu generieren.

Subjektivierendes Handeln im Rahmen der Erstbegegnung

Vorgehen im Rahmen der Erstbegegnung im Modus subjektivierenden Handelns: „Jedes Mal ein neues Experiment"
Die Exploration des Vorgehens im Rahmen der Erstbegegnung erbringt zunächst, dass den erfahrenen Ärzten diesbezüglich kaum allgemeine Aussagen zu entlocken sind. Die von den jüngeren Ärzten behaupteten einheitlichen Abläufe in der unmittelbaren Patientenbegegnung gibt es beim Experten nicht.

> „Wenn man immer so ein Schema 08/15 hätte, das ist das, das ist das und fertig. So schön macht es einem die Medizin leider nicht. (lacht)"

Regeln lassen sich folglich beim ärztlichen Experten in seinem Vorgehen kaum erkennen, wenn auch der ärztliche Gutachter durch den Verweis auf sein „Konzept" einen Versuch in dieser Hinsicht unternimmt, das sich aber bei genauerem Hinsehen als das Gegenteil von schematischem Handeln erweist. Vielmehr wird das Gegenüber Patient *„auf sich wirken"* gelassen, das weitere Vorgehen darauf abgestimmt.

„Ich habe mir dann immer auch schon ein entsprechendes Konzept zurechtgelegt, wo ich die Leute dann einfach mal berichten lasse zunächst."

Die Anamnesegestaltung des erfahrenen Arztes hat dadurch den Charakter der „Offenheit":

„Indem man einfach neutral auf die Leute zugeht, also neutral im beruflichen Sinne meine ich und sich einfach mal anschaut, was da wirklich Sache ist und nicht von vornherein schon eine ganz bestimmte festgelegte Meinung hat und dann eigentlich nur noch gezielt auf die dann abklopft, sondern einfach auch, offen ist noch für andere Dinge, die sich ergeben können."

Das Vorgehen des erfahrenen Arztes in der Erstbegegnung mit dem Patienten wird so zunächst in seiner Facette als nicht-regelgeleitetes Handeln greifbar. Ein wesentliches Merkmal des Vorgehens besteht in der Anpassung an den individuellen Fall. *„Immer angepasst. Das geht immer ganz unterschiedlich."* So kann auch der 63-jährige Oberarzt mit der begrifflichen Differenzierung „Normalfall"/„Sonderfall" nichts anfangen und verweist stattdessen auf die Besonderheit jedes einzelnen Patienten: *„Jeder anders. Alles voller Überraschungen.".* Anzunehmen, dass aufgrund eines wachsenden Erfahrungsschatzes im Sinne einer „Routine" schematischer vorgegangen wird, wäre somit eine Fehleinschätzung. Die Begegnung mit dem Patienten wird dementsprechend auch explizit dem Bereich nicht-routinemäßigen Handelns zugeordnet: *„Das ist jedes Mal ein neues Experiment".* Als allgemeiner Konsens erscheint, dass man sich vom „Raster" mit „zunehmender Erfahrung" entfernen „darf", während *„als Student oder junger Arzt man nach Raster fragen (muss). Unbedingt".* Von zwei verschiedenen Ärzten wird im Zusammenhang mit der Annäherung an den Patienten der Terminus „Überraschung" gebraucht, der auf die Unwägbarkeit der Situation hinweist. Starre Schemata werden hierbei von den erfahrenen Ärzten zugunsten eines situativen Handelns abgelehnt, das „Überraschungen" Rechnung trägt.

Hierbei zeigt sich ein als schrittweise-explorativ zu bezeichnendes Vorgehen als geeignete Methode, sie Eigenschaften des Patienten und seiner Beschwerden zu erkunden. Die unvollständig oder „unscharf" definierte Problemsituation der Symptomatik wird durch das Gespräch als „klinische Annäherung an den Patienten" sukzessive bearbeitbar gemacht:

„Da sagt der Patient: Kopfweh. Mein Gott, das kann viel sein. Dann muss man weiterfragen, um das einzugrenzen und schon anhand neu erfragter Symptome, bestimmte Erkrankungen vielleicht auszuschließen, für mich jetzt auszuschließen, um das Ganze immer mehr einzuengen, einzugrenzen."

Oftmals werden erkenntnisrelevante Informationen durch Methoden scheinbar ziellosen „Probierens" erlangt:

> „Wenn Sie mit den Angehörigen reden, wenn Sie mit dem Pflegedienst reden und von denen vielleicht die entscheidenden Hinweise kriegen, da kommen manchmal seltsame Dinge dabei raus, man wundert sich dann."

Die von den Interviewpartnern entworfenen Bilder *„Kriminalstück"*, oder des Arztes als *„Detektiv"* oder auch das *„Experiment"* betonen den entdeckenden, ungewissen und wenig planbaren Charakter der Erstbegegnung, in welchen Informationen unterschiedlichster Herkunft, hierunter auch nicht-medizinische Informationen, Eingang finden.

Hierbei erscheinen eine dem Gegenüber Raum gebende Gesprächsführung sowie eine offene Grundhaltung gegenüber dem Patienten ausschlaggebend. Der erfahrene Arzt gesteht dem Patienten im dialogischen Austausch, so z. B. als *„Sender von Signalen"*, oder *„Anbieter von Symptomen"* Aktivität zu. *„Den Patient reden lassen"* erscheint als elementare Voraussetzung der Austauschbeziehung.

> „Sie beeinflussen ihn ja, möglicherweise ja schon, wenn Sie ihm mal das Wort abschneiden. Wirklich das Wort abschneiden sozusagen, dass der nichts mehr sagt, gar nichts mehr raus lässt. Das müssen Sie verhindern."

> „Man kann, sage ich jetzt mal, auf eine Art und Weise fragen, wo dann, wie soll man sagen, wo dann der Vorhang fällt. Wo dann ab dem Punkt praktisch nichts mehr kommt. Sowas versuche ich zu vermeiden."

Hiermit korrespondiert eine Grundauffassung des erfahrenen Arztes von der Interaktionssituation, die nicht als Beherrschung oder Manipulation, sondern als Kooperation beschreibbar ist, die von einem internistischen Oberarzt als *„Bescheidenheit"* charakterisiert wird:

> „Sie müssen zuallererst lernen, bescheiden zu sein, das ist meines Erachtens ganz wichtig in dem Beruf. Sie müssen sich zurücknehmen, bescheiden sein, alles andere ist abträglich. (…) Sie müssen es nur zulassen, dass er das formuliert, dass er's auf den Tisch legt."

Bei den erfahrenen Ärzten zu erkennen ist eine Zentralstellung der Austauschbeziehung durch.

Dialog und Interaktion („*dass die Leute merken, da kann auch Kommunikation stattfinden*"), die als „*Schwerpunkt*" oder „*das Entscheidende*" der ärztlichen Arbeit betrachtet wird. Das Gespräch wird im Zuge dessen, über die „Informationsfunktion" hinausgehend, im Sine seiner „Interaktionsfunktion" gestaltet:

> „Dass der Patient mir die Möglichkeit gibt, mit ihm zu kommunizieren, dass ich eine Interaktion aufbau'. Wenn es dazu nicht kommt, dann kann ich den Patienten nicht behandeln."

Ein tatsächliches „in Dialog treten" mit dem Patienten ist für den erfahrenen Arzt unentbehrlich, um eine Vielzahl von möglichen Krankheitsursachen in relativ kurzer Dauer ausschließen zu können. Auch kann der Experte durch die Übernahme der Rolle des anteilnehmenden Zuhörers im Rahmen eines beiläufigen, sich nur scheinbar auf der personalen Ebene befindlichen Gesprächs, wesentliche Informationen, wie hier die psychische Verfassung des Patienten erkunden:

> „Ich versuch den dann ein bisschen einzulullen, abzulenken das ist wichtig. Ablenken, um den zu entspannen."(...) Ja, da kann man anders reden. Da kommen dann manchmal auch psychische Dinge oft zutage, dass der Patient dann anfängt, zu erzäh-len. Da kommt merkt man dann, der hat vielleicht ein gravierendes psychisches Prob-lem überhaupt, überhaupt (betont)."

So weist das Arzt-Patient-Gespräch Charakteristika einer aufeinander bezogenen Verzahnung von Aktion und Reaktion beider Akteure auf, in dem der sprachliche Austausch den Charakter eines gemeinsamen, dialogischen Tuns („*mit ihm versuchen rauszufinden*") hat. Die zielführende Anamnese kann nur im Rahmen eines „Arbeitsbündnisses" gelingen und wird so als Produkt zweier kooperierender Akteure deutlich. Der Arzt nimmt hierbei die Funktion eines Anstoßgebers ein, der auf sensible Weise relevante Informationen zutage fördert, „*den richtigen Knopf drückt*":

> „Sie müssen ihn vorsichtig leiten durch geschicktes Nachfragen, dass er versucht, das, was ihn zwickt, was ihm wehtut, zu formulieren, dass er das aufdeckt."

Deutlich wird weiterhin eine Verschränkung von Planen und Handeln als „*schauen, wie sich das dann weiter entwickeln könnte.*"

> „Da muss man halt ein bisschen nach Gehör spielen, sage ich jetzt mal. Da gibt es also keine feste Regel und keinen festen Katalog für solche Fälle, sondern man weiß

halt, man ist auf bestimmte Informationen angewiesen und dann versucht man halt
sich entsprechend vorzutasten, um eben dann diese Information zu bekommen."

Das Patientengespräch hier als *„ein bisschen plaudern"* beschreibend, ist es
zunächst primäres Ziel, „den Patient zu entspannen", um so möglicherweise eine
neue Ebene der Kommunikation herstellen zu können. Der erfahrene Internist
macht hier ein informelles Setting auf, um eine einschienige „Verhörsituation" zu
vermeiden:

> „Da kommen dann durchaus neue Aspekte ins Spiel, die der Patient beim üblichen
> Verhör sonst nicht angibt, wenn einfach man so im Plauderton nebenher spricht. (…)
> Das merkt man ja schon in der Verhörsituation, also bei der Anamnese, da ist der ja
> schon angespannt, ja? Das ist ja schon wichtig, den Patienten zu entspannen, dass er
> besser, entspannt erzählen kann."

Auch unter Zeitdruck ist so ein effizientes Vorgehen möglich. Bewusst werden quasi
„nebenbei" Arbeitsvorgänge, wie hier das Blutabnehmen, verrichtet.

> „Man trifft ja dabei auch den Patienten und die Zeit ist ja immer knapp und dann kann
> man immer schon ein bisschen plaudern."

Standardisierende Elemente wie „Anamnesebögen" werden von den erfahrenen
Ärzten schlichtweg nicht erwähnt. Die Möglichkeit einer Standardisierung der
Anamnese erscheint im Anschluss an die Aussagen der Experten kaum gegeben.

> „Also das standardisierbare findet in der Medizin auf alle Fälle seine Grenzen. Ich kann
> standardisiert ein Auto bauen, reparieren und sonst was machen, aber in der Medizin,
> im Umgang mit Menschen findet die Standardisierung ihre Grenzen."

Wissen und Denken im Rahmen der Erstbegegnung im Modus subjektivierenden
Handelns: „Der Eindruck" und das „Einordnen" von „Schmerzbildern"
Als zentrale Schlüsselkategorie auf der Ebene relevanten Wissens im Rahmen der
Erstbegegnung konnte der *„Eindruck"* (oder auch, seltener gewählt: das *„Bild"*),
den es sich vom Patienten zu machen gilt, identifiziert werden Diese Redewen-
dung wird in Varianten von allen, auch den dem objektivierendem Handlungsstil
zugerechneten Interviewpartnern, zur Beschreibung der eigenen Denkvorgänge
verwendet. Jedoch verdeutlicht die detaillierte Analyse, dass durchaus Unterschied-
liches damit verbunden wird. So wird der Begriff „Eindruck" nicht nur individuell

unterschiedlich verwendet, sondern, auch auf jeweils verschiedene Weise hergestellt, nämlich entweder im Anschluss an primär objektive Daten oder subjektive Wahrnehmungsprozesse.

Die im hohen Maße unscharfe Handlungssituation der Erstbegegnung mit dem Patienten wird vom Experten auf spezifische Weise bearbeitbar gemacht, der auf der Ebene des Wissens und Denkens Ausformungen entsprechen, die im Folgenden zu präzisieren sind. Eine zentrale Herausforderung der Erstbegegnung mit dem Patienten besteht in der Einordnung der vom Patienten dargebotenen ungefilterten Informationen. Im Mittelpunkt der Expertenschilderungen stehen weniger Sachinformationen, als die Art und Weise, wie diese mitgeteilt werden.

> „Dann kommt es auch nur bedingt darauf an, was die sagen, sondern wie die das dann wieder sagen und was dann meine Einschätzung ist. Wenn der dreimal sagt nee ist nicht und ich habe aber das Gefühl, das stimmt nicht, dann handel' ich trotzdem zum Beispiel indem ich den auf die geschlossene verlege. Und dann gilt mein Empfinden auch mehr als seine Aussage. Weil ich einfach sage, ich hab das Gefühl, das stimmt nicht und ich kann im Moment die Verantwortung nicht übernehmen."

Nicht einzelne punktuelle Aspekte werden zum Ausgang diagnostischer Überlegungen genommen, sondern das *„Beschwerdebild"* als Ergebnis einer vielschichtigen Wahrnehmungsleistung:

> „Es hängt in erster Linie vom Beschwerdebild ab, da versuch ich das Leiden einzugrenzen, zu lokalisieren. Organbezogen jetzt: Leber, Herz, Niere. Ich hab jetzt den Eindruck, das geht Richtung Niere. Dann versuch' ich, da weiter zu machen, den Patienten zu befragen."

Typischerweise griffig als „Eindruck" subsumiert, können Formen professionellen Wissens und Denkens differenzierter aufgeschlüsselt werden. Dem „Eindruck" als moderierende, vermittelnde Instanz, die das Erkennen leitet, die vielfach nicht durch objektive Fakten untermauert wird, entspricht somit offenbar ein als „gefühlsmäßig" zu charakterisierender Denkvorgang, innerhalb welchem Wissen wahrnehmungs- und erlebnisbezogen aktiviert wird.

Wie bereits die kognitive Expertiseforschung aufgezeigt hat, verfügt der ärztliche Experte über eine zu klinischen Konzepten gereifte Basis aus formalisiertem Wissen. Dieses Wissen ist für ihn unmittelbar fallbezogen aktualisierbar. Hierbei zeichnet sich der ärztliche Experte durch die parallele Anwendung formaltheoretischen Wissens und subjektiver, personengebundener Wissensbestände aus. In der Analyse wird das Zusammenspiel von Elementen expliziten Wissens und wahrnehmungsbezogenen geistigen Prozesse erkennbar:

„Ich hab' natürlich die Medizin soweit im Kopf, ich versuch- ich nehm' verschiedene Dinge an den Patienten wahr und das gleich ich ab mit den Informationen, die ich gespeichert habe, dann versuch ich rauszufinden, zu sehen: ist da was pathologisches oder nicht? Ist da was, was mir auffällt, oder nicht? Und wenn mir was auffällt, dann halt ich da ein und geh da weiter."

Der Rückgriff auf Theoriewissen im Rahmen eines durch sinnliche Wahrnehmung geleiteten Denkprozesses ist daher nicht, wie möglicherweise angenommen werden könnte, als Widerspruch zu subjektivierendem Handeln auszumachen, sondern zeigt vielmehr die Besonderheit ärztlichen Erfahrungswissens als *„Spielen auf der Klaviatur von beidem"*.

Augenfällig ist der stets hergestellte Bezug zum subjektiven Empfinden, zum eigenen „Gefühl" im Rahmen der problembezogenen Interpretation auf. So entscheidet der „Eindruck", der sich im Verlauf des Gesprächs beim Arzt einstellt, darüber, welche Relevanz einzelnen Informationen zugesprochen wird. Als Gefühlsdimension ist er die ausschlaggebende Instanz, die eine subjektive Strukturierung „objektiver Tatsachen" ermöglicht. Die Psychiaterin, gewohnt im Terrain unscharfer Problemsituationen zu agieren, scheut eine Explikation des rein gefühlsbasierten Eindrucks am wenigsten[28], doch auch der erfahrene Internist argumentiert rein auf seinen – nicht näher begründeten- Eindruck bezogen:

„Sie können aber diese Beschwerden nicht einordnen, keiner bestimmten Diagnose zuordnen, haben aber den Eindruck: Eigentlich fehlt ihm nichts."

Die Gestaltung des Erstgesprächs ist demzufolge nicht zuletzt *„ein bisschen Gefühlssache":* Wie gezeigt werden kann, wird der Experte von seinem Gefühl, nicht konventionell als emotionaler Zustand, sondern vielmehr als „Gespür" im Sinne eines Mediums der Erkenntnis durch die Anamnese geleitet. Abweichungen vom „Normalen" können in manchen Fällen eher erspürt als erkannt werden,

„Wenn er anfängt, zu erzählen: Ja mei, ja mei. Jetzt bin ich schon wieder im Krankenhaus. Allweil muss ich ins Krankenhaus, mir geht ja gar nicht gut. Da sagt man dann: Des ist doch jetzt gar net so schlimm, oder? Dann sagt der: Ja mei, mir geht's sowieso überhaupt net so gut. (..) Da fragt man: Ham's Ärger daheim? und dann kommt eins zum andern. Und dann irgendwann merkt man dann: Das ist es vielleicht, was den beschäftigt und bewegt und da werden wir vielleicht gar nichts mehr finden."

---

[28] Vor allem für die Psychiaterin stehen im Zuge eines empfindend-spürenden Zugangs Gefühle und Vorstellungen im Mittelpunkt des Interesses.

Charakteristischerweise erfolgt der Denkvorgang des erfahrenen Arztes typischerweise nicht allein im fachbegrifflichen Rahmen, sondern vor allem in Form von Bildern und assoziativen Verknüpfungen Offenbar zählt folglich nicht (nur) das WAS, sondern vor allem das WIE *(„Wie er schaut, wie er liegt, wie er sich bewegt, wie er spricht")* als qualitativer Bedeutungsträger, der eine assoziative Kette auslöst. Durch eine als imaginatives Denken zu bezeichnende sinnlich-geistige Leistung ist der erfahrene Arzt befähigt, auch aus nur wenigen und disparaten Informationen oder markanten äußerlichen Symptomen, komplexe Zusammenhänge herzustellen. Eigenschaften eines Patienten bzw. der Erscheinungsform seiner Erkrankung werden als Bild oder auch als bestimmte Wahrnehmungsqualität im Gedächtnis gespeichert und problembezogen aktiviert. Dem Experten steht so ein personengebundenes (auch „leibliches" Erfahrungswissen zur Verfügung, das ihm rasche Erkenntnis ermöglicht. So zu verstehen ist auch die unmittelbar eintretende Erinnerung an bestimmte „Schmerzbilder"[29], die ohne Umschweife im Zuge ganzheitlicher, holistischer Wahrnehmung „als ein Bild" wieder erkannt werden. Im Rahmen dieses assoziativen Denkens werden die durch das Patientengespräch und über Sinneswahrnehmungen generierten Informationen offenbar sogleich mit möglichen Ursachen verknüpft.

> „Ein Diabetiker, wenn der Stoffwechsel entgleist, das können Sie riechen. Da gehen Sie ins Zimmer und da wissen Sie was los ist. Das müssen Sie aber wissen, das müssen Sie mal gerochen haben. Oder ein Leberpatient, ein Patient mit Leberzirrhose, das sind so bestimmte Gerüche, das riecht man dann, aha: darum geht's."

Dieser Vorgang kann oft nur schwer verbalisiert werden:

> „Oh hm, wenn ich das so katalogisieren könnte, schön wär's. Es ist ein bisschen so ein Zusammenspiel vom Gesamteindruck und von bestimmten Einzelmerkmalen. Aber das ist dann auch wieder von Person zu Person unterschiedlich. Also, da gibt es jetzt nichts Festes, wo ich sagen könnte, ich schaue bei jedem zuerst da hin und dann da oder irgendwie so. Das ist dann Sache vom Erfahrungswert."

Hierzu zählt auch die Berücksichtigung individueller und kultureller Unterschiede in der subjektiven Schmerzwahrnehmung- und Äußerung der Patienten, deren Einordnung als Paradebeispiel eines subjektivierenden, erfahrungsgeleiteten Problemverstehens gelten kann:

---

[29] Auffällig ist ebenfalls die bei den erfahrenen Ärzten zu erkennende Neigung, im Rahmen einer Fallschilderung den Schmerzcharakter nicht nur verbal, sondern auch durch Laute und Gesten zu imitieren, wodurch die Eindrücklichkeit der Erfahrung betont wird.

„Ob Sie einen türkischen oder jugoslawischen Patienten vor sich haben, die reagieren anders, die äußern ihre Schmerzen anders. Und das ist, noch was: die subjektive Wahrnehmung von Schmerzen und das Äußern dieser Schmerzen, das ist ganz schwer einzuordnen, jeder Mensch nimmt Schmerz anders wahr. Es gibt Leute, die kommen mit dem Kopf unterm Arm her und sagen: geht scho!"

Sinnliche Wahrnehmung im Rahmen der Erstbegegnung im Modus subjektivierenden Handelns: „Hinschauen" und „Hinhören", „den Patienten in seiner Ganzheit erfassen"
Als weiteres entscheidendes Differenzierungsmerkmal geraten Stellenwert und Qualität der sinnlichen Wahrnehmung in den Blick. So zeigt sich, dass die verschiedenen Vorgehensweisen mit jeweils unterschiedlichen Formen der sinnlichen Wahrnehmung bzw. des Einsatzes von Sinnen verbunden sind. Sichtbar werden Formen von als „komplexe" und „empfindend-spürende" Wahrnehmung zu beschreibenden Sinnestätigkeiten, die sich charakteristischerweise auf diffuse und unspezifische Informationen richten. Als aufschlussreich erweist sich bereits Grad der Zugänglichkeit zum Thema „Sinne" und „sinnliche Wahrnehmung" bzw. die Enge respektive Breite der Auslegung des Begriffs.

Nicht nur ist der Stellenwert der Sinne bei den erfahrenen Ärzten als hoch einzuschätzen, sondern ist auch zu erkennen, dass Sinne in einer spezifischen Art und Weise genutzt werden. Anhand der identifizierten „Schlüsselkategorie *„den Patienten anschauen"* kann eine besondere Weise der (nicht nur visuellen) Wahrnehmung als den Experten auszeichnende Befähigung konturiert werden, die zugleich eine weitere Annäherung an den „Ärztlichen Blick" bedeutet. Es zeigt sich, dass die sinnliche Wahrnehmung des erfahrenen Arztes weit über ein konventionelles Verständnis des Sehens als präzises, objektives „Registrieren" hinaus geht und vielmehr als Summe verschiedener optischer und anderer sinnlicher Eindrücke auftritt, die sich schließlich zum „Eindruck" des Experten verdichten.

Eine in Bezug auf die Anamnese bzw. allgemein das Patientengespräch relevante Anforderung besteht zunächst in der Interpretation sprachlicher Kommunikationsinhalte. Das „*Erfassen*" des Patienten" gelingt in der Anamnese durch das genaue „*Zuhören*"[30]. Oftmals wird das eigene Tun lapidar als *„den Patienten anschauen"* oder *„hinschauen"* beschrieben. *(„Man muss sich nicht auf's Glatteis führen lassen, man sollte es vermeiden. Man muss hinschauen".)* Dieses „Anschauen" des Patienten verdeutlicht sich jedoch in der näheren Analyse als originäres Phänomen

---

[30] Schon die Ärztin im praktischen Jahr, die aus ihrer Perspektive häufig über noch zu erlernende Fähigkeiten reflektiert, weiß: *„Man muss in der Lage sein, dem Patienten zuzuhören. Also auch tatsächlich zu hören, was er sagt, vielleicht auch das heraushören, was er nur andeutet."*

komplexer sinnlicher Wahrnehmung, einer Grundhaltung, die als zentrales Element eines subjektivierenden Handlungsstils zu betrachten ist.

> „Und man muss genau hinschauen. Hinschauen und genau hinhören. Und dann können Sie schon seine Beschwerden einordnen auf der Richterskala. Und das ist wichtig, darum geht's."

Als primäre Quellen der Erkenntnis im Rahmen der Erstbegegnung mit dem Patienten dienen dem erfahrenen Arzt hierbei offenbar vor allem Informationen, die als nicht exakt definier- und objektivierbar einzustufen sind. Nicht eindeutige Informationen sind häufig Hauptelemente der Expertenfallschilderungen, bei denen insgesamt die Abwesenheit von „harten Fakten" auffällt[31]:

> „Ein typisches Beispiel ist eine Patientin Mitte 40, berufstätig, zwei Kinder gehabt, wieder in den Beruf eingestiegen, die Kinder sind noch nicht so ganz aus dem Haus, der Mann wenig da, die Ehe schon 15 bis 20 Jahre alt, da kriselt es dann auch und wo sich aufgrund beruflicher Überlastung, familiärer Ängste, Beziehungsprobleme dann meinetwegen Schlafstörungen, Konzentrationsstörungen, Essstörungen, Infekthäufigkeit und solche Dinge entwickeln."

So wird auch der „diffuse Patient" keineswegs generell problematisiert, da der erfahrene Arzt über die Fähigkeit verfügt, relevante Informationen zu eruieren und zu verarbeiten:

> „Dass ich bei dem, der so diffus daherkommt, mehr Aufwand betreiben muss, um wirklich an den Ort hin zu kommen, um den es eben geht. Während der, der die Sache ganz genau beschreibt, der hat schon Vorarbeit gemacht, weil er ein eigenes Körperempfinden hat, das mir da sehr entgegen kommt schon. Aber der andere kommt ja mit derselben Berechtigung und macht es mir zunächst schwerer, zu wissen worum es geht. Und der fordert damit mehr Genauigkeit, einen größeren Aufwand das rauszufinden."

Über die verbale Kommunikation hinaus beginnt die Wahrnehmung von krankheitsrelevanten Informationen offenbar bereits unmittelbar mit dem Anblick des Patienten, wie vor allem die Internisten mit langjähriger Berufspraxis betonen:

> „Das sind Dinge, die ja schon im alltäglichen Leben, wenn Sie mal versuchen, das zu hinterfragen, dann merken Sie, ohne, dass Sie mit dem gesprochen haben, was der Ihnen bereits erzählt."

---

[31] Persönliche Merkmale des Patienten werden bei der Fallschilderung der Nicht-Experten typischerweise hingegen zumeist außen vor gelassen, da diese für deren Erkenntnisprozess offenbar irrelevant sind.

So ist als Voraussetzung zur erfolgreichen Gestaltung der Arzt-Patient-Begegnung bzw. als Leistung des Experten die Fähigkeit der Wahrnehmung, Selektion und Interpretation unscharfer, aber dennoch relevanter Informationen zu betrachten.

> „Dabei (beim Anamnesegespräch) lassen sich ja schon viele Eindrücke gewinnen, also wie jemand aussieht, ob er ruhig ist, unruhig, äh, gedrückt, euphorisch, also eine ganze Menge, Stimmung, Hautfarbe, generelle Ausstrahlung, lässt sich also schon ein Eindruck gewinnen."

Eine *„diffuse"* Anmutung des Patienten wird durch verbal und nonverbal kommunizierte Mitteilungen und der sinnlichen Wahrnehmung zugängliche Eindrücke, oftmals Gestik und Mimik des Patienten, durch die feinsinnige und nuancierte Wahrnehmung von Persönlichkeitsmerkmalen und psychischen Verfasstheiten des Gegenübers unmittelbar aufgenommen.

> „Das ist schwierig zu erklären. Das merkt man ihnen an, wie sie sich verhalten, wie sie gucken. Wie sie misstrauisch sind."

> „Ganz wichtig ist das nonverbale, auf jeden Fall. (…) Gestik, Mimik, Sprach- äh, auch so formales Denken Sprachvolumen, Sprachtempo."

Ausschlaggebend erscheint hierbei die Gleichzeitigkeit verschiedener Sinneswahrnehmungen, die sich zu einem konkreten, greif- und vor allem fühlbaren Gesamtbild verdichten wobei vor allem die qualitative Wahrnehmung („wie") entscheidend ist, die zumeist nur mühsam verbalisiert wird.

> „Auch rein vom Verhalten her. (…) Ob jemand zum Beispiel auffällig nervös ist. (…), wie gut beispielsweise jemand auf die Fragen eingeht oder ob jemand komplett dicht macht"

Explizit sind auch die so genannten niederen Sinne wie der Geruchsinn eingeschlossen. Der Körper des erkennenden Subjekts gerät hierbei als „Leib-Körper" in den Blick. Diese Art des Einsatzes von Sinnen fügt sich in den explorativen Stil des Suchvorgangs, entsprechend dem übergreifenden Motiv des Arztes als (hier wörtliche) *„Spürnase"*.

> „Wie er schaut, wie er liegt, wie er sich bewegt, wie er spricht, wie er riecht vielleicht, da können Sie auch mit der Nase was entdecken."

Eine für einen subjektivierenden Einsatz von Sinnen typische Beschreibung stellt die Übersetzung des durch den Geruchssinn Wahrgenommenen in eine in körperbezogene Empfindung, hier eine „Geschmacksdimension" als *„süßlich"*, dar. Hierbei werden objektive Information subjektiv reorganisiert:

> „Ein medizinisch auffälliger Geruch, beispielsweise ein Diabetiker der zum Beispiel süßlich aus dem Mund riecht, da ist dann der Verdacht, dass irgendwas mit der Zuckereinstellung nicht stimmt."

Mittels sinnlicher Vorstellungen wird das (scheinbar nur) visuell Wahrgenommene im Zuge eines *„in sich Aufnehmens"* in eine körperliche, „spürbare" Dimension übertragen:

> „Den gucke ich mir intensiv wie ein Röntgending erstmal an, ich schaue ihn einfach so an, also nehme ihn auf sozusagen, und habe eine Diagnose dann, stelle ihm noch zwei -drei Fragen und meine, dass ich es dann eigentlich schon weiß."

Vor allem die vielbetonte Genauigkeit bzw. Intensität des An- oder Hinschauens scheint konstitutiv für die komplexe sinnliche Wahrnehmung des Arztes zu sein. So beschreibt der Gutachter seinen eigenen Entwicklungsprozess als *„ich schaue mittlerweile genauer hin"* und bezeichnet hiermit auch die Einnahme einer Haltung der Achtsamkeit gegenüber dem Patienten. Sinnliche Wahrnehmung, nicht als vorgeschaltete Stufe zu eigentlicher kognitiver Aktivität, sondern als strukturierende geistige Leistung, als „Intelligenz der Sinne", erweist sich für den Bereich der Bewältigung der zunächst unscharfen Problemsituation von herausragender Bedeutung. Auf den Moment bezogene Konzentration, Aufmerksamkeit, Präsenz im Zusammenspiel mit sinnlicher Wahrnehmung verweisen auf mentale Prozesse, die sich nicht im Rahmen von logischen Operationen, sondern als unmittelbar sinnliche und erfahrungsgeleitete Auseinandersetzung mit dem Patienten vollziehen.

Charakteristischerweise richtet sich die Wahrnehmung nicht auf einzelne Merkmale des Erkenntnisgegenstands, sondern erfasst ihn in seiner holistischen Qualität, wie ein Oberarzt die Herausforderung der Erstbegegnung auf der Ebene der sinnlichen Wahrnehmung resümiert:

> „Sie müssen versuchen, den Patienten in seiner Ganzheit zu erfassen, in seinem ganzen Wesen versuchen, schnell zu erfassen und müssen versuchen, seine Symptomatik auf ihn zutreffend einzuordnen."

Beziehungsgestaltung im Rahmen der Erstbegegnung im Modus subjektivierenden Handelns: „Klinische Annäherung durch Empathie"

Die in der Sekundäranalyse der Studie Schachtners für den subjektivierenden Handlungstypus konstatierte Zentralstellung der Beziehungsebene ist für die Beziehungsgestaltung der erfahrenen Ärzte in der Erstbegegnung zu bestätigen. Der Anamnese als Initialereignis wird dabei die Aufgabe eines positiven Beziehungsaufbaus zuteil, der vor allem im Fall des internistischen Hausarztes, der eine langfristige Beziehung im Sinne einer *„Lebensbegleitung"* seiner Patienten als Ideal anführt, als wichtige Basis des Arbeitshandelns deutlich wird. Sicherlich nicht zufällig beschreibt ein internistischer Oberarzt die Anamnese als *„die klinische Annäherung an den Patienten".* Als ausschlaggebend für die Anfangsphase der Arzt-Patient-Begegnung zeigt sich das Entstehen einer Vertrautheit, auf deren Basis die Genese persönlicher Informationen gelingt.

> „Man kommt also langsam auf diese Zusammenhänge, das ist ja ein Prozess mehrerer Gespräche, die Patienten erzählen einem das ja nicht gleich beim ersten Mal sofort alles"

Ein intensiverer Beziehungsaufbau als *„Interaktion, in Zeit und Ruhe etwas entwickeln können",* wie es der Hausarzt beschreibt, kann im Klinikalltag sicherlich nur in Ausnahmefällen gewährleistet werden. Dennoch ist der erfahrene Arzt auch im Rahmen der klinischen Versorgung bestrebt, die „Dyade" Arzt-Patient in eine kooperierende Einheit von Arzt und Patient zu transformieren. Hierzu wird auch ein offenes und zugewandtes Verhalten des Arztes gegenüber dem Patienten als beziehungsfördernd beschrieben:

> „Nicht dass man sich so hinsetzt nach dem Motto, ok, ich will jetzt die Informationen von dir, der Rest interessiert mich nicht, sondern dass man einfach auch ein bisschen auf die Leute zugeht."

Von besonderer Bedeutung erscheint dabei, dass der Patient als individuelles Subjekt im Vordergrund steht, dessen Eigenständigkeit im eigenen Handeln zu berücksichtigen ist.

> „Mit wem habe ich es konkret zu tun. Was sagt mir dieser Mensch, mit dem ich es zu tun habe?"

Hierzu zählt die im Rahmen eines subjektiven Nachvollzugs gelingende Berücksichtigung des individuellen Schmerzempfindens *(„Ein Patient sagt ganz genau, wo es weh tut und dass es brennt und ein anderer kann das nur ganz diffus wahrnehmen, als würde der ganze Körper wehtun.* ") wie auch *„dass man auch die Leute wirklich ernst nimmt".* „Ernst genommen" wird der Patient als „Subjekt" auch in seinem subjektiven Wissen um seinen Körper und seine Erkrankung: *„Der weiß es was ihm fehlt, das ist ja sein Körper, mit dem läuft er ja schon von Anbeginn herum".*

Der Subjektstatus des Patienten manifestiert sich auch in der Berücksichtigung des persönlichen Befindens, das als wichtige Grundvoraussetzung für das Gelingen der Begegnung (auch, und so scheint es, vor allem, in hoch technisierten Zusammenhängen) genannt wird.

> „Dass sich der Kranke oder die kranke Person aufgenommen fühlt, wohl fühlt, nicht versteckt hinter Ketten von Untersuchungen"

Die geschilderte Beeinträchtigung des Erkenntnisprozesses durch eine gestörte Patientenbeziehung verweist darauf, in welch hohem Maß die Ergebnisqualität des ärztlichen Handelns offenbar in vielen Fällen von der Qualität der persönlichen Beziehung abhängig ist. Im Rahmen einer realistischen Selbsteinschätzung spürt der Experte, wenn er seinem eigenen Anspruch nicht gerecht werden und aufgrund eines gestörten Patientenbezugs nicht die gewohnte Arbeitsleistung erbringen kann:

> „Irgendwas stimmt nicht in der Beziehung zu diesem Patienten und als Kampfbegriff könnte man dann sagen, das ist eine Nervensäge. Die macht mir das Leben schwer, wenn die kommt, geht's mir nicht gut."

Deutlich werden subjektive Dispositionen des Arztes, die in der Auseinandersetzung mit dem Patienten unverzichtbar erscheinen und die als Leistungen subjektivierenden Handelns hervorzuheben sind. Die offenbar äußerst voraussetzungsvolle Situation, die die Patientenbegegnung gerade auf Beziehungsebene bedeutet, veranschaulicht folgendes Zitat:

> „Ich soll aber auch gleichzeitig maximal offen sein und alles sehen können und trotzdem gibt's Sympathie, Antipathie, sich riechen können, (...) gibt es da Unterschiede. Und entsprechend kann die Zuwendung ganz anders ausschauen."

Auch zeigt sich hierin die enge Verbindung einer empathischen Haltung gegenüber dem Patienten mit subjektivierenden Vorgehensweisen der sinnlichen Wahrnehmung:

> „Ich würde sagen, wenn die Empathie groß ist, dann sind ja auch die Sinne geschärft. (...) Wo dann auch die Empathie vielleicht nicht so groß ist, dann verkümmern halt die Sinne. Dann übersehe ich Dinge, dann schaue ich schon gar nicht genau hin."

Im Rahmen dieser spezifischen Art der Erkenntnisgenese weist auch die Art der Gesprächsführung des erfahrenen Arztes einige Besonderheiten auf. Mehr als nur dialogisch angelegt gesteht allein die Betonung des „den Patienten reden lassen" und hiermit verbunden die Einnahme der passiven Seite des Zuhörenden dem Patienten einen tendenziell höheren Gesprächsanteil und vor allem Subjektcharakter zu. Auf einer Ebene mit dem Patienten, verdeutlicht zum Beispiel durch die Nachahmung des traurigen Tonfalls des einsamen Patienten, wird dessen Problem durch Perspektivenübernahme eruiert. Die einfühlsame Nachfrage, die sich nur scheinbar auf der personalen Ebene, der Ebene des „small talks", tatsächlich aber auf der „Bearbeitungsebene" vollzieht, kann *„den Patienten aufmachen"* und so zur Genese krankheitsrelevanter Informationen führen.

> „Dann sagt der: Ja mei, mir geht's sowieso überhaupt net so gut. So fängt man dann an, den Patienten aufzumachen. Da fragt man: Hams Ärger daheim? und dann kommt eins zum andern."

Von wesentlicher Relevanz erscheint auch Sensibilität als Eigenschaft des Arztes bei der Anamnese (*„vorsichtig leiten", „Fingerspitzengefühl"* und *„den richtigen Knopf drücken"*). Der Arzt, der aufgrund von Burnout nicht mehr emotional involviert sein kann, läuft Gefahr, etwas zu übersehen:

> „Und wenn das Gegenüber für den Arzt nur einer von vielen ist, der ihn eigentlich gar nicht interessiert, dann wird es gefährlich, warum soll er dann so genau schauen."

So ist die Formel der Empathie auch unter dem Gesichtspunkt einer psychisch-emotionalen Disposition, zu verstehen, den (vermeintlich klaren) Patienten nicht als Routinefall zu betrachten, nicht abzustumpfen, nicht *„faul"* zu werden, sondern dem „Experiment Patient" in seinem Eigenleben, als unberechenbares Individuum und nicht als *„einer von vielen", „mit geschärften Sinnen"* zu begegnen. Typischerweise wird die Bewältigung einer Schwierigkeit als Herausforderung aufgefasst. Der Experte reagiert weniger mit Stress und Überforderung, sondern mit einer speziellen Form der Motivation, die sich in der Umschreibung des zu lösenden Problems als *„Rätsel"* oder des eigenen Tuns als *„Kriminalistik"* oder *„Detektivarbeit"* äußert. Fehler entstehen auf der anderen *Seite „wenn man zu nachlässig geworden ist, zu schlampig, zu selbstgewiss."*

3.4.2 Die körperliche Untersuchung

Unterschiede in den beiden Gruppen zeigen sich auch bei der Analyse der Handlungsbeschreibungen im Rahmen der körperlichen Untersuchung. Die erfahrenen Ärzte betonen einhellig die Notwendigkeit einer gründlich durchgeführten körperlichen Untersuchung. Weiterhin fällt auf, dass die erfahrenen Ärzte, im Unterschied zu den ärztlichen Anfängern, den Themenkomplex der technikgestützten Diagnostik im Rahmen der Erstbegegnung noch kaum berühren, da der Erkenntnisgewinn durch eine sorgfältige Durchführung von Anamnese und körperlicher Untersuchung im Vordergrund der Schilderungen des eigenen Vorgehens steht. Im Gegensatz zur hohen Prominenz der körperlichen Untersuchung im Zuge des Erkenntnisprozesses der erfahrenen Ärzte scheint die körperliche Untersuchung, oftmals thematisch verkürzt als Idee des physischen Kontakts aufgegriffen, für die jungen Ärzte einen deutlich geringeren Erkenntniswert zu besitzen. Hierbei beziehen sich Äußerungen vielfach auf vordergründige physisch-manuelle Verrichtungen wie *„den Patient hochheben"* oder, *bestimmte Handgriffe mit jemand machen, die auch Kraft brauchen"*.

Zu identifizieren sind jedoch auch Passagen, in denen einige der jungen Ärzte bereits Ansätze zu subjektivierendem Handeln zeigen.

Die körperliche Untersuchung im Modus objektivierenden Handelns

Vorgehen im Rahmen der körperlichen Untersuchung im Modus objektivierenden Handelns: „Von oben bis unten abklopfen"

Das Vorgehen der jungen Mediziner im Handlungsfeld der körperlichen Untersuchung weist Parallelen zur „schematischen" Herangehensweise (*„ein Grundschema an körperlicher Durchcheckung des Menschen"*) auf, die bereits für die Handlungsanforderung der Anamnese beschrieben wurde.

> „Dann wird' ich ihn körperlich untersuchen, mit Betonung darauf, was ich denke, um was für ein System es sich handelt, was da nicht funktioniert."

Der Patient wird typischerweise *„von oben bis unten abgeklopft"*. Die Vorgehensweise bei der Untersuchung; klingt somit als planmäßige und sequentielle Abfolge an.Tendenziell hat die körperliche Untersuchung vielfach den Charakter einer gezielten Überprüfung von vorab vermuteten Beschwerdursachen und konkreten physiologischen Vorgängen (*„Ich muss ja den Patienten untersuchen und da überall draufdrücken, wo das Problem ist"*), wobei in einigen Fällen offenbar auch die Reaktion des Patienten in das Vorgehen miteinbezogen wird (*„Wenn ich den*

Patienten untersuche, dann sehe ich ja, tut ihm das weh, wenn er jetzt die Miene verzieht, merke ich: gut das tut ihm jetzt weh, da könnte ein Problem sein."). Die Rolle des körperlichen Kontakts zum Patienten wird vielfach auf das *„Anfassen"* reduziert. *(„Wenn man den Patienten untersucht natürlich, da fasst man den Patienten an.").* Auf einen körperlichen Austauschprozess wird sich hingegen kaum bezogen. So wird z. B. die Rolle des Erkenntnisobjekts lebendiger Mensch und menschlicher Körper von dem Assistenzarzt nur in Bezug auf ethische Belange differenziert *(„Also kann man schwer sagen, natürlich steht der Mensch im Vordergrund, weil wenn ich jemanden kenn', dann habe ich auch einen ethischen Gedanken.")* bzw. der Gedanke des Austauschs mit dem Patienten im Sinne eines honorierenden „Feedbacks" interpretiert. Deutlich wird in der Tendenz eine „mechanistische" Auffassung von Mensch, Körper und Krankheit, die sich als kompatibel mit einer planmäßig-rationalen Handlungsausführung erweist bzw. auf *„funktioneller"* Ebene sogar eine Analogie zur Reparatur eines Autos hergestellt:

> „Also das ist eine Bestätigung, die braucht man, auch wenn ich ein Auto repariere, ein Monteur kann auch seine Arbeit nicht befriedigend durchführen, wenn er weiß, das Auto funktioniert nachher immer noch nicht."

Zum Ausdruck kommt erneut eine für die jüngeren Ärzte typische perspektivische Verkürzung der Interaktionsidee.

> „Das ist schon ein Unterschied, ob ich einen Menschen behandel' oder eine Maschine, aber funktionell gesehen, wenn ich Diagnostik mache und jetzt den Menschen mal außen vor lasse, sehe ich das schon als eine funktionelle Sache muss ich sagen. Also es geht mir schon darum, wenn irgendwas nicht funktioniert, das zu beheben."

Sinnliche Wahrnehmung im Rahmen der körperlichen Untersuchung im Modus objektivierenden Handelns: Objektivierung der sinnlichen Wahrnehmung
Grundsätzlich werden übereinstimmend der Körper und damit auch die Sinne als funktional erforderlich zur Ausführung der körperlichen Untersuchung thematisiert. Die internistische Assistenzärztin, die bereits über einige praktische Erfahrung verfügt, zeigt bereits ein umfassendes Verständnis von Wahrnehmung:

> „Dann auch optische Eindrücke, **wie** ist der Gepflegtheitszustand, **wie** sind die Fingernägel, **wie** sehen die Zehen aus, dann /äh/ **wie** ist der ganze Hautzustand, **wie** ist der Mensch angezogen, da kann man auch was rückschließen, aus welchem sozialen Milieu jemand kommt".

Insgesamt überwiegt jedoch ein instrumentell zu beschreibender Zugriff auf die Sinne, so als gezieltes Tasten oder Riechen. Vielfach ist die sinnliche Wahrnehmung offenbar theoretischen Konstrukten untergeordnet bzw. wird als diesen zutragend eingesetzt. Erkennbar wird in der Äußerung des wissenschaftsaffinen Assistenzarztes durch den Verweis auf ein theoretisches Konzept (Keime) eine Objektivierung der eigenen sinnlichen Wahrnehmung:

> „Ob das Bein jetzt anders riecht, weil da ein Keim drin ist oder wenn ich da drauftaste und es knistert, dann höre ich, ob da vielleicht ein Gas oder eine Bakterie drin ist in dem Bein"

So gibt es im Rahmen der körperlichen Untersuchung zwar eine sinnliche Fundierung, die sich jedoch vorwiegend im objektivierenden Modus vollzieht.

Einige Textpassagen zum Themenkomplex körperliche Untersuchung sind jedoch von Ambivalenzen geprägt. So wird sich in Bezug auf den Patientenkörper stärker als in anderen Bereichen auf unscharfe Wahrnehmungsaspekte wie fühlen und riechen (*„Selbst die Nase spielt eine Rolle, wenn ich eine Wunde aufmache und kann den Keim riechen"*) bezogen:

> „Vor allem, wenn ich halt sehe, das ist geschwollen, ich fühle, das knirscht schon total, das muss gebrochen sein. Das ist etwas wo ich sage, das ist sehr mit den Sinnen verbunden. Krepitation heißt das. Das ist ein Zeichen dafür, dass etwas gebrochen ist."

Auch verweist der junge, stark am Konzept der Wissenschaftlichkeit orientierte Arzt durchaus mit Respekt auf das (subjektivierende) Handeln von Ärzten in der prä-technisierten Medizin:

> „Früher haben die Ärzte sogar den Urin geschmeckt und geguckt, ob da ein Diabetes im Gang ist oder nicht, also die Sinne spielen für die Diagnostik eine Rolle, vollkommen klar."

Wissen und Denken im Rahmen der körperlichen Untersuchung im Modus objektivierenden Handelns: Systematische und gezielte Überprüfung von äußeren Symptomen
Im Rahmen eines an theoretischen Konzepten orientierten Vorgehens bietet die körperliche Untersuchung die Möglichkeit zur Bestätigung oder Revision von Hypothesen. Handlungsleitend für die praktische Durchführung ist die Bezugnahme auf

konkret beschreibbare Symptomatiken, die sich aus formalen Krankheitsbeschreibungen ableiten lassen (Keime, Krepitation) und die gezielt eruiert und mit dem Befund unter Bezugnahme auf Theoriewissen abgeglichen werden.

Essentialia der körperlichen Untersuchung müssen zumeist in langjähriger Übung erarbeitet werden. Beschrieben werden hier von der internistischen Assistenzärztin, die sich noch am Anfang der Ausbildung befindet, die Schwierigkeiten der „Einordnung" von Herztönen.

> „Ich muss halt lernen, das Geräusch richtig zu beurteilen und ich werde am Anfang das Geräusch nicht richtig beurteilen. Wenn ich es hundert- oder hundertfünfzigmal gehört habe, dann kann ich es richtig einschätzen." (…) Wenn ich das Herz abhöre, will ich wissen sind das reine Herztöne oder sind irgendwelche Geräusche dabei, dass es, also Herzgeräusche sind halt immer, wenn ich so ein leises ‚äschhhhh' zwischen dem normalen Herzklopfen höre, dass man dann Auskünfte geben kann. Einem erfahrenen Kardiologen, der das jeden Tag zwanzig- oder dreißigmal hört, der kann sofort sagen, was ist das für ein Geräusch und hat eine Verdachtsdiagnose und ich kann z.B. eben nur sagen, ich höre überhaupt ein Herzgeräusch."

Angedeutet sei hiermit die Relevanz nicht-objektivierbarer Informationen, deren Bedeutung sich erst im Rahmen eines erfahrungsbasierten Lernprozesses erschließt.

Beziehungsebene im Rahmen der körperlichen Untersuchung im Modus objektivierenden Handelns: Reduktion des Patienten auf physische „Defekte"
Hinsichtlich der Bezugnahme auf den Patienten akzentuiert der Themenkomplex der körperlichen Untersuchung das bislang konturierte Bild insofern, als dass auch die körperliche Kontaktaufnahme zum Patienten kaum eine Veränderung auf der Ebene des persönlichen Bezugs bewirkt. Bestehen bleibt eine distanzierte Form der Beziehung zu einem Objekt, als welches der Patient auch im Rahmen der körperlichen Untersuchung in fast noch höherem Masse begriffen wird. Weniger als auf den Patienten und seine möglicherweise individuellen Besonderheiten, die in keiner Schilderung des eigenen Handelns Erwähnung finden, wird im Rahmen eines partialisierenden Zugriffs nur auf die Physis des Patienten Bezug genommen, wie es, besonders zugespitzt im Vergleich des Assistenzarztes mit der Tätigkeit des Automechanikers zum Ausdruck kommt, die er als Behebung eines „Defekts" umreißt.

Nur in Ausnahmefällen wird *„ein bisschen die Hand"* gehalten und zur Beruhigung auf den Patienten „eingeredet", worin eine sich auf die Person des Patienten erstreckende Bezugnahme zu erkennen ist. Der Objektstatus des Patienten manifestiert sich auch im „abzuklopfenden" Körper. Infolge dieser Art der Bezugnahme auf den Patienten bleibt die grundsätzliche Erkenntnischance der Nähe zum Patienten vielfach noch ungenutzt, was durch umso intensiveren Technikeinsatz kompensiert werden muss.

Die körperliche Untersuchung im Modus subjektivierenden Handelns

„Entdeckendes" Vorgehen im Rahmen der körperlichen Untersuchung im Modus subjektivierenden Handelns
Der generelle „experimentierende" Ansatz des Experten, wie er in zahlreichen Metaphern wie dem des *„Experiments"* oder der *„Detektivarbeit"* zum Ausdruck kommt, erstreckt sich auch auf die körperliche Untersuchung, die typischerweise im Stil eines schrittweise-explorativen *„Entdeckens"* verläuft. Am Patientenkörper werden experimentierend „Eindrücke" überprüft *(„tut weniger weh, wenn man draufdrückt")* und beim parallelen *„Plaudern"* neues Wissen über den Patienten erkundet. Hierbei zeigt sich, dass der verbale Austausch über den zusätzlichen Körperkontakt begünstigt werden kann. Mehr als nur als vertrauensgenerierend thematisiert, kommt er als entspannender Effekt durch Berührung im Rahmen der körperlichen Untersuchung, zum anderen als Gedächtnisstütze für ältere Patienten, die keine vollständige Schmerzbeschreibung mehr leisten können, zur Sprache.

> „Vor allem ist es wichtig bei älteren Menschen, die schon das eine oder andere vergessen, die sich schwer tun mit dem Erinnern, wenn Sie des dann noch mal überprüfen, wenn Sie die Organe durchgehen, dann fällt dem noch ein: Oh, mei, da zwickt' s allweil, jetzt wo's hinlangen, da fällt' s mir wieder ein."

Die Handlungsvollzüge des Experten lassen ein maximal interaktives Vorgehen erkennen, mithilfe dessen Handlungsanforderungen typischerweise in Kooperation bewältigt werden, der Dialog mit dem Patienten unterstützt und vertieft wird. Die Ebene der körperlichen Untersuchung erfüllt hierbei die Funktion, das Patientenproblem *„eher von einer anderen Seite (zu) beleuchten"*. Ähnlich wie in der Anamnese wird zunächst der Gewinn eines generellen Eindrucks angestrebt *(„der allgemeine körperliche Zustand", „Wie ist denn der beieinander?")*.
Nicht nur die akute Beschwerde des Patienten wird funktional-technisch überprüft, sondern eine umfassendere Beurteilung seiner körperlichen Verfassung angestrebt:

> „Diese Sorge ums Generelle, also dass man jetzt nicht nur dem aktuellen Anlass nachgeht, sondern sagt, ok wir nutzen die Gelegenheit, schauen uns alles an in Ruhe und mit Sorgfalt, das ist so ein Gedanke."

Die besondere Befähigung des Experten, Wahrnehmungs- und Denkprozesse in den Vollzug eines Handlungsablaufs einzulassen, kommt in der körperlichen Untersuchung in besonders greifbarer Form zum Tragen. Das vom Experten geschilderte Untersuchen des Patienten im *„Rahmen des internalisierten Untersuchungsgangs"* und parallele Führen des Gesprächs lässt sich so als zeitgleicher Gewinn verschiedener Informationen aufzeigen, die mit der Handlungsebene unmittelbar verwoben sind.

„Körpergebundenes Wissen" im Rahmen der körperlichen Untersuchung im Modus subjektivierenden Handelns
Mit der körperlichen Untersuchung tritt ein körperliches Erfahrungswissen in den Erkenntnisprozess ein, welches sich in besonderem Masse unmittelbar aus der sinnlichen Wahrnehmung speist. Der erfahrene Untersucher verfügt über Wissen, das sich neben der optischen Erscheinung von Krankheiten auch auf deren Haptik erstreckt. Auf Basis der inkorporierten Erfahrung, z. B. *„eine zirrhotische Leber wirklich mal in der Hand zu haben"*, ist ein mentaler Prozess möglich, in welchem Denken weniger in Begriffen und logischen Operationen erfolgt, als durch die Aktualisierung von selbst („am eigenen Leib") Erlebtem, „Erfahrenem". Körperliche Auffälligkeiten des Patienten werden erneut qualitativ und unter Verzicht auf eine Bezugnahme auf theoretische Konzepte beschrieben:

> „wie dick die Leber ist, ob da schon mehrere Biere drübergegangen sind, wie die Konsistenz ist, das kann man schon tasten".

Vielfach zeigt sich wie hier der Verzicht auf Fachterminologie zugunsten einer empfindenden, bildhaft-anschaulichen Beschreibung als Expertenmerkmal.

*Sinnliche Wahrnehmung als tragendes Element im Rahmen der körperlichen Untersuchung im Modus subjektivierenden Handelns: **„Mein Handwerkszeug"***
Die körperliche Untersuchung als bedeutendes Medium der Erkenntnis wird weithin von Prozessen sinnlicher Wahrnehmung dominiert. Sinnliche Wahrnehmung wird zunächst als praktischer Umgang mit dem Patientenkörper, durch körperliche Berührung mit den Händen und sinnlicher Auseinandersetzung mit dem Gegenüber greifbar. Auch im Rahmen der körperlichen Untersuchung richtet sich die sinnliche Wahrnehmung auf eher unspezifische und nicht-eindeutig definier- und messbare Informationen (*„vielleicht hat der an der Haut irgendwas, die Haut ist ja ein Erfolgsorgan von vielen inneren Organen, was ja Rückschlüsse gibt… "*), die der Experte als Ergänzung zur Anamnese in seine Gesamtwahrnehmung integriert. Graduelle und nur qualitativ beurteilbare Abweichungen (*„dass was hart sein kann,*

das eigentlich weich sein müsste, solche Dinge") des Patientenkörpers können so miteinbezogen werden.

So erscheint der gesamte „Leib-Körper" des erfahrenen Arztes in den von sinnlicher Wahrnehmung geleiteten Erkenntnisvorgang involviert. Aktuelle Wahrnehmungen werden so im Abgleich mit (sinnlichen) Erfahrungen bewertet.

> „Ähm/ das sind … /äh/… wie gesagt, zum Beschreiben ist das ein bisschen schwierig. Es sind Gefäßerweiterungen an bestimmten Stellen, wenn man es nicht weiß, sage ich jetzt mal, würde man drüber gehen oder würde man eben Gefahr laufen, das zu übersehen, aber wenn man es mal gesehen hat, dann weiß man, worauf man achten muss. Ist wie gesagt ein bisschen schwierig zu erklären, aber es ist halt beispielsweise so, dass wenn so was zum Beispiel vorliegt, dann würde das halt auch die Geschichte von einem Alkoholmissbrauch dann eben untermauern."

So entsteht durch eine subjektive Strukturierungsleistung von scheinbar unzusammenhängenden Tatsachen ein Gesamtbild.

> „Das sind einfach, sage ich jetzt mal, Informationen die jetzt nicht primär die Hauptrolle spielen, aber gewissermaßen einfach mit dazu zählen oder einfach, dass ich die Hautbeschaffenheit des Patienten mir anschaue oder die allgemeine körperliche Konsistenz."

Deutlich wird, in welcher Weise der Experte durch sinnliche Wahrnehmung gewonnene Informationen mit erfahrungsbasiertem und formaltheoretischem Wissen verbindet. Wie im folgenden Zitat deutlich wird, sieht hierin insbesondere der „Kliniker" seinen Schwerpunkt:

> „Das ist das spannende an der Arbeit, in der klinischen Medizin meines Erachtens, dass man mit seinen Händen und seinen fünf Sinnen, dass man den Patienten damit bewältigen kann, dass man damit rumkommt. Das finde ich äußerst spannend."

Die Vorgehensweise des vorrangigen Einsatzes von Sinnen wird als *„mein Handwerkszeug, so arbeite ich"* beschrieben. Die vage erscheinende Ausrichtung sinnlicher Wahrnehmung zeigt sich hier durchaus mit dem beim Experten zu beobachtenden „Modus der Präzision" vereinbar.

Auch im Rahmen einer chirurgischen Handwerkskunst sind an die sinnliche Wahrnehmung gebundene Fertigkeiten offenbar von besonderer Relevanz: Es handelt sich hierbei um ein körpergebundenes Erfahrungswissen: die Haptik eines Knochenbruchs wird beispielsweise zu einer maßgeblichen Informationsquelle für

das Vorgehen während der Operation. Um beispielsweise die Lage eines gebrochenen Knochens im Körper zu lokalisieren, wie die junge Chirurgin[32] beobachtet,
schließt der Chefarzt die Augen, um sich voll auf seine taktile Wahrnehmung des
gebrochenen Knochens konzentrieren zu können. Trotz der Tatsache, dass dreidi-
mensionale Röntgenmonitore des gebrochenen Knochens zur Verfügung stehen,
wird in einem solchen Fall die eigene sinnliche Wahrnehmung als zusätzliche
– eventuell sogar überlegene – Erkenntnisquelle herangezogen.

Kooperation von Arzt und Patient im Rahmen der körperlichen Untersuchung im
Modus subjektivierenden Handelns
Im Rahmen des Handlungsfelds der körperlichen Untersuchung wird der Aspekt
der auch physischen Nähe greifbar. Der Experte weiß die Berührung im Rahmen der körperlichen Untersuchung als Gelegenheit zum Aufbau eines „leiblichen
Kontakts" und somit zur Vertiefung der für den Erkenntnisprozess relevanten Austauschbeziehung zu nutzen. Das Befreien des Patienten von Ängsten, z. B., *„durch*
Handauflegen" veranschaulicht ein Vorgehen, in dem der Körper die Brücke zu
einem „Miteinander" bilden kann. Auf diese Weise behält der Patient auch im Rahmen der körperlichen Untersuchung Subjektstatus, indem sich auf ihn als Person
bezogen wird, deren Wissen über den eigenen Körper eine relevante Informationsquelle für den erfahren Arzt bildet. Auch ist der Patient im Zuge des in Kooperation
erfolgenden Prozesses als aktives Subjekt involviert, das dem untersuchenden Arzt
wertvolle Hinweise gibt.

3.4.3 Techniknutzung

Die Anforderung der Nutzung von Medizintechnik erweist sich in der empirischen
Analyse als ein in besonders hohem Masse als Terrain erfahrungsbasierten Handelns. Technikanfänger verweisen grundsätzlich auf die ihnen fehlende Erfahrung
bei der Techniknutzung, zu deren Beherrschung elementares Wissen bzw. Können sich nur durch eine intensive praktische Auseinandersetzung mit der Materie
gewinnen lässt. So äußert der erfahrene Sonographeur: *„Wenn Sie 400 Sachen*
untersucht haben, das reicht überhaupt nicht. Da sind Sie unsicher bis zum geht
nicht mehr".
Auch die Bedeutung eines interpersonellen Wissenstransfers des nicht rein
technisch-abstrakten Wissens ist offenbar eine herausragend. So ist die Rolle von

---

[32] Die chirurgische Assistenzärztin selbst verfügt über diese Fähigkeiten noch nicht, erkennt
sie jedoch als wichtige Kompetenzen an.

„ärztlichen Lehrmeistern" beim Erwerb technischer Kompetenzen als sehr hoch einzuschätzen:

> „Dann bekommen wir das im Detail erklärt, was wir falsch gemacht haben oder wie man zu suchen hat, wo man zu suchen hat, die Tricks, die Kniffe und wie man das zu deuten hat und was man auch an Einstellungen am Gerät verbessern kann, um sowas besser sichtbar zu machen und /ähm ja/, dann stellt man es noch mal selber dar und das ist eigentlich so der Weg, wie man es, denke ich, lernen sollte."

Nicht nur wird die Qualität eines Geräuschs durch das gemeinsame Abhören „langsam" erlernt und so erfahrungsbasiert erlebt und verinnerlicht, auch ist die Vielzahl von gemeinsam durchgeführten Untersuchungen zentraler Ort des „Erfahrungmachens" und Basis späteren Zutrauens zum eigenen Urteil.

> „Da tun sie dann gemeinsam abhören: Was sagen Sie, hören Sie das Geräusch? Dass man das langsam lernt und das sind Sachen, die man vom Studium her nur in der Theorie kann und jetzt im Rahmen, wenn sie zum Beispiel eine sechsjährige internistische Weiterbildung in der Klinik machen, betreuen Sie ja ständig Patienten. in der Zeit haben Sie ja tausende Patienten betreut und in der Zeit das gelernt, also das traue ich mir schon zu."

Die Umgangsweise insbesondere mit komplexer Technik, wie z. B. Beatmungs-geräten, gleicht teilweise einem „Kampf mit Technik", der bereits bei der grundlegenden Bedienung des Geräts beginnt.

> „Welche Form wähle ich, wenn der das und das hat…aber da gibt es auch Schemata. Also für mich als Anfänger war wichtig zu wissen, wie ich überhaupt das Gerät bediene, was es macht und wie es bedienbar ist."

Der Vergleich der Technikanfängerin mit einem erfahrenen Benutzer zeigt die „starre" Anwendung von Technik durch den Novizen auf:

> „Sieht so aus, du gehst zur Visite, nimmst das Blutgasprotokoll mit, schaust dir die Werte an, schaust die Maschine an, schaust den Patienten an und sagst: So, der braucht jetzt die und die Frequenz und stellst es einfach um. Punkt. Das geht einfach schnell und routiniert. Und der Mensch kämpft dann nicht so mit der Technik per se. Und er ist natürlich etwas wagemutiger, weil er sagt, das kann man ja mal probieren, dass man den mit der niedrigeren Frequenz beatmet, wenn's nicht klappt, ändern wir's. Und ich denke, wenn man das nicht kann oder noch nicht die persönliche Sicherheit dafür hat, dann wird man schauen, dass man möglichst nichts verändert und möglichst das so laufen lässt, wie's läuft."

Der Umgang mit voraussetzungsvoller Medizintechnik bedeutet für den Anfänger zunächst offenbar eher Handlungsunsicherheit, da die Beherrschung des Geräts noch im Vordergrund steht, ein Gewinn von Sicherheit erst durch praktische Erfahrung zu erlangen ist:

> „Und eine gewisse Sicherheit in der Hinsicht, im Umgang damit, dass man nicht gleich selber fürchterlich nervös wird, sondern einfach einen kontrollierten Zugang zu der ganzen Materie hat. Dass denke ich ist das wichtigste."

Techniknutzung im Rahmen objektivierenden Handelns: Instrumenteller Umgang mit Technik

Die grundsätzlich sehr „technische Perspektive" auf Abläufe des grundsätzlich sehr planmäßig agierenden Assistenzarztes steigert sich noch im Thema Techniknutzung. Trotz Anerkennung der Benutzerabhängigkeit als subjektivem Faktor fokussiert sich der praktisch wenig erfahrene internistische Assistenzarzt stark auf objektive Faktoren bei der Techniknutzung, die einen „handfesten Befund" garantieren sollen: Erneut scheint in der Betonung der „Reproduzierbarkeit" technischer Daten und der Befürwortung standardisierten Vorgehens seine Verwurzelung im Paradigma der Wissenschaftlichkeit auf. Ein tendenziell objektivierender Zugang, hier vor allem durch häufige Quantifizierung zum Ausdruck kommend, wird so bei der Durchführung der Untersuchung wie auch der Bewertung der gewonnenen Informationen offenkundig. Auch im Kontext der bildgebenden Verfahren stößt diese Form des Umgangs mit Sinnen jedoch auf Grenzen. Der „quantifizierende Zugriff als Reduktion des visuell bzw. bei der Sonografie zusätzlich akustisch Wahrgenommenen auf Zahlen oder Prozentwerte bedeutet eine eingeschränkte Erkenntnischance. In dieses Bild einer angestrebten Objektivierung des Erkenntnisprozesses fügt sich ein, dass der internistische Assistenzarzt primär auf die diagnostische Qualität der Untersuchungsgeräte Bezug nimmt, sowie zu erlernende Feineinstellungen an *„hochauflösenden Schallköpfen"*, die eine Verbesserung des Diagnostikwerts ermöglichen.

> „Eine standardisierte Untersuchungstechnik ist der Bereich von den Experten. (…) Der eine sagt halt die Veränderung ist 91%, der andere sagt, die ist 80%, also da gibt es auch Abweichungen. (…) Aber weitestgehend sollte das schon in der Diagnostik standardisiert sein, dass der eine das replizierbar wiedergeben kann und auch anderen zeigen kann, wenn er sagt, zeigen Sie mir mal die 91%, dann sollte er die Stelle auch wiederfinden und sagen, hier habe ich gemessen und hier ist der handfeste Beweis."

Ähnlich wie bei der körperlichen Untersuchung werden Sinne und sinnliche Wahrnehmung reduziert, hier vorwiegend auf den „handwerklichen" Aspekt der geübten Benutzung von Geräten, begriffen Die Selbstbeschreibungen der erst seit kurzem mit der jeweiligen Medizintechnik arbeitenden Ärzte verdeutlichen erneut eine Form der sinnlichen Wahrnehmung, die sich auf exakte und eindeutig messbare Gegebenheiten richtet.

Einen anderen Fokus mit einer qualitativ beschreibenden Formulierung (*„welche Ausdehnung das hat, welche Form das hat"*) wählt zum gleichen Thema hingegen die Assistenzärztin, die offenbar durch ihre praktische Erfahrung zur Verwertung uneindeutiger Informationen bereits in der Lage ist. Die bereits etwas mehr mit der Schalluntersuchung vertraute Assistenzärztin weist der sinnlichen Wahrnehmung hingegen als interagierendem Element eine ungleich bedeutsamere Rolle zu:

> „Mein Beispiel, was ich schon gesagt hatte mit der Duplexsonographie, dass man gleichzeitig sehen, hören muss und eine motorische und haptische Qualität hat, das auch noch, sonst klappt's nicht. Und dazu kommen noch kognitive Prozesse. Zu erkennen ist da was oder ist da nichts. Sonst nützt das ganze Auffassen ja nichts, wenn ich das nicht prozessieren kann."

Sie ist bereits in der Lage diffizile Unterschiede von Geräuschqualitäten zu erkennen, auch versucht sie, dieses Wissen bereits selbst an Studenten zu vermitteln, wobei die Personen- und Erfahrungsgebundenheit dieses impliziten Wissens erneut deutlich wird:

> „Mich hat ein Student einmal gefragt: Wie erkennst du das, wenn jemand eine Lungenentzündung hat? Und da konnt' ich dem nur sagen, ich war in der Infektiologie und da hab ich das oft gehört. Und dann mach ich das denen das so vor das Geräusch, aber ich weiß nicht, ob das bei denen überhaupt ankommt, wenn ich sag, das klingt nicht: (zischt) sondern (macht anderes Geräusch). Das ist für den dann ein bisschen komisch. Das ist eine andere Art von Geräusch. Das heißt ja auch in den Lehrbüchern fein- und grobblasig, aber das zu erklären, das ist schwierig."

Weiterhin scheint die Anforderung der Beherrschung des technischen Geräts die gesamte Aufmerksamkeit der jungen Ärzte in Anspruch zu nehmen und so auch die potenziell zugleich auch mögliche Interaktionssituation mit dem Patienten vollkommen zu überlagern. Der Patient wird in diesem Kontext nicht nur überhaupt nicht erwähnt, sondern noch stärker als in nicht- technischen Zusammenhängen auf seine Physis oder sogar einzelnen Organe reduziert. So klingt der Patientenkontakt, der z. B. als *„wenn man dem Patienten die Substanzen injiziert"* thematisiert wird, als stark technisch überformt an.

Techniknutzung im Modus subjektivierenden Handelns

Vorgehen im Rahmen der Techniknutzung im Modus subjektivierenden Handelns:
„Mit dem Gerät „experimentieren"

Offensichtlich stößt planmäßig-rationales Vorgehen auch bei der Untersuchung des Patienten mittels technischer Hilfsmittel an ihre Grenzen. Zwar liegt den Untersuchungspraktiken des Experten eine gewisse Systematik *„wie man vorgeht, damit man nichts übersieht und vergisst",* zugrunde, eine Trennung von Planung und Ausführung erweist sich jedoch auch für dieses Handlungsfeld als nicht möglich. Vielmehr führt erst der praktische Handlungsvollzug im Stil schrittweise-explorativen Vorgehens zu sukzessivem Erkenntnisfortschritt. Die Selbstbeschreibungen des Vorgehens bei der Schalluntersuchung verdeutlichen die Herangehensweise eines experimentierenden „Herumprobierens", welches neben handwerklichem Geschick vor allem *„Freude"* und *„Besessenheit"* erfordert:

> „Wenn er mit einer Besessenheit gleich irgendeine Leitstruktur[33] verfolgt, dann experimentiert und dann arbeitet mit dem Ding"

Zudem werden im Rahmen des *„internalisierten Untersuchungsgangs",* der auch als *„Routine"* bezeichnet wird, *„Erwartungen"* wirksam, die aufgrund von verinnerlichten Vorstellungen sukzessive sinnvoll organisiert werden müssen:

> „Also der Schallkopf macht beispielsweise dieses viereckige Bild von meiner Hand und ich fahre jetzt wieder diese Hand anschauen und was passiert jetzt, wenn er darüber fährt sehe ich plötzlich ein kleines weißes Ringerl, wenn er das quer durchschneidet und jetzt gehe ich weiter jetzt sieht er plötzlich drei weiße Ringerl, jetzt gehe ich weiter jetzt hat er vier weiße Ringerl, gehe ich weiter die vier verschwinden jetzt kommt plötzlich ein ganz dicker Ring und da ist noch mal ein Ring dazu und in meinem Kopf

---

[33] Hiermit bezeichnet der Interviewpartner ein von ihm entwickeltes didaktisches Konzept in der Sonographie, dass die ersten Schritte „am Raster" eines objektivierenden Handlungsschemas beschreibt: *„ Wir haben das für Studenten didaktisch optimiert, dass Studenten das schon lernen. Das neue ist, dass man eine Leitstruktur auswendig lernt und die in diesem Gewurschtel, in diesen schwarzen Flecken sucht und wenn man die hat, kann man weiterfahren wie eine Maschine. Das ist vielleicht das Neue an der Methode."* Das „Auswendig lernen" von Leitstrukturen ist als Versuch der Formalisierung von Erfahrungswissen zu deuten. Zudem werden charakteristische Strukturen fotografisch festgehalten, um sie als „erlebte, erfahrene" Bilder besser abspeichern zu können. Dass die Formulierung *„weiterfahren wie eine Maschine"* Rückschluss auf eine anvisierte Objektivierung des Untersuchungsvorgangs gibt, muss jedoch zurückgewiesen werden. Vielmehr fügt sich diese Äußerung ins Schema eines eng am „Raster" agierenden Vorgehens des Neulings, von welchem sich mit zunehmender Erfahrung entfernt werden darf.

muss ich jetzt rauskriegen, dass das meine Hand war, die ich da sehe, in meinem Kopf, muss ich daraus ein dreidimensionales Bild machen."

Ebenso kann der Umgang mit dem Patienten trotz dessen, wie bekundet, eingeschränkter Partizipationschance im Rahmen der Möglichkeiten als dialogisch-interaktiv beschrieben werden. Das gleichzeitige Gespräch zur technischen Untersuchung kann auch hier wegweisend sein:

> „Dabei kann man noch sprechen, da werden auch tatsächlich manchmal Sachen noch erörtert aus der Anamnese, die vorher gar nicht aufgefallen sind."

Wissen und Denken im Rahmen der Techniknutzung im Modus subjektivierenden Handelns: „wie Klavierspielen" oder „rückwärts einparken"

Im Handlungsfeld der bildgebenden Verfahren (Sonografie, Ultraschall) zeigen sich Denkprozesse erneut vor allem im Zuge bildhaft-assoziativer Vorgänge. Eine wesentliche Anforderung besteht darin, Wahrgenommenes *„in ein dreidimensionales Bild verwandeln im Kopf. Das ist die Besonderheit."* Beim „Lesen" von Schallbildern gestaltet sich die Erkenntnis des Experten in erster Linie als „Wiedererkennen" *(„Man muss alles schon mal gesehen haben, oft gesehen haben, dann erkennt man es wieder. Es ist ein Wiedererkennen").* Paradigmatisch verdeutlicht sich das Phänomen der holistischen Problemwahrnehmung als *„Summe"* von Sinneseindrücken. Neben technischem Können und handwerklichen Fähigkeiten *(„Technik plus Erfahrung, denke ich, und gewisse Geschicklichkeit, das ist so das, was man investieren muss")* scheinen weiterhin insbesondere die „Tricks und Kniffe" der erfahrenen Ärzte wertvoll. Auch ein spezielles, auf Techniknutzung bezogenes, körpergebundenes Erfahrungswissen, das mit dem Halten des Schallkopfs beginnt und mit dem „Einordnen" von Bildern endet, erscheint als wichtiges Element der ärztlichen Kunst in der High-Tech-Medizin[34]:

> „Das ist wie rückwärts einparken. Sie haben jetzt zum Beispiel den Gallenstein erwischt und dann sage ich, der ist aber jetzt ganz am Rand vom Bild irgendwo und das schärfste Bild ist in der Mitte, jetzt mach doch irgendwas mit dem Schallkopf hier, dass der da reinrutscht. Und dann macht der irgendwas und dann verschwindet der irgendwo und das ist eben das, was man lernt, was muss hier runtergehen, ich

---

[34] Auch in den Schilderungen der angehenden Chirurgin finden sich als Verweise auf Gefühl und handwerkliche Fähigkeiten bei der Operation und der Verwendung von Instrumenten Hinweise auf die hohe Relevanz von praktischen manuellen Fähigkeiten in Verbindung mit geistigen Prozessen.

mache das oder mache das, dann verschwindet er, also diese Geschichte, was weiß ich
Kla-vierspielen oder sonst was."

Diese Fähigkeit, mehr als nur bloße „Verhaltensautomatisierung", sondern vielmehr „leibliches Können" wird durch langjährige Techniknutzung erworben. Auch
offenbart die Techniknutzung eine gewisse Subjektivität des Expertenhandelns
(„Niemand weiß ja, wie ich diesen Schallkopf hingehalten habe, da gibt es ja Millio-
nen Möglichkeiten") bzw. subjektive Sicherheit als ausschlaggebendes Kriterium:
„Man muss sicher sein und dann wird das gemacht." So wird die zwangsläufige
Produktion objektiv gültigen Wissens mittels technischer Methoden angezweifelt.

> „Wissenschaftlich, vor allem die Wissenschaft wird überschätzt. (…) Ich denke, wir
> können immer nur einen Augenblick festhalten und wenn wir blöd hinschauen, dann
> kriegen wir auch ein blödes Ergebnis"

Hiermit wird das generelle Potenzial objektiver Erkenntnis keineswegs bezwei-
felt, dem subjektiven Faktor des erkennenden Arztes jedoch ein mindestens ebenso
hoher Stellenwert eingeräumt. Auch das „Einordnen" von Bildern erfolgt offenbar
erfahrungsbasiert und wird als artifiziell nicht reproduzierbar geschildert:

> „Die Interpretation ist a bissl schwer. Sie müssen ganz viele Bilder gesehen haben, um
> ein Bild einordnen zu können. Das können Sie auch keinem Rechner überlassen, sonst
> hätte man das längst gemacht."

In der Hinterfragung der Rolle formalisierten Wissens zeigt sich erneut das für
den Experten charakteristische Zusammenspiel impliziter und expliziter Wissensformen. „Einordnen", „Interpretieren" oder „Wiedererkennen" scheinen als
nicht-objektivierbare Fähigkeiten auf. Jedoch ist auch Theoriewissen als „Deu-
tungsschritt, was schaue ich überhaupt an" für diesen Handlungsbereich unabdingbar[35]:

> „Zu gucken, wo muss ich schauen, wenn einer zu mir sagt, ich habe einen Leistungs-
> knick und Gewicht verloren, wo muss ich hinschauen, das weiß ein MTA nicht, was
> kann das alles sein, vom Magenkrebs, Dickdarmkrebs, Pakreasschwanzkarzinom, das
> sind bestimmte Dinge, die bei mir sofort im Hinterkopf sind, die ich dann alle absu-che,
> ich muss ja immer hinter diesen Darmschlingen irgendwo suchen, wo das ver-steckt
> ist, mir das zusammensuchen. Nur dann bin ich gut und habe da gute Vorstel-lungen."

---

[35] Kritisch betrachtet wird daher die (US-amerikanische) Entwicklung, die originär ärztliche
Aufgabe des „Suchen nach der Krankheit" an nicht-ärztliches Personal zu delegieren.

Einen weiteren Hinweis auf nicht dem Kognitiv- Rationalen zuzurechnende Wissensbestände von hoher Relevanz liefert die Beschreibung einer als Intuition thematisierten typischen Diagnoseleistung des erfahrenen, „guten Schallers":

> „Und dann sagt man: Zack! und der hat halt das. Also dieses: der hat was und dann, das geht auch den guten Schallern so. Da kommt was raus, niedriges Eisen, erhöhte Leukozyten und dann sucht man eine Stunde irgendwann- Bamm! Wenn man den einfach so als Routine von einer MTA durchschauen lassen würde, dann würd' man das gar nicht finden."

Sinnliche Wahrnehmung im Rahmen der Techniknutzung im Modus subjektivierenden Handelns: „Aktive Sinnestätigkeit"
Der Einsatz diagnosetechnischer Mittel erübrigt die direkte sinnliche Wahrnehmung keineswegs, sondern ergänzt diese vielmehr im Sinne eines Zusammenspiels natürlicher und technisch generierter Sinneseindrücke.

> „Dann kommt hinzu, dass man heute über mehr Technik verfügt und mit dem Ultraschall über eine sehr angenehme Technik, die nicht körperverletzend ist und die natürlich gezielter einsetzt und damit manches von der alten, manuellen, hinhörenden Untersuchung dadurch abgekürzt werden kann, sodass man das rasch mit einbaut. Also wenn heute jemand kommt mit Bauchschmerzen, dann ist die Ultraschalluntersuchung ein Mittel der Wahl, um sich relativ schnell da Klarheit zu verschaffen. Klar schaut man, ob die Bauchdecke hart oder weich ist, diese alten Informationen sind schon auch wichtig, aber ansonsten ist man dann sehr schnell beim Schall."

Insbesondere die bildgebenden Verfahren erweisen sich als Tätigkeiten, für die eine aktive Sinnestätigkeit elementar ist. Verschiedene Sinne werden parallel beansprucht: Sehen, Tasten und Hören, aber auch die eigene Motorik *(„Fahren des Arms")* müssen zeitgleich koordiniert werden und verbinden sich zu einer unmittelbar sinnlich-körperlichen Erfahrung.

Im Rahmen einer komplexen sinnlichen Wahrnehmung sind vor allem uneindeutige und nur in Nuancen wahrnehmbare Besonderheiten zu erkennen und differenzieren.

> „Dann kann man sich die Gefäße anschauen und alles, was eben fließt, kann man farbig darstellen, was auf den Schallkopf zufließt, kann rot gemacht werden, es kann blau gemacht werden, wo Richtung dabei ist und Geschwindigkeit usw. und man kann den Fluss dann auch akustisch hörbar machen, das heißt, wenn etwas eingeengt wird dann wird es hochfrequent, also wenn ein normales Strom wie „Pfscht" anhört, dann ist an einer engen Stelle ein „Pssst", das hört man dann, das kann man dann auch nochmal hören und als Spektrum sichtbar machen, also viele Möglichkeiten."

Der Experte ist in der Lage, die Qualität eines Geräuschs (als *„Pfscht"* oder *„Psst"*) subjektiv bedeutsam zu strukturieren und mit anderen sinnlich wahrnehmbaren Informationen zu verknüpfen. Eine zentrale Herausforderung der bildgebenden Verfahren betrifft die visuelle Wahrnehmung, die sich im Modus einer partizipierenden Wahrnehmung als *„sich einsehen"* auf das Monitorbild vollzieht. Es zeigt sich, dass die Rolle visueller Wahrnehmung weit über ein exaktes Registrieren von Kurven und Daten hinausgeht. Sinnliche Wahrnehmung zeigt sich hierbei als verknüpft mit Vorstellungen über den untersuchten Gegenstand:

> „Wenn man als Laie Ultraschallbilder anschaut, dann denkt man, das ist ein flimmerndes Schwarzweißbild, haben die nichts Besseres? Und nur wenn man sich drauf eingesehen hat, kann man in diesem Bild wirklich lesen und kann damit sehr gute di-agnostische Dinge machen."

Unterschiedliche Informationen werden „zusammengesetzt" und als Konfiguration „wie ein Bild" gesehen und durch eine als „Intelligenz der Sinne" zu beschreibende geistige Leistung erfasst. Der Körper des erfahrenen Techniknutzers wird als „Leib-Körper" sichtbar, der nicht von kognitiven Prozessen ausgeschlossen oder ihnen lediglich zutragend ist, sondern Erfahrung erst ermöglicht. Die menschliche Befähigung zur Wahrnehmung als Einheit der Sinneswahrnehmung wird so anhand der Nutzbarmachung komplexer Technik im Rahmen subjektivierenden Handelns einmal mehr evident.

Beziehungsebene im Rahmen der Techniknutzung im Modus subjektivierenden Handelns: Technik als „verlängerter Arm des Untersuchers"
Wie bereits ausgeführt, kann Technik als Medium der Distanzierung vom Patienten genutzt werden. Gegenüber diesem Phänomen zeigen sich insbesondere die erfahrenen Ärzte, trotz ihrer generell positiven Bezugnahme auf die Erkenntnismöglichkeiten der modernen Medizintechnik sowie einer sogar teilweise als „technikaffin" zu beschreibenden Haltung skeptisch. Der internistische Hausarzt verweist explizit und bedauernd auf das Problem der mitunter erzwungenen Passivität des Patienten Rahmen technischer Untersuchungen. Als (zumindest normative) Basis des Expertenhandelns erscheint dennoch, dass der Patient auch im Rahmen von medizintechnischen Untersuchungen seinen Subjektstatus beibehält, bzw. der Hausarzt das Ideal des Einbezugs des Patienten zumindest anstrebt. So versucht der erfahrene Arzt durch den verbalen Austausch, physischen und offenbar auch emotionalen „Kontakt" die per se distanzierende, *„trennende"* Situation abzumildern.

„Man hat da Kontakt, ich mache die Untersuchung eben gerne, weil es ein bestimmter engerer Kontakt ist, der aber gleichzeitig sprachlichen Austausch gut zulässt und irgendwo auch so ein bisschen eine vertraute Situation. Man ist gemeinsam in so einem abgedunkelten Raum, das assoziiert wahrscheinlich schon so ein bisschen, nicht nur jetzt Grauen und was kann da passieren, dunkle Höhle, sondern auch vielleicht ein bisschen geschützter Bereich."

Der Ultraschall als *„zugewandte Untersuchung"* bzw. *„Technik nahe am Menschen"* genießt daher eine besondere Wertschätzung des internistischen Hausarztes:

„Grundsätzlich ist, glaube ich, ist der Ultraschall ein positives Element, ist noch der verlängerte Arm des untersuchenden Hausarztes. Es ist irgendwie eine zugewandte Untersuchung, ich schaue nicht weg vom Patienten, gut ich schaue in den Bildschirm, aber zwischendurch schaue ich ihn auch wieder an, wir sprechen miteinander."

So beschreibt der sich als „Generalist" bezeichnende Hausarzt die Ultraschalltechnologie nicht als ein außerhalb der Arzt-Patient-Dyade stehendes Artefakt sondern als *„Verlängerung der eigenen Untersuchungsmöglichkeiten"*, mit deren Hilfe er auch im Rahmen der Techniknutzung Nähe zum Patienten herstellen kann. Der anklingende Bezug zur eigenen Physis als maßgeblichen Faktor im Rahmen des technikbasierten Erkenntnisprozesses, ist als Gegenkonzept zu einer vielfach fast „entkörperlicht" erscheinenden Medizin zu betrachten. Die Frage, *„wie nähere ich mich dem Organ"* weist im Zusammenhang von Schalluntersuchungen tatsächlich den Charakter einer körperlichen Annäherung auf. Nicht nur führt der Arm den Schallkopf sondern bildet gleichzeitig auch eine Brücke zwischen Mensch und Maschine:

„Ansonsten ist die Berührung eine zur Schnittstelle, technisch körperlich, weil ich natürlich schon mit der Hand, die den Schallkopf führt, gelegentlich auch die Haut berühre, das spürt der auch, dass das jetzt nicht der Schallkopf ist, sondern mein Finger irgendwo entlang streicht. Aber eigentlich ist es der Schallkopf, das ist schon Technik, aber sehr nahe am Menschen, weil ich bin der Greifarm, der dieses Ding bewegt und nicht irgendeine Maschine."

Ein subjektivierendes Moment im Rahmen der Techniknutzung zeigt sich auch in der Auseinandersetzung des Untersuchers mit seinem Gerät, die als *„arbeiten mit dem Ding"* durchaus passionierte Züge tragen kann: Das *„besessene"* *„Verfolgen einer Leitstruktur"* exemplifiziert die psychisch-emotionale Verfasstheiten des Experten und verweist auf Subjekteigenschaften wie „Freude" und „Neugier", die als sympathetische Verbundenheit auch mit dem technischen Medium erkennbar werden'. Der *„gute Schaller"*, der die Zeit vergisst und im Zustand äußerster Versenkung in die untersuchten Strukturen den intuitiven Einfall hat, verrät einen charakterisistischen motivationalen Zustand, der in der Metapher des „*Rätsels*" oder des „*Kriminalfalls*" versinnbildlicht werden kann:

> „Dieses Rätsel, das man das einfach auch lösen will über viele Jahre hinweg, es ist immer ein spannender Kriminalfall."

Nähe als Erkenntnismedium verdeutlicht sich in der Praxis des Experten, dem Erkenntnisobjekt nicht distanziert gegenüberzustehen, wie dies in der Beschreibung einer „trennenden" Praxis der „Apparatemedizin" zum Ausdruck kommt:

> „Man versucht ja, man möchte ja immer mehr den Menschen immer mehr wie ein Auto an so an Stöpsel anschließen und dann sich zurüc lehnen und schauen, was da herauskommt. Aber das wird nicht funktionieren."

Dem distanziert abwartenden, „sich zurücklehnenden" Arzt wird daher kein Erfolg bescheinigt, während Verbundenheit und Teilhabe mit dem Patienten auch durch Technik nicht in den Hintergrund treten. Trotz aller zu spürenden und bekundeten Technikbegeisterung der erfahrenen Ärzte entsteht jedoch zu keinem Zeitpunkt der Eindruck einer Dominanz technischer Strukturen über das Zwischenmenschliche. So wird selbst von dem Sonografiespezialisten „*der gute Arzt*" über die empathischen Fähigkeiten des „*Zuhören*" und „*Einfühlen*", um „*rauszukriegen, was der Patient, der Mensch, von ihm eigentlich will und braucht*", bestimmt.

Auch vergisst der nahezu ausschließlich als Sonographeur tätige Internist nicht:

> „Wir haben ja eine riesige Geschwindigkeit, wir müssen ja bis zu 30 Patienten an ei-nem Tag durchbrettern und es hängt ja jedes Mal ein Schicksal dran."

3.4.4   Der abschließende Diagnoseprozess

Im Folgenden Abschnitt wird die letzte Etappe des Diagnoseprozesses, das Stellen der endgültigen Diagnose einer intensiven Betrachtung unterzogen. Erneut soll darauf hingewiesen werden, dass die vorgenommene analytische Trennung der Handlungsbereiche nicht den in der Realität vorzufindenden Abläufen entsprechen muss und auch keine statische Abfolge von verschiedenen Handlungsanforderungen suggerieren soll. Dies schon allein aus dem Grund, dass das Arzt-Patient-Gespräch im Allgemeinen, wie gezeigt, als wichtiger erster Schritt zur

Diagnosestellung zu betrachten ist und auch zu späteren Zeitpunkten des diagnostischen Ablaufs das Gespräch mit dem Patienten, so im Anschluss an Laborwerte und andere objektive Daten, erneut als Informationsquelle genutzt wird. Die in diesem Zusammenhang für den Bereich der Erstbegegnung vorgestellten Befunde verlieren demnach auch für weitere Phasen der Arzt-Patient-Begegnung ihre grundsätzliche Gültigkeit nicht.

Als besonderes Leistungsmerkmal bzw. besondere Handlungsanforderung der Diagnosestellung ist es hervorzuheben, dass mit jeder diagnostischen Maßnahme neue und zudem in ihrer Qualität unterschiedliche Informationen sinnvoll integriert werden müssen. Somit ist die „Phase des abschließenden Diagnoseprozesses" vor allem durch den vermehrten Eintritt von objektiven Befunddaten, exemplarisch veranschaulicht in der „*Befundzusammenschau*", ein interessanter Untersuchungsgegenstand. Zu hinterfragen ist beispielsweise, ob und inwieweit hierdurch die „Unschärfe" bzw. „Unvollständigkeit" der Situationsdefinition reduziert wird und ob bzw. welche Rückwirkungen diese Veränderung der Problemsituation möglicherweise auf den Handlungsstil zeigt.

Verwiesen werden soll im Sinne einer pointierten Darstellung auf die Besonderheiten des fortgeschrittenen Diagnoseprozesses, der in der Gesamtbetrachtung anhand des erfahrenen Arztes als Koproduktionsprozess von „Fünf-Sinne"- bzw. „Sprechender Medizin" und dem gezielten Einsatz von Medizintechnik und der Interpretation „objektiver Daten" aufgezeigt werden kann. Auf eine vollständige Darstellung entlang aller vier Dimensionen subjektivierenden Handelns wird im Hinblick auf Redundanzen verzichtet. So spielt die in diesem Abschnitt nicht weiter vertiefte sinnliche Wahrnehmung für den Experten auch im weiter fortgeschrittenen diagnostischen Stadium eine herausragende Rolle, wenn auch nun Prozesse der Objektivierung durch die Befunderhebung stärker in Erscheinung treten. Im Hinterkopf zu behalten ist, dass grundlegende Merkmale der Arbeitsweise und des professionellen Verhaltens gegenüber dem Patienten auch über die ausführlich beschriebene Handlungsanforderung der Erstbegegnung Bestand haben.

Neben wirtschaftlichen Aspekten gebietet es auch das professionelle Ethos des „nihil nocere", unnötige Körperverletzungen, wie sie invasive technische Untersuchungen darstellen, zu vermeiden. Dieses Konglomerat an impliziten und expliziten Leitsätzen realisiert der erfahrene Arzt, im Rahmen der so genannten „Stufendiagnostik", die auf Handlungsebene eine Strategie der schrittweisen Eskalation in der Inanspruchnahme medizintechnischer Diagnostik bedeutet[36].

---

[36] Einschränkend ist anzumerken: Typischerweise sind viele Fälle vor allem beim Hausarzt ohne den Einsatz von Medizintechnik klärbar, bzw. bestätigen technische Befunde die zuvor

„Das ist auch eine Frage der Kosten heutzutage, dass man natürlich dann rechtfertigen muss, warum sowas gemacht worden ist und da halt einfach nur sinnvoll mit der heutigen Möglichkeit der Technik umzugehen"

Unmittelbar fällt auf, dass die „Entscheidung für Technik" je nach Erfahrungsgrad nach anderen Kriterien verläuft. Während der unerfahrene Arzt bei Ratlosigkeit *„einen breiten Fächer fährt"*, nutzt der erfahrene Arzt Technik gezielter im Sinne einer schrittweisen Eskalation, um den Diagnoseprozess *„damit eben gleich schon mehr auf den Punkt" zu bringen."*

Auch für den im Folgenden fokussierten Handlungsausschnitt sind somit grundlegende Unterschiede zwischen der Gruppe der erfahrenen und der weniger erfahrenen Ärzte festzustellen.

Der fortgeschrittene Diagnoseprozess im objektivierenden Modus
Ähnlich wie im Falle des „Schema" bei der Anamnese sind die jüngeren Ärzte bemüht, den Ablauf des diagnostischen Prozesses durch ein „Konzept" zu systematisieren. Deutlich wird hier anhand der Aussage der chirurgischen Assistenzärztin, dass sie die Verfügung über Erfahrung und die Anwendung von „Standardkonzepten" gleichsetzt.

„Und wenn man einfach mehr Erfahrung hat, weiß man so und so ist der Fall und hat gleich sein Standardkonzept parat und kann das machen, dass man alles sozusagen runterrattert. Wenn man seine Erfahrung hat und sein Konzept und macht nach diesem Konzept und dann geht das alles viel schneller. Und das ist etwas, wo ich sage, da profitiert man von der Erfahrung. Wenn man ein Konzept hat und dieses Konzept macht man, dann hat man das auch schneller, als wenn man sich jetzt überlegt, was mache ich jetzt, vielleicht noch das und das. Sondern wenn man weiß, das und das mache ich und wenn alles in Ordnung ist, dann kann er heim. Naja, manche Sachen lassen sich dann natürlich nicht in diese Konzepte reindrücken und sind dann ganz seltsame Fälle, dann passt es halt nicht in dieses Schema. Das ist ja trotzdem nicht schlecht, wenn man so ein Schema hat, weil bei vielen Sachen kann man das dann einfach anwenden und dadurch geht es schnell."

Die Anwendung von einem „Konzept" oder „Schema", das *„Verfolgen eines Strangs"* verspricht Effizienzsteigerung und kognitive Entlastung in komplexen

---

generierten „klinischen Verdachtsdiagnosen". Dem Klinikarzt ist es aufgrund von organisatorischen Erfordernissen nicht immer möglich, die in der Stufendiagnostik vorgesehene Reihenfolge diagnostischer Schritte einzuhalten. Bestimmte Laborwerte („Profile") werden standardisiert erhoben und liegen oftmals beim Erstkontakt zwischen Arzt und Patient schon vor.

Situationen. Mit dem Konzept ist gleichzeitig eine klare, hierarchische Gliederung von Abfolgen verbunden. Diagnostische Schritte werden als *„nächste
logische Anschlusssache"* in Abkehr von Willkür (*„dass man praktisch auswürfelt"*)
bezeichnet. Eine „Hypothese" wird so von den Novizen typischerweise *„anhand
von Fakten"* aufgestellt und systematisch überprüft, bei Misserfolg revidiert. Hiermit verbunden ist eine im Modus planmäßig-objektivierenden Handelns als Ideal
betrachtete strikte Trennung von Denken und Handeln:

> „Ich kann immer einen Fehler gemacht haben und dann wieder zurückgehen zu müssen,
> jetzt hatte ich einen Verdacht und der hat sich nicht bestätigt, gehen wir wieder zurück
> auf Start."

In dieses Handlungsschema fügt sich die Möglichkeit der Standardisierung von
Handlungsvollzügen der Diagnostik, so äußert sich der wissenschaftsaffine Assistenzarzt: *„Die Medizin ist ja relativ standardisiert"*. Dies schließt die Differenzierung Normalfall/ Sonderfall ein, wie sie von der internistischen Assistentin
vorgenommen wird:

> „Bei einem Sonderfall wird man auf diesem standardisierten Weg unterbrochen, da
> kommt etwas dazu, was man nicht erwartet hat und dann muss man umdenken. Dann
> muss man die Möglichkeiten erweitern. Man muss vielleicht zusätzlich Labor abneh-
> men, zusätzliche Untersuchungen anberaumen, sich mit andern Leuten besprechen,
> andere Disziplinen hinzuziehen, der gewohnte Ablauf ist also gestört."

Da die Einhaltung eines diagnostischen Stufenprogramms vor allem im chronisch
zeitknappen Krankenhausalltag nicht immer möglich ist, beziehungsweise professionelles Wissen und Können voraussetzt, werden Prinzipien der Stufendiagnostik
oftmals verletzt. Hiermit ist ein *ungefilterter Einsatz von Technik bezeichnet, den
der Experte auch als „gießkannenmäßig"* bezeichnet. Die Ärztin im praktischen
Jahr als tatsächliche Anfängerin bestätigt: *„Je jünger der Arzt, umso mehr muss er
Diagnostik machen"*. So fordert die mangelnde Selektionsfähigkeit des unerfahrenen Arztes in den Stufen der Anamnese und der körperlichen Untersuchung vielfach
zusätzliche Anhaltspunkte durch „harte Daten":

> „Je nachdem, wie klar mein Verdacht ist von Anfang an. Es kann auch sein, dass
> ich nach dem Anamnesegespräch und der körperlichen Untersuchung noch total am
> Schwimmen bin um und überhaupt nicht weiß, was der Patient auch nur ansatzweise
> haben könnte und umso breit gefächerter muss ich dann die Diagnostik fahren."

Auch die internistische Assistenzärztin reflektiert:

„Da gibt's einen Spruch: Das teuerste Instrument ist der Kugelschreiber in der Hand des jungen Arztes. Das spiegelt schon gut wieder, dass jemand, der jung und unerfahren ist, der manche oder viele Krankheitsbilder noch nicht gesehen hat, sehr viel technische und laborchemische Untermauerung braucht, um das Feld einzuengen, hingegen, wenn man etwas öfter schon gesehen hat, braucht man weniger Schritte, um auf die Lösung des Problems zu kommen und von daher auch weniger Maßnahmen."

Anders als die Ärztin im praktischen Jahr, die auf einen erst kurzen Erfahrungszeitraum in der Chirurgie zurückblicken kann, ist die seit einigen Jahren in der Unfallchirurgie tätige Assistenzärztin bereits in der Lage, diagnosetechnische Methoden differenzierter anzuwenden:

„Ja man muss ja, wenn man weiß vom Untersuchen: da ist was gebrochen, muss man sehen, wie ist es gebrochen. Und wenn jetzt die Wirbelsäule nicht jung ist, sondern alt und dann ganz viele Veränderungen hat auf Grund von Verschleiß, dann ist es schwierig, das mit einem Röntgenbild dazustellen. Dann sagt man: okay machen wir noch ein CT."

So sei eine die notwendige Selektionsfähigkeit durch Erfahrung zu erreichen, was zusätzlich unter dem Gesichtspunkt höherer Effizienz thematisiert wird:

„Rationeller ist es deshalb, weil man nicht so eine breit gefächerte Diagnosemaschinerie in Gang setzten muss und es ist auch weniger anstrengend, um zu einem Ergebnis zu kommen. Es ist energiesparender würd' ich sagen."

Die jungen Ärzte stellen den Diagnosevorgang als primär kognitiv-rational und mit Rekurs auf formaltheoretisches Wissen zu bewältigendes Problem dar[37] („Also ich stelle eine Hypothese auf anhand der Fakten, die ich habe."). Mit dem Ziel einer „handfesten Diagnostik" werden durch die Zuhilfenahme von Labordaten oder technischen Befunden „objektive Fakten" generiert, die zumindest von den besonders unerfahrenen Ärzten als hauptsächlich diagnoseführend betrachtet werden.

„Ich habe vorher erst immer nur einen Verdacht, und je mehr objektive Fakten ich zusammentragen kann, umso sicherer wird dieser Verdacht. Umso sicherer führt einen der Verdacht letzten Endes zu einer Diagnose. Insofern sind sie sehr wichtig. Das ist das Ganze, worauf es dann beruht."

---

[37] Explizit verweist eine junge Ärztin darauf, dass auf Theoriewissen oftmals aus Mangel an praktischer Erfahrung zurückgegriffen wird: „Ich würde sagen, der theoretische Bezug wird immer dann wichtig, wenn man in einen Bereich kommt, wo man noch nicht eingearbeitet ist".

Insbesondere die noch sehr nah an einem formalen Gerüst arbeitenden Ärzte rekurrieren häufig auf generalisierte theoretische Kurzkonzepte, die es ihnen ermöglichen, Kausalketten aufzubauen. Ein späteres Stadium des Expertiseerwerbs zeichnet sich durch die Bildung von konkreten episodischen, fallbasierten Erinnerungen aus, wie hier in Schilderung der chirurgischen Assistenzärztin ersichtlich:

> „Ich hatte die Erfahrung, dass wenn jetzt noch jemand noch laufend reinkommt dann ist nichts gebrochen und z.b. Fuß verstaucht, meistens nur verstaucht und wenn die nicht mehr auftreten können, dann kann es eher sein, dass was gebrochen ist, es kann trotzdem sein, dass es nicht gebrochen ist und ich hatte einen wo ich gedacht habe da ist nie was gebrochen. Der ist da reingelaufen locker flockig und der war schon gebrochen."

Auch Faustregeln werden angeführt („Quick muss mindestens sechzig sein"). Auch äußern die jungen Ärzte Unbehagen in Bezug auf „schwammige" Verdachtsdiagnosen.

> „Das muss man halt einfach immer einschätzen können. Das ist immer sehr schwierig. Da sind auch manche, die Sachen so einschätzen und andere hätten es anders eingeschätzt. Da scheiden sich auch manchmal die Geister, aber wenn man da unten ist muss man es halt selber einschätzen. Es sei denn, man ist sich gar nicht sicher dann kann man noch den Hintergrund anrufen."

Das Terrain der harten Fakten zu verlassen erzeugt vor dem Hintergrund fehlender Erfahrung Unsicherheit[38].

> „Es ist die Frage, wie wohl man sich dann fühlt mit dem Verdacht und ob man schon von vornherein eine sichere Verdachtsdiagnose hat oder sich sagt: ah, weiß ich ja nicht, ob es das so ist, naja schauen wir mal und je schwammiger diese Verdachtsdiagnose ist, umso unwohler fühlt man sich natürlich dabei."

Die Thematisierung von Erfahrungswissen ergibt ein ambivalentes Bild. Erfahrung als „unschätzbarer Faktor", als „solide Basis" wird nahezu uneingeschränkt anerkannt- sowohl „was die praktischen Tätigkeiten betrifft als auch das theoretische Wissen, genauso eben das theoretische Wissen, darum, wie ich mich dem Patienten gegenüber verhalte. Das sind alles Erfahrungsdinge. "

In Bezug auf Lernprozesse wird die praktische Genese von Erfahrungswissen dem theoretischen Zugang überwiegend vorgezogen:

---

[38] Daher ist es für die jungen Ärzte „manchmal verwirrend, weil drei Schichten und drei Meinungen und dann ist es verwirrend. Da fehlt mir schon manchmal die Federführung."

„Was ich praktisch lerne, merke ich mir auf Dauer sehr viel besser. Weil das einen besseren Eindruck bei mir hinterlässt."

Auch das Lernen aus Fehlern wird als nachdrückliche „Erfahrung" gespeichert:

„Wenn man mal was besonders Spektakuläres gesehen hat oder spektakulären Fehler gemacht hat, dann erinnert man sich natürlich eher daran."

Die internistische Assistenzärztin betont die hohe Bedeutung, aber auch schwere Verbalisierbarkeit des personengebundenen Erfahrungswissens:

„Ich merke das dann, wenn bei uns auf die Station Studenten kommen und die fragen mich lauter so Einzelheiten so z.B. was würdest du machen, wenn der das macht? Diesen Schritt oder diesen Schritt? Und ich kann nur sehr schwammig antworten, das seh' ich dann. Das ist etwas, das demjenigen nicht weiterhilft. Und dann überleg ich immer, wie kann ich das demjenigen verständlich machen, weil dieser Student ist ja auf mich angewiesen, der erhält ja seine Erfahrung sozusagen auch zu einem Großteil durch mich. Wie kann ich dem verständlich machen, dass sich dadurch, dass ich das schon gesehen habe, sich gewissen Fragen für mich nicht mehr stellen. Und das find ich schon sehr schwierig."

Erfahrung gibt weiterhin, so äußert die junge Ärztin im praktischen Jahr, in erster Linie Sicherheit *(„Da kann mir jetzt erstmal keiner reinreden")*. Erfahrungswissen wird jedoch auch kritisch betrachtet als *„emotional gefärbtes"*, demnach nicht-rationales Wissen, das sich auch als „Gefahr" für den Erkenntnisprozess auswirken kann:

„Also Erfahrungen sind emotional gefärbt und man muss aufpassen, dass man nicht vor lauter Borniertheit zu glauben, man hat das schon gekannt und man weiß genau, was es ist, nicht eine Tatsache übersieht oder also Gegebenheiten übersieht oder andere Wege von vornherein ausschlägt."

Auch der wissenschaftsaffine Assistenzarzt relativiert die Bedeutung von Erfahrung erneut unter Bezugnahme auf wissenschaftliche und theoretische Expertise.

„Erfahrung ist immer relativ, ich kann nicht sagen ich bin so erfahren, dass ich in allen Fachgebieten einen absoluten Überblick habe und das ist der Punkt an der Sache und wichtig ist, dass verschiedene Erfahrungen auch zusammenspielen. Ich denke auch, dass ein Arzt heute sich immer mehrere Meinungen oder Expertenmeinungen einholen sollte, weil er weiß, dass er auf seinem Gebiet ein Experte ist aber darüber hinaus vielleicht irgendetwas übersieht oder so. Das halte ich für entscheidend, also Erfahrung ist immer relativ."

Bei ihm klingt am deutlichsten eine Sicht auf Erfahrung an, die als „Abwertung von Erfahrungswissen" bezeichnet werden kann:

> „Also Erfahrung spielt eine Riesenrolle, aber Erfahrung kann bei manchen Ärzten auch zur Selbstüberschätzung führen. Da sollte man auf dem Teppich bleiben."

So betont er im Gegenzug die in seinen Augen größere Bedeutung des technisch „up to date"- Seins:

> „Wenn ich jetzt irgendeinen 65jährigen Facharzt habe, der eine Praxis hat und hat sich seit 35 Jahren nicht fortgebildet und kennt eigentlich neue Untersuchungstechniken nicht, es ist auch so, man sollte auch für den Patienten immer auf dem neusten Stand sein und da finde ich, da macht es schon Sinn."

Nicht Erfahrung, sondern „Zahlen" bilden für ihn die Wissensgrundlage der ärztlichen Entscheidung:

> „Weil ich muss ja letztendlich das ganze untermauern können und das sind ja evidence, das sind ja auch, das arbeitet ja auch wieder mit Zahlen auch, klar, die arbeiten mit Zahlen und Ergebnissen und Leitlinien auch wieder."

Themenübergreifend lässt sich aus den Äußerungen des wissenschaftsaffinen Assistenzarztes ein spezielles „Expertenkonzept" (*„Schlagwort ist da heute interdisziplinär, d. h., ich nehme nicht nur einen Experten, ich nehme verschiedene Fachgebiete dazu"*) entnehmen, das sich fast ausschließlich durch wissenschaftliches Fachwissen definiert. Erfahrung wird hierbei weitestgehend der Status eines selbstverständlichen Begleitwissens attestiert:

> „Aber Vorteile hat es auch, natürlich, je mehr ich gesehen habe desto mehr, das ist aber in jedem anderen Beruf auch so, je mehr ich eine Handlung durchführe und Diagnostik durchführe, das macht einen ja zum Experten, Erfahrung ist immer von Vorteil, in jedem Fachgebiet."

Der Erfahrung zugeordnet wird auch der Bereich der intuitiven Erkenntnis (*„Ich glaube, dass das Erfahrung ist, als Anfänger geht das nicht."*). Das Fehlen einer formalen theoretischen Begründung kann so durch den Rekurs auf Erfahrung toleriert werden:

> „Aufgrund der Basis der Erfahrung kriegt man eine gewisse Intuition, weil man Beispiele vorher hatte, wo es war, die man jetzt nicht unbedingt immer diagnostisch

begründen kann oder anhand der Technik begründen kann, indem man Verdacht und Intuition aufgrund der Erfahrung zusammenbringt."

Intuition als alleinige Erkenntnisgrundlage wird jedoch abgelehnt, eine unbedingte Objektivierung im Rahmen von „handfester Diagnostik" gefordert:

> „Nur Intuition wäre ziemlich prophetisch, man muss dann schon die handfeste medizinische Untersuchung oder Diagnostik machen, um dann der Intuition letztendlich zu sagen oder zu gucken, ob das dahin'ersteht oder nicht. Ich kann ja auch niemanden therapieren nur aufgrund von Intuition, ich brauche ja dann handfeste Beweise, dass sich die Intuition bestätigt hat."

Ambivalenzen lassen bei den jungen Ärzten auch in Bezug auf Formen gefühlten Wissens erkennen. Vor allem der Assistenzarzt reproduziert in diesem Zusammenhang erneut das bei ihm vorherrschende Motiv des rationalen Denkens, in dem er „erspüren" durch „vermuten" und durch den Verweis auf „wissenschaftliche Grundlagen" korrigiert. Der Terminus Gefühl ist offenbar mit einigen Berührungsängsten behaftet, da Gefühl allzu schnell in die Nähe von Beliebigkeit eingeordnet wird. Eine von den jungen Ärzten oft gehörte Wendung bezeichnet den Patienten oder seine Symptomatik als „komisch" oder „seltsam", womit eine „Irritation" im Rahmen des Denkvorgangs bezeichnet ist, die den Verdacht in eine bestimmte Richtung lenkt und zumeist nicht begründet werden kann. Ebenso kann die Bedeutung des Wahrgenommenen nicht unmittelbar interpretativ zugeordnet werden und weicht in bedeutsamer Weise von einer Norm, die ausdrücklich kein statistischer Durchschnittswert sein muss, sondern eher von einer Erwartung, die auf Erfahrung basiert, ab. Stellenweise wird sich, oftmals mit Stolz, eines besonders markanten Falls erinnert, bei welchem gegen äußere Widerstände (Kollegen, Zeitdruck, Unwahrscheinlichkeit) zu Recht, wie sich rausstellte, auf der eigenen Eingebung beharrt wird.

Diagnosestellung im Modus subjektivierenden Handelns: Das stufendiagnostische Vorgehen des erfahrenen Arztes

Für den erfahrenen Arzt ist das Hinzuziehen von Technik in der Regel der letzte – und oftmals vermeidbare – Schritt in der Folge vorausgehender „weicherer" diagnostischer Maßnahmen.

> „Ich setze die weitergehenden, zum Teil dann auch körperverletzenden Instrumente wie Strahlung, Röntgen, CT, die kann ich nur ganz gezielt einsetzen, um eine noch offene Frage zu klären, die ich anders nicht klären kann."

Zunächst erscheint allein die Befähigung, zu erkennen, in welchen Fällen und in Form welcher Maßnahmen ein diagnostisches Stufenprogrammen *„entwickelt"* werden muss, als Merkmal fortgeschrittenen Expertentums:

> „Das ist jetzt der Kern der Medizinerausbildung natürlich, dass ich in die Lage versetzt werde, ein diagnostisches Stufenprogramm zu entwickeln für jeden Patienten, um sein Problem lösen zu können."

Anders als es der Begriff „Stufendiagnostik" möglicherweise suggerieren könnte, ist das diagnostische Vorgehen des ärztlichen Experten nicht als linear-sequentielle Handlungsweise zu betrachten. Zwar liegt dem diagnostischen Stufenprogramm ein definierbares System (*„Labor- oder technische Untersuchung möglichst einfacher Art, man geht immer von den einfachen Untersuchungen aus, die aufwändigen kommen dann später, das ist klar, so sollte man es zumindest machen"*) zugrunde, sein genauer Ablauf folgt jedoch kaum nach definierten formalen Regeln, sondern muss vielmehr, im Zuge subjektivierenden Handelns eruiert und entwickelt werden. Schon allein ist der „Weg vom Symptom zur Diagnose" keineswegs ein bruchlos linearer. Informationen treten in der Regel nicht gleichzeitig und vollständig auf, sondern müssen im Zuge des Suchprozesses generiert und in den weiteren Handlungsvollzug integriert werden:

> „Es kommt ja doch immer wieder ein neuer Aspekt und der Patient erzählt immer wieder was Neues, was er vorher nicht erzählt hat. Das ist ja wie im Kriminalstück."

Anhand des „diffusen Patienten" zeigt sich paradigmatisch die Unmöglichkeit der Trennung von Planung und Ausführung in der Diagnostik.

> Es gibt auch unklarere (Patienten), dann kann man versuchen, noch weitere (Untersuchungen) zu machen, von der anderen Seite an das Problem heranzukommen, das ist eigentlich die Regel, das ist immer oder oft so."

So verlangt die Individualität des „Erkenntnisgegenstands Mensch" bzw. die Zielsetzung eines „individuellen Programms" auch im weiteren diagnostischen Verlauf ein spezifisches Vorgehen, das es erlaubt, Handlungsziele im Verlauf eines mitunter mehrphasigen und zyklisch verlaufenden Diagnoseprozesses neu zu definieren. Realisiert wird dies u. a. als schrittweise-exploratives Vorgehen, das mitunter als *„Einkreisen"* beschrieben wird. Angesprochen ist hiermit die Durchführung der einzelnen diagnostischen Etappen- zunächst das gesprächsbasierte „Scharfstellen" der unklaren Patientenproblematik sowie das sukzessive Hinzuziehen weiterer

Erkenntnisquellen. In dieses Prinzip der offenen Planung fügt sich auch die Vorläufigkeit der „Einschätzung" des Experten im Diagnoseprozess, anhand derer das Vorgehen entsprechend der neu hinzukommenden Informationen modifiziert werden kann:

> „Bin ich auf dem falschen Dampfer, haben wir was übersehen, vielleicht was Gravierendes sogar? Und das können Sie nur sehen, wenn Sie am Patienten dranbleiben, wenn Sie ihn oft sehen, immer wieder mal nachuntersuchen, die Vorbefunde überprü-fen, ob die noch Bestand haben oder ob man doch die Einschätzung ändern müsste."

So kann aufgrund von scheinbar nebensächlichen Patientenäußerungen ein „falsches diagnostisches Gleis" revidiert werden[39]. Diese Art des diagnostischen Vorgehens, bezeichnet auch als „jedes Mal ein neues Experiment", bedingt eine natürliche Distanz zu standardisierten Vorgängen bzw. standardisierenden Abläufen in der Diagnostik:

> „Jeder Mensch ist anders, da versprech' ich mir nichts davon, von solchen mechanisierten Herangehensweisen. Das geht schon deswegen nicht, weil ja jeder Mensch anders ist. Wie gesagt, davon halt ich nichts, weil wie gesagt jeder Patient ist anders, ist ein Individuum."

Auch der internistische Hausarzt betont die Grenzen der Standardisierbarkeit ärztlichen Handelns. Die Hauptgefahr einer standardisierten Handlungsweise sieht er darin, dass vom Patienten ausgesendete „Signale" nicht in den Handlungsablauf integriert werden können, er diese aber elementar für den Erkenntnisprozess und als notwendiges Korrektiv zu übergeordneten Standards empfindet.

> „Also, ich muss meine Standards haben, aber ich muss sie unbedingt sofort in Frage stellen, wenn mir der Patient, wenn ich Signale erhalte, die mir sagen: hoppla, da komme ich mit Standards ja gar nicht mehr weiter."

---

[39] Eine solche Korrektur von eingeschlagenen Pfaden zeigt sich in der Leitlinienmedizin als weniger leicht realisierbar, da Abläufe im Rahmen vorgegebener Prozesse häufig personell delegiert werden und so aus dem Blickfeld geraten können: So äußert ein internistischer Oberarzt diesbezüglich: „Wo dann der Arzt sagt, ach Schmerzen da und dann steht in der Leitlinie, was man alles macht, die heißt Clinical Pathway – wumms! da steht alles drinnen und das läuft dann ahnungslos ab und irgendwo an Schnittstellen fragt dann die Schwester wieder den Arzt. Das ist natürlich sehr intelligent."

Neben dem gezielten Hinzuziehen von „objektiven Daten" und theoriegeleiteten Erkenntnisprozessen (*„Ich kann aber bei einem icterischen Patienten mich im Prinzip auf fünf Laborwerte beschränken und die sagen mir jetzt was los ist."*) ist offenbar das Patientengespräch auch noch im fortgeschrittenen diagnostischen Stadium von hoher Relevanz. Das Bild des gezielten *„den Patienten in die Mühle nehmen"* als mehrmalige Rückkopplung zwischen Patient und Arzt, illustriert nochmals den stark interaktiven Charakter des Diagnoseprozesses des erfahrenen Arztes.

Der exponierte Stellenwert sinnlicher Wahrnehmung, erkennbar in einer Grundhaltung der Achtsamkeit im Rahmen eines dialogisch gestalteten Erkenntnisvorgangs, erstreckt sich auf den gesamten diagnostischen Prozess. Er wird reflektiert von der Überlegung eines erfahrenen Arztes zu einer vollständig an technische Systeme delegierten Diagnostik, bezeichnet als *„Diagnosestöpsel"*, der nicht funktioniere, *„weil die nicht sprechen können, weil die nicht sehen, hören, nicht fühlen können"*. Als Konsens unter allen Gesprächspartnern erscheint, dass Sinne *„die ganze Zeit über wichtig"* sind. Exemplarisch ist für das Feld der sinnlichen Wahrnehmung auf den neu hinzugekommenen Aspekt der Techniknutzung zu verweisen, in dem auch die Interpretation von Befunddaten auf Basis komplexer sinnlicher Wahrnehmungsprozesse fokussiert wird.

Subjektivierendes Handeln als Zusammenspiel impliziten und expliziten Wissens: Die „Einschätzung" des Experten
Die besondere Handlungsanforderung der späteren Phase des Diagnoseprozesses besteht, wie oben erläutert, in der Integration verschiedenartiger Informationen heterogener Informationsquellen in den Erkenntnisprozess. Zu akzentuieren ist als charakteristisches Merkmal dieser Etappe das Zusammenspiel von explizitem und implizitem Wissen. Aus diesem Grund nimmt die Analyseebene des Wissens und Denkens einen prominenten Stellenwert in der Darstellung dieses Handlungsbereichs ein.

Ärztliches Erfahrungswissen zeigt sich insbesondere im späteren diagnostischen Ablauf als spezifische Kombination formal-logischen Denkens und erfahrungs- und gefühlsbasierter Prozesse, die in Abhängigkeit von der jeweiligen Handlungsanforderung und den situativen Gegebenheiten unterschiedlich akzentuiert sein kann. Die Aussage *„Ich hab' natürlich die Medizin soweit im Kopf"* veranschaulicht die auf allen Expertisestufen bestehende Relevanz formalisierten Theoriewissens für den ärztlichen Denkprozess. Trotz des festzustellenden Phänomens der „Theoriedistanz" des ärztlichen Experten und des hohen Stellenwerts „anderer" Wissensformen, wie sie im Repertoire des erfahrenen Arztes auszumachen sind, darf die Rolle expliziten Wissens keinesfalls übergangen werden. Auch der Experte konstatiert, hier im Rahmen eines kontrastierenden Vergleichs mit nicht-medizinischem

Personal, die elementare Rolle medizinischen Fachwissens für das diagnostische Denken:

> „Beispiel Intensivstation: wenn man heute zur Ausbildung auf die Intensivstation kommt, da sind ja dann Schwestern, für die der Intensivalltag seit 10 Jahren tägliche Routine ist, das heißt, die können vieles mindestens so gut wie die Ärzte, wenn nicht besser, haben aber nicht diese theoretische Tiefe, Pharmakologie, was kann ich kom-binieren."

Dass das formale Theoriewissen als „Unterbau" für den diagnostischen Denkprozess fungiert, ist sicherlich keine neue Erkenntnis. Näher zu beleuchten ist jedoch seine Verflechtung mit Formen impliziten Wissens, z. B. dem Erfahrungswissen als zweite große Säule ärztlicher Expertise. Die Medizin wird daher mitunter auch als „Erfahrungswissenschaft" bezeichnet. Dass Theoriewissen und Erfahrungswissen sich zumindest beim Experten nicht konkurrierend gegenüberstehen, sondern sich vielmehr gewinnbringend ergänzen, veranschaulichen im Folgenden einige Aussagen von erfahrenen Ärzten, die über den Erwerb ihres professionellen Wissens reflektieren. Das empirisch in seiner Struktur differenzierbare Wissen von Ärzten verschiedener Erfahrungsstufen zeigt sich als Ergebnis praktischer Lernprozesse. Lernen geschieht in erster Linie durch die Genese praktischer Erfahrung als *„Learning by Doing mit dem theoretischen Hintergrund halt, den Sie vom Studium haben"*. So beginnt das eigentliche Erlernen der ärztlichen Tätigkeit mit Beginn der Praxis: *„Praktische klinische Arbeit, das lernt man vor Ort."*

> „Medizin im eigentlichen Sinne, das kann man so nicht lernen. Das ist eine Erfahrungswissenschaft, das müssen Sie einfach tagtäglich sehen und üben und Sie müssen möglichst viel gesehen haben."

Das als Schlüsselkompetenz zu betrachtende „Erkennen" oder vielmehr *„Wiedererkennen"* von Krankheitsbildern, erfolgt, wie gezeigt werden kann, in einem Zusammenspiel von formalisiertem Wissen und Erfahrungswissen:

> „Wenn so jemand mit solchen Symptomen vor mir, das erste Mal vor mir sitzt und ich also gar nicht in der Lage bin, diese Symptome zu erkennen, weil ich die noch nie vorher gesehen habe, nützt mir das auch nichts. Umgekehrt ist es so, wenn jemand mit den Symptomen vor mir sitzt und ich die Symptome beschreiben kann, aber nicht weiß, worauf das jetzt hindeutet, weil die Theorie fehlt, ist es auch wieder schlecht. Man braucht im Prinzip beides, (…) weil viele von diesen Sachen, wenn man es einmal gesehen hat und einmal sich damit beschäftigt hat, erkennt man es auch immer wieder."

Anschaulich wird auch in der Selbstreflexion des Experten geschildert, wie sich der Stellenwert formaler theoretischer Konzepte im Laufe der individuellen ärztlichen Entwicklung im Verhältnis zu anderen, ihrem Wesen nach impliziten, Wissensformen verschiebt:

> „Es gibt halt unterschiedliche Gewichte im Laufe der beruflichen Entwicklung und man muss sehen, dass das im Gleichgewicht bleibt. Man fängt an, strotzend vor Theorie, den Wissensstand haben Sie theoretisch später nimmer, weil dann müssten sie ständig lernen wie auf eine Prüfung. Und das Erfahrungsmoment ist am Anfang ganz klein, das theoretische Wissen sehr groß, die Erfahrung ganz klein und jetzt entwickelt sich das im Laufe, die Erfahrung wird immer größer."

So scheint die „Ärztliche Urteilskraft", hier als Diskriminierungsvermögen von „Normalem/ Unnormalem" oder *„etwas, was außerhalb der Skala liegt"* per se an personengebundenes Erfahrungswissen geknüpft:

> „Im Laufe der Zeit durch regelmäßiges Üben, dass man dann Sachen eben auch findet, die etwas außerhalb der Norm sind, dass man dann gewissermaßen ein Gefühl dafür kriegt, was ist normal in dem Sinne und was nicht. Aber das ist eben was, was einen auch nicht durch Bücher vermittelt werden kann, sondern was man sich gewissermaßen selber erarbeiten muss."

Die hier deutlich werdende „Distanz zu theoretischem Bücherwissen" sowie die im selben Kontext auftretende Verschiebung von „Wissen" zu „Gefühl" sind beim Experten häufig in uneindeutigen Situationen festzustellen. Auch muss das formulierte Ziel, *„so wissenschaftlich wie möglich"* zu arbeiten, mit einem ganzheitlichen Ansatz vereinbar sein:

> „Ich will schon auf einem wissenschaftlichen Boden stehen, aber eben Seele und Körper behandeln, meinetwegen die Wohnsituation- ja, also, wenn einer Kopfweh hat, würde ich den nicht einfach zu Kernspintomographen schicken und sagen nein, Sie ha-ben nichts, Sie sind gesund, sondern ich will dann auch wissen, dass er vielleicht unter unwirklichen Zuständen arbeitet, wohnt, lebt und vielleicht sich den Kopf voll säuft jede Nacht und deswegen Kopfweh hat oder irgend so etwas, ich meine solche Dinge auch."

Hiermit soll keineswegs eine atheoretische Problemlösungsstrategie bezeichnet sein, vielmehr handelt es sich um eine Souveränität im Umgang mit Theoriewissen, so z. B., indem offenbar die im Lehrbuch präsentierte und für den Anfänger noch maßgebliche Reihenfolge von „Leitsymptomen" für den Erkenntnisvorgang des erfahrenen Arztes offenbar keine Rolle mehr spielt. Ergebnis dieser Entwicklung ist die Fähigkeit zur erfahrungsbasierten und fallspezifischen Anwendung von formalisiertem Wissen, wie der folgende Abschnitt exemplifizierten soll:

> „Man weiß ja schon, dass bestimmte Erkrankungen, bestimmte Symptome- aber da gibt es auch keine Regelhaftigkeit – es gibt bei einer ganz bestimmten Erkrankung werden in den Lehrbüchern sagen wir mal zehn Symptome angeführt, in der Gewichtung nach Häufigkeit eins bis zehn. Darauf können Sie sich aber nicht verlassen, weil es kann gut sein, dass der Patient nur Symptom Nummer neun, dass das für den ganz an erster Stelle steht, das ist durchaus möglich."

Als entscheidend erscheint jedoch seine Fähigkeit, den für die Diagnosestellung relevanten Aspekt (*„Für ihn war das Symptom, das führende Symptom war Durchfall, und das hat er angeboten", das hat er als erstes Symptom hingesetzt"*) auch bei Abweichungen vom typischen Lehrbuchfall zu erkennen.

Anhand einer konkreten Fallschilderung wird deutlich, dass der erfahrene Arzt im Rahmen des diagnostischen Denkvorgangs differenziertes Theoriewissen unmittelbar abruft

> „Wenn der Stein sich bewegt, dann wandert dieser Stein da so nach unten, dann haben die Leute auch mal abdominelle Symptomatik, das heißt das autonome Nervensystem ist dann auch beeinträchtigt, wenn was im Bauch ist. Dann ist dann oftmals der Darm beleidigt".

Wie hier erkennbar übersetzt der erfahrene Internist die akute Beschwerde jedoch in eine gefühlsbezogene Dimension, typischerweise in Form charakterisierender, qualitativ beschreibender Elemente aus der Alltagssprache (*„Dann ist dann oftmals der Darm beleidigt"*). Diese Besonderheit kann als Merkmal von Expertenschilderungen festgestellt werden, während vor allem jüngere Ärzte, wohl auch im Rahmen ihres Anspruchs an die Wissenschaftlichkeit des ärztlichen Wissens und Handelns, in ihren Schilderungen tendenziell häufiger an medizinische Fachterminologie anknüpfen.

Als exklusive Befähigung des Experten zeigt sich z. B. auch das „Lesen" in Daten:

> „Dann kann man schon aus der EDV die wichtigen Daten sich anschauen, ohne den Patienten gleich zu sehen, um ungefähr schon mal einen Eindruck zu haben, was könnte ihm fehlen, ist es ernst, ist es belanglos eher. Das muss man schnell abklopfen."

Offenbar werden jedoch insgesamt diagnostische „Hardfacts" vom Experten nicht unkritisch zur Kenntnis genommen, stellen sie in manchen Fällen nur einen Anhaltspunkt unter mehreren dar:

> „Ich tu dann auch mal Befunde kritisch hinterfragen und beiseitestellen und weise dann darauf hin, wir ham zwar den Befund, aber in der Gesamtüberzeugung sollte man den Befund nicht so hoch hängen, der ist meines Erachtens nicht so relevant."

Die absichernde Rückfrage, ob eine „objektive Quelle wie ein Untersuchungsergebnis-" unterbricht der Experte:

> „Das ist ganz wichtig, das kann man auch mal ausschalten, das kann man hintenanstellen: Wir haben zwar diesen Befund, das teilen wir Ihnen auch mit, aber ich glaube nicht, dass das eine besondere Relevanz hat."

Hierbei konstruiert sich der erfahrene Arzt als autonomer Akteur, dem es selbst obliegt, sich *„leiten oder verleiten"* zu lassen:

> „Ich mach meine Einschätzungen und aus. Und wenn das irgendeinem nicht gefällt, dann soll er's anders machen. Und ich änder' das auch nicht um. Muss ich auch nicht. Die Freiheit hab ich schon."

Hiermit ist offenbar jedoch keine bloße Distanz zu objektivierenden Formen des Wissens, Denkens und Erkennens bezeichnet. In der „Einschätzung" des ärztlichen Experten manifestiert sich vielmehr ein verschiedenartige Informationsquellen einbeziehender, abwägender Umgang mit objektiven Daten. Diese werden im Rahmen einer „Souveränität im Umgang mit Theoriewissen" parallel zu „weichen Informationen", Einzelsymptomen und dem *„Schmerzbild"* des Patienten auf der Basis von Erfahrungswissen „eingeordnet", das heißt, in Bezug zur eigenen Erfahrung gedeutet. Diese Fähigkeit zur sinnvollen Integration verschiedenartiger Informationen, deren Gewichtung durch den ärztlichen Blick bzw. die ärztliche Urteilskraft erfolgt, zeigt sich in der sogenannten Befundzusammenschau:

> „In der Befundzusammenschau wie es dann heißt, man hat dann alle Befunde zusammen und versucht dann zu gewichten. Sieht den Patienten auf der einen Seite, seine Beschwerden, seine Symptomatik, seine Befunde und dann versucht man das zu gewichten. Und sagt: unterm Strich denken wir, so ist es."

Wichtig erscheint weiterhin, dass „*der rein persönliche Patientenkontakt*" bei dem sich als „Kliniker" selbstdefinierende Arzt auch im fortgeschrittenen Diagnoseprozess an erster Stelle steht. Deutlich wird erneut, neben dialogisch-interaktiven Vorgehensweisen und einer hohen Bedeutung von Phänomenen sinnlicher Wahrnehmung auf Ebene des Wissens die entscheidende Relevanz von „weichen Informationen". Handlungsoptionen werden durch den Einbezug neuer Informationen ausgelotet, bzw. korrigiert, wobei der Patient und die durch ihn optisch, verbal und sinnlich *erfahrbaren* Informationen offenbar weiterhin wichtige Auskunftsquellen darstellen. Den Patienten „*möglichst oft sehen*" erweist sich auch im späteren Stadium der Diagnostik als wesentliches Medium der Erkenntnis. Hierbei zeichnet sich der Experte weiterhin durch eine Orientierung am subjektiven Patientenbefinden („*Wie ist es gegangen die Nacht über, ist es erträglich?*") aus, dessen Wissen über seinen Körper offenbar in die diagnostischen Überlegungen miteinbezogen wird. Der Patient „*ahnt, da ist jetzt was Neues in meinem Körper. Das ist nicht das Bauchzwicken, was ich schon immer gehabt habe, sondern was anderes.*" Offenbar können im Anblick des Patienten und im Austausch mit ihm bestimmte Informationen generiert werden, die auf anderem Wege nicht eruierbar sind. Aufgrund von Erfahrungswissen können gezielt „zwei bis drei Fragen" gestellt werden, zusätzlich erlaubt das Vertrauen des ärztlichen Experten auf sein „Bauchgefühl" („*ich bin mir ziemlich sicher*") den Verzicht auf (möglicherweise unnötige) weiterführende apparative Untersuchungen. Ein weiteres Beispiel hierfür ist das „*Einordnen der Beschwerden*":

> „Von daher ist es wichtig, die Beschwerden einzuordnen, das Schmerzbild einzuordnen. Um sagen zu können: Auch wenn ich jetzt nicht weiß, was dahinter steckt, den kann ich locker abfliegen lassen, da kann ich morgen noch mal hinschauen, ich bin mir sicher, der hat nichts. Sicher können Sie in so einem Fall auch die ganze Maschinerie in Gang setzen, den von unten bis oben durchschichten, in die Maschinen stecken. Vorm Kadi ist das hilfreich, aber ich find das ist ein bisschen der persönliche Ehrgeiz der einen da beflügeln sollte- das mach ich jetzt nicht! Ich bin mir ziemlich sicher, da zwickt' s nicht, da ist es nicht eng, den lass mer mal, der soll mal zu sich kommen, dann redma morgen noch mal mit dem."

In der Selbstreflexion des Experten wird dieses äußerst voraussetzungsvolle Handeln („*Da muss man schon sehr gut dabei sein*") als „ärztliche Urteilskraft", bzw. als Kernelement der ärztlichen Kunst evident.

In der Summe können zahlreiche Situationen benannt werden, in denen der erfahrene Arzt auf Wissensbestände jenseits expliziten Wissens zurückgreift bzw. als Schlüssel zur Diagnosefindung geistige Prozesse benennt, die sich kaum als formallogische Operationen beschreiben lassen. Diese werden teils selbst explizit als „Gefühl" benannt oder es klingt vielfach eine deutliche Nähe zu von Emotion geprägten Zuständen an: *„Alarmglocken"*, ein *„unbestimmtes Gefühl so, da würde ich gerne noch mehr wissen", „damit bin ich noch nicht zufrieden, (…), das ist so einfach dieses Gefühl, ich weiß nicht, ich glaube ich habe da noch nicht alles erfahren sozusagen", „diese berühmte Sirene, die dann so angeht"* sind sprachliche Repräsentationsformen dieser Gefühlsbegleitetheit, wenn nicht sogar Gefühlsgeleitetheit in der Praxis.

Charakteristisch für Phänomene impliziten Wissens scheint auch für erfahrene Ärzte der Zusammenhang „Wissen – Denken – Gefühl" teilweise schwer verbal zu differenzieren zu sein. Häufig werden Oberbegriffe vermischt oder pauschal angeboten *(„Ja Sinne, das wäre ja die Intuition, dass man einfach guckt")*, was auf die Schwierigkeit der Explikation des Phänomens sowie auf die enge Verwandtschaft dieser (impliziten) Wissensformen hindeutet. Eine Präzisierung des Themenkomplexes kann jedoch stellenweise erreicht werden. Intuition findet insgesamt durchaus Akzeptanz im Spektrum ärztlichen Wissens und bildet vor allem im Verbund mit Erfahrung eine unproblematische Quelle der Erkenntnis. So fällt auf, dass die Themenkomplexe Intuition und Erfahrung fast immer ineinander übergehen. So werden Erfahrung und Intuition auch gemeinsam mit oder als „Fingerspitzengefühl" thematisiert:

> „Dann braucht' s natürlich auch eine gewisse Erfahrung und Intuition, bissl Fingerspitzengefühl, des brauchen' s schon"

Auch wird Intuition explizit mit sinnlicher Wahrnehmung in Verbindung gebracht

> „Die Intuition? Das ist das, wo man viele Sinneseindrücke verwendet, die einem vielleicht gar nicht bewusst sind."

Als wenig konfliktbehaftet erweisen sich die Formulierungen „Aufspüren" oder „Ahnung" als Methode des Erkennens. So wird das Erkennen (hier des seltenen Herzinfarktes eines jungen Mannes) in den Bereich der sinnesgeleiteten Erkenntnis verwiesen:

> „Also das sind die ganz guten Ärzte, die diesen Unterschied noch aufspüren."

Der ärztliche Blick als Fähigkeit, auch eine eher unwahrscheinliche Diagnose zu stellen, bzw. deren „Aufspüren" wird als vorrangiges Metier des Experten, des „guten Arztes", behandelt. Gefragt nach erforderlichen Fähigkeiten, einen weniger offenkundigen Fall zu lösen, wird, wie häufig im Rahmen schwer explizierbarer Phänomene und Wissensquellen der fast schon als Schlagwort einzustufende Begriff der „Intuition" als Oberbegriff zur Erklärung nicht oder schwer erklärbarer Erkenntnisvorgänge herangezogen:

> „Das ist dann intuitiv. Intuition ist glaube ich diese gelernten, ganz vielen Rezeptoren, Blass, Angst, Schweiß und das wird nicht mehr im Bewusstsein gemacht. Nicht mehr im Hippocampus, sondern im limbischen System."

Intuition wird hier explizit durch die vorgenommene Verortung des Erkenntnisvorgangs im limbischen System, dem emotionalen Zentrum des Gehirns, dem Bereich des Nicht-Rationalen zugeordnet. Es geschieht außerhalb des Bewusstseins und ausdrücklich nicht im Rahmen logisch-diskursiven Denkens. Hinter dem Etikett „Intuition" verbirgt sich offenbar ein sehr voraussetzungsvolles Wissen, das nur dem erfahrenen Arzt zugänglich zu sein scheint. Entscheidend erscheint jedoch vor allem das selbstverständlich anklingende Zutrauen zur eigenen Intuition und zu anderen Formen gefühlten Wissens, das sich als Alleinstellungsmerkmal des erfahrenen Arztes verdeutlicht. Der Experte ist sich der „Subjektivität" des eigenen Urteils bewusst und kann diese in sein Handeln konfliktfreier integrieren:

> „Das ist ja das ständige Spiel, wie ich dann schreibe, es handelt sich am ehesten, es handelt sich wahrscheinlich, es ist möglich, dass, ich kann es nicht ausschließen, das ist immer ein Ringen um dieses Wort dann. Und dann am Schluss aber, ich (starke Betonung) würde das oder ich würde das und das machen. Wenn Sie's anders machen ist auch recht."

Subjektivität ist an dieser Stelle nicht mit „Beliebigkeit" zu verwechseln, auch wenn sich die Einschätzung intersubjektiver Begründbarkeit entziehen mag. Vielmehr kann in der sorgfältig abwägenden Einschätzung ein Zusammenspiel objektivierender und subjektivierender Erkenntnismöglichkeiten gezeigt werden, die der Experte durch die Zusammenführung der scheinbaren Gegensatzpaare „Technik und Gefühl", „Laborwerte und Eindrücke", letztlich von exakt Benennbarem gegenüber Diffusem und Vagem meistert.

Die grundsätzliche Art der Bezugnahme auf den Patienten als „Subjekt" kann auch für den fortgeschrittenen Diagnoseprozess aufgezeigt werden. Auch im Verlauf der Diagnosestellung zeigen sich die Dispositionen der Nähe, Verbundenheit und Teilhabe als Basis des Arbeitsprozesses zwischen Arzt und Patient, einer Grundhaltung, die sich auf verschiedenen Analyseebenen widerspiegelt. Zunächst kann Nähe zum Erkenntnisgegenstand Patient unter den Experten als Königsweg der Diagnostik bestimmt werden. Vor allem der Praxistyp „Kliniker", der Arzt am Krankenbett, definiert sich primär über seine Nähe zum Patienten. Gerade besonders herausfordernde Problemsituationen löst er durch die Strategie des „am Patienten dranbleiben". Das Subjekt Patient, *„das sich nicht als Werkstück abgibt"*, bringt nicht nur seinen Körper in den Diagnoseprozess ein, sondern wirkt durch sein Wissen *(„der spürt, das ist jetzt was anderes in seinem Körper")* um seine Erkrankung aktiv in den – teilweise in Kooperation bewältigten – Erkenntnisprozess ein. (Auch dem Patientenkörper wird dabei kein Objektstatus zugewiesen, vielmehr wird sich auch auf Organe wie auf Subjekte bezogen, ihnen Subjekteigenschaften zugesprochen *(„Dann ist dann oftmals der Darm beleidigt"))*.

Erschwert wird der Aufbau eines vertrauensvollen Bezugs durch die z. T. hohe Arbeitsteiligkeit im Bereich einzelner diagnostischer Abläufe. Hierbei zeigt sich ein deutlicher Unterschied zwischen Hausarzt und Klinikarzt. Aufgrund der Gliederung in spezialisierte Funktionseinheiten wird ein Patient im Krankenhaus in den seltensten Fällen von nur einem Arzt behandelt. Für den Arzt bedeutet Spezialisierung, oftmals nur mit einem konkreten Ausschnitt respektive Organ des Patienten in Berührung zu treten- dies sogar nur mittelbar durch die Schnittstelle der technischen Untersuchung. Diesen Umstand problematisierend äußert sich der spezialisierte Sonografeur, der eine grundsätzlich ganzheitliche Bezugnahme auf den Patienten vertritt, diese jedoch im Rahmen seiner Tätigkeit kaum realisieren kann:

> „Ich mache jetzt praktisch mehr (Sonografie), als mir lieb ist, weil ich natürlich immer eine Mischtätigkeit haben wollte, ganzheitliche Medizin (LACHT) und jetzt in einer extrem monomanen //ÄHHM// Ratten- Hamster Rad, in einer Situation bin, die ich mir natürlich nie so ausgesucht hätte."

Das „Fließband" verdeutlicht darüber hinaus die Erschwerung einer persönlichen Beziehung durch ökonomisch-institutionelle Rahmenbedingungen.

> „Wir sind ein sehr schnelles Fließband und wenn man mal 30–35, wir hatten auch schon 40 Patienten an einem Tag durchgemacht, dann geht das unheimlich schnell und viele Patienten bei uns verstehen es nicht. (…) Die gehen einfach vorbei und da gibt es jetzt keine große Beziehung zu den Patienten."

3.4.5 Therapiegestaltung

Das Thema „Therapie" offenbart in Bezug auf die Handlungsstile der beiden kontrastierten Gruppen keine wesentlichen neuen Erkenntnisse, weswegen die handlungstheoretische Analyse an dieser Stelle knappgehalten ist. Im Rahmen des Handlungsfelds Therapie wurde jedoch das äußerst interessante „Thema Leitlinien" aktualisiert, das Anknüpfungspunkte bietet, um Handlungsprinzipien und Selbstverständnis der Interviewpartner näher auszuleuchten. Einige Aspekte dieser offenbar relativ zentralen Thematik werden im Rahmen der Erörterung „Aktueller Problemfelder" aufzugreifen sein.

Therapiegestaltung im Rahmen objektivierenden Handelns: Orientierung an Standards
Bei der Schilderung des eigenen therapeutischen Vorgehens bestätigt sich bei den jungen Ärzten das Bild eines weitgehend noch im objektivierenden Modus erfolgenden Handelns. Das planmäßig-objektivierende Handeln der jungen Ärzte erfährt in erster Linie durch die therapeutischen Leitlinien, formale Konzepte zur Behandlung auf Basis wissenschaftlicher Daten, eine Strukturierung durch extern definierte Vorgaben. Erneut scheint das Motiv des Schemas auf, hier in einer neuen Akzentuierung als „Objektivierung von Erfahrung":

> „Leitlinien sind schon wichtig. Gerade aus Diagnostik und Therapie, weil Leitlinien sind ja letztendlich Erfahrungen, die versucht worden sind, zu Papier zu bringen, weil man weiß, also Leitlinien, dass man damit die besten Erfahrungen gemacht hat und daraus resultiert dann ein Schema, woran sich alle halten sollten."

Auch in diesem Handlungsfeld verspricht die Orientierung an vorgegebenen Schemata Handlungssicherheit, von denen eine „*größtmögliche Wahrscheinlichkeit*" einer erfolgreichen Therapiegestaltung erwartet wird. Aus der Perspektive der Ärztin im praktischen Jahr nachvollziehbar wird von ihr ein „*Experimentieren am individuellen Patienten*"[40] als „*rumdoktern*" zugunsten einer Orientierung an „*repräsentativ angelegten Studien*" zurückgewiesen.

> „Es ist sinnvoll, dass ich nicht bei einem Krebspatienten von neuem beginne, rumzu-doktern, was könnte dem jetzt für eine Chemotherapie helfen, sondern dass ich vorne einfach eine gewisse statistische Wahrscheinlichkeit habe, und weiß okay, das ist jetzt für seinen Fall das Angemessene. Weil das einfach auf Grund repräsentativ angelegter Studien herausgefunden wurde. Dadurch experimentiere ich weniger am individuellen

---

[40] Das „Experimentieren am individuellen Patienten" erweist sich dabei geradezu als Merkmal ärztlicher Könnerschaft. Deutlich wird anhand dieser Textstelle auch der gelegentlich festzustellende Widerstreit in der Sicht- und Handlungsweise der jungen Ärzte, die sich normativ über die Individualität des Patienten zwar bewusst sind, ihr Handeln jedoch noch nicht entsprechend daran ausrichten können.

Patienten herum, sondern eben das, wo ich eben die größtmögliche Wahrscheinlichkeit habe, ihm damit zu helfen zu können. Insofern sind Leitlinien schon sinnvoll."

Differenzierter charakterisiert die internistische Assistenzärztin Leitlinien als Stützinstrument beim Fehlen von Erfahrungswissen:

„Also ich denke, die (Leitlinien) sind vor allem dann relevant, wenn man auf kein spezielles Erfahrungswissen zurückgreifen kann, dass man einfach eine Methodik hat, also wirklich einen Leitfaden, an dem man sich weiterhangelt, dass man sich weiterarbeiten kann. Und /ähm/ ja und um eine Standardisierung zu schaffen und dem Patienten und sich selbst eine Sicherheit zu geben."

Erneut wird die erfahrungsbasierte Entfernung von Schemata als Expertenhandeln deutlich:

„Ich denke, je länger man dabei ist, desto weniger braucht man ganz enge Leitlinien. Dann hat man das einfach im Kopf. Ich glaube, die müssen sich nicht mehr so eng orientieren. Die wissen schon was man machen muss, weil es Sachen gibt, die muss man einfach so machen. Aber ich denke, da kann man mehr ausprobieren. Das ist sicher so."

Aus den Äußerungen vor allem der Interviewpartner mit der geringsten praktischen Erfahrung klingt ein grundlegendes Vertrauen in „statistische Wahrscheinlichkeiten" bzw. „Evidenzen" an, die für sie nicht im Widerspruch zur zuvor (normativ) bekundeten Individualität des Einzelfalls zu stehen scheinen. Die „Leitlinientreue" der unerfahrenen Ärzte stellt objektivierte Erfahrung über die eigene Überzeugung oder Einschätzung, die den „Experten" vorbehalten zu sein scheint.

„Hängt von der Abteilung, von der Gesellschaft ab, in der man assoziiert ist oder was man an Erfahrung auch selber…, das ist auch eine eigene Überzeugung noch dabei, denke ich (…) manche sagen, ich akzeptiere die Leitlinien nicht und ich finde der Blutdruck sollte strenger eingestellt werden, als die Leitlinien das vorgeben, weil der sonst mehr Konsequenzen hat davon, der Patient. Da streiten sich die Experten über die Forschungsergebnisse und über die Leitlinien, das ist eigentlich so der alltägliche Kampf."

Lediglich die psychiatrische Assistenzärztin, in diesem Fall kontrastierend zu ihren ungefähr gleichaltrigen, jedoch anderen Fachrichtungen angehörigen Kollegen anzuführen, äußert sich, konsistent zu ihrer ablehnenden Haltung gegenüber jeder Form von Standardisierung, auch in Bezug auf therapeutische Leitlinien ablehnend:

„Mein Verständnis von ‚ner vernünftigen psychatrischen und psychotherapeutischen
Behandlung entsprechen die Leitlinien nicht. Also ich glaub', dass da versucht wird,
den Menschen in ein Raster zu pressen, was einfach nicht möglich ist, weil da eben
versucht wird- genau das, was ich nicht mache - anhand von bestimmten Diagnosen
/äh/ einen Entscheidungsbaum loszutreten. Und das kann's meiner Meinung nach nicht
sein, weil ein Mensch eben nicht aus seiner Biochemie besteht, sondern aus ganz vielen
individuellen Faktoren, die du nur dadurch rausfindest und berücksichtigen kannst,
dass du mit ihm im intensiven Gespräch- und nicht, dass du einen Entscheidungsbaum
abklapperst."

Die Therapie im Rahmen subjektivierenden Handelns als Teil einer „Lebensbegleitung"

In der Analyse des ärztlichen Handelns im Rahmen des Handlungsfelds Therapie wird besonders deutlich, dass sich nicht präzise eingrenzte Problemfelder oder Zieldefinitionen, sondern das „vage" Motiv des „Begleitens" vielfach als handlungsleitend zu betrachten sind. Dass der niedergelassene Arzt darüber hinaus – zumindest im Idealfall- den Vorteil genießt, *„Interaktion, in Zeit und Ruhe etwas entwickeln können"*, zeichnet seine spezifische Situation als „Begleiter" aus.

„Das ist ja eine ganz andere Begleitung des Menschen, als die Behebung eines
umschriebenen Problems. Das ist ja irgendwo eine Lebensbegleitung."

Begleitung ist hierbei jedoch nicht einseitig-direktiv zu verstehen, sondern erfolgt typischerweise im Modus der Kooperation:

„Das Gefühl, dass jemand auch was möchte und bereit ist, selber was zu tun. Und
nicht so passiv denkt, ‚du Doktor, behandel mich'. Das ist ganz schlimm. Ich kann
niemanden behandeln, ich kann nur Behandlungen gemeinsam eigentlich machen."

So berichtet die psychiatrische Assistenzärztin von der Notwendigkeit dialogischer Aushandlungsprozesse, die den Therapieerfolg erst ermöglichen:

„Ziel kann nicht sein, dem Patienten irgendwas aufzudrücken: ‚So, ich will jetzt, dass
Sie so und soviel Medizin nehmen', weil das macht er genau bis zum dem Tag, wo er
nach Hause geht und dann macht er, wie er will. Das Ziel kann nur sein, immer wieder
mit ihm zu verhandeln, und dann einen Kompromiss zu finden, mit dem dann beide
Seiten leben können. Weil alles andere ist total kurzsichtig."

Wie bereits im Anschluss an das empirische Material Schachtners festzustellen war, stehen „Beziehung" und „Interaktion" in besonderem Masse im Zentrum des ärztlichen Handelns. Die Grundhaltungen „Nähe" und „Empathie" als tatsächliche professionelle Fähigkeiten erstrecken sich somit auf den gesamten Behandlungsprozess, in dem der sich als ganzheitlich agierend verstehende Experte dem Patienten neben sachlich-fachlicher Beratung auch psychisch-emotionalen Beistand vermittelt, so auch als Klinikarzt:

> „Wenn ein Patient kommt und ich mit dem gut zurechtkomme und zu ihm ein Vertrauensverhältnis aufbauen kann und ich das Gefühl hab, dass er sich zurücklehnen kann, sich aufgehoben fühlt, sich aufgefangen fühlt, und dass allein dadurch sich schon wohler fühlt, dass er jemanden hat, wo er den ganzen Müll abgeben kann und wenn ich mit ihm dann spreche über seine Krankheit, auch helfen kann, Ratschläge geben kann."

Deutlich wird in der Schilderung des „professionellen Dilemmas", das Bestreben des erfahrenen Arztes, Teil eines gemeinsamen Erlebens zu werden, jedoch trotz subjektiven Involvements die ärztliche Aufgabe nicht aus dem Blick zu verlieren, einen „Ausweg zu sehen".

> „Soll ich mit dem mitweinen oder soll ich sagen, das ist nichts. Wie macht man das eigentlich? Wie geht man damit um? Und das wollte ich eigentlich gerne lernen. Wie weit geht man mit? Aber ab wann dreht man ab? (…) Dass man einerseits versucht, mit ihm das soweit es geht zu verstehen, mitzugehen, aber dann auch den Ausweg zu sehen."

Es zeigt sich, dass „lebensbegleitende" ärztliche Betreuung eine Zentralstellung der Patientenpersönlichkeit erfordert, die weit über ein definierbares Therapieschema hinausgeht.

> „Dann gibt es die Leitlinien und wenn ich mich an denen entlang hangele mache ich keinen Fehler. Ob ich damit der betreffenden Person gerecht werde, steht für mich auf einem ganz andren Blatt. (…) Aber die eigentliche Kunst besteht ja nicht im Anwenden von Leitlinien, die schriftlich niedergelegt sind, wenn das und das vorliegt, dann tue ich das und das, sondern dem individuell zugeschnittenen Programm für die betreffende Person."

Leitliniendefinierte therapeutische Konzepte werden in der „Schulmedizin", zu der sich alle Befragten trotz ihrer als ganzheitlich zu beschreibenden Orientierung zählen, für die individuelle Behandlung nutzbar gemacht. Dennoch ist das Vorgehen in der Therapie insgesamt, dem Prinzip der offenen, situativen Planung folgend, durch das übergreifende Motiv der Individualität des Patienten bestimmt. Betont wird die Notwendigkeit der Anpassung einzelner therapeutischer Schritte an den konkreten, individuellen Fall, oftmals in Abweichung von vorgegebenen Therapieschemata ein:

> „Dass man manchmal weniger dosiert, als in dem Leitfaden angegeben ist, weil der von der Konstitution schwächer ist, weil man das Gefühl hat, der verträgt das nicht."

Bei der Auswahl eines geeigneten Therapieregimes, hier zur Behandlung einer Diabeteserkrankung, steht die gesamte Lebenssituation des Patienten im Mittelpunkt der Entscheidungsfindung. Die für den Zuschnitt des Therapieprogramms erforderlichen Informationen leiten sich nicht nur aus „harten Fakten" (Alter, Gewicht, etc.) ab, sondern müssen sorgsam anhand von subjektiven Faktoren eruiert werden, die durch die erfahrungsbasierte Bewertung des Arztes sinnvoll strukturiert werden:

> „Es kann jetzt zum Beispiel Alter ist noch so ein Faktor, biologisches Alter, also ein sehr subjektiv gefühltes Alter das mit dem Geburtstag nicht unbedingt übereinstimmt, ob jemand noch sehr rüstig ist oder schon sehr vorgealtert, ja, mit 60 schon daher kommt wie mit 75, das spielt alles eine Rolle um dann speziell für den Menschen viel-leicht eine andere Entscheidung zu treffen, als es die Leitlinien vorsehen würden."

Im Modus einer partizipierenden Wahrnehmung richtet sich die Aufmerksamkeit vor allem auf die zwischen den Zeilen kommunizierten Mitteilungen und damit verbundenen bzw. davon ausgelösten Gefühle und Vorstellungen.

> „Wenn ich im Gespräch raushöre, jemand tut sich sehr schwer seinen Lebenswandel umzustellen und ist jetzt meinetwegen 75, dann muss ich nach den Leitlinien ein sehr hartes Regime einschlagen, bestimmte Werte erreichen in der Zuckereinstellung /äh/, als Mensch kann ich aber sagen, kann ich mit ihm versuchen rauszufinden, was ihm wichtiger ist."

In der Interaktion werden entscheidungsrelevante Aspekte im sprachlichen Austausch erarbeitet und gemeinsame Ziele definiert, die durchaus nicht-messbarer Natur sein können. Eine gemeinsame Zieldefinition entsteht so als Produkt der dialogisch-interaktiven Kooperation von Arzt und Patient, wobei dem subjektiven Patientenempfinden Raum gegeben wird:

> „Jetzt geht es wieder zurück zum Gespräch, jetzt geht es erstmal darum, dass der Betroffene die Information erstmal selber verarbeiten muss, dass er Diabetiker ist, eine gesellschaftlich nicht sehr angesehene Krankheit, man muss, wenn man irgendwo zu Gast ist, Dinge ablehnen usw., das tut man alles sehr ungern, sie werden ein bisschen stigmatisiert, das ist schon mal das erste, er muss erstmal verkraften, dass er das jetzt ist."

Der Handlungsstil der erfahrenen Ärzte zeichnet sich somit als ganzheitlicher aus, da sowohl auf eine Reduktion des Patienten auf seine Eckdaten als auch auf eine strikte Befolgung standardisierter Therapieschemata zugunsten einer den Patienten als komplexes Individuum betrachtenden Therapiegestaltung verzichtet wird. Abweichungen und „Außerplanmäßiges" können auf diese Weise flexibel und situativ in das eigene Handeln integriert werden:

> „Ich kann jetzt einen Übergewichtigen, nicht jahrelang schimpfen, dass er nicht abnimmt. Wenn er es nicht schafft, schafft er es nicht und dann muss ich das sozusagen in seine Behandlung mit einbauen, dass er das einfach nicht kann und da brauche ich auch dem bestimmte Diätkriterien nicht immer wieder neu einbläuen, das wird nicht funktionieren, sondern ich muss die Therapie so abstimmen."

Ausdrücklich verweist der ganzheitlich orientierte Experte auf die für ihn gültige Zielvorstellung einer möglichst hohen Lebensqualität des Patienten, in Abkehr von einer quantitativen Orientierung an statistischen Daten:

> „Ob er jetzt noch fünf Jahre relativ genussorientiert leben kann und bereit ist, die Konsequenz zu tragen, dass dann entsprechende Komplikationen auf ihn zukommen, dann würde ich zum Beispiel von der harten Verfolgung von Leitlinien abweichen und würde sagen: der ist vielleicht in den nächsten fünf Jahren gesünder, wenn er das locker macht, ist er insgesamt als Mensch gesünder."

Der empathische, subjektive Nachvollzug der Patientensituation stellt hierbei für den Experten ein zentrales Medium der Orientierung wie auch Handlungskriterium dar.

> „Zu versuchen einzufühlen, was für den das Beste ist und für den bissel mitzuentscheiden."

3.4.6 Die ‚Ärztliche Kunst' und der ‚Gute Arzt' in der Reflexion des Samples

Abschließend soll den subjektiven Perspektiven der Interviewpartner bezüglich des Wesens der ärztlichen Kunst Raum gegeben werden. Deutlich wird hierdurch, dass auch von den befragten ÄrztInnen der ‚gute Arzt' nahezu ausnahmslos über subjektivierende Handlungsformen bestimmt wird, bzw. die ‚ärztliche Kunst' in

Phänomenen, die handlungstheoretisch als subjektivierendes Handeln aufgezeigt wurden, verortet wird.

Um möglichst generalisierbare Erkenntnisse gewinnen zu können, wurde das Spektrum der im Arztberuf grundsätzlich angelegten Möglichkeiten, Potenziale und Erkenntnischancen, das in der Aussage eines Experten (*„Ich habe mir gedacht, in der Medizin sind erstmal riesige Entfaltungsmöglichkeiten von der Psyche bis zum Handwerk"*) angelegt ist, durch die Integration von Ärzten unterschiedlicher Fachrichtungen in das Sample abgebildet. Durch die Spezialisierung der Profession sind diese Aspekte ärztlichen Handelns in der heutigen ärztlichen Tätigkeit kaum mehr zu gleichen Teilen enthalten. Einen Versuch der Konservierung dieses „Urbilds" des Arztes, stellt der bei den untersuchten Internisten populäre ganzheitliche Ansatz dar. Zwei arbeitsinhaltlich entgegengesetzte Pole können mit den Vertreterinnen der Chirurgie und der Psychiatrie bestimmt werden. Während sich die angehende Chirurgin vor allem über manuelle Tätigkeitselemente und *„kreatives Arbeiten"* sowie ein *„akkurates Wissen der Anatomie"* definiert, betont die zukünftige Psychiaterin ihren Schwerpunkt als *„Kontakt"*, *„Zuhören"* und *„auf Empfang geschaltet sein"*. So erscheint der Bezug zum Patienten von der fachlichen Ausrichtung mitbestimmt: *„Ein Anästhesist, der nur dafür zuständig ist, Narkosen zu machen, der muss auch nicht stundenlang reden, aber so ein Allgemeinarzt, ein Internist oder halt Psychiater, die müssen schon gucken, was ist das für ein Mensch vor mir."* Als wesentliches Distinktionskriterium erscheint der Grad des Kontakts mit dem *„lebendigen Menschen"*: *„Sie können ja auch Pathologe werden, da haben Sie nie wieder mit einem lebendigen Menschen zu tun, oder Laborarzt, haben Sie nur noch mit Blut zu tun, Sie sehen nie jemanden, Sie müssen seinen Mundgeruch nie riechen"*.

Zunächst beziehen sich Äußerungen der Interviewpartner zur ‚Ärztlichen Kunst' auf im engeren Sinne „fachliche" Kompetenzen. Aus der Literatur bekannt ist, dass die Diagnose in der Selbstkonstruktion des Arztes eine exponierte Position einnimmt. Übereinstimmend wird konstatiert, dass das *„schnelle Erkennen"* einer Krankheit, möglichst ohne diagnostische Umwege, als Zeichen ärztlicher Könnerschaft zu betrachten ist (*„Wie komme ich zielgerichtet ohne unnötige Umwege zur Ursache, das ist die eigentliche Kunst."*). Formaltheoretisches Fachwissen wird hierbei vorausgesetzt, als „Kunst" qualifizieren sich hingegen nur bestimmte Erkenntnisprozesse, die darüber hinaus eine als „subjektivierend" zu beschreibende Komponente aufweisen. Beispielgebend für diese vielfach in der empirischen Analyse aufgezeigten Phänomene sind das sinnesgeleitete und intuitive Erkennen als *„Aufspüren"* einer schwierigen Diagnose (*„Also das sind die ganz guten Ärzte, die diesen Unterschied noch aufspüren"*), die erfahrungsbasierte und gefühlsgeleitete *„Einschätzung"* wie auch die Selektion der wesentlichen,

vielfach verdeckten Informationen in der Arzt-Patient-Begegnung im Stil eines
„Signale auffangen".

Exemplarisch für diese Phänomene ist die so genannte „Blickdiagnose" zu
behandeln, die häufig mit emotionalen Begleitzuständen wie Stolz, Ehrgeiz u. ä.
konnotiert ist: Die Blickdiagnose zeichnet sich dadurch aus, dass eine Diagnose
beim bloßen Anblick des Patienten gestellt wird, somit ein nicht planmäßig-
strukturierter, verschiedene Ebenen umfassender Erkenntnisvorgang stattfindet.
Auch kommen die Phänomene „Ärztlicher Blick", und sicherlich auch die
„Ärztliche Intuition" in der Blickdiagnose auf sehr plakative Weise zum Tragen.

Durch die handlungstheoretische Analyse wird die Blickdiagnose zunächst
als Vorgang komplexer sinnlicher Wahrnehmung deutlich. Explizit als *„sinnliche Erfahrung"* bezeichnet, sind hier verschiedene Sinneswahrnehmungen als
miteinander verschränkt zu erkennen:

> „Diagnostik des ersten Blicks ist ja was Sinnliches, das ist ja Sehen, Riechen, Hören,
> Fühlen, das wird ja alles eigentlich beansprucht".

Als ein wesentliches Element der spezifischen Erkenntnisleistung der Blickdiagnose ist es zu betrachten, dass offenbar durch die spontane Anmutung
des Patienten bildhafte Erinnerungen hervorgerufen werden, die ein spezifisches
professionelles Wissen aktualisieren, welches die Problemlösung ermöglicht.

> „Zum Beispiel habe ich schon mal das Vollbild einer Manie gesehen. (...) Das war
> schon eindrucksvoll, die war dermaßen größenwahnsinnig, antriebsgesteigert, sich
> selbst überschätzend, mit tausenden Ideen gleichzeitig. Die war wirklich ein Vollbild,
> wie man es selten sieht. Wie es im Lehrbuch steht. Das ist dann schon sehr eindrucks-
> voll."

Erinnert werden hierbei vor allem charakteristische Details, die als Bilder abge-
speichert werden. Der ärztliche Blick zeigt jedoch auch unter hoher Fluktuation
erstaunliche Qualitäten des „Wiedererkennens": *„Wenn ich die Leute meistens
schon seit 15 Jahren kenne, erkenne ich meistens den Leberfleck wieder- Ah, Sie
sind das!"*

Das Erkennen eines Krankheitsbilds im Rahmen der Blickdiagnose kann so
als assoziative Verknüpfung zwischen dem Anblick des Patienten *(„irgendwann
habe ich dann gesehen, wie er so dasteht", „wie die humpeln")* und ähnlich
selbst erfahrenen Situationen aufgezeigt werden. Im simultanen Abgleich des
konkreten Patienten mit einer Vielzahl bereits gesehener bzw. „erfahrener" Fälle
kann die aktuelle Situation interpretiert und beurteilt werden. Als wesentliche
Voraussetzung für das Stellen einer Blickdiagnose erscheint das *„Auffangen"*

von „Zeichen" oder „Signalen", das im Rahmen assoziativen und imaginativen Denkens zu verorten ist.

> „Man kann das schon versuchen, dem Patienten gegenübertreten, ohne jetzt mit ihm gesprochen zu haben, teilt er Ihnen einige Informationen schon mit. Die müssen Sie auffangen, diese Signale. Dazu müssen Sie in der Lage sein."

Deutlich wird die aus dem Anblick des Patienten abgeleitete Diagnose als subjektive Strukturierungsleistung verschiedener Informationen und Eindrücke (*„geschilderte Symptome, geschildertes überhaupt Erleben oder Gesprochenes mit Verhalten, mit Aussehen"*) durch den ärztlichen Experten. Die Wahrnehmung bestimmter Merkmale oder Eigenschaften des Patienten und seiner Symptomatik führt dabei nicht auf dem Wege logisch-fachbegrifflichen Denkens Prozesses, sondern auf direktem, sprunghaftem Weg, dem des analogen Denkens, zu ähnlichen Erfahrungen und damit verbundenen Wissensbeständen. Dieses Wissen scheint vom formalisierten Wissen um pathophysiologische Zusammenhänge abgekoppelt und stellt auf ein *„Wiedererkennen"* von äußeren Merkmalen bzw. den blitzartigen und simultanen Abruf lösungsrelevanter Bilder sind, ab:

> „Wenn man ein paar Nierenkoliken gesehen hat, dann weiß man, der hat eine- das ist ein Wahnsinnsschmerz, wie die drinliegen"

Das „wie" als Wahrnehmung einer bestimmten Qualität des Schmerzes wird hierbei als erlebnisbezogene Vorstellung vergegenwärtigt, die ein Interviewpartner als „automatischer Vorgang" beschreibt. Für den Experten haben diese „Zeichen" auf der Grundlage seines Erfahrungswissens einen so distinktiven Charakter, *„dass man das einfach weiß."* Ein Oberarzt geht sogar soweit, die Blickdiagnose zu einem zentralen Kriterium des ‚guten Arztes'[41] zu erheben, der dann auf diagnosetechnische Unterstützung nur noch zur Bestätigung seines bereits sicheren Verdachts zurückgreift:

> „Ich sage immer, der Gute (Arzt) braucht dann dafür gar kein Gerät mehr, das bestä-tigt das dann nur noch. Also er kommt aus der Kabine raus und dann weiß ich schon ist das Lungenkolik oder Gallenkolik."

Auch erschließt sich der als „Intuition" gefasste Vorgang als spezifische physisch-emotionale Verfasstheit des Experten:

---

[41] Die junge Assistenzärztin muss hingegen, wie sie es formuliert, noch lernen, *„ihrem diagnostischen Blick zu trauen"*.

> „Das ist intuitiv. Das erfassen Sie intuitiv in dem Moment. Man muss versuchen, sehr
> aufmerksam zu sein, man muss sich schon sehr konzentrieren. Und nach 'ner durchge-
> machten Nacht ist das schlecht, da hat man nicht so viele Antennen wissen Sie. Das
> hängt schon auch, man muss schon immer präsent sein."

Die Selbstbeschreibungen *„aufmerksam sein"*, *„präsent sein"*, *„Antennen"*, die
vorhanden sein müssen, verweisen auf einen Erkenntnisvorgang im Rahmen von
höchster Konzentration und Sinnesgeleitetheit. Dieser spezifischen motivationalen Disposition, im Rahmen derer der Experte diese Anforderungen löst, liegt
weiterhin das Motiv der „Präzision" zugrunde. Anders als auf den ersten Blick
zu vermuten sein könnte, wird hiermit nicht die Selbstauffassung der Medizin
als exakte Naturwissenschaft reproduziert, zum Ausdruck kommt in der Wendung des erfahrenen Arztes, in schwierigen oder „kritischen" Situationen *„genau
hinzuschauen"*, *„genau hinzuhören"* vielmehr eine intensive Befassung mit dem
Gegenüber im Rahmen eines subjektivierenden Erkenntnisvorgangs. Trotz der
scheinbaren Leichtigkeit der Blickdiagnose (*„Ich denke, dass einem das manchmal schon gar nicht mehr bewusst ist, wenn man das viele Jahre gemacht hat. Dann
kommen so viele Sachen zusammen, die dann automatisiert sind."*) handelt es sich
hierbei um eine äußerst voraussetzungsvolle Expertenleistung.

Die Blickdiagnose ist weiterhin unter dem Aspekt der Ausbildungsoptimierung
im Sinne eines praxisnahen Lernens interessant, einer zumindest in Deutschland
selten eingesetzten Methode des Lernens im Medizinstudium:

> „Die messen nichts. Aber die haben z. B. ein Examen mit der Disziplin „Most likely
> Diagnosis". Die machen die Tür auf, der Student, und sagt was hat der dahinten? Nur
> das."

Als Voraussetzung bzw. Grundlage des Lernens erscheint, *„dass die einfach viel
Patienten kredenzt kriegen"*.

> „Schauspieler, die einfach wissen, was sie schauspielern müssen, computersimuliert,
> oder echte Patienten, oder sich gegenseitig das alles vorspielen, richtig vorspielen,
> sensorisch gekoppelt mit allem"

Ein zweiter Fokus richtet sich auf die erforderlichen Eigenschaften des ‚guten
Arztes', die als Bedingung zur Ausführung eines subjektivierenden Handelns
deutlich werden, somit als Subjektqualitäten des Handlungssubjekts in den
Blick geraten. Trotz der teilweise unterschiedlichen fachlichen Zugehörigkeit
und unterschiedlichen individuellen Orientierungen (z. B. als „Wissenschaftler"

oder „Kliniker") konnten im Rahmen des Samples zahlreiche Übereinstimmungen hinsichtlich der Merkmale des ‚guten Arztes' festgestellt werden. So führt der „Katalog des guten Arztes" „weiche" Kompetenzen und Persönlichkeitsmerkmale in seinem Ranking ganz oben. Von Interviewpartnern selbst werden empathische und emotionale Kompetenzen in der Tendenz mindestens ebenso hoch bewertet wie ein großer Umfang an theoretischem Fachwissen, gelten sie sogar als elementare Voraussetzung zur erfolgreichen Ausübung der ärztlichen Tätigkeit *(„Viel wissen im Lehrbuch, wenn du nicht mit Leuten umgehen kannst, bringt dir auch nicht viel.")*. So fallen die Fähigkeiten und Merkmale des ‚guten Arztes' in das Spektrum von oftmals als „Soft Skills" etikettierten (und damit tendenziell marginalisierten) Kompetenzen: *„Zuhören können", „nonverbale Kommunikation aufgreifen", „zwischen den Zeilen lesen", „beobachten können", „Nähe ertragen", „Krankheit ertragen", „einfühlsam sein", „mit Patienten umgehen können",* werden als wichtige Komponenten der Arbeit am und mit dem Menschen, ja sogar als unentbehrliche Voraussetzungen zur erfolgreichen Ausübung der ärztlichen Tätigkeit genannt. Empirisch veranschaulicht werden konnte im Rahmen der vorliegenden Untersuchung, dass gerade auf Grundlage dieser persönlichen Qualitäten die Genese kaum objektivierbarer Informationen gelingt, die vielfach als Schlüssel professioneller Problembewältigung zu betrachten ist.

Zu betonen ist, dass diese Eigenschaften und Fähigkeiten des Arztes nicht der sozialen Rahmenhandlung zugerechnet, sondern als Kernkompetenzen eines professionellen ärztlichen Handlungsstils betrachtet werden müssen.

3.4.7 Zentrale Ergebnisse der handlungstheoretischen Untersuchung

Auf Grundlage der empirischen Analyse konnten zahlreiche Belege für die Praxis erfahrener Ärzte als subjektivierendes Handeln angeführt werden. Zusätzlich zu den ohnehin als Domänen interaktiv-kommunikativer Arbeit zu betrachtenden menschennahen Tätigkeitsanteilen ärztlichen Handelns wie dem persönlichen Arzt-Patient-Gespräch konnten des Weiteren auch die Handlungsfelder der körperlichen Untersuchung, der Techniknutzung, der Befundung bildgebender Verfahren und „objektiver Daten" sowie der Therapiegestaltung als Anforderungsbereiche aufgezeigt werden, in denen subjektivierende Handlungsweisen als tragende Elemente ausgereifter ärztlicher Professionalität zu betrachten sind.

Auch konnten durch die vertiefende empirische Untersuchung die aus der Sekundäranalyse generierten Erkenntnisse weiter ausdifferenziert werden. Phänomene wie die „Ärztliche Intuition" und der „Ärztliche Blick" konnten so nicht nur als tragende Elemente professionellen ärztlichen Handelns, sondern auch als subjektivierendes Handeln verortet werden. Auf Grundlage der handlungstheoretischen Analyse sind diese konsistent in Bezug auf verschiedene Handlungsanforderungen zu erkennenden Handlungsweisen, wie vielfach anklingt als Erscheinungsformen der ‚ärztlichen Kunst' zu erkennen.

Weiterhin konnten mit der vorliegenden Studie erstmals systematische, handlungstheoretisch fundierte empirische Belege für Differenzen in der Handlungsweise von erfahrenen Ärzten und Berufsanfängern erbracht werden. Anhand des kontrastierenden Vergleichs der Handlungsweisen der sich in unterschiedlichen Stadien der professionellen Entwicklung befindlichen Interviewpartner konnte der sich mit zunehmender Praxis vollziehende Fähigkeitserwerb zu einem in vielen Fällen erforderlichen subjektivierendem Handeln in verschiedenen Handlungskontexten sichtbar gemacht werden. Insbesondere anhand der im Übergang zu einem erfahrungsbasierten Handeln befindlichen Interviewpartner kann verdeutlicht werden, wie sich zunehmend von einem objektivierenden Handlungsstil zugunsten eines erfahrungsgeleitet-subjektivierenden Handelns gelöst wird.

Verwiesen werden kann hiermit auf die subjektivierende Handlungspraxis nicht als individuell beliebiges Handeln, sondern vielmehr als voraussetzungsvolles Fähigkeitsensemble, das ein situationsadäquates Handeln ermöglicht.

Zusätzlich, vor allem aus der Perspektive der beruflichen Bildung interessant, konnten unter Bezugnahme auf das Konzept des subjektivierenden Arbeitshandelns die vielfach „verdeckten", jedoch umso bedeutsameren Aspekte ärztlichen Handelns handlungstheoretisch erfasst und als Elemente des professionellen ärztlichen Handlungsstils verortet werden. Hiermit konnte ein Beitrag zu einer angemessenen Beschreibung ärztlichen Handelns durch einen erweiterten Arbeitsbegriff geleistet werden.

Darzustellen sind im Folgenden zunächst die in den verschiedenen Handlungsfeldern herausdestillierten zentralen Elemente subjektivierenden Handelns als Erscheinungsformen der ‚Ärztlichen Kunst'.

‚Ärztliche Kunst' als subjektivierendes Arbeitshandeln: Zusammenfassung wichtigster Ergebnisse.
Im Folgenden sind die zentralen Elemente subjektivierenden ärztlichen Handelns bzw. der ärztlichen Kunst in einer Zusammenschau zu betrachten. Hiermit können Fähigkeiten und Qualitäten eines professionellen Handlungsstils benannt werden, die sich nicht in den Rahmen eines planmäßig-objektivierenden Arbeitsbegriffs einfügen.

Vorgehensweise

Als Merkmal des Experten zeigt sich zunächst in allen Handlungsbereichen eine
Abkehr vom regelgeleiteten, schematischen Handeln zugunsten einer an den individuellen Fall angepassten Vorgehensweise. So erfordert die von „Unwägbarkeiten"
geprägte Situation des individuellen Patientenproblems, die auch als „Überraschung", „Kriminalstück" und „immer wieder neues Experiment" charakterisiert
wird, einen Zugang, der über ein planmäßig-objektivierendes Problemlösen hinaus
auch „subjektive Faktoren" zu berücksichtigen in der Lage ist. Das planmäßig-
objektivierendes Handeln symbolisierende „Raster", „Schema" oder „Konzept"
der jungen Ärzte als Behelfslösung angesichts der sie noch überfordernden Komplexität der unvollständig definierten Handlungssituation integriert diese kaum oder
nur unzureichend in das eigene Vorgehen. So wird verständlich, dass die jungen
Ärzte die Anamnese als linear-sequentielles „Schema" konzipieren, das es sich
anzugewöhnen gilt und in dem allenfalls geringfügige persönliche und stilistische
Abweichungen „erlaubt" sind, während beim erfahrenen Ärzten die „Entfernung
vom Raster" hin zu einer völlig individualisierten, nicht-regelgeleiteten Gesprächs-
gestaltung, beschrieben als „nach Gehör spielen", kennzeichnend ist. Komplexe
Problemsituationen können so im Stil eines schrittweise-explorativen Vorgehens
„bearbeitbar" und für das weitere Handeln anschlussfähig gemacht werden. Dies
gilt für die Erstbegegnung als in hohem Maße unvollständig definierte bzw. „unscharfe", unter den Bedingungen von Zeitknappheit und Handlungsdruck mitunter
auch „kritische" Situation, wie auch im Rahmen der Stufendiagnostik für den weiteren Diagnoseverlauf, so dieser nicht durch eine eindeutige Befundlage objektiviert
wird. Im Zuge eines kaum planbaren Prozesses konkretisiert sich sukzessive das
vorläufige Handlungsziel des erfahrenen Arztes, z. B. der Gewinn eines „Eindrucks", in der Interaktion mit dem Patienten. Auch die Art und Weise des Einsatzes
und des Umgangs mit Medizintechnik durch den erfahrenen Anwender offenbart
ein von planmäßig-objektivierendem Handeln abweichendes Handeln, wie anhand
des vom Spezialisten als „Experimentieren" beschriebenen oder mit dem „Kla-
vierspielen" verglichenen Vorgehens in der Duplexsonographie, einem komplexen
bildgebenden Verfahren, exemplarisch illustriert wurde. In diesen Bereichen klingen besonders prominent Aspekte eines durch leibliches Wissen getragenen, am
ehesten dem Künstlerischen zuzuordnenden Handelns an.

Die Analyse des Handelns der erfahrenen Ärzte zeigt die hohe Bedeutung des
dialogisch-interaktiven Austauschs über die Dauer des gesamten Diagnoseprozesses
hinweg. Es bestätigt sich die hohe Relevanz der „Interaktionsfunktion" im Rahmen
des Arzt-Patient-Gesprächs, die gezielt in den Blick genommen wurde. So lässt
sich die Anamnese, anders als es die neuerdings verstärkt zum Einsatz kommenden „Anamnesebögen" suggerieren, nicht auf die Aneignung von systematischen
Fragekatalogen, die zu bestimmten definierten Beschwerden passen, reduzieren.

Angezeigt ist hingegen eine Erweiterung der Vorstellung der Anamnese als einer faktenbezogenen Kommunikation zwischen Arzt und Patient hin zu einer offenen „Begegnung". Fortgesetzt und ergänzt wird dieser Austauschprozess im Rahmen von sich über dialogisch-interaktive Prozesse vollziehender „Körperarbeit", wie die Analyse der körperlichen Untersuchung zeigt, sowie durch wiederholte Rückkopplungsprozesse mit dem Patienten bis zur Diagnosefindung. Hier zeigen sich erneut bedeutsame Differenzen im Handlungsstil der jungen und der erfahrenen Ärzte. So weckt die Aussage der Ärztin im Praktischen Jahr *„ich arbeite am lebenden Menschen"* zunächst die Erwartung auf dialogisch-interaktiven Austausch, die Analyse ihres wie allgemein des Vorgehens der jüngeren Ärzte bringt jedoch klar eine planmäßig-objektivierende Handlungsstrategie, in der die Arbeit am menschlichen Körper sogar mit der Reparatur einer Maschine verglichen wird, zum Vorschein. Wo dem erfahrenen Arzt der Dialog mit dem menschlichen Gegenüber als Erkenntnischance dient, beantwortet der Novize die Frage nach der Rolle desselben auf ethisch-normative Prinzipien beschränkt. Tatsächlich können nur die erfahrenen Ärzte mit dem Austauschgedanken als Erkenntnisprinzip etwas anfangen, während die weniger praxiserfahrenen Gesprächspartner professionelle Aspekte des Arzt-Patient-Verhältnisses wie Dankbarkeit, Vertrauensbildung u. ä. des Patienten assoziieren und damit Aspekte jenseits der „Bearbeitungsebene" ansprechen, auf welcher die Kooperation des erfahrenen Arztes mit dem Patienten typischerweise erfolgt.

Angesprochen sei hiermit die Bedeutung des Kooperationsverhältnisses von Arzt und Patient im Sinne eines tragfähigen Arbeitsbündnisses im Rahmen des Diagnoseprozesses (*„Begegnungen, wo alles wunderbar ist und man gut zusammenarbeitet"*) sowie als Grundlage einer erfolgreichen Therapiegestaltung. Als entscheidendes Erfolgskriterium in der dauerhaften „Begleitung" des Patienten, wie sie insbesondere im Bereich der hausärztlichen Versorgung als Ideal erscheint, zeigt sich auch hier die Fähigkeit des Arztes zur dialogisch-interaktiven Kooperation im Sinne eines an den individuellen Besonderheiten des Patienten orientierten Handelns.

Deutlich wird weiterhin die insgesamt geringe Standardisierbarkeit bzw. nach formalen Kriterien Gestaltbarkeit der Abläufe in allen Handlungsbereichen. Analog zum ausführlicher analysierten Handlungsfeld „Diagnose" stellt sich in der empirischen Betrachtung auch das therapeutische Handeln des erfahrenen Arztes als ein sich kaum im Rahmen formaler Regeln vollziehendes Handeln dar. Dies ist umso beachtlicher, als dass gerade das Feld der Therapie von Maßnahmen der Formalisierung und Standardisierung in Form von Leitlinien wohl am meisten tangiert ist. Leitlinien werden auch von den erfahrenen Ärzten – nicht zuletzt aufgrund ihrer haftungsrechtlichen Konsequenzen – respektiert, jedoch mit einer kritischen Distanz behandelt. An verschiedenen Punkten deuten sich Konflikte sowohl mit originär

„ärztlichen" Handlungslogiken im Sinne eines empfundenen Konflikts mit der Prämisse der individuellen Fallorientierung als auch in Bezug auf das ärztliche Ethos an.

Sinnliche Wahrnehmung

Auch hinsichtlich der Qualität und Relevanz des Einsatzes von Sinnen zeigen sich deutliche Differenzen zwischen jungen und den älteren, erfahrenen Ärzten. Bereits die Zugänglichkeit zum Thema ‚sinnliche Wahrnehmung' verweist auf eine höchst unterschiedliche Auslegung und Relevanzzuschreibung der Erkenntnisvorgänge auf dieser Ebene. Während die jungen Ärzte typischerweise im Rahmen eines messenden und registrierenden Zugangs ihren Fokus auf klar benennbare und quantifizierbare Eigenschaften und Symptome des Patienten richten, den Themenkomplex entsprechend reduzieren, gestaltet sich sinnliche Wahrnehmung im Rahmen des Expertenhandelns als komplexes und holistisches *„Erfassen"* des Patienten *„in seiner Ganzheit"*.

Deutlich wird eine spezifische Formung des Gebrauchs der Sinne im Rahmen des erfahrungsgeleitet-subjektivierenden Handelns. Hierbei geht die Wahrnehmung des erfahrenen Arztes weit über ein konventionelles Verständnis des Sehens als präzises, objektives „Registrieren" hinaus und tritt vielmehr als Summe verschiedener optischer und anderer sinnlicher Eindrücke, die sich schließlich zum „Eindruck" des Experten verdichten, auf. Als ausschlaggebend ist die Fähigkeit der Wahrnehmung, Selektion und Interpretation „unscharfer", „weicher", aber umso bedeutsamerer Informationen zu betrachten. So kann die Eruierung von nicht eindeutigen und teilweise nicht sofort als solche kenntlichen Informationen (wie dem *„Schmerzcharakter"*, der *„Leidensmiene"* des Patienten, der *„diffusen"* Symptomatik) sowie deren Dechiffrierung als Phänomen sinnlicher und auch „spürender", partizipierender Wahrnehmung differenzierter aufgeschlüsselt werden.

Nahezu unverstellt wird der Vorgang komplexer sinnlicher Wahrnehmung in der Blickdiagnose als alle Sinne fordernder Vorgang sichtbar. Im Zusammenwirken von sinnlichem Empfinden und einem zumeist starken, vielfach als ‚Intuition' etikettierten Gefühlszustand wirkt hierbei eine als „Intelligenz der Sinne" zu beschreibende subjektive Strukturierungsleistung des Experten. Hinter der lapidar anklingenden Beschreibung des eigenen Tuns als *„den Patienten anschauen"* enthüllt die handlungstheoretische Analyse eine professionelle Befähigung des „Ärztlichen Blicks", der als „entgrenzter", weit über das visuell Wahrnehmbare hinausgehender Blick evident wird.

Die leiblich-sinnliche Fundierung des Diagnoseprozesses im Rahmen der körperlichen Untersuchung enthüllt eine weitere Facette der ärztlichen Kunst. Auch im

Rahmen der körperlichen Untersuchung repliziert sich die unterschiedliche Auffassung von sinnlicher Wahrnehmung als einerseits bloßem physischem Kontakt bzw., aufseiten der erfahrenen Ärzte, als „leibliche Erfahrung". Im Zuge eines als instrumentell zu beschreibenden Zugriffs auf die Sinne werden diese von den jungen Ärzten vorwiegend als funktional erforderlich zur Ausführung der körperlichen Untersuchung thematisiert, während sie der Experte als wichtiges Erkenntnismedium hinsichtlich unspezifischer und nicht eindeutig definier- und messbarer, qualitativer Informationen (z. B. bezüglich der Leberkonsistenz) zu nutzen versteht. So bringt die körperliche Untersuchung (zusätzlich zu ihrer vertrauensgenerierenden Funktion) die Qualität eines auch körperlichen Interaktionsprozesses in die Arzt-Patient-Begegnung ein. Diese anhand der Betrachtung der Untersuchungspraxis des erfahrenen Arztes offenkundig werdenden Potentiale werden von den jungen Ärzten noch kaum genutzt, während sie hingegen für die erfahrenen Ärzte eine wichtige Erkenntnisquelle bedeuten.

Eine in besonders greifbarer Weise aktive Sinnestätigkeit wird bei der Techniknutzung deutlich, die verschiedene Sinne und auch die eigene Motorik parallel beansprucht und in eine oftmals besonders intensive unmittelbar sinnlich-körperliche Erfahrung mündet. Durch die empirische Betrachtung der anspruchsvollen medizintechnischen Untersuchungsmethode der Duplexsonographie kann auch die Techniknutzung als Anschauungsbeispiel der ärztlichen Kunst (in der „High-Tech-Medizin") dienen. In dieser Tätigkeit vereinigen sich zahlreiche Elemente, die nicht den Vorstellungen planmäßig-objektivierenden Handelns entsprechen, so z. B. das sinnesgeleitete *„Suchen nach der Krankheit"* und das blitzartig-assoziative Erkennen von relevanten Signalen.

Insgesamt offenbaren die Schilderungen der Experten die sinnliche Auseinandersetzung mit dem „Erkenntnisgegenstand Patient" als ein aktives „Erfahrung-Machen", das zur Bildung und Inkorporation eines zunehmend feiner granulierten personengebundenen Erfahrungswissens führt und welches als Basis des erfolgreichen Diagnoseprozesses wie auch der Therapiegestaltung evident wird. Zu betonen ist die hohe Anforderung an subjektive Faktoren des Handelnden im Rahmen der vielfach mühelos erscheinenden Erkenntnisvorgänge. Als Voraussetzung des berühmten ‚Ärztlichen Blicks' ist z. B. eine subtile Verfeinerung des Wahrnehmungsmodus festzuhalten, die ein Interviewpartner als *„ich schaue mittlerweile genauer hin"* reflektiert.

Wissen und Denken
Als wesentliche Differenzierungsmerkmale zwischen den beiden Gruppen auf der Analyseebene ‚Wissen und Denken' sind auf der Seite der jüngeren Ärzte die Orientierung an formaltheoretischen Konzepten und „harten Fakten" gegenüber

einer spezifischen, situativ angepassten Kombination formal-logischen Denkens und erfahrungs- und gefühlsbasierter Prozesse mit einem hohen Stellenwert „weicher" Informationen seitens der erfahrenen Ärzte zu nennen. Entsprechend erfolgt die Diagnosesuche des ärztlichen Novizen vorwiegend im Rahmen eines rational-diskursiven Analyseprozesses bzw. wird die Situation tendenziell auf ein logisch-rationales Problemverstehen verkürzt – was als Ursache für das (häufige) Scheitern in unvollständig definierten Situationen benannt werden kann. Als aufschlussreich erweist sich diesbezüglich die genauere Analyse der zentralen Schlüsselkategorie des ‚Eindrucks' sowie dessen Herstellung und Verarbeitung im Rahmen subjektivierenden und objektivierenden Handelns. In der vertiefenden Untersuchung kann der ‚Eindruck' (sowie ähnliche subjektive Repräsentationsformen) des erfahrenen Arztes im Sinne einer moderierenden Instanz als eine Art „Filter" veranschaulicht werden, der als gefühlsbasiertes Wissen oder gefühlsgeleitetes Ahnen wirksam wird. Als ausschlaggebend vor allem in uneindeutigen Situationen erweist sich vielfach die subjektive, gefühlsgeleitete ‚Einschätzung'. Dem Experten gelingt es auf diese Weise, vor dem Hintergrund seines theoretischen Wissens die im Rahmen einer kognitiven Sinnesleistung generierten Informationen zu sondieren und in vielen Fällen gefühlsmäßig, im Sinne eines „Gespürs", zu beurteilen. Sinnlich Wahrgenommenes, sei es auch noch so diffus, kann so in handlungsrelevante Information übersetzt werden.

Die Handlungsanforderung der Diagnosestellung wird häufig durch den Rekurs auf vergangene, „erfahrene" Situationen gelöst, indem der geübte Arzt durch den Abgleich zwischen bereits erworbenen und neuen Erfahrungen differenzierte, individuell patientenbezogene Einschätzungen vornimmt. So liegen z. B. den Fallschilderungen der „typischen Fälle" offenbar verinnerlichte (Erfahrungs-) Muster, oftmals in Form von Bildern, zugrunde, die durch die Begegnung mit einem „ähnlichen" Patienten oder Fall aktualisiert werden. Zum vielzitierten ärztlichen Blick, jenseits der spektakulären Blickdiagnose, ist so auch das erfahrungsbasierte „Lesen in Daten" (*„Aha, die hat ja ganz komische Leberwerte."*) zu zählen, das dem erfahrenen Arzt präzise Rückschlüsse ermöglicht (*„Wissen Sie, das hat man irgendwann drauf. Das ist Routine."*). Auf dieser Basis ist der ärztliche Experte in der Lage, eine sinnvolle Restrukturierung von unvollständigen Informationen, z. B. im Fall von unpräzisen oder irreführenden Symptombeschreibungen des Patienten, vorzunehmen, und mithilfe seiner Befähigung zu analogem Denken erfahrungsbasiert einzuordnen. Vielfach als imaginatives und assoziatives Denken zeigt sich die Leistung des erfahrenen Arztes, aus nur wenigen und disparaten Informationen oder markanten äußerlichen Symptomen komplexe Zusammenhänge herzustellen.

Als eine Facette des „Ärztlichen Blicks" kommt in der Blickdiagnose das scheinbare Fehlen jeglichen kognitiven Vorgangs auf eine sehr plakative Weise zum Tragen, das in der handlungstheoretischen Analyse durch das Wirken bildhaft-assoziativer Prozesse erklärt werden kann. Das spontane „*Wiedererkennen*" verinnerlichter bildlicher Konstellationen, so eines Krankheitsbilds, erfolgt als fallbezogene Aktualisierung relevanten „impliziten" Wissens, oder, wie anhand der „Wahrnehmung und dem Erkennen charakteristischer Gerüche aufgezeigt (*„Da gehen Sie ins Zimmer und da wissen Sie was los ist.*") „inkorporierten Wissens". Wie die mehrdimensionale handlungstheoretische Analyse aufzuzeigen in der Lage ist, ist diese assoziative Verknüpfungsleistung, die als zentrales Element der ärztlichen Kunst häufig mit dem Begriff ‚Intuition' assoziiert, wird, mit typischen Formen der Vorgehensweise und der sinnlichen Wahrnehmung verbunden. Transparent gemacht werden kann hierdurch das traditionell für das ärztliche Wissen prominente Konzept der Intuition als äußerst voraussetzungsvolle spezifische physisch-emotionale Verfasstheit des versierten Könners.

Mit der körperlichen Untersuchung als leiblich-sinnlicher Fundierung des im Zuge der Anamnese gewonnenen Eindrucks tritt ein als „leibliches Wissen" oder „Körperwissen" zu bezeichnendes Wissen in den Erkenntnisprozess ein, das für den ärztlichen Experten eine wichtige Erkenntnisquelle darstellt. Die anspruchsvolle Untersuchungstechnik der Duplexsonographie kann zudem als herausragender Ort komplexer Sinneswahrnehmung und einem räumlich-bildlichen Denken akzentuiert werden. So wird das bei der Techniknutzung erforderliche Wissen als Ergebnis „gemachter" Erfahrung deutlich (*„Wenn man sich drauf eingesehen hat kann man in diesem Bild wirklich lesen und kann damit sehr gute diagnostische Dinge machen"*). Exemplarisch kann anhand der körperlichen wie auch der technikgestützten Untersuchung der ärztliche Reflexionsprozess als „mitlaufendes Denken" in die physische Begegnung mit dem Patienten unmittelbar eingebettet aufgezeigt werden. Dies geschieht im Rahmen der parallelen Verarbeitung verschiedenartiger Informationen, die im Zuge der verbalen und körperlichen Interaktion generiert werden.

Bestätigt und handlungstheoretisch präzisiert werden kann insgesamt, dass die Denkprozesse erfahrener Ärzte im Rahmen der Erstbegegnung mit dem Patienten keineswegs ausschließlich im Spektrum des Logisch-Diskursiven zu bestimmen sind bzw. sich in verstandesmäßiger Reflexion bzw. rein kognitiven Vorgängen erschöpfen, sondern vielmehr kognitiv-rationale und sinnlich-emotionale Abläufe integrieren. Deutlich wird im Analyseteil des fortgeschrittenen Diagnoseprozesses vor allem die Anforderung des fluiden Zusammenspiels expliziten und impliziten Wissens, wobei sich der Experte durch eine Souveränität im Umgang mit Theoriewissen und objektiven Daten auszeichnet, die er in einen komplexen von heterogenen Informationen getragenen Erkenntnisvorgang einbindet. Die „*Einschätzung*" des erfahrenen Arztes steht hierbei für die professionelle Fähigkeit der ärztlichen Urteilskraft, die als Zusammenspiel objektivierender und subjektivierender Erkenntnismöglichkeiten aufgezeigt werden kann. Eine Trennung in „gültige" und „ungültige" Wissensformen ist beim erfahrenen Arzt – im Unterschied zu den „Subjektivität" grundsätzlich unsicher bis ablehnend gegenüberstehenden jungen Ärzten – nicht anzutreffen. So wird Intuition als Erkenntnismedium insbesondere im Verbund mit Erfahrung, die fast immer assoziiert wird, als nicht nur unproblematisch, sondern auch als Merkmal des guten Arztes deutlich. Im Sinne einer ‚ärztlichen Kunst' gelingt dem Experten in der Integration der scheinbaren Gegensatzpaare „Technik und Gefühl", „Laborwerte und Eindrücke", „Objektives und Subjektives", „Wissenschaft und Erfahrung", letztlich von exakt Benennbarem gegenüber Diffusem und Vagem das fluide Ineinandergreifen dieser verschiedenen Wissensformen.

Beziehungsgestaltung
Zu bestätigen ist zunächst die in der Studie Schachtners für den subjektivierenden Handlungstypus konstatierte Zentralstellung der Beziehungsebene für die Beziehungsgestaltung der erfahrenen Ärzte. Auch auf dieser Analyseebene sind erhebliche Differenzen im Handlungsstil der beiden Gruppen zu erkennen: So kann das Distanzierungsbedürfnis des unerfahrenen Arztes, häufig maskiert als Konzeption des Arztes als professionell-distanziertem Denker, dem emotional teilnehmenden, in seiner Rolle „gereiften" Arzt gegenübergestellt werden. Während der Umgang der jungen Ärzte mit dem Patienten tendenziell als Objektbeziehung beschreibbar ist, zeichnet sich die Bezugnahme des erfahrenen Arztes durch eine Zentralstellung des Subjekts Patient aus, an dem sich das Arbeitshandeln mit dem Ziel des Aufbaus einer „Kooperationsbeziehung" orientiert. Die Dispositionen Nähe, Zugewandtheit Verbundenheit, Teilhabe und Empathie *(„Fingerspitzengefühl", „vorsichtig leiten")* können über den gesamten Arzt-Patient-Kontakt hinweg als Voraussetzung bzw. wesentliche Medien der Erkenntnis bestimmt werden. Auch Techniknutzung (als *„ Verlängerung der eigenen Untersuchungsmöglichkeiten"*) die theoretisch auch zur Distanzierung vom Patienten geeignet sein kann, fügt sich im Rahmen eines subjektivierenden Handlungsstils, ebenso wie die körperliche Untersuchung, in das übergeordnete Handlungsziels des Aufbaus von Nähe zum Patienten. Das Prinzip des „Hinhörens" als subjektivierender Zugang wird nicht durch das Hinzutreten von Technik obsolet, sondern vielmehr durch eine Erweiterung der *„alten"* Erkenntnismöglichkeiten ergänzt: Hierbei zeigt sich, dass die Arzt-Patient-Dyade sich unter Einbezug von Technik durchaus in eine Arzt- Patient-Technik-Triade erweitern kann, ohne dass sich zwangsläufig die Prinzipien der Erkenntnisgewinnung zu Ungunsten einer sinnes- und erfahrungsgeleiteten Medizin bzw. eines Objektbezugs zum Patienten verändern müssen. Auch ist im Rahmen

der Techniknutzung eine besondere Form der sympathetischen Verbundenheit des Arztes mit dem Arbeitsgerät als Voraussetzung der erfolgreichen Techniknutzung erkennbar, die außerhalb eines instrumentellen Bezugs zu verorten ist.

Als entscheidende Variable einer besonderen Differenzierungsfähigkeit, die ebenfalls im Spektrum der ‚ärztlichen Kunst' zu verorten ist, konkretisiert sich zudem z. B. im Rahmen der Blickdiagnose als Paradedisziplin der ärztlichen Kunst eine spezifische psychisch-emotionale Motivationshaltung der *„geschärften Sinne"* und der auf den Moment bezogenen Konzentration des *„sich-Einlassens"*, des *„präsent-Seins"*, die in der Begegnung mit dem Patienten in vielen Fällen unverzichtbar erscheint und die nicht selten als ‚Intuition' etikettiert wird.

Eine hilfreiche Differenzierung der verschiedenen Facetten der Begegnung zwischen Arzt und Patient kann zudem im Anschluss an die Konzeption von verschiedenen Bezugsebenen, der „personalen Ebene" und der „Bearbeitungsebene" getroffen werden. Auch der erfahrene Arzt ist von den Rollenerwartungen des Patienten, wie „Freundlichkeit", „Höflichkeit" nicht ausgenommen, auch er ist bestrebt, das für die Arzt-Patient-Beziehung elementare „Vertrauensverhältnis" zu etablieren. Auffällig ist jedoch, dass die Experten diese Aspekte der ärztlichen Rollenausübung nicht zu ihrem eigentlichen Arbeitshandeln zu zählen scheinen. Ihre Vorstellung der ärztlichen Tätigkeit beginnt mit dem Übergang zur „Bearbeitungsebene", die im Rahmen der Begegnung vollzogen wird, sobald der Arzt sich (seine Erfahrung, seine Fähigkeit zu sinnlicher Wahrnehmung) in das vom Patienten dargebotene Problem involviert. Die Analyse des Ablaufs der Anamnese durch den Übergang von der personalen auf die Bearbeitungsebene, sobald relevante Informationen auftauchen, veranschaulicht diesen Ebenwechsel auf besonders greifbare Weise Auf dieser „Bearbeitungsebene" erfolgt z. B. die Verschmelzung der durch Gespräch und sinnliche Wahrnehmung generierten Informationen zum ‚Eindruck', dessen Herstellung als eine Leistung der ärztlichen Kunst evident wird.

Literatur

Böhm, A. (2000). Theoretisches Codieren: Textanalyse in der Grounded Theory. In U. Flick, E. von Kardorff, & I. Steinke (Hrsg.), *Qualitative Forschung. Ein Handbuch* (S. 475–485). Rowohlt.

Flick, U. (1999). *Qualitative Forschung. Theorie, Methoden, Anwendung in Psychologie und Sozialwissenschaften*. Rowohlt.

Kowal, S., & O'Connell, D. C. (2000). Zur Transkription von Gesprächen. In U. Flick, E. von Kardorff, & I. Steinke (Hrsg.), *Qualitative Forschung. Ein Handbuch* (S. 437–447). Rowohlt.

Kuckartz, U. (2007). *Einführung in die computergestützte Analyse qualitativer Daten*. VS Verlag.

Schachtner, C. (1999). *Ärztliche Praxis. Die gestaltende Kraft der Metapher*. Suhrkamp.

Strauss, A., & Corbin, J. (1996). *Grundlagen qualitativer Sozialforschung*. Beltz.

Strübing, J. (2002). Just do it? Zum Konzept der Herstellung und Sicherung von Qualität in grounded-theory basierten Forschungsarbeiten. *Kölner Zeitschrift für Soziologie und Sozialpsychologie, 54*(2), 318–342.

Schlussbetrachtung: Ärztliche Kunst und aktuelle Problemfelder

4

Durch die handlungstheoretische Anbindung konnte eine kritische Analyse ärztlichen Handelns formuliert werden. Ausgehend von der Analyse der ärztlichen Tätigkeit ist somit eine Kritik der makrostrukturellen Entwicklungstendenzen ableitbar, die die bekannten, im Rahmen der Darstellung der Kontextbedingungen ärztlichen Handelns aufgegriffenen Betrachtungen durch ihren direkten Bezug zur ärztlichen Tätigkeit erweitert. Hierbei zeigt sich beim Zusammenwirken der drei Makrotendenzen, dass die langfristig wirksamen Entwicklungen der Verwissenschaftlichung und Technisierung die Grundlage für eine Betrachtung der ärztlichen Tätigkeit als objektivierendes, demnach formalisierbares und standardisierbares Handeln liefern und mit der ökonomisch motivierten Umstrukturierung des ärztlichen Handlungsfelds nun Strukturen überhandnehmen, die eine faktische Gestaltung ärztlichen Handelns in diesem Sinne fordern. So ist z. B. die viel beklagte Entmenschlichung der Medizin keine beliebige oder durch die oberflächliche Ergänzung von interaktiven Elementen revidierbare Erscheinung, sondern das Resultat einer Dominanz von objektivierenden Strukturen, die die ärztliche Tätigkeit in ihrem Kern zunehmend überfrachten.

Die handlungstheoretische Fundierung der ärztlichen Praxis als vielfach subjektivierendes Handeln bestätigt damit die Ausgangsthese, dass originär ärztliche Handlungslogiken nur begrenzt mit den (objektivierenden) Dynamiken der Verwissenschaftlichung, Technisierung und Ökonomisierung, bzw. einer Formalisierung ärztlichen Handelns kompatibel ist. Bestehende Forschungsarbeiten zeigten das Bild eines vielschichtigen Spannungsfelds, in welchem das ärztliche Handeln angesiedelt ist, jedoch ließ die bislang fehlende handlungstheoretische Fundierung bis dato nur punktuelle Problembeschreibungen zu. So wird von den wenigsten Autoren eine sich auf bestimmte Aspekte des ärztlichen Handelns beziehende Kritik (z. B. einer „Entmenschlichung" oder „Dehumanisierung" der

Medizin, des Arztes als „Gesundheitstechniker" oder der sich als Konsequenz der Ökonomisierung der Medizin etablierenden „Dienstleistermentalität") konsequent in den Zusammenhang mit Entwicklungen auf anderen Ebenen des ärztlichen Handelns gestellt.

Dass In dieser Perspektive sollen abschließend nochmals wesentliche Konfliktfelder zwischen der aufgezeigten Praxis ärztlichen Handelns und den Entwicklungstendenzen im Gesundheitssystem benannt werden. Vor allem im Zusammenhang mit den jüngeren Entwicklungen innerhalb des ärztlichen Handlungsfelds können offenkundige Hinweise auf Konflikte zwischen den als direkte Folge oder Effekte der Makrotendenzen einzuordnenden Phänomenen und dem ärztlichen Handeln angeführt werden. Erkennbar wird hierbei zudem das komplexe Zusammenwirken der Makrodynamiken im Sinne einer gemeinsamen Herstellung von Handlungszusammenhängen, die einseitig den Handlungsmodus des objektivierenden Handelns begünstigen, so vor allem durch die Tendenz zur Standardisierung und den mit ihr einhergehenden Druck zur Formalisierung des ärztlichen Handlungsfelds bzw. der Verengung von subjektiven Handlungsspielräumen. Fokussiert wird neben den vielfältigen Beeinträchtigungen ärztlichen Handelns auch der kompensatorische Umgang der erfahrenen Interviewpartner mit diesen Situationen. So wird vielfach in Situationen, die als formalisierbar behandelt werden, der stetige Rekurs auf Handlungsweisen, die der ärztlichen Kunst zuzurechnen sind, deutlich.

Abschließend ist die für die Untersuchung leitende Fragestellung aufzugreifen, ob die ‚ärztliche Kunst' unter den Vorzeichen der makrostrukturellen Entwicklungen als Konzept ausgedient hat, oder ob sie im Gegenteil möglicherweise als umso unverzichtbarer zu betrachten ist.

4.1   Diskrepanzen zwischen ärztlicher Praxis und Entwicklungen im Gesundheitssystem

Probleme infolge der Verwissenschaftlichung ärztlichen Handelns

Die Verwissenschaftlichung der Medizin ist hinsichtlich der Verabsolutierung des naturwissenschaftlich determinierten Erkenntnisprinzips und der ihr zugeschriebenen Distanzierung und Objektivierung des Patienten als zweischneidiges Schwert zu betrachten. So wird auch unter den erfahrenen Ärzten eine kritische Distanz zur Konzeption der Medizin als Wissenschaft, die zumindest implizit mitschwingt, teilweise offen expliziert wird (*„Die Medizin ist viel weniger wissenschaftlich fundiert, als wir meinen."*), deutlich. Ein Konflikt ärztlichen Handelns mit der Logik eines quantifizierenden, „wissenschaftlichen" Zugangs entsteht durch die mit der

Bewegung der evidenzbasierten Medizin angestrebten Standardisierungsprozesse von Diagnose und Therapie, die vergleichsweise prominent thematisiert wurden. Die evidenzbasierte Medizin muss allein aufgrund ihres Konstruktionsprinzips als ein Pfeiler der Formalisierung des ärztlichen Handelns betrachtet werden. Kritische Bezüge auf Leitlinien und die evidenzbasierte Medizin (EbM) als *„Modebegriff"* bzw. als *„diesen Begriff, der jetzt da gefördert wird, wir machen evidenzbasierte Medizin"* wurden vor allem von den erfahrenen Ärzten vorgenommen. Obwohl auch positive Effekte der Etablierung von Standards als allgemein verbindliche Grundlagen im Sinne einer möglichen Qualitätsverbesserung gesehen werden, überwiegt unter ihnen eine skeptische Haltung gegenüber einer von verbindlichen Leitlinien dominierten Praxis. So wird unter anderem eine weitere Verengung des ärztlichen Handlungsspielraums befürchtet: *„Sie werden heute in der Regel nicht sanktioniert. Es überprüft in der Regel niemand, ob sie leitliniengerecht behandeln. So weit sind wir noch nicht, das ist aber Zukunftsmusik."*

Zentral ist hierbei der Themenkomplex der Unterordnung des Erkenntnisgegenstands Mensch unter objektivierende Formen der Erkenntnisgewinnung, durch welche die Gefahr einer Schwächung des Primats der Einzelfallorientierung in der ärztlichen Praxis gesehen wird. So grenzen sich die erfahrenen Ärzte von der Vorstellung einer „objektiv besten" Patientenbehandlung ab und rücken hierbei das Motiv der individuellen Patientenorientierung ins Zentrum des Konzepts der ärztlichen Kunst.

> „Aber die eigentliche Kunst besteht ja nicht im Anwenden von Leitlinien, die schriftlich niedergelegt sind, wenn das und das vorliegt, dann tue ich das und das, sondern in dem individuell zugeschnittenen Programm für die betreffende Person."

Im Rahmen dieser Argumentation wird „die eigentliche Kunst" im Kontrast zu einem *„Entlanghangeln"* an oder dem *„blinden Abarbeiten der Leitlinie"* lokalisiert. In der empirischen Untersuchung konnte gezeigt werden, dass erfahrene Ärzte häufig im Stil eines situativen, nicht-regelgeleiteten Handelns verfahren, hierbei die Berücksichtigung individueller Faktoren an oberster Stelle steht. So wird der Umgang mit den Vorgaben der Leitlinien auch als *„freischaffende Kunst grob um die Leitlinien herum"*[1] bezeichnet.

Vielfach ermöglicht erst der Rekurs auf dem Bereich des Erfahrungswissens zuzurechnende Wissensbestände den sinnvollen Umgang mit standardisierenden Prozeduren. In einer von stets neuesten Studien überfrachteten Praxis erweist sich

---

[1] Anzumerken ist in diesem Zusammenhang, dass der berühmte ärztliche ‚Kunstfehler‘ im Anschluss an die Anbindung an Leitlinien durch den nun formal definierbaren „Behandlungsfehler" beerbt wurde.

die abwägende Expertise des erfahrenen Klinikers als unverzichtbare Ressource. Unsicherheiten in Bezug auf die Validität des in Leitlinien formulierten Wissens werden durch *„ganz offene Ohren und Augen"* im Sinne der Beschaffung zusätzlicher Informationen, bzw. durch Relativierung auf Basis des eigenen Erfahrungswissens bewältigt. Explizit vor dem Hintergrund wirtschaftlicher Interessen der pharmazeutischen Industrie reklamiert der erfahrene Arzt für sich die kritische Beurteilung der den Leitlinien zugrunde liegenden Studien sowie ihrer tatsächlichen Brauchbarkeit für die ärztliche Praxis. *„Wenn drunter steht bei einer Arbeit, vielen Dank der Firma XY und dann steht das Medikament Z ist das Tollste, dann lese ich die Arbeit gar nicht oder lese sie mit einer bestimmten Brille"*[2]. Unterstützenswert erscheinen vor dem Hintergrund der Eindrücke aus der Empirie Gestaltungsansätze, die der internen „Eminenz", dem personengebundenen Erfahrungswissen des Arztes im Zusammenhang mit Leitlinien einen hohen Stellenwert einräumen (vgl. dazu Behrens, 2003; Hoppe, 2005).

Im Zusammenhang mit der Formalisierung von ärztlichen Entscheidungen wird auch der Gedanke eines ethischen Handelns, im Sinne einer „verantwortungsvollen Entscheidung" aktualisiert:

> „Das ist eben auch die Kunst in der Medizin, das abzuschätzen, was sind die Konsequenzen und was nicht. Es ist die Frage, wird man eine 93jährige Patientin am Tumor operieren? (…) Halte ich mich in dem Fall an die Leitlinie oder nicht, man muss da ethisch orientiert sein?"[3]

---

[2] Er fordert daher: *„Mehr Transparenz, dass alles was Wissenschaft ist und nicht eine wissenschaftliche Arbeit, die von einer Pharmaindustrie bezahlt wird und ich genau weiß, was rauskommen muss, wenn das nicht rauskommt, dann wird das auch eingestampft."* In Bezug auf die Durchdringung der ärztlichen Praxis mit wirtschaftlichen Interessen im Gewand der Wissenschaftlichkeit äußert der erfahrene Arzt den Wunsch nach einer neutralen Prüfinstanz für Pharmastudien: *„Wenn ich weiß, das ist irgendwo eine kritische Institution und die empfiehlt das, weiß nicht wie die aussehen soll, staatlich oder sonst irgendwo oder Stiftung Warentest oder so, dann glaube ich denen mehr und das sollte also transparenter gemacht werden. Das wäre wichtig. Ich bin immer für kleine Schräubchen. Das könnte man machen, macht man aber nicht."*

[3] Der erfahrene Internist bindet diese persönliche Qualität an den Reifeprozess des Arztes an *„Man muss mit der Zeit auch einen bestimmten Mut entwickeln zu sagen, das lasse ich jetzt (…). Da geht's um diesen Mut auch für Entscheidungen."* In diesem Sinne wird der Problematik der einzelfallorientierten Abweichung von Leitlinien (*„Ärztliches Handeln ist nur bedingt durch Leitlinien vorstrukturierbar"*) mit Verweis auf die für das ärztliche Handeln bedeutsamen Konzepte „Mut" und „Verantwortung" begegnet, womit Hinweise auf notwendige „Subjektqualitäten" gegeben sind.

Deutlich wird anhand solcher Konfliktfelder, dass die ärztliche Kunst eng verknüpft ist mit Vorstellungen eines ganzheitlichen, auch ethisch-moralische Themenkomplexe integrierenden Handelns[4].

Probleme infolge der Technisierung ärztlichen Handelns
Kritische Positionen in Bezug auf die Effekte der Technisierung ärztlichen Handelns mit der Hauptstoßrichtung der Argumentation einer Entfremdung und Distanzierung vom Patienten wurden durch das Eintreten von Technik in die Arzt-Patient-Interaktion bis hin zur „Apparatemedizin" vorgestellt. Diese eher „konventionelle" Kritik ärztlichen Handeln muss jedoch in ihren Ursachen und Konsequenzen vollständiger betrachtet werden bzw. ist vor dem Hintergrund der gewonnen Erkenntnisse zu erweitern und in eine differenziertere Betrachtung des gesamten Handlungszusammenhangs einzubetten. Die empirische Untersuchung reflektiert und stützt jedoch zunächst die dargelegten Annahmen und Kritikpunkte.

Als Folge auf Akteursebene bekannt ist eine Verzerrung sinnvollen Handelns in Richtung einer „Apparatemedizin", die aus betriebswirtschaftlicher Perspektive gegenüber nicht-technischen, darüber hinaus noch zeitintensiven Erkenntnisstrategien jedoch als ökonomisch rationale Maßnahme erscheint:

> „Wenn ich 10 Stunden lang vernünftige Medizin machen würde, angenommen ich hätte den ganzen Tag nur Leute, die Kopfweh haben und das ist nur ein Konflikt oder sonst was, die haben keinen Tumor und ich würde 10 Stunden nur beraten, dann wäre ich am Abend Pleite sozusagen, für diesen Tag. Ich muss den irgendwo hinschicken, ich muss irgendwas Apparatives mit dem machen."

Die Überfrachtung der ärztlichen Praxis durch Technik ist somit als Eindringen einer sachfremden Logik zu kritisieren, die in hohem Masse ökonomisch motiviert ist. Ohne eine Korrektur der Leistungsbewertung erscheinen daher auch Appelle der Rückbesinnung auf eine ursprüngliche Ärztlichkeit im Sinne einer menschennahen Medizin als wenig aussichtsreich.

---

[4] Der Themenkomplex ethischen Handelns stand nicht explizit im Fokus der empirischen Untersuchung. Es erscheint fraglich, ob dieses für das ärztliche Handeln (offenbar nach wie vor) bedeutsame Konzept im Paradigma der wahrscheinlichkeitsbasierten Entscheidungsfindung eine adäquate Berücksichtigung finden kann. Deutlich wird jedoch, dass die Komplexität der Erwartung an das ärztliche Handeln mit der vereinfachten wissenschaftlichen und ökonomischen Konzeption von Handeln kollidiert. Nur angedeutet sei hiermit, dass ein Verständnis ärztlichen Handelns im Paradigma einer ärztlichen Kunstlehre über wissens- und handlungstheoretische Überlegungen hinaus auch Aspekte ethisch-moralischen Handelns berührt, das vor den neuen Bewertungshorizonten der ärztlichen Tätigkeit sicherlich grundlegend neu diskutiert werden muss.

Deutlich wird darüber hinaus, dass vor allem die im Rahmen subjektivierenden Handelns zentralen Medien der Erkenntnis wie „Sinne" und „Empathie" von der technischen Überformung betroffen sind. Hierauf verweist eine Einschätzung des langjährigen internistischen Hausarztes, die die Entwicklungstendenz der „High-Tech-Medizin" als Dynamik der Verdrängung tradierter ärztlicher Medien der Erkenntnisgewinnung reflektiert:

> „Es gibt ja heute einen Trend, die Technik tut ja diese Sinne tendenziell ersetzen. Meines Erachtens aber unvollkommen, im Trend, im Medizintrend aber immer mehr."

In diesem Zusammenhang weist er auf die Gefahr einer „technokratischen" Verformung der ärztlichen Tätigkeit hin:

> „Ich denke mir schon, dass das heute eine Gefahr ist. Also der Verlust der Empathie hinter sehr technokratischer Abhandlung von Symptomen."

Die Annahme eines Technikdeterminismus ist jedoch zurückzuweisen. So konnte der Umgang der erfahrenen Ärzte mit Medizintechnik durch die empirische Analyse als subjektivierendes Handeln aufgezeigt werden. Als „*Verlängerung der eigenen Untersuchungsmöglichkeiten*", wie anhand des Beispiels der Ultraschalluntersuchung gezeigt, kann Technik in bestimmten Settings einen verbindenden, den Patienten integrierenden Charakter aufweisen, durch welchen die Subjekthaftigkeit auch des „Bearbeitungsgegenstands Patient" gewahrt wird. Hiermit konnte handlungstheoretisch untermauert werden, dass sich ärztliches Handeln nicht zwangsweise zugunsten eines instrumentellen bzw. objektivierenden Handelns verändern muss, sobald Technik hinzutritt.

Das Eindringen von Technik in ein zunächst nicht-technisch definiertes Handlungsfeld wie die Interaktionssituation zwischen Arzt und Patient birgt – vor allem im Zusammenwirken mit den an Kriterien der wissenschaftlichen Präzision und Objektivität sowie ökonomischer Effizienz orientierten Leistungsbeurteilung – bestimmte Gefahren für die Betrachtung ärztlichen Handelns. So findet sich in der Empirie im Fall der jüngeren Ärzte eine verstärkt technische Orientierung, im Rahmen derer objektive Befunddaten im Vergleich zu nicht-technischen, erfahrungsbasierten Erkenntnismedien offenbar überbewertet werden. Dies sicherlich zu einem Gutteil aus dem Grund dass, wie in der empirischen Analyse aufgezeigt, die jungen Ärzte aufgrund mangelnder praktischer Erfahrung eng an einem durch objektive Kriterien definierten „Schema" arbeiten. „Kritisch" jedoch wird es an dem Punkt, an dem ein solches dem Arbeitsgegenstand (Mensch) in vielen Situationen sachlich unangemessenes Handeln durch das Handlungssetting bzw. die institutionellen Rahmenbedingungen begünstigt wird. So ist es als kontraproduktiv im Sinne einer sowohl patienten- als auch in der gesamtökonomischen Betrachtung ressourcenschonenden Arbeitsweise einzustufen, dass diese für den ärztlichen Erkenntnisprozess an sich schon gravierende, im medizinischen High-Tech-Setting längerfristige Entwicklung zusätzlich durch das Zusammenspiel mit den Kriterien der Ökonomie forciert wird, wie von den erfahrenen Ärzten als im Rahmen der eigenen Berufslaufbahn erlebter Prozess geschildert:

> „Durch Leistungsbewertung, ja, wo einfach das klassische Leistungsspektrum immer mehr ins Hintertreffen geraten ist gegenüber dem Technischen."

Der Ausdruck „klassisches Leistungsspektrum" verweist erneut darauf, dass das ärztliche Handeln von dieser Bewertungsverschiebung in seinem Kern betroffen ist.

Probleme infolge der Ökonomisierung ärztlichen Handelns
Als Begrenzungen ärztlichen Handelns scheinen an vielen Stellen die Vorgaben der ökonomisierten Medizin auf. Hiermit stehen die Eindrücke aus der empirischen Analyse an vielen Punkten im Einklang mit anderen aktuellen Untersuchungen. Als Konsequenz der mittlerweile unhinterfragten Orientierung der Systemgestaltung am Maßstab der (ökonomischen) Effizienz wird die ärztliche Arbeit als hiervon in ihrem Kern berührt deutlich:

> Grundsätzlich ist aber heute das Element immer weniger Zeit, alles soll effizienter sein, der Begriff der Effizienz ist ja ganz wichtig, vieles was in der Medizin wichtig ist, nämlich Interaktion, in Zeit und Ruhe etwas entwickeln können, das fällt damit hinunter."

Als problematisch oder sogar fatal scheint sich diesbezüglich die auf Strategien der betrieblichen Rationalisierung zurückzuführende Arbeitsverdichtung auszuwirken.

> „Das ist ja alles extrem geworden. Wenn es bei uns zwei waren, dann musste einer den Urlaub abbrechen, aus Italien anreisen. Jetzt haben wir nie mehr zwei. Plötzlich geht das, früher war das eine Katastrophe. Jetzt soll es gehen. Obwohl die Patienten immer schneller durchsausen. Damals lag einer drei Wochen da und jetzt muss er mit der Diagnose innerhalb von fünf Tagen wieder draußen sein. Also das ist ein unglaubliches Tempo geworden und ich glaube die ganz armen Schweine sind die jungen Ärzte, die halt Nachtdienst plus dieses Tempo und nicht die Erfahrung haben und auch nicht wissen, wie es früher war und denken alle haben immer so viel geschafft wie sie und haben so viel Verantwortung übernommen, obwohl sie es nicht können, die machen es halt einfach."

So geben in der empirischen Untersuchung vor allem die jungen Ärzte „Zeitdruck" als Grund für die vielfach notwendige „Abkürzung" der Anamnese an[5]:

> „Genau dieses Anamnesegespräch. Gerade wenn jetzt die Notaufnahme total voll ist und man ganz alleine ist und ziemlich Tohuwabohu herrscht, dann muss man das Ganze etwas abkürzen."

Der so wichtige persönliche Kontakt mit dem Patienten, der als wegweisend für den weiteren diagnostischen und therapeutischen Pfad zu betrachten ist, wird durch diese Form der Leistungssteuerung mit, so eine weitere Schlussfolgerung, auch in ökonomischer Hinsicht schwerwiegenden Folgen in seinem Potenzial drastisch eingeschränkt. Wie die Analyse des Expertenhandelns offenbart, ist den interaktiv-kommunikativen Anteilen eine prominente Position im ärztlichen Erkenntnisprozess einzuräumen. So erweist sich die Erstbegegnung bzw. allgemein das Gespräch zwischen Arzt und Patient, so unspektakulär es im Vergleich zu hoch technisierten Vorgängen in der modernen Medizin erscheinen mag, als ein nach wie vor wichtiges Feld der ärztlichen Kunst. Als eine zentrale Leistung subjektivierenden Handelns ist es zu betrachten, unter den Bedingungen von Zeitmangel und unvollständigem Informationsstand Entscheidungen zu treffen, beispielsweise über die Dringlichkeit einer medizinischen Maßnahme zu entscheiden.

> „Ich muss genauer auswählen wer komplett untersucht werden muss, jemand der ganz neu kommt zum Beispiel eher, jemand älterer mit vielen Krankheiten eher als jemand junger der mit einer verschnupften Nase kommt, dafür ist heute von den ganzen Gegebenheiten her, Wirtschaftlichkeit her usw. keine Basis, ja, das gibt es heute nicht mehr. Das ist das eine, also ich muss quantitativ auswählen."

Der Umstand chronischer struktureller Zeitknappheit vor allem im Zusammenhang mit patientennahen Arbeitsanteilen scheint sich – neben den hierdurch ungenügend ausgeschöpften Erkenntnischancen – auch hinsichtlich des ärztlichen Lernprozesses als problematisch zu erweisen, wie alle drei erfahrenen Internisten zumindest andeuten. Ein Oberarzt bekundet, die Ausbildung der jüngeren Ärzte aufgrund von Zeitmangel nicht in dem Maß begleiten zu können, wie es in seinen Augen sinnvoll wäre:

---

[5] So ist die Tendenz zur Standardisierung der Anamnese oder die mittlerweile übliche Praxis der Erhebung einer „Voranamnese" durch nicht-ärztliches Personal kritisch zu betrachten. So kann in der Abfrage geschlossener Fragekomplexe und/ oder der Formalisierung von offenen Patientenantworten die Gefahr des Verlusts relevanter Informationen nicht ausgeschlossen werden bzw. ist diese relativ wahrscheinlich.

„Es fehlt schlichtweg die Zeit, dass man den Studenten einen Patienten vorstellt: Hallo
das ist der Herr Meier, da gehst jetzt hin und tust mit dem mal so richtig schön reden
und lässt dir alles erzählen, und dann kannst du ihn noch richtig schön untersuchen
und dann kommst du zu einer Einschätzung- da ist einfach nicht die Zeit dafür."

So erhalten die Assistenzärzte im hochkomprimierten Stationsalltag zunehmend
weniger Gelegenheit, sich wichtige Basisfertigkeiten anzueignen. Auch an der ärztlichen Ausbildung wird gespart, was den erfahrenen Ärzten zu pessimistischen
Einschätzungen Anlass gibt.

„Das ist nicht nur bedauerlich, das ist eine Katastrophe. Wenn wir alle weg sind, die
das noch gehabt haben, wie das dann so sein wird?"

In den Blick geraten zudem Erscheinungsformen einer Fremdbestimmung ärztlicher Handlungslogiken durch deren Unterordnung unter formale Verfahren der
Leistungssteuerung, die in erster Linie von Logiken der Abrechnungsoptimierung
motiviert sind, wie ein Oberarzt als Folge der Einführung der DRG-Fallpauschalen
schildert. So hat offenbar die Diagnose durch die Einführung des DRG-Systems eine
zusätzliche betriebswirtschaftlich motivierte Aufwertung erfahren: *„Man ist ange-*
halten möglichst viele Diagnosen bei jedem Patienten irgendwie zu finden, denn
desto mehr man findet, desto mehr kann abgerechnet werden."
    Erkennbar wird in dieser Schilderung die Problematik eines durch die Ori-
entierung an formalen, mess- und abrechenbaren Kriterien verzerrten ärztlichen
Handelns. Eine ganzheitliche Betrachtung des Patientenproblems wie auch insgesamt ein sinnvolles, den Logiken ärztlichen Handeln entsprechendes Vorgehen wird
durch die an Formalkriterien orientierte Leistungssteuerung ärztlichen Handelns
zumindest deutlich erschwert.
    Es scheint, als seien viele Fehlentwicklungen der pauschalen Zugrundelegung
von Kriterien betriebswirtschaftlicher Rationalität in Bezug auf das ärztliche Handeln geschuldet. Wie ersichtlich wird, werden hiermit nicht-intendierte Nebenfolgen
erzeugt, die sich als Störungen des Arbeitsablaufs und sogar als paradoxe Effekte
hinsichtlich der angestrebten Rationalisierung niederschlagen[6]. Angesprochen sind
hiermit sowohl eine Unterwanderung der ärztlichen Maxime des „nihil nocere" als
auch die grundsätzliche Infragestellung der gesamtökonomischen Rationalität des
Versorgungsgeschehens. So vernachlässigt die einseitige Fixierung auf Effizienzsteigerung, dass in der Gesundheitsversorgung andere Maßstäbe angelegt werden
müssen als in der rein in betriebswirtschaftlichen Logiken denkenden Ökonomie. Vieles spricht dafür, dass sich der Bereich der Gesundheitsversorgung nicht

---

[6] Empirisch gezeigt werden konnte dies bereits für den Bereich der Pflege (vgl. Böhle 1999b).

vollständig in monetären Größen abbilden lässt. Inwiefern z. B. standardisierte Behandlungspfade zu einer Kostendämpfung im Gesamtsystem beitragen, wird daher sehr schwer bis kaum zu erheben sein. Verwiesen sei auf vielfältige Irrationalitäten der punktuellen ökonomischen Betrachtung des pauschalierten Falls: So wird anhand vieler Beispiele erkennbar, dass die Folgekosten der betriebswirtschaftlich optimierten Versorgungskonzepte im System diffundieren, dementsprechend kaum eindeutig kausal zurechenbar, geschweige denn in Quantitäten auszudrücken sind. So fehlen z. B. jegliche Orientierungsgrößen für die gesamtgesellschaftliche Mehrbelastung infolge der Fehlsteuerung von menschlichen, technischen und finanziellen Ressourcen. Aus dem empirischen Material abgeleitet werden können lediglich Hinweise auf hohe, vom Gesamtsystem zu tragenden Kosten für falsch angewendete Medizintechnik, für die der Sonografiespezialist in seinem Fach Zahlen nennt:

> „Man weiß, dass 1,25 Milliarden pro Jahr ausgegeben werden für den Schall und extrem schlechte Ergebnisse rauskommen und noch Riesen, Riesen Kosten entstehen dadurch, dass dann irgendwelche schwarzen oder weißen Punkte, die der dann nicht interpretieren kann, mit teuersten Methoden dann nachuntersucht werden."

Zur Vermeidung oder zumindest Minimierung dieser Kosten verweist er hierzu auf die Notwendigkeit einer sorgfältigen, daher auch zeitaufwändigen Ausbildung, die in längerfristiger Betrachtung jedoch eine ressourcensparende und im Vergleich zu teureren Verfahren hoch effiziente Diagnostik ermögliche. Für diese Art der ökonomischen Betrachtung scheint es im gegenwärtigen System jedoch wenig Raum zu geben.

Ausgehend von der Betrachtung ärztlichen Handelns und dessen Begrenzungen in der ökonomisierten Medizin verstärkt sich der Eindruck, dass eine mit den klassischen Instrumenten der betrieblichen Rationalisierung forcierte Systemreformation die Anforderungen der Arbeit mit kranken Menschen – auch jenseits ethischer Positionen – nicht berücksichtigt, d. h. auf der Ebene des Arbeitshandelns als nicht sachgerechte Methode der Leistungssteuerung zu bezeichnen ist. Insbesondere den Ambitionen der Standardisierung von ärztlichen Arbeitsabläufen als Königsweg der Effizienzoptimierung muss auf Basis der empirischenBefunde eine klare Absage erteilt werden. In diesem Zusammenhang schildert ein Oberarzt seine persönlichen Erfahrungen mit der betriebswirtschaftlichen Unternehmensberatung, die das ärztliche Handlungsfeld anhand von fachfremden Kriterien bewertet:

> „Wir haben ja diese externen Berater da, diese Firmen die das machen. Dass sie dann sagen, wir machen hier ein Power Point für McDonald's und drei Wochen später kommen wir ins Krankenhaus und können genau das gleiche machen. Nehmen McDonald's

raus und schreiben Ärzteabteilung darüber und verkaufen das denen für wahnsinniges Geld. Und da kommt immer raus, dass zwei Ärzte entlassen werden können, weil irgendwie ein Gang von da nach da gegangen wird oder so. Und ich finde, das ist einfach so eine Geschichte, das so genannte Qualitätsmanagement hat im Grunde genommen mit der ärztlichen Qualität überhaupt nichts zu tun. Das heißt zwar Qualität, ist aber nur ein Instrument, um Leute rauszuschmeißen."

Deutlich wird, dass das Anlegen von Maßstäben der betriebswirtschaftlichen Rationalisierungsstrategien darüber hinaus gravierende Folgen im Bereich der Versorgungsqualität haben kann:

„Das ist ein Schmarrn. (LACHT) Gefährlich, ich kann ihnen gleich noch ein Beispiel sagen. Wir hatten mal eine Low Care Station, die Idee war die Ärzte einzusparen und dann hat man also Leute, die man noch nicht ganz heimschicken kann, die aber schon wieder ganz gut sind, die brauchen nicht so viele Ärzte und da machen wir eine Low Care Station, da brauchen wir weniger Ärzte, weniger Personal, ist billiger und dann gehen die wieder heim. Ich bringe zwei Beispiele oder eins, 23- jähriger Mann der Bauchweh hatte, Blinddarmfrage, furchtbare Schmerzen, und auf einmal hat es nicht mehr weh getan und er kommt auf die Low Care Station. War da ein paar Tage, dann ist er von einem Studenten zu mir geschickt worden. Der ist geschimpft worden ja, er soll doch nicht und so und was habe ich gesehen, 1,5 Liter Eiter im Bauch, weil der einen Blinddarm hatte der geplatzt ist, das ist das Klassische, der platzende Blinddarm, tut furchtbar wenn er geplatzt ist und dann tut es nach 1, 2 Tagen nicht mehr weh und dann hat man das- der geht drauf so ungefähr, was ich sagen will ist, Low Care ist wahnsinnig gefährlich. Ist dann wieder geschlossen worden."

Kritisiert wird zudem, dass sich Ambitionen zur Verbesserungen der Versorgungsqualität primär auf Inhalte jenseits einer der Handlungsebene beziehen (*„Da kommt nichts Medizinisches drin vor. Nichts. Das sind alles Hotelqualitäten"*). Auch wenn diese Aussagen des Oberarztes möglicherweise Extremsituationen beschreiben, belegen Beispiele dieser Art, dass die ökonomisch motivierte Umstrukturierung des Arbeitsfelds vielfach eine Überformung ärztlichen Handlungsfeldes mit sachfremden Logiken bedeutet.

Der Paradigmenwechsel des einst primär als wohlfahrtsstaatliches System konzipierten Gesundheitswesens hin zum ökonomisch regulierten Markt wird insgesamt[7],

---

[7] Lediglich die junge Ärztin im Praktischen Jahr steht der Ökonomisierung der ärztlichen Tätigkeit unkritisch gegenüber. Möglicherweise ist hiermit auf die Situation junger Ärzte im heutigen Gesundheitswesen verwiesen, die mit der Bewältigung der Anforderung ihres Arbeitsalltags zwar stark belastet sind, diese aber deutlich weniger problematisieren, da sie bereits in dieses Umfeld hineinsozialisiert wurden. Es ließe sich hierdurch erklären, dass Konflikte mit den Wertvorstellungen über die eigene Profession und den Rahmenbedingungen der eigenen Berufsausübung deutlich seltener sind.

vor allem jedoch von den älteren Ärzten kritisch beurteilt, die den Wandlungsprozess im Zuge ihrer langjährigen Berufslaufbahn miterlebt haben. Sicherlich auch persönlichkeitsbedingt sind verschiedenen Umgangsformen mit der Veränderung der Rolle des Arztes im institutionellen Gefüge zu erkennen, die von aktivem Widerstand bis hin zu resignativem Verhalten reichen. Festgestellt werden können Konflikte zwischen dem Anspruch an die Qualität der eigenen Arbeit und den Erwartungen an den Arzt in der ökonomisierten Medizin. Vor allem im Vergleich mit der Vergangenheit sehen sich die Ärzte zunehmend in die Rolle des Dienstleisters gedrängt. Wenig überraschend stößt die Konzeption des Arzt-Patient-Verhältnisses als marktförmige Dienstleistungsbeziehung im Rahmen des Samples auf geringe Akzeptanz. Der Begriff der Dienstleistung erscheint allenfalls im Sinne von „Dienst am Patienten" mit dem professionellen Anspruch vereinbar, ist er kaum mit einer Selbstkonzeption als „Helfer" oder „Begleiter" in Einklang zu bringen. Wenn auch die handlungstheoretische Analyse auf die Notwendigkeit der Bezugnahme auf den Patienten als „Subjekt" verweist, ist dies keineswegs gleichbedeutend damit, ihn als frei entscheidendes Wirtschaftssubjekt im Sinne eines „Kunden" zu behandeln:

> „Also ein Kunde kann auswählen, der kann da hin oder da hin, das kann der (Patient) gar nicht mehr und da braucht er eigentlich wirklich einen Helfer, nicht einen Verkäufer, der ihm irgendwas verkauft, Leistung und so, das finde ich furchtbar."

So ist die strukturelle Inkompatibilität der ärztlichen Arbeitsaufgabe mit den Anforderungen der auf Effizienz getrimmten, möglichst weitgehend standardisierten Dienstleistungsmedizin als ein wesentlicher Grund für die Ablehnung einer Ökonomisierung der Arztrolle zu betrachten. Zu verweisen ist in diesem Zusammenhang auf weitreichenden Forschungsbedarf bezüglich der Anforderungen an ein tragfähiges Arzt-Patient-Verhältnis in der modernen ökonomisierten Medizin. Auch die Untersuchung von geeigneten Interaktionsmodellen, die mit einem subjektivierenden Handeln korrespondieren bzw. dieses möglichst umfassend unterstützen, erscheint vielversprechend.

„Der Arzt ist heute viel mehr Dienstleister als früher, aber ich kenne das nur aus Beschreibungen, dass früher nicht so gewesen sein soll. Angeblich. Ich kenne es nur so, dass man heute einen Dienstleisterberuf ausübt. (…) Es ist ein Service, den man dem Patienten bietet. Es ist ein Service, dass man ihre Gesundheit erhält oder wieder herstellt und mit der Erwartungshaltung kommen auch viele Patienten. Was ich persönlich auch nicht falsch finde, aber wo ich den Eindruck habe, dass viele ältere Kollegen das als falsch empfinden."

4.2 Perspektiven der ‚Ärztlichen Kunst'

Die empirische Untersuchung verweist nachhaltig darauf, dass das professionelle Fähigkeitsensemble der ‚ärztlichen Kunst' nicht als vormoderner, traditioneller Restbestand zu betrachten ist, der durch immer intelligentere Formen des Wissenstransfers und der betriebswirtschaftlichen Steuerung ersetzt und optimiert werden kann. Vielmehr zeigt sich der subjektgebundene und erfahrungsbasierte Handlungsstil der ärztlichen Kunst als funktional erforderlich zur Erfüllung einer komplexen und kaum kalkulierbaren, zudem stark ethisch-normativ belegten Tätigkeit. Hierbei ist explizit darauf zu verweisen, dass eine primär von der Handlungsebene ausgehende Analyse über die bekannten Argumente der „Humanität" und der „Patientenorientierung" als normative Größen hinausgeht, ohne diese zugleich in Abrede zu stellen. Auch gehen vielfach geäußerte Kritikpunkte wie die der „Sprachlosigkeit" der Medizin vor dem Hintergrund, dass theoretisch auch in der „Sprechenden Medizin" objektivierend gehandelt werden kann, am Ziel vorbei. Nur durch eine handlungstheoretische Näherbestimmung kann eine Differenzierung ‚guten' ärztlichen Handelns geleistet werden, die zudem eine Abgrenzung zu Dilettantismus und Quacksalberei ermöglicht.

Insgesamt ist bei der Betrachtung ärztlichen Handelns eine Verschiebung feststellbar, die wissenschaftlich geleitetes, objektivierendes Handeln durch die bestehenden Rahmenbedingungen begünstigt. Die Bevorzugung wissenschaftlich-technischer Lösungen gegenüber menschlich-kommunikativen Ansätzen wie auch die Überformung ärztlichen Handelns durch das Primat der Ökonomie sind offensichtliche Erscheinungsformen dieses Entwicklungsprozesses. Vor allem die Äußerungen der erfahrenen Ärzte reflektieren die Diskrepanzen der makrostrukturellen Entwicklungen mit Grundprinzipien ärztlichen Handelns. So wird die ärztliche Kunst in ihrem Wesen als subjektivierendes Handeln durch die makrostrukturellen Entwicklungen vielfach beeinträchtigt. Zuspitzend formuliert erscheint die ärztliche Kunst sogar als Störfaktor in einem verwissenschaftlichten, technisierten und ökonomisierten Prozess der Krankheitsbearbeitung. Zwar kann die drohende und teils schon reale Verdrängung ärztlicher Kunst bzw. subjektivierender Handlungsweisen aus der ärztlichen Praxis durch die empirischen Befunde teilweise nur indirekt oder in subtiler Weise gespiegelt werden, da durch den empirischen Fokus primär Situationen (so genannte „kritische Situationen") analysiert wurden, in denen subjektivierendes Handeln notwendig und zielführend ist. Die Tatsache, dass in der Praxis vielfach subjektivierend gehandelt wird, sollte nicht als Gegenbeweis einer „Verdrängungsthese" gewertet werden. Zunächst sind diejenigen Interviewpartner, die als erfahrene Ärzte im Sinne einer ärztlichen Kunst agieren, zu einer Zeit sozialisiert worden, zu welcher der formalisierende Effekt der Makrotendenzen auf die ärztliche Praxis im Vergleich zur gegenwärtigen Situation als deutlich geringer einzustufen ist. Mit einigem Grund kann daher auf die „Gefahr" hingewiesen werden, die von der Veränderung der Rahmenbedingungen der ärztlichen Tätigkeit im Sinne einer Verschärfung der makrostrukturellen Entwicklungen für die Sozialisation angehender Ärzte ausgeht.

Hinzuweisen ist in diesem Zusammenhang auf den von der Universität Augsburg entwickelten und seit 2019 angebotenen Modellstudiengang Medizin: (zuletzt gesehen am 20.03.2021):

https://www.uni-augsburg.de/de/fakultaet/med/studium/modellstudiengang-medizin/

Im Rahmen dieses modular aufgebauten Studiengangs sollen Studierende bei der „Entwicklung ärztlicher Kompetenzen" und ihrer „professionellen Identität" unterstützt werden.

Zentrale Elemente dieses den Gewinn klinischen Erfahrungswissens zentral stellenden Studiengangs sind hierbei:

- Integration des biopsychosozialen Modells von Gesundheit und Krankheit als Leitidee.
- Lernendenzentrierte, aktivierende Lehre, die zu multiperspektivischem Denken und interdisziplinärem Arbeiten befähigt.
- Kompetenzorientierung des Curriculums mit frühem Patientenkontakt und Verzahnung der vorklinischen und klinisch-theoretischen Fächer mit der klinischen Lehre.
- Klar definierte Lehrziele innerhalb eines organ- und themenzentrierten, fächerübergreifenden und integrierten Curriculums.
- Erwerb wissenschaftlicher Kompetenzen durch wissenschaftliche Ausbildung ab dem ersten Studienjahr.

Des Weiteren ist in der Gestaltung der ärztlichen Praxis durch die Subjekte, wie auch in anderen professionellen Feldern festgestellt wurde, das Phänomen zu erkennen, Handlungsspielräume in formalisierten Arbeitszusammenhängen im Sinne eines subjektivierenden Handelns zu nutzen. So sucht sich offenbar auch das ärztliche Handeln Nischen im verwissenschaftlichten, technisierten, standardisierten und ökonomisierten Umfeld. Hiermit werden unter Umständen Intentionen der Systemgestaltung unterlaufen, jedoch vor allem von den handelnden Subjekten Chancen zu subjektivierendem Handeln, so mitunter zur Ausübung der ärztlichen Kunst, ergriffen.

Abschließend soll darauf verwiesen werden, dass der Bedarf an diesen Fähigkeiten womöglich sogar noch steigt. Es kann gezeigt werden, dass ärztliches Handeln unter schwierigeren Rahmenbedingungen (Zeitdruck, hoher Technisierungsgrad, arbeitsteilige Organisation und Partialisierung von Abläufen) bzw. in „kritischen Situationen" nur im Stil eines subjektivierenden Handelns effektiv ist. Diese Fähigkeiten des erfahrenen Arztes im Kontext der massiven Beeinträchtigung des Arbeitshandelns durch die institutionellen Rahmenbedingungen sind als wichtiges Potenzial einer auch ökonomischen Bewältigung von Arbeitsanforderungen einzustufen. Unter den Vorzeichen zunehmender Ressourcenknappheit muss daher davon ausgegangen werden, dass die ärztliche Kunst umso unverzichtbarer sein wird, den Anforderungen einer bedarfsgerechten und noch dazu ökonomisch tragbaren Versorgung entsprechen zu können. Angeregt werden soll hiermit der Gedanke, dass sinnvolles ärztliches Handeln auch unter den Parametern einer ökonomischen Rentabilität möglich sein und entsprechend gestaltet werden kann. Die empirische Analyse der Arbeitsweise der erfahrenen Ärzte wie auch die Probleme und Schwierigkeiten der jungen Ärzte geben hierfür erste Anhaltspunkte. Inwieweit die organisatorischen Rahmenbedingungen des Medizinsystems ein solches Handeln auch zukünftig noch (oder wieder mehr) zulassen, ist eine zentrale Variable, die über die „Verdrängung" der ärztlichen Kunst entscheidet.

Literatur

Behrens, J. (2003). Vertrauensbildende Entzauberung: Evidence- und Eminenz-basierte professionelle Praxis. Eine Entgegnung auf den Beitrag von Werner Vogd. *Zeitschrift für Soziologie, 31*(4), 294–315.

Böhle, F. (1999b). Nicht nur mehr Qualität, sondern auch höhere Effizienz – Subjektivierendes Arbeitshandeln in der Altenpflege. *Zeitschrift für Arbeitswissenschaft, 3*(53), 174–181.

Hoppe, J.-D. (2005). Statt Programm-Medizin: Mehr Vertrauen in die ärztliche Urteilskraft. *Deutsches Ärzteblatt, 102*(13), 748.

Weiterführende Literatur

Akmaz, B. L. (2009). *Medizinisch-technischer Fortschritt in Deutschland. Innovationen in der Medizintechnik und ihre Regulierung im Rahmen der Gesetzlichen Krankenversicherung (GKV)*. Dr. Hut.

Böhle, F. (2010). Arbeit als Handeln. In F. Böhle, G. G. Voß, & G. Wachter (Hrsg.), *Handbuch Arbeitssoziologie* (S. 151–176). VS Verlag.

Böhle, F., & Fross, D. (2009). Erfahrungsgeleitete und leibliche Kommunikation und Kooperation in der Arbeitswelt. In T. Alkemeyer, C. Brümmer, R. Kodalle, & T. Pille (Hrsg.), *Körper in Bewegung. Choreographie des Sozialen* (S. 107–126). Transcript.

Böhle, F., & Milkau, B. (1988). *Vom Handrad zum Bildschirm. Untersuchung zur sinnlichen Erfahrung im Arbeitsprozess*. Campus.

Böhle, F., Brater, M., & Maurus, A. (1997). Pflegearbeit als situatives Handeln. Ein realistisches Konzept zur Sicherung von Qualität und Effizienz in der Altenpflege. *Pflege, 10,* 18–22.

Bollinger, H., & Grewe, A. (2002). *Die akademisierte Pflege in Deutschland zu Beginn des 21. Jahrhunderts- Entwicklungsbarrieren und Entwicklungspfade: Bd. 37. Qualifizierung und Professionalisierung. Jahrbuch für Kritische Medizin* (S. 43–59). Argument.

Bollinger, H., Brockhaus, G., Hohl, J., & Schwaiger, H. (1981). *Medizinerwelten – Die Deformation des Arztes als berufliche Qualifikation.* Zeitzeichen.

Brunold, C. (1999). Intuition in der naturwissenschaftlichen Forschung. In B. Ausfeld-Hafter (Hrsg.), *Intuition in der Medizin. Grundfragen zur Erkenntnisgewinnung* (S. 109–120). Lang.

Bundesministerium für Gesundheit (BMG). (2009). Daten des Gesundheitswesens 2009. www.bmg.bund.de.

Channel, E. (2010). Medizintechnik: Umsatz in Deutschland 2009 und Ausblick 2010. www.channel-e.de/news/article/medizintechnik-umsatz-in-deutschland-2009-und-ausblick-2010.html. Zugegriffen: 19. Aug. 2011.

Dewey, J. (1980). *Kunst als Erfahrung.* Suhrkamp.

Dunkel, W. (2006). Interaktionsarbeit im Friseurhandwerk – Arbeit am Menschen und Arbeit am Gegenstand. In F. Böhle & J. Glaser (Hrsg.), *Arbeit in der Interaktion – Interaktion*

© Springer Fachmedien Wiesbaden GmbH, ein Teil von Springer Nature 2021   303
T. Merl, *Ärztliches Hundeln zwischen Kunst und Wissenschaft,*
Gesundheit. Politik – Gesellschaft – Wirtschaft,
https://doi.org/10.1007/978-3-658-21972-7

als Arbeit. Arbeitsorganisation und Interaktionsarbeit in der Dienstleistung (S. 219–234). VS Verlag.

Erbsland, M. (2007). Alternde Bevölkerung und ökonomische Konsequenzen für das Gesundheitswesen. In E. Häusler (Hrsg.), *Entwicklungslinien im Gesundheitswesen. Demographie und Integrierte Versorgung* (S. 13–54). Wissenschaft & Praxis.

Feltovich, P. J., Prietula, M. J., & Ericsson, A. K. (2007). Studies of expertise from psychological In A. K. Ericsson, N. Charness, P. J. Feltovich, & R. R. Hoffman (Hrsg.), *The Cambridge handbook of expertise and expert performance* (S. 41–68). Cambridge University Press.

Ferguson, E. S. (1992). *Das Innere Auge. Von der Kunst des Ingenieurs.* Birkhäuser.

Fiedler, M. (2004). *Expertise und Offenheit.* Mohr Siebeck.

Gasser, J. (1999). Die Intuition des Körpers. In B. Ausfeld-Hafter (Hrsg.), *Intuition in der Medizin. Grundfragen zur Erkenntnisgewinnung* (S. 35–54). Lang.

Goffman, E. (1977). *Über die soziale Situation psychiatrischer Patienten und anderer Insassen.* Suhrkamp.

Heymann, M., & Wengenroth, U. (2001). Die Bedeutung von tacit knowledge bei der Gestaltung von Technik. In U. Beck & W. Bonss (Hrsg.), *Die Modernisierung der Moderne* (S. 106–121). Suhrkamp.

Illich, I. D. (1995). *Die Nemesis der Medizin. Die Kritik der Medikalisierung des Lebens* (4., überarbeitete Aufl.). Beck (Erstveröffentlichung 1975).

Joas, H. (1996). *Die Kreativität des Handelns.* Suhrkamp.

Kelle, U., & Kluge, S. (1999). *Vom Einzelfall zum Typus. Fallvergleich und Fallkontrastierung in der qualitativen Sozialforschung.* Leske + Budrich.

Kluwe, R. H. (1997). Denken und Problemlösen. In H. Luczak & W. Volpert (Hrsg.), *Handbuch Arbeitswissenschaft* (S. 448–452). Schäffer-Poeschel.

Kocka, J. (2006). Vorwort zu WZB Mitteilungen, Heft 113, September 2006, S. 5

König, J. (1926). *Der Begriff der Intuition.* Niemeyer.

Marbach, E. (1999). Zur Unterscheidung des intuitiven vom diskursiven Erkennen. In B. Ausfeld-Hafter (Hrsg.), *Intuition in der Medizin. Grundfragen zur Erkenntnisgewinnung* (S. 11–28). Lang.

Mortsiefer, A. (1998). *Der Arzt, sein Patient und das Risiko.* Lit.

Nonaka, I., & Takeuchi, H. (1997). *Die Organisation des Wissens.* Campus.

Osterloh, F. (2010). Kommunale Krankenhäuser: Kein Auslaufmodell. *Dtsch Arztebl 2010, 107*(19), A-912 / B-802 / C-790.

Polanyi, M. (1985). *Implizites Wissen.* Suhrkamp.

Puppe, F., Puppe, B., Poeck, K., & Groß, R. (1993). Über die tutorielle Nutzung medizinischer Diagnostik-Expertensysteme. In P. Hucklenbroich & R. Toellner (Hrsg.), *Künstliche Intelligenz in der Medizin. Klinisch-methodologische Aspekte medizinischer Expertensysteme* (S. 69–77). Fischer.

Reitman Olson, J., & Biolsi, K. J. (1991). Techniques for representing expert knowledge. In J. Smith & K. A. Ericsson (Hrsg.), *Towards a general theory of expertise. Prospects and limits* (S. 240–285). University Press.

Renkl, A., Gruber, H., Mandl, H., & Hinkofer, L. (1994). Hilft Wissen bei der Identifikation und Kontrolle eines komplexen ökonomischen Systems? *Unterrichtswissenschaft, 22,* 195–202.

Rissmann, W. (1999). Der Intuitionsbegriff in der anthroposophisch erweiterten Medizin – Hinweise auf die Praxis. In B. Ausfeld-Hafter (Hrsg.), *Intuition in der Medizin. Grundfragen zur Erkenntnisgewinnung* (S. 97–108). Lang.

Rothe, H.-J., & Schindler, M. (1996). Expertise und Wissen. In H. Gruber & A. Ziegler (Hrsg.), *Expertiseforschung* (S. 35–58). Westdeutscher Verlag.

Rürup, B., Albrecht, M., Igel, C., & Häussler, B. (2008). *Umstellung auf eine monistische Finanzierung von Krankenhäusern. Expertise im Auftrag des Bundesministeriums für Gesundheit.*

Schott, T. (1993). Patienten(re)orientierung: Elemente einer Standortbestimmung. In B. Badura, G. Feuerstein, & T. Schott (Hrsg.), *System Krankenhaus. Arbeit, Technik und Patientenorientierung* (S. 254–269). Juventa.

Siegrist, J. (1978). *Arbeit und Interaktion im Krankenhaus.* Enke.

Stoller, S. (1995). *Wahrnehmung bei Merleau-Ponty. Studie zur Phänomenologie der Wahrnehmung.* Lang.

Strauss, A., Ehrlich, D., Bucher, R., & Sabshin, M. (1963). The hospital and its negotiated order. In E. Freidson (Hrsg.), *The hospital in modern society* (S. 147–169). Free Press.

Telgheder, M. (2009). Asklepios: Durch Übernahmen zum Marktführer. In: Handelsblatt vom 16.03.2009. www.handelsblatt.com/unternehmen/handel-dienstleister/asklepios-durch-uebernahmen-zum-marktfuehrer/3135496.html. Zugegriffen: 19. Aug. 2011.

Uzarewicz, C., & Uzarewicz, M. (2001). Transkulturalität und Leiblichkeit in der Pflege. *Intensiv (-Journal), 9,* 168–175.

Weibler, J., & Küpers, W. (2008) Intelligente Entscheidungen in Organisationen. Zum Verhältnis von Kognition, Emotion und Intuition. In A. Bortfeldt, J. Homberger, H. Kopfer, G. Pankratz, & R. Strangmeier (Hrsg.), *Intelligente Entscheidungsunterstützung. Aktuelle Herausforderungen und Lösungsansätze* (S. 457–474). Gabler.

Weishaupt, S. (2006). Subjektivierendes Arbeitshandeln in der Altenpflege- die Interaktion mit dem Körper. In F. Böhle & J. Glaser (Hrsg.), *Arbeit in der Interaktion – Interaktion als Arbeit. Arbeitsorganisation und Interaktionsarbeit in der Dienstleistung* (S. 85–106). VS Verlag.

Weishaupt, S., Hösl, G., Bolte, A., & Iwer, F. (2006). Subjektivierendes Arbeitshandeln des Produktmanagers. In F. Böhle & J. Glaser (Hrsg.), *Arbeit in der Interaktion – Interaktion als Arbeit. Arbeitsorganisation und Interaktionsarbeit in der Dienstleistung* (S. 177–191). VS Verlag.

Wengenroth, U. (1997). Zur Differenz von Wissenschaft und Technik. In D. Bieber (Hrsg.), *Technikentwicklung und Industriearbeit* (S. 141–151). Campus.

Zimmermann, D. A. (2011). *Ökonomisierung und Privatisierung im bayerischen Gesundheitswesen. Mythen als Legitimationsmuster.* Friedrich-Ebert-Stiftung.

The manufacturer's authorised representative in the EU is Springer
Nature Customer Service Centre GmbH, Europaplatz 3, 69115 Heidelberg,
Germany. If you have any concerns regarding our products, please
contact ProductSafety@springernature.com

Printed and bound by CPI Group (UK) Ltd, Croydon, CR0 4YY

23/04/2026

02095645-0004